俄 国 史 译 丛 · 历 史 与 文 化

Серия переводов книг по истории России

Россия

Очерки русской культуры
XVIII века (часть четвертая)

俄国史译丛·历史与文化

СЕРИЯ ПЕРЕВОДОВ КНИГ ПО ИСТОРИИ РОССИИ

张广翔 刘真颜/译

[俄] 鲍里斯·亚历山德罗维奇·雷巴科夫/主编

Б. А. Рыбаков

狂飙年代

18世纪俄国的新文化和旧文化

（第四卷）

Очерки русской культуры XVIII века (часть четвертая)

社会科学文献出版社
SOCIAL SCIENCES ACADEMIC PRESS (CHINA)

Б. А. Рыбаков

Очерки русской культуры XVIII века（часть четвертая）

©Издательство Московского университета, 1990.

本书根据莫斯科大学出版社 1990 年版本译出。

1. 莫斯科西城区景观（前景为戈洛温温庄园）（1709），雕版印刷版画

2. 纪念波尔塔瓦战役胜利的凯旋门（1711），雕版印刷版画

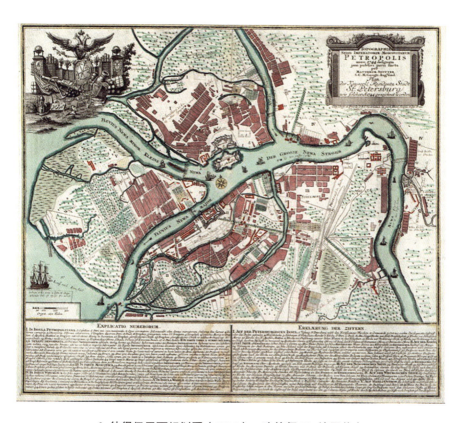

3. 彼得堡平面规划图（1737），建筑师 П. 埃罗普金

4. 18 世纪中叶涅瓦河畔的彼得堡景观，K. 法赛德的雕版版印刷版画

5. 彼得堡附近的皇村（叶卡捷琳娜宫），扩建于 1752~1757 年，雕版印刷版画

6. 18世纪中叶的库斯科沃庄园的景色，雕版印刷版画

7. 彼得堡亚历山大·涅夫斯基修道院景色（18世纪中叶），雕版印刷版画

8.卡洛·拉斯特雷利：《彼得一世》（1723~1729），浮雕

9. Φ. 舒宾: A. 格利岑半身雕像（1775），大理石材质

10. Φ. 舒宾：半身雕像

11. M. 罗蒙诺索夫：大理石雕像（1793）

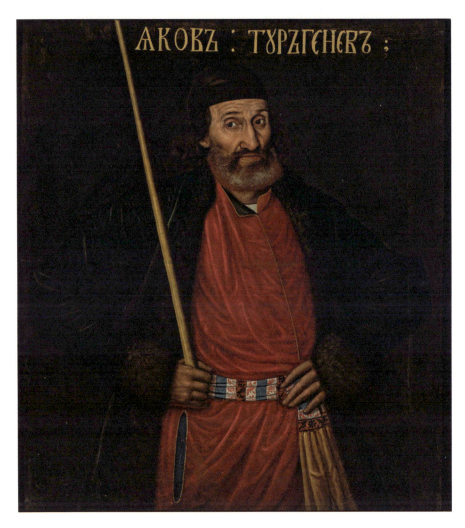

12. 未知画家：《Я. 屠格涅夫肖像》（1695 年前）

13. И. И. 尼基丁：《国务活动家 Г. И. 戈洛夫金肖像》（18 世纪 20 年代）

14. A. M. 马特维耶夫:《与妻子的自画像》［1729（？）］

15. A. П. 安特罗波夫：《M. A. 鲁缅采娃肖像》（1764）

16. Π. 罗塔里:《受伤的女孩》(18 世纪中叶)

17. Ф. И. 罗科托夫：《А. П. 斯托罗斯卡娅肖像》（18世纪70年代）

18. Ф. И. 罗科托夫：《Е. В. 桑蒂肖像》（1785）

19. Д. Г. 列维茨基：《Е. И. 涅利多娃肖像》（1773）

20. В. Л. 波罗维科夫斯基：《E. A. 纳雷金娜肖像》（1799）

21. В. Л. 波罗维科夫斯基：《 М. И. 多尔戈鲁卡娅肖像》（约 1811 ）

22. Ж.-Л. 弗瓦尔：《С. В. 帕尼娜肖像》（1791）

23. Г. И. 乌格留莫夫:《1613年3月14日,推选米哈伊尔·费奥多罗维奇·
罗曼诺夫为沙皇》（19世纪前）

24. A. П. 洛森科：《弗拉基米尔和罗格涅达》（1770）

25. A. П. 洛森科：《在摇篮旁》（1764~1765），素描

26. Ф. Я. 阿列克谢耶夫:《从彼得巴甫洛夫斯克要塞眺望列列日纳亚宫的景色》（1794）

27. C. Ф. 谢德林: 《石头岛宫殿的景色》（1803）

28. A. 祖博夫: 《瑞典囚犯被带入莫斯科》（1711），雕版印刷版画

29. A. 祖博夫: 《缅希科夫宫》（1717），雕版印刷版画

30. M. 科兹洛夫斯基：《俄国浴室》（1778），素描

31. M. 伊万诺夫:《博斯普鲁斯海峡中的俄国舰队》(1799),水彩画

32. И. 叶尔梅尼奥夫：《盲歌手》（18 世纪 70 年代初），水彩画

本书获得教育部人文社会科学重点研究基地

吉林大学东北亚研究中心资助出版

俄国史译丛编委会

主编简介

鲍里斯·亚历山德罗维奇·雷巴科夫（Борис Александрович Рыбаков，1908~2001） 历史学博士，教授，苏联/俄罗斯考古学家，斯拉夫文化及古俄罗斯史学者，曾任莫斯科大学副校长、历史系主任。

译者简介

张广翔　历史学博士，吉林大学东北亚研究中心教授，博士生导师。

刘真颜　吉林大学东北亚研究中心硕士研究生。

总　序

　　我们之所以组织翻译这套"俄国史译丛",一是由于我们长期从事俄国史研究,深感国内俄国史方面的研究较为滞后,远远满足不了国内学界的需要,而且国内学者翻译俄罗斯史学家的相关著述过少,不利于我们了解、吸纳和借鉴俄罗斯学者有代表性的成果。有选择地翻译数十册俄国史方面的著作,既是我们深入学习和理解俄国史的过程,还是鞭策我们不断进取、培养人才和锻炼队伍的过程,同时也是为国内俄国史研究添砖加瓦的过程。

　　二是由于吉林大学俄国史研究团队(以下简称"我们团队")与俄罗斯史学家的交往十分密切,团队成员都有赴俄进修或攻读学位的机会,每年都有多人次赴俄参加学术会议,每年请2~3位俄罗斯史学家来校讲学。我们与莫斯科国立大学(以下简称"莫大")历史系、俄罗斯科学院俄国史研究所和世界史所、俄罗斯科学院圣彼得堡历史所、俄罗斯科学院乌拉尔分院历史与考古所等单位学术联系频繁,有能力、有机会与俄学者交流译书之事,能最大限度地得到俄同行的理解和支持。以前我们翻译鲍里斯·尼古拉耶维奇·米罗诺夫的著作时就得到了其真诚帮助,此次又得到了莫大历史系的大力支持,而这是我们顺利无偿取得系列书的外文版权的重要条件。舍此,"俄国史译丛"工作无从谈起。

　　三是由于我们团队得到了吉林大学校长李元元、党委书记杨振斌、学校职能部门和东北亚研究院的鼎力支持和帮助。2015 年 5 月 5 日李元元校长访问莫大期间，与莫大校长萨多夫尼奇（B. A. Садовничий）院士，俄罗斯科学院院士、莫大历史系主任卡尔波夫教授，莫大历史系副主任鲍罗德金教授等就加强两校学术合作与交流达成重要共识，李元元校长明确表示吉林大学将大力扶植俄国史研究，为我方翻译莫大学者的著作提供充足的经费支持。萨多夫尼奇校长非常欣赏吉林大学的举措，责成莫大历史系全力配合我方的相关工作。吉林大学主管文科科研的副校长吴振武教授、社科处霍志刚处长非常重视我们团队与莫大历史系的合作，2015 年尽管经费很紧张，还是为我们提供了一定的科研经费。2016 年又为我们提供了一定经费。这一经费支持将持续若干年。

我们团队所在的东北亚研究院建院伊始，就尽一切可能扶持我们团队的发展。现任院长于潇教授上任以来，一直关怀、鼓励和帮助我们团队，一直鼓励我们不仅要立足国内，而且要不断与俄罗斯同行开展各种合作与交流，不断扩大我们团队在国内外的影响。在 2015 年我们团队与莫大历史系新一轮合作中，于潇院长积极帮助我们协调校内有关职能部门，和我们一起起草与莫大历史系合作的方案，获得了学校的支持。2015 年 11 月 16 日，于潇院长与来访的莫大历史系主任卡尔波夫院士签署了《吉林大学东北亚研究院与莫斯科大学历史系合作方案（2015～2020年）》，两校学术合作与交流进入了新阶段，其中，我们团队拟 4 年内翻译莫大学者 30 种左右学术著作的工作正式启动。学校职能部门和东北亚研究院的大力支持是我们团队翻译出版"俄国史译丛"的根本保障。于潇院长为我们团队补充人员和提供一定的经费使我们更有信心完成上述任务。

2016 年 7 月 5 日，吉林大学党委书记杨振斌教授率团参加在莫大举办的中俄大学校长峰会，于潇院长和张广翔教授等随团参加，在会议期间，杨振斌书记与莫大校长萨多夫尼奇院士签署了吉林大学与莫大共建历史学中心的协议。会后，莫大历史系学术委员会主任卡尔波夫院士、莫大历史系主任杜奇科夫（И. И. Тучков）教授（2015年11月底任莫大历史系主任）、莫大历史系副主任鲍罗德金教授陪同杨振斌书记一行拜访了莫大校长萨多夫尼奇院士，双方围绕共建历史学中心进行了深入的探讨，有力地助推了我们团队翻译莫大历史系学者学术著作一事。

四是由于我们团队同莫大历史系长期的学术联系。我们团队与莫大历史系交往渊源很深，李春隆教授、崔志宏副教授于莫大历史系攻读了副博士学位，张广翔教授、雷丽平教授和杨翠红教授在莫大历史系进修，其中张广翔教授三度在该系进修。我们与该系鲍维金教授、费多罗夫教授、卡尔波夫院士、米洛夫院士、库库什金院士、鲍罗德金教授、谢伦斯卡雅教授、伊兹梅斯杰耶娃教授、戈里科夫教授、科什曼教授等结下了深厚的友谊。莫大历史系为我们团队的成长倾注了大量的心血。卡尔波夫院士、米洛夫院士、鲍罗德金教授、谢伦斯卡雅教授、伊兹梅斯杰耶娃教授、科什曼教授和戈尔斯科娃副教授前来我校讲授俄国史专题，开拓了我们团队及俄国史研究方向的硕士生和博士生的视野。卡尔波夫院士、米洛夫院士和鲍罗德金教授被我校聘为名誉教授，他们经常为我们团队的发展献计献策。莫大历史系的学者还经常向我们馈赠俄国史方面的著作。正是由于双方有这样的合作基础，在选择翻译的书目方面，很容易沟通。尤其是双方商定拟翻译的30种左右的莫大历史系学者著作，需要无偿转让版权，在这方面，莫大历史系从系主任到所涉及的作者，克服一切困难帮助我们解决关键问题。

五是由于我们团队有一支年富力强的队伍，既懂俄语，又有俄国史方面的基础，进取心强，甘于坐冷板凳。学校层面和学院层面一直重视俄国史研究团队的建设，一直注意及时吸纳新生力量，使我们团队人员年龄结构合理，后备充足，有效避免了俄国史研究队伍青黄不接、后继无人的问题。我们在培养后备人才方面颇有心得，严格要求俄国史方向硕士生和博士生，以阅读和翻译俄国史专业书籍为必修课，硕士学位论文和博士学位论文必须以使用俄文文献为主，研究生从一入学就加强这方面的训练，效果很好：培养了一批俄语非常好、专业基础扎实、后劲足、崭露头角的好苗子。我们组织力量翻译了米罗诺夫所著的《俄国社会史》《帝俄时代生活史》，以及在中文刊物上发表了70多篇俄罗斯学者论文的译文，这些都为我们承担"俄国史译丛"的翻译工作积累了宝贵的经验，锻炼了队伍。

译者队伍长期共事，彼此熟悉，容易合作，便于商量和沟通。我们深知高质量地翻译这些著作绝非易事，需要认真再认真，反复斟酌，不得有半点的马虎。我们翻译的这些俄国史著作，既有俄国经济史、社会史、城市史、政治史，还有文化史和史学理论，以专题研究为主，涉及的领域广泛，有很多我们不懂的问题，需要潜心研究探讨。我们的翻译团队将定期碰头，利用群体的智慧解决共同面对的问题，单个人无法解决的问题，以及人名、地名、术语统一的问题。更为重要的是，译者将分别与相关作者直接联系，经常就各自遇到的问题发电子邮件向作者请教，我们还将根据翻译进度，有计划地邀请部分作者来我校共商译书过程中遇到的各种问题，尽可能地减少遗憾。

"俄国史译丛"的翻译工作能够顺利进行，离不开吉林大学校领导、社科处和国际合作与交流处、东北亚研究院领导的坚定支持和可靠支援；莫大历史系上下共襄此举，化解了很多合作路上的难题，将此举视为我们共同的事业；社会科学文献出版社的恽薇、高雁等相关人员将此举视为我们共同的任务，尽可能地替我们着想，使我们之间的合作更为愉快、更有成效。我们唯有竭尽全力将"俄国史译丛"视为学术生命，像爱护眼睛一样地呵护它、珍惜它，这项工作才有可能做好，才无愧于各方的信任和期待，才能为中国的俄国史研究的进步添砖加瓦。

上述所言与诸位译者共勉。

吉林大学东北亚研究院和东北亚研究中心

2016 年 7 月 22 日

目　录

绪　论

《狂飙年代：18 世纪俄国的新文化和旧文化》（第四卷）[①] 专门介绍了 18 世纪的俄国建筑、美术和装饰画艺术的历史文化特征。本书还包括与俄国农民精神文化、俄国贵族庄园文化以及俄国城市文化相关的章节。

在 18 世纪建筑艺术领域，В. И. 巴热诺夫、М. Ф. 卡扎科夫、Д. Г. 列维茨基、Ф. С. 罗科托夫、Ф. И. 舒宾等人取得了举世瞩目的成就，是日后俄国艺术发展的基础。

18 世纪的俄国绘画艺术也有所进步，越来越迎合了当时统治阶级——贵族的需求（这一点在 18 世纪末格外明显）。

民间艺术和手工艺术依旧按照传统模式发展，只吸收了"新"潮流的部分元素。

18 世纪的俄国农民精神文化依旧是俄罗斯民族文化的广泛基础，它不仅继承了前一时期的文化，还保存着 18 世纪乃至更早时期的文化实体（民俗、生活习俗、文稿和旧印刷物）和文化传统。

俄国农民的物质生活和精神文化也呈现了新的发展趋势。随着制造业的发展、人口的外流、商品货币关系的发展，新的城市文化和潜在的

---

① 俄文版《狂飙年代：18 世纪俄国的新文化和旧文化》（第四卷），出版于 1990 年。

资产阶级文化元素以一种不均衡且渐进的方式向乡村渗透。农奴制的巩固进一步加剧了俄国社会矛盾和农民分化，不过与此同时，新元素也破土而出。

18~19世纪，欧俄的贵族宅邸称得上是一座座独特的建筑文化丰碑。城堡式庄园在西欧、中欧地区十分常见，但是俄国境内更典型的是贵族的乡下庄园。"贵族之家"和周围农民定居点之间界线比较模糊，文化、艺术价值差异较大，这是18世纪至19世纪上半叶俄国文化中一个独特、显著的现象。

在俄国各省，贵族庄园拉近了贵族和农民之间的距离。贵族和农民之间存在各种关系，有些人和农民共同消遣，有些人对自家农民施与援助（如提供物质或医疗帮助），但随着社会冲突的加剧和贵族对农民变本加厉地虐待，二者关系并非始终融洽——绝望的受压迫者奋起反抗压迫者，烧毁贵族庄园，等等。

"贵族庄园—农民世界"体系中的各种矛盾也反映在了社会—政治作品中，我们耳熟能详的 Д. И. 冯维辛、Н. И. 诺维科夫和 А. Н. 拉吉舍夫就对此进行过评论，就连 А. П. 苏马罗科夫、М. М. 谢尔巴托夫和叶卡捷琳娜二世也就此写过文章。

18世纪的俄国城市文化——无论是封建形式的文化还是带有资产阶级生活方式的文化，都得到了进一步的发展。系统性的城市规划与调整（尤其是各省级城市），涉及城市生活各个方面法律（如1785年《城市条例》）的颁布，住房类型、市民服饰和日常生活的变化，所有这些都表明城市重要性有所提升，城市人口组成、文化构成发生了重要变化。

《狂飙年代：18世纪俄国的新文化和旧文化》（第四卷）由莫斯科大学历史系俄国文化史教研室编写，该系研究人员、苏联科学院民族学研究所、全俄装饰艺术博物馆、全俄修复研究所和俄罗斯国家博物馆的工作人员均参与了本书的编纂。

　　莫斯科大学历史系俄国文化史教研室参与本书编写工作的研究人员如下：Л. А. 亚历山德罗娃、Н. В. 科兹洛娃、Л. В. 科什曼、В. А. 科夫里金娜、Н. Г. 克尼亚兹科娃、В. В. 波诺马廖娃。

第一章
建筑及城市规划

B. B. 基里洛夫

　　18 世纪的俄国艺术发生了显著变化，取得了重大成就。艺术的体裁、内容、特征和表现手法都发生了变化。在建筑、雕塑、绘画、素描和装饰艺术方面，俄国艺术仍沿着泛欧洲主义的道路继续发展。到了彼得一世时期，俄国艺术发展进入"世俗化"阶段，在专制主义国家的推动下，新艺术文化建设取代了 17 世纪以来的世俗文化传统。

　　外国人对 18 世纪初的俄国艺术格外重视，俄国的旧艺术部门受制于自身能力，难以对泛欧洲主义世俗文化的发展起到促进作用。那些受邀前往俄国的外国艺术家不仅创造了新的艺术瑰宝，还充当了俄国人的老师。① 俄国学习欧洲艺术的另一条重要途径是派遣文艺工作者去西欧访学。1716 年，莫斯科著名画家 И. 尼基丁被派往意大利，同年，A. 马特维耶夫被派往荷兰。П. М. 埃罗普金（П. М. Еропкин）和 И. 科罗博夫也曾在彼得一世的资助下前往外国学习建筑艺术。1724 年，俄国向法国

---

① Борисова Е. А. Архитектурные ученики петровского времени и их обучение в команде зодчих-иностранцев // Русское искусство первой четверти ⅩⅧ в. М, 1974.

派遣了一批学生学习西欧雕塑艺术。

在彼得一世的大变革时代，俄国艺术追赶上了西欧艺术发展的潮流，但在表现形式上仍带有自身特征。俄国的建筑家、雕塑家、画家和装饰艺术家们不得不学会以新的方式进行创作。这是一个极为困难的艺术意识重构过程，在他们的创作中还有传统观念的印记。

前往俄国的外国艺术家也面临自身的困境——他们需要在自己短暂的访问期间了解这个国家的风土人情，"罗西卡"①只是一种特殊现象。一个合格的建筑师必须掌握与这个国家建筑和城市规划相关的基本知识，但领悟俄国的自然风情对于外国艺术家而言挑战较大。俄罗斯民族的传统内涵深刻地影响着外国艺术家的创作，若是能与俄国文化合二为一，那么他们留下的"罗西卡"自然也会成为俄国文化的一部分。

长期以来，彼得一世都想成立一所艺术学院，但这一构想的落实经历了漫长的过程。1715 年，彼得堡印刷厂内开设了绘画学校，在莫斯科军械库充当了临时性艺术培训中心。1724 年，新成立的俄罗斯科学院（Петербургская академия наук）内设立艺术部门，开办绘画班和肖像班。俄罗斯科学院在培养艺术工匠方面的能力越来越强，到了 18 世纪 40 年代，它是当之无愧的"科学与艺术学院"②。

18 世纪 30~50 年代，除了俄罗斯科学院，彼得堡的一些其他地方，比如建筑办公室（Канцелярия от строений）、海军部（Адмиралтейство），同样可以培养艺术工匠。此时的艺术教学更注重实用性，尚未达到高等教育机构的水准。到了 18 世纪中叶，在俄国第一所大学创建者 М. В. 罗蒙诺索夫（М. В. Ломоносов）和 И. И. 舒瓦洛夫（И. И. Шувалов）的提议下，成立一所独立的艺术学院逐渐提上日程。

---

① 在俄国艺术史上，"罗西卡"（Россика）这个词往往指代在俄国工作的外国艺术家的作品。——译者注

② 俄罗斯科学院又称作"Академия наук и художеств"，直译为"科学与艺术学院"。——译者注

1757 年 11 月 17 日，"三大高贵艺术学院"（Академия трех знатнейших искусств）[①] 在彼得堡成立（1763 年以前舒瓦洛夫一直担任院长）。在罗蒙诺索夫和舒瓦洛夫的努力下，1758 年该学院开始招生，招到了 38 名来自莫斯科和彼得堡 10～20 岁的"青年艺术爱好者"（包括 27 名平民和 11 名贵族子弟）。学院的外籍教师包括雕塑家尼古拉斯·吉列（Н. Жилле）、画家安塞尔姆·弗朗索瓦·拉格勒内（Ж. Ф. Лагрене）、斯特凡诺·托雷利（С. Торелли）、弗朗西斯科·丰特巴索（Ф. Фонтебассо）、路易-约瑟夫·勒洛兰（Луи-Жозеф Ле Лоррен），雕刻师格奥尔格·施密特（Г. Шмидт）等，他们对俄国艺术的发展功不可没。

1764 年，"三大高贵艺术学院"更名为帝国艺术学院（Императорская Академия художеств），学院院长 И. И. 贝茨科伊（И. И. Бецкой）积极推动青年教育改革。[②] 作为装点帝国文化成就的一颗艺术明珠，学院在传道授业方面也不逊色。该学院培育了新一代的俄国艺术家，这些人不仅受雇于国家，也接受私人委托。除了外籍教师，帝国艺术学院的毕业生也会留校任职，如建筑师 И. 斯塔罗夫（И. Старов）、В. 巴热诺夫（В. Баженов），雕塑家 Ф. 舒宾（Ф. Шубин）、Ф. 戈尔迪耶夫（Ф. Гордеев），画家 А. 洛森科（А. Лосенко）、Д. 列维茨基（Д. Левицкий），雕刻师 Е. 切梅索夫（Е. Чемесов），他们为俄国艺术的发展做出了突出贡献。

18 世纪，除了那些在帝国艺术学院学习的艺术家，在俄国其他省份

[①] "三大高贵艺术学院"是帝国艺术学院在 1757～1763 年的名称，"三大高贵艺术"分别指代绘画、雕塑和建筑。1764 年，三大高贵艺术学院正式更名为帝国艺术学院，并脱离莫斯科大学，此外 И. И. 贝茨科伊接替舒瓦洛夫担任该学院院长。1944 年以后更名为列宾列宁格勒绘画雕塑建筑学院，现在又称为列宾美术学院。为阅读方便，后文均使用叶卡捷琳娜二世时期的称呼，译为"帝国艺术学院"。——译者注

[②] Бекер И. И.，Бродский И. А.，Исаков С. А. Академия художеств. Исторический очерк. 2-е изд. М.，1964；Молева Н. М.，Белютин Э. М. Педагогическая система Академии художеств XVIII века. М.，1956；Лисовский В. Г. Академия художеств. Л.，1972；он же. Академия художеств. Историко-искусствоведческий очерк. Л.，1982.

还有不少民间艺术家坚持传统风格，在实践中学习、应用和传承传统工艺。他们的创作风格和新风尚格格不入，这些艺术家不断被接受过新式教育的艺术家所排挤。即便如此，民间艺术家仍是当时俄国艺术界的重要组成部分。极少数民间艺术家接受新式教育后成功进入了当代艺术家之列。而贵族庄园中的农奴艺术家，他们虽学习于首都的老师，但接受的仍是传统的技能培训，其创作还远远谈不上艺术。

即便是自由的职业艺术家，他们的出身往往也十分卑微，在一个充满等级偏见和对农奴制习以为常的社会中，维护自己的利益往往困难重重。贵族身份、担任公职、君主赏识或者接受其他权贵人士的赞助是一个艺术家能够伸张个性并且独立发展的前提。当时俄国还没有在其他欧洲国家十分常见的建筑行会，缺少广泛的公共讨论和对艺术进行批评的报刊，所有这些都进一步阻碍了自由的艺术创作。

即便是受邀前往俄国享受着优越待遇的外国大师，他们在创作时也遭遇了不公平的对待。18世纪末，艺术家这一身份获得了俄国社会的普遍认可，从业者终于可以随心所欲地创作。

在俄国新艺术的发展过程中，其人文主义本质也逐渐清晰起来。新文化希望用伟大的启蒙思想唤醒自由的个体，促进人文主义的发展。对于18世纪的艺术家而言，创作中最重要的事情"与其说是审视现实——从社会进步的角度来'批判'现实，不如说是借助俄国睿智头脑中的人文主义思想来歌颂人类本身。纵观18世纪艺术发展的不同阶段，在各个艺术家的作品中，无论是高扬的胜利音符还是细腻的抒情手法都是如此……"[1] 新艺术所承载的先进民主观念和人文思想不仅代表着贵族的利益，也反映了俄国社会更广泛人群的诉求。"……细心的人不难发现，尽管民众还没有成熟到能够创作出反映其自身存在本质的文学作品，但这

---

[1]　Жидков Г. Русское искусство XⅧ века. М.，1951. C. 5.

些作品却栩栩如生地呈现着民众的生活面貌……"① 别林斯基的这句话同样适用于其他形式的艺术创作。

值得注意的是，欧化的18世纪俄国艺术仍然是一种具有自身特色的民族艺术，其发展可分为两个阶段。18世纪上半叶，固化的巴洛克（Барокко）审美情趣是贵族帝国形成和繁荣时期的产物。18世纪下半叶，标准的古典主义（Классицизм）"启蒙风格"脱胎于启蒙思想。启蒙运动对俄国艺术的影响要远远大于政治和历史，启蒙运动中公民理性的爱国主义精神和人文主义思想成了一个世纪以来俄国艺术家不竭的创作源泉。启蒙思想在古典主义之前的巴洛克时代就已经存在——正因如此，从巴洛克过渡到古典主义比较顺畅。

相较于首都艺术活动中心彼得堡，外省的艺术中心深受俄国传统美学影响，较少受到欧洲影响，有时候甚至呈现传统和新元素共生、不同风格元素层出不穷的怪异图景。

***

18世纪是俄国建筑艺术的黄金时期。② 在此时的审美中，建筑环境、城市和庄园的整体规划十分重要。在当时的城市规划和建筑形态理念中，国家是承载着"开明君主专制思想"的公正秩序代表。为了传播社会团结和公民责任理念，城市建筑群的建造蔚然成风。城市的建筑风格在整

---

① Белинский В. Г. Собр. соч. Т. 2. М. ，1948. С. 95.

② Алпатов М. Всеобщая история искусств：В 3 т. Т. Ⅲ. М. ，1955；История русской архитектуры. 2 - е изд. М. ，1956；История русского искусства：В 12 т. Под ред. И. Э. Грабаря. Т. V. М. ，1960；Т. Ⅵ. М. ，1961；Коваленская Н. Н. История русского искусства ⅩⅧ в. М. ，1962；Всеобщая история архитектуры В 12 т Т 6 М. ，1968；История искусства народов СССР：В 9 т. Т. Ⅳ. М. ，1976；История русского искусства：В 2 т. 2 - е изд. Т. Ⅰ. М. ，1978；Памятники архитектуры и монументального искусства. М. ，1980.

个 18~19 世纪不断变化，但建筑群规模仍持续扩大。

严格规划的城市发展方针体现了贵族帝国生活方式的规范性和等级性。18 世纪，整个建筑领域有着明显的社会等级划分。所有的国家建筑、教堂建筑和庄园住宅都被重新定义了。城市又被划分为中心城市、省级和县级城市、工业城市、商业城市、军事城市等等。专制主义国家严格界定了住宅区的等级，严格管理着城市住宅。不仅建筑物的建筑形式，就连建筑材料和建造技术也会受到管制。对于俄国城市发展来说，18 世纪留下的一切就像一把"标尺"。此时，俄国城市各建筑也逐渐实现了从木制建筑向砖石建筑的过渡。

1706 年，彼得堡建筑办公室的成立是俄国建筑工作集中化的标志。到了 1762 年，彼得堡和莫斯科的城市规划委员会负责统筹俄国建筑工作。1775 年莫斯科颁布了石材事务令（Каменный приказ），会集了来自各省的建筑工匠。

俄国建筑师首先必须了解如何建造柱式建筑。为此，建筑工匠们不得不认真学习新型建筑形式，翻阅大量论文和建筑图纸，紧跟建筑技术的最新动态。

18 世纪，安德烈亚·帕拉迪奥（Andrea Palladio）、贾科莫·巴罗齐·达·维尼奥拉（Jacopo Barozzi da Vignola）、维特鲁威乌斯（Vitruvius）和文森佐·斯卡莫齐（Vincenzo Scamozzi）有关柱式建筑的作品被多次翻译成俄语出版。[①]

除了译作，俄国人也书写并出版了不少有关柱式建筑的作品。П. М. 埃罗普金在其论文集《建筑考察的职责》（1737~1740）中总结了 18 世纪上半叶建筑实践与城市规划经验。伊万·莱姆（Иван Лем）的《民用

---

① Укажем некоторые из них: Правила о пяти чинах архитектуры Якова Бароция да Вигнола. М., 1709; Марка Витрувия Поллиона десять книг, которые из латинского на русский язык переведены кабинет-переводчиком Степаном Савицким. Спб., 1757; Четыре книги палладиевой архитектуры / Комментарии Н. Львова. Спб., 1798.

建筑的理论和实践范例》（1792~1794）在18世纪末风靡一时，不仅建筑师人手一本，贵族和普通人也时常翻阅。[①]

引领建筑和城市规划风尚的是俄国新首都彼得堡——18世纪它是受新文化影响的城市代表。陪都莫斯科受传统因素影响较深，但也发挥了一定作用。一些重建和新建的俄国城镇则是想象力的试验田。在农村地区，贵族庄园是创新先锋。总体来说，18世纪的俄国建筑规划杂乱无章，多是旧建筑。直到19世纪上半叶俄国城市的重建工作全部完成，新建筑才逐渐成为主体。在整个18世纪，不协调的建筑规划诱发了新旧对立、民族性和泛欧洲主义对立等问题。[②]

俄国相比其他国家较晚走上泛欧主义发展道路，但西欧风格的推进十分迅速。18世纪，俄国建筑所经历的各种风格早在欧化的起步阶段——彼得一世时期——就有迹可循了。过渡时期的建筑风格多种多样。俄国"尝试"了各种欧洲艺术风格，但迟迟未能给出最终选择，最后便呈现了一种混合巴洛克、古典主义和洛可可特点的多风格状态。起初，俄国对荷兰—德国新教建筑朴素的功利主义外观情有独钟，这种风格和此时彼得堡朴素的生活方式也遥相呼应。到了18世纪中叶，人们又将目光投向了意大利华丽而又庄严的巴洛克风格。

巴洛克风格在俄国风靡一时，影响深远——在18世纪上半叶，它不仅深刻地烙印在首都的建筑之上，还深入俄国各省。[③] 因此我们必须深入

---

① Евсина Н. А. Архитектурная теория в России ⅩⅧ в. М., 1975; Она же. Архитектурная теория в России второй половины ⅩⅧ-начала ⅩⅨ века. М., 1985.

② Шквариков В. Планировка городов России в ⅩⅧ и начале ⅩⅨ в. М., 1939; Он же. Очерки истории планировки и застройки русских городов. М., 1954; Белецкая Е. и др. «Образцовые» проекты в жилой застройке русских городов ⅩⅧ-ⅩⅨ вв. М., 1961; Бунин А. История градостроительного искусства: В 2 т. 2-е изд. Т. 1. М„ 1979. Гл. 7.

③ Барокко в России/Под ред. А, Некрасова. М., 1926; Жидков Г. Русская архитектура на рубеже ⅩⅦ-ⅩⅧ вв. // Архитектура СССР. 1939. № 9; Русская архитектура первой половины ⅩⅧ в. Материалы и исследования / Под ред. И. Грабаря. М., 1954; Виппер Б. Архитектура русского барокко. М., 1978.

探讨俄国巴洛克风格的多种表现形式——彼得堡巴洛克风格、莫斯科巴洛克风格和俄国各省巴洛克风格（各省的巴洛克风格又各不相同）。

早在17世纪末，巴洛克风格在"纳雷什金式"建筑中就有所体现，但它的影响力十分有限，以西欧为学习对象的彼得堡巴洛克建筑才是日后俄国巴洛克建筑的典范。在彼得堡，一切都重新开始，不受传统约束，甚至蔑视一切传统。

与此同时，在莫斯科和俄国其他省份，巴洛克风格扎根于"纳雷什金式"建筑中，逐渐吸收西欧巴洛克风格的有机元素，走出了一条独立自主的发展道路。这条独立之路在彼得一世时期发展缓慢，到了18世纪中叶，莫斯科和其他各省巴洛克建筑进一步融入俄国民族传统，迸发出了新活力。此时，一个具有西欧与俄国民族特色的巴洛克统一体应运而生。[1] 新风格以首都为中心向周边地区缓慢传播，这意味着各省巴洛克风格通常会和新风格——古典主义——交织在一起。在一些地方即便到了18世纪80年代乃至更晚时期仍能听到巴洛克风格的回声。

18世纪上半叶，俄国建筑事业和建筑家圈子的发展息息相关，在这个圈子里既有俄国建筑师，也有来访的外国建筑师。

意大利人多梅尼科·特雷齐尼（Доменико Трезини，1670-1734）[2]曾长期在彼得堡建筑办公室供职，他为这里的建筑艺术留下了浓墨重彩的一笔。深受北德巴洛克传统影响的特雷齐尼在设计彼得堡时也不得不考虑起建筑的功利性，他设计的建筑充满理性色彩，以单调的图形元素和壁柱式隔墙为主，门框扁平，墙角用粗面石头堆砌而成，总体上来说是简单规整的风格。特雷齐尼在设计时不仅考虑到了彼得堡当地的环境，还彰显出他作为一名建筑师的专业素养——他本人偏向于理性主义。这

---

① Евангулов О. С. О. некоторых особенностях московской архитектурной шко- лы середины ⅩⅧ в. // Русский город. Вып. 1. М. , 1976.

② Корольков М. Архитектор Трезини// Старые годы. 1911. № 4；Лисаевич И. Первый архитектор Петербурга Доменико Трезини（1670-1734）. Л. , 1971.

种理性主义风格的建筑基本上构成了彼得堡早期的建筑风貌——理性主义集中体现在"模范"建筑、公共建筑和城市布局中，而巴洛克只体现在个别细节里。特雷齐尼设计的彼得保罗大教堂钟楼显然属于巴洛克风格。在彼得保罗大教堂钟楼和其他建筑中，特雷齐尼充分发挥了整体规划城市建筑群的能力，阐释了对所承接设计的独特理解。

在那些供职于彼得堡的欧洲名人中，最为著名的当数法国皇家建筑师让-巴蒂斯特·勒布朗（Жан-Батист Леблон，1679–1719）。[①] 1716 年他作为园林设计领域的杰出代表在彼得一世的邀请下前往彼得堡。他设计中的部分古典主义元素与早期彼得堡理性主义建筑风格相适配。勒布朗的设计理念对彼得堡郊区的宫廷建筑内外设计、城市园林布局产生了不小影响，在一定程度上还影响了彼得堡的城市规划。遗憾的是，勒布朗本人在彼得堡没能留下任何文化遗产。他只在彼得堡待了三年，自然无法深入了解俄国城市的发展规律，难以留下建筑印记。

勒布朗提出的以椭圆形要塞形式建造彼得堡的想法不合时宜，不过其设计方案体现了一种"乌托邦主义"，为俄国城市规划和环境设计提供了发展范式。

18 世纪中叶，建筑师弗朗切斯科·拉斯特雷利（Франческо Растрелли，1700–1771）[②] 为彼得堡带来了成熟的巴洛克风格。弗朗切斯科·拉斯特雷利是著名雕塑家卡洛·拉斯特雷利（Карло Растрелли，1675–1744）的儿子，他 17 岁随父亲来到了俄国。弗朗切斯科·拉斯特雷利先是跟随父

[①] Грабарь И. Архитекторы-иностранцы при Петре Великом // Старые годы. 1911. № 7–9；Калязина Н. Архитектор Леблон в России（1716–1719）// От Средневековья к Новому времени. Материалы и исследования по русскому искусству XVIII – первой половины XIX в. М.，1984.

[②] 在俄国，人们称呼他为瓦西里·瓦西里耶维奇·拉斯特雷利（Василий Васильевич Растрелли），具体可参见 Матвеев А. Растрелли. Л.，1938；Денисов Ю. Архитектор Франческо Бартоломео Растрелли. Л.，1975；Козьмян Г. Ф. Б. Растрелли. Л.，1976；Овсянников Ю. Франческо Бартоломео Растрелли. Л.，1982。

亲学习，随后深入研究意大利巴洛克建筑，并两度造访意大利。

弗朗切斯科·拉斯特雷利的全部艺术才华体现在宫廷建筑中，如最富代表性的宫殿正门构图、庄严的拱门和正门楼梯。他进一步推动了巴洛克园林的发展，重塑了正统的五角形教堂和以修道院为中心的布局结构，赋予其新的巴洛克式阐释。墙面的装饰和富有韵律的横向延伸都体现着他对巴洛克的狂热追求。拉斯特雷利的作品直击心灵，是一场视觉盛宴。他只在祭祀性和观赏性建筑中强调体积感。他将西欧巴洛克和莫斯科巴洛克有机地组合起来，混搭后的建筑有着十分夸张的结构，色彩鲜艳，样态灵活多变，借助突出性的装饰强调建筑外观，在俄国十分流行。拉斯特雷利才华横溢，他设计的建筑别具一格，可谓"前无古人，后无来者"，虽然没能开创某种艺术流派，但对俄国巴洛克的发展举足轻重。

18 世纪初，乌克兰人伊万·扎鲁德尼（Иван Зарудный，于 1727 年去世）在推动欧式建筑和莫斯科传统建筑相融合的过程中发挥了重要作用。[1] 他的艺术创作的一大特色是在圣像中运用台柱（比如彼得保罗大教堂的圣像台）。扎鲁德尼在多层雕刻圣像台的基础之上，以墙体和拱形屋檐（"半屋檐"）为创作空间绘制出了多维立体的艺术图案。在彼得一世统治前期，莫斯科建筑中凯旋门元素的运用也与扎鲁德尼有关。在他的建筑实践中，乌克兰风情和纳雷什金巴洛克（Нарышкинское барокко）元素相互交织，共同呈现了莫斯科城市早期的建筑风貌。

伊万·米丘林的学生德米特里·乌赫托姆斯基（Дмитрий Ухтомский，1719-1780）是 18 世纪中期莫斯科城市风格的奠基人[2]，人们常常拿他和彼得堡的拉斯特雷利进行比较。他进一步发扬了纳雷什金巴洛克传统中特有的华丽元素，但总体上给人一种庄严感。乌赫托姆斯基的设计理念具体体现在塔形钟楼上，不同于拉斯特雷利，乌赫托姆斯基更强调建筑

---

① Мозговая Е. Творчество И. П. Зарудного：Канд. дне. Л.，1977.

② Михайлов А. Архитектор Д. В. Ухтомский и его школа. М.，1954.

的体积感。他的作品没有拉斯特雷利的那种"灵活性"和"多变性"，从视觉上来看，装饰性元素不太突出，多使用更为轻巧的木雕而不是笨重的石雕。

巴洛克在整个俄国城市规划设计中俯拾即是。通过这种巴洛克文化，城市想要向外界传达一种昂扬的斗志。18 世纪上半叶，俄国在城市规划和建筑风格中所呈现的这种积极力量并非一种偶然现象。

18 世纪中叶，在巴洛克的影响下，俄国的城市景观焕然一新，呈现了一幅瑰丽、辉煌的图景。巴洛克的具体内涵也发生了变化：华丽繁复的装饰与其说是为了点缀国家，不如说是为了映衬此刻站在权力巅峰的君主和贵族。[①]

巴洛克影响下的俄国城市是 18 世纪俄国人世界观的外在呈现。在有限的空间中人们意识到，世界是无限的、多变的以及随着时间而流动的，倘若让这个世界处于一种有序的几何秩序之中，或许它又能够呈现一种独特的状态。每一个巴洛克城市机体都是一个与无限世界相隔离的独立空间。俄国大部分新兴城市多是军事要塞，18 世纪拔地而起的新首都彼得堡却是一个富有生活气息的都市。修道院（或者说教堂）这样的宗教场所对于强调生活功能的彼得堡来说必不可少，著名的亚历山大·涅夫斯基修道院和斯莫尔尼大教堂就坐落于此。

在彼得一世之前，俄国没有任何一座像彼得堡这样的城市，它完全是西欧城市。彼得一世原本计划重建莫斯科，将其变成一座纯西欧式的城市，他先改造了莫斯科的周边环境。"德国人村"是彼得一世野心的第一个试验场，这里的房屋面朝亚乌扎河，完全不顾传统的莫斯科城市规划。在新城市规范形成过程中，彼得一世的欧洲之行功不可没。在柏林、阿姆斯特丹、维也纳和伦敦游学的过程中，"佛拉芒式"连成一片的房屋

---

① Морозов А.，Сафронова Л. Эмблематика и ее место в искусстве барокко // Славянское барокко. Историко-культурные проблемы. М.，1979.

建筑群令彼得一世流连忘返。在以"佛拉芒式"建筑墙为背景的城市中，街道四通八达，运河贯穿全市，而城市的公共广场上则点缀着喷泉和艺术雕塑。

为了满足新公共生活和节日游行的需要，打造一个符合彼得一世理想的新莫斯科，还需要在城市周围构建一个井然有序但又和传统截然不同的新环境。每逢庆典，城市街道和广场上临时搭建的木制看台、凯旋门、方尖碑、风景画布和盖在其他装饰物上的帷幕过于夺目，古朴的中世纪城市俨然成了灰暗的背景板。

彼得一世希望莫斯科古老的广场能够发挥市民中心的功能。17~18世纪，位于莫斯科尼古拉街和复活大门交界处的红场逐渐聚集了各式各样的公共建筑（比如主药房、旧铸币厂、喜剧院等建筑）。

此外，彼得一世还试图彻底改造莫斯科中世纪式的街道和广场，并颁布了不少法令：拉直并拓宽街道；制定"建筑应当面向街道和小巷"的新规定；禁止在市中心建造木制建筑，只允许建造砖石建筑；整顿街道和广场风貌；等等。在莫斯科郊区波克罗夫的皇村里还新建造了一批具有特色的土坯房。[①] 彼得一世的这些法令并没有起到预想的效果。莫斯科还没有制造"实心外墙"的建筑技术，从外观上看城市并没有什么变化。换言之，彼得一世试图改造莫斯科外观的尝试基本落空。不过这也不足为怪，毕竟这里是有着丰富历史底蕴和独特文化传统的莫斯科，或许最不适合用激进的方法推行新的城市规划。

改造莫斯科失败后，彼得一世不得不将希望寄托在"德国人村"上，他甚至自己搬了过来，以庄园和军营的形式组建了一个新的建筑群。后来，彼得将目光转向波罗的海沿岸——在那里他刚从瑞典人手里夺得了新土地，新首都彼得堡从涅瓦河畔的无人区拔地而起。

---

① Сытин П. В. История планировки и застройки Москвы. Т. I. М., 1950.

图 1-1　莫斯科克里姆林宫兵工厂（1702~1736）

　　彼得一世在彼得堡实现了自己对新型城市的各种构想。[①] 俄国未来的首都坐落于涅瓦河畔的空地上，在引入新型城市规划和建筑技术方面有着先天优势——外国专家能够施展自己的全部才能，统治者能调动整个国家的人力物力。建筑资源融合有助于城市建设的开展：彼得一世设置了彼得堡建筑办公室以领导城市建设工作，引入了新的工程模式和设计方案。

　　在建城早期，彼得堡内仍有大量木制建筑。俄国建筑工匠掌握了一种名为"普鲁士"的半木制建筑技巧，并将其广泛运用于当时的城市建

---

① Петров П. История С. - Петербурга. 1713 - 1782 гг. Спб. ，1885；Божерянов И. К 200 - летию столицы. С. Петербург в петрово время. Спб. ，1903；Столпянский П. Каквозник，основался и рос Петербург. Спб. ，1918；Луппов С. История строительства С. - Петербурга в первой четверти XVIII в. М. ；Л. ，1957；Мордови и В. Основание Петербурга. Л. ，1978.

设中。此时彼得堡的商业建筑、公共建筑和居民住宅建筑，无论是墙面还是屋顶，都装饰着轻巧的图案。带有复杂的木桁架结构和曲折屋檐的"荷兰式"高复式房顶流行一时。彼得堡建筑的另一大特色是建筑物常常包括高耸的尖顶，这显然借鉴了北欧地区的建筑风格。北欧建筑的尖顶，其木制框架沿垂直方向延伸，与一系列八面体形式的水平门楣交会，逐渐向上聚拢并收缩成一个稳固的悬臂结构，而外部则用铜板覆盖，以便承受强风。彼得堡的地标性建筑彼得保罗大教堂的尖顶便是北欧风格，其高度甚至达到 45 米。

图 1-2　彼得堡的彼得保罗大教堂（1712~1732）

彼得堡内的砖石建筑也有了改进——对建筑的工程结构基底进行了加固。在建造砖石建筑的时候，人们不再像之前那样着力于厚重的拱顶，维持巨大的垛口间距，而是铺设平坦的木梁天花板，以25米为间隔搭建木桁架充当承重屋顶。这样便能大幅减轻墙壁的承重压力，墙壁也因此变得更为轻薄。比如说，瓦西里岛上的缅希科夫宫，其内墙基本上只有一块砖或半块砖厚。在彼得堡既生产普通的城市建设用砖①，也按照荷兰独家秘方生产特殊的防潮砖。

图1-3　整修后的缅希科夫宫（1710~1716）

　　很快，整座城市的面貌焕然一新。彼得堡的建造简直是个奇迹——木制的彼得堡在短时间内迅速蜕变成了砖石的彼得堡。在彼得一世统治后期，彼得堡的宏伟和壮丽震撼了外国游客，一位旅行家在1751年游览彼得堡时写道："……游客们十分喜欢彼得堡，对她赞不绝口，她也因此更加动人了。可以说，彼得堡甚至比欧洲不少有着悠久历史的大城市都

---

① 普通的城市建设用砖基本延续了17世纪的生产技艺。彼得一世时期规定了俄国城市建设用砖的规格：28厘米×14厘米×7厘米。整个18世纪乃至后世的俄国城市建设用砖基本延续了这一尺寸。参见 Черняк Я. Очерки по истории кирпичного производства в России. М.，1975。

令人流连忘返。"①

　　持续有效的城市规划对彼得堡的长期发展十分重要。精确规划让彼得堡的街道笔直有序，基本布局具有条理性。勒布朗心目中的彼得堡是一座完美的要塞城市。和彼得一世原先的构想不同，涅瓦河两岸的岛屿成了城市发展的中心，陆地即海军部所在地的重要性与日俱增。因此，彼得堡的涅瓦河岸逐渐成了一个多中心的集合地。П. 埃罗普金对彼得堡的规划（1737）和他随后的设计方案进一步延续了此前城市沿涅瓦河而建并加强堤防的发展模式，而且在此基础上新建了一些建筑。②

图1-4　彼得一世时期的夏宫（Летний дворец，1710-1714），木刻版画

　　彼得堡城市建筑有序性的另一个体现是对建筑本身的规划，房屋必须沿着街道呈线形排列，并且建筑外墙的设计要协调美观。对于彼得堡

① Рубан В.，Богданов А. Историческое и топографическое описание С. - Петербурга с 1703 по 1754 г. Спб.，1779.

② Шилков В. Проекты планировки С. - Петербурга 1737 - 1740 - х годов// Архитектурное наследство. 1953. № 4.

城市中各个等级的人来说，"模范建筑"（Образцовые дома）必不可少。城市里各个等级的人，无论是"杰出公民""富裕市民"，还是"平民百姓"，都有一套居住规范。这一原则也一直延续了下来。彼得堡成为全俄第一个在全市范围内推行"模范建筑"理念的城市。18 世纪上半叶，房屋与房屋之间出现了明显的间隙。交替出现的房屋、带有花纹的铁门和有意放置的栅栏充当了街区与街区之间的共同背景，将户与户分割成一个个独立的单元。特雷齐尼对瓦西里岛的规划体现了一种理想的城市发展模式。其建设经验，尤其是堤坝建设和带动睦邻发展的经验，也被广泛地应用在了彼得堡城市中心的建设中——涅瓦河畔那些三层高、三层半高和四层高的庄严住宅。在彼得堡需要严格遵守以等级为基础的居住规范，城市的中心是贵族区，居住着贵族、官僚和富商；城郊则是平民区，居住着各类工匠和体力劳动者。

彼得堡的广场在形状上也不同于以往的俄国广场。广场的轮廓为几何形状，百货大楼（Гостиный двор）、中央部门（Коллегии）、财政机关和公共建筑坐落于同一条线上。例如，彼得格勒岛上一侧的三一广场和瓦西里岛上中央各部不远处的广场就是如此。广场重新回归城市公共空间。① 在彼得堡的广场上，举行重大的节日庆典时必然少不了喜庆的凯旋门。

彼得一世统治后期，彼得堡建筑群的特征基本成形——以街道、堤坝和广场为主脉的空间结构；建筑成片分布，连成了一条条宏伟的水平线；部分地区具有高耸入云的尖顶建筑。彼得堡如同一条奔腾的大河，自城市中心不断向外涌出一条条充满生机的支流，奔向远方。

18 世纪中叶，盛行用雕刻点缀城市风貌，彼得堡也不例外。新建钟楼、教堂的外观和轮廓由于运用了雕刻艺术而变得更为丰富多彩。从轮

---

① Гараскин Н. Гостиные дворы в каменном зодчестве XVIII в. в русском классицизме и ампире: Канд. дис. М.，6 /г.

图 1-5 彼得堡的中央各部（1722~1734，1734~1741）

廊上来看，这些建筑在尖顶上还添加了民族性元素，如五角形、塔状和富有层次的民族图案。这样一来，城市又有了新图景——在模仿西欧的基础上增添了如诗如画的乡土情怀。

俄国"精心规划的"首都彼得堡是专制帝国的象征，其核心理念是追求一种"普遍秩序"。如三叉戟般分开的街道最后汇集在了海军部大门，代表着彼得堡和广阔海洋的紧密联系。

彼得堡践行全新的规划理念，但也继承了 17 世纪俄国城市的结构特征，这主要体现在街道各房屋的排列模式、街区与街区之间的分隔方式和在城市郊区设置单独"平民区"的规划上。传统的俄国城市中心是一个四面被壕沟包围起来的堡垒。① 彼得堡的成功离不开此前各类城市的建

---

① Гуляницкий Н. Ф. Градостроительные особенности Петербурга и черты русской архитектуры середины XVIII в. // Архитектурное наследство. 1978. № 27；Кириллов В. В. Русский город эпохи барокко// Русский город. Вып. 6. М. ，1983.

筑经验。

换言之，即便是经历了新事物如风暴过境般的洗礼，传统还是深深地扎根在俄罗斯大地上，并在一些方面影响了涅瓦河畔这座俄国新首都的整体风貌。

18世纪上半叶，俄国在建设"要塞据点"和"工厂城"方面也积累了不少经验。比如，塔甘罗格、沃罗涅日、亚速①等一些工业地区的"工厂城"建设，还有乌拉尔地区的涅维扬斯克综合工业区。② 这些居住区多为规则的几何布局，彼得堡的城市布局或许是从它们身上汲取了灵感。以海军部为核心规划住宅区或许借鉴了"工厂城"（这里以工业综合体为核心），陆地部分的扇形布局或许模仿了塔甘罗格，城市如何"临水而居"或许参考了沃罗涅日。当彼得堡还未建成，仍在规划建筑类别时就已经注意统一街区风格了。

在此之后，建成的彼得堡反而影响了后世"要塞据点"和"工厂城"的建设。在18世纪的"工厂城"中，规模最大者当数乌拉尔地区的叶卡捷琳堡（1723）③。叶卡捷琳堡是一个"典型的"为"劳动者"居住而建设的模范城市，从布局到统一住宅，规则性主导着城市建设的每一个方面。18世纪后半叶，新模范城市奥伦堡④成为乌拉尔地区的军事、行政中心。乌拉尔地区的这两座城市，从外围到内部的街道网络、公共空间和统一住宅，无处不体现着规则性。就规则性而言，二者在建筑群特征方面也呼应了彼得堡的建筑理念——笔直的道路和尖顶教堂共同构成了城市风景线。

---

① Сытина Т. М. Южно-русские города первой четверти XVIII в. // Русское искусство XVIII в. М. , 1968.

② Геннин В. Описание уральских и сибирских заводов. 1735. М. , 1937.

③ 此为建筑年份，下同。——译者注

④ Крашенинникова Н. Принципы планировки регулярных городов-крепостей XVIII в. на примере Оренбурга// Архитектурное наследство. 1973. № 21；Она же. Облик русского города на примере Оренбурга// Архитектурное наследство'. 1976. № 25.

彼得一世时期，俄国的豪情壮志深刻地体现在各类公共建筑之中，这也成为 18 世纪俄国建筑的显著特征。彼得一世改革后，一批功利性建筑拔地而起，它们多承担经济和工业职能，如集贸市场、造船厂、独立的手工工场和工业综合体。这些建筑按照"统一规格"建造，严格按照几何规范和对称原则排列分布。连接这些建筑的往往是拱形小巷和走廊。在漫长外墙的包围之下，它们完全依托城市的公共空间，变成了城市街道、广场的一部分。在当时的某些公共建筑中，高耸入云的尖顶也具有浓厚的线性感。

彼得一世时期，工业建筑群的代表为彼得堡造船厂和海军部建筑群，其发展经历了三个时期：1703 年的土坯建筑时期、1730 年的砖石建筑时期和 1806~1823 年的重建时期。① 商业建筑群的杰出代表是彼得堡的集贸市场（集贸市场 1703 年位于三一广场，以土坯建筑为主；1722~1732 年则挪到了瓦西里岛上，以砖石建筑为主）。彼得一世和他的政府又先后在三一广场（1714~1718）和瓦西里岛（1723~1734）上建造了海军部大楼（同样的，海军部大楼在三一广场上时是土坯建筑，而在瓦西里岛上时是砖石建筑）。②

彼得堡公共建筑脱胎于 17 世纪末 18 世纪初的莫斯科建筑。最早建造的那批建筑有所创新，但尚未摆脱中世纪传统的束缚，仍保留了房屋封闭结构，着力于花纹装饰，青睐对称性，关注建筑的体积和整体轮廓。莫斯科的苏哈列夫塔和彼得堡的海军部大楼在图案的运用上不无相似之处。莫斯科军械库的密闭空间和朝外的城墙为彼得堡的集贸市场提供了灵感。莫斯科红场附近铸币厂的砖块式结构则反映在了彼得堡的中央各部大楼上。

---

① Репников А. Адмиралтейские сооружения в Петербурге ⅩⅧ в. и их значение в формировании планировки города: Канд. дис. Л. , 1954.

② Грозмани（Иогансен）М. В. Здание мазанковых коллегий на Троиц- кой площади в Петербурге// От Средневековья к Новому времени. М. , 1984.

　　只有在彼得堡，基于欧洲秩序建成的城市才最终让公共建筑发生了质变，因而城市面貌焕然一新。在彼得堡，各种元素有序统一在一个整体中，建筑在布局上追求构图的对称性和规律性，纵横比例经过了科学计算，城市外墙长线条的直线性和墙面的轻巧性赏心悦目，新的表现手法展现得淋漓尽致。

　　直到 18 世纪 30 年代，彼得堡建筑的整体风格还是朴素的理性主义，这也符合彼得一世时期所追求的功利主义建筑精神。然而到了 18 世纪中期，彼得堡和莫斯科公共建筑的建筑风貌有了显著区别。彼得堡建筑的装饰变得更为繁复、灵活，巴洛克元素在高尖顶塔楼和屋顶雕刻上时常出现。

　　巴洛克主要体现在凯旋门的设计里。"罗马式"的拱门是彼得一世时期建筑的一个新特色，这主要是为了便于凯旋队伍的通行。这种凯旋门首先出现于莫斯科，接着是彼得堡。凯旋门是临时性建筑，但其设计理念还是辐射到了其他建筑。凯旋门呈门面墙状，以对着街道的正面，也就是城市的公共空间，这引领了新的城市规划理念，比如 1709 年波尔塔瓦战役（Полтавская битва）胜利时所建造的莫斯科拱门。①

　　莫斯科的那个木制拱门还没等庆祝活动结束就被拆除了。后来用石头又重建了不少拱门，比如彼得堡的彼得之门和莫斯科后来的红门。在彼得一世时期的一些宫廷建筑和公共建筑中我们可以看到与凯旋门类似的图案以及与立面墙类似的设计理念——18 世纪初的基里洛夫之家、部分教堂（莫斯科的勇士伊凡教堂）和一些圣像壁（特别是彼得堡的彼得保罗大教堂）。彼得一世时期的移风易俗令也影响了教堂建筑的设计。18 世纪上半叶，世俗美学以尘世价值为核心，注重人本身的价值、个人的荣耀和崇高的道德，重新思考起教堂神圣形象背后的本质。这首先体现

---

① Ильин М. А. и др. Московские триумфальные ворота рубежа XVII–XVIII вв. // Материалы по истории и теории искусства. М. , 1956.

在教堂明亮的内部空间上，当人们庄严地抬起头时便能发现自己沐浴在万丈光芒之中，身处于那充满活力、不断变化而又使人欣喜若狂的辉煌之中。

图 1-6　莫斯科的阿维基·基里洛夫之家，后重建

对宗教场所极具赞美之情的意象，反映着人们对辉煌时代和宏大叙事的怀念以及对永续辉煌的美好希望。17世纪与18世纪之交，这种宗教意象在莫斯科城郊十分突出，宗教建筑中逐渐形成了一种新时代的审美理念。这种审美理念依托教堂"八角方形穹顶"的传统构造，"钟"成为核心。教堂中的各个元素垂直分布，层层递减后最终汇集在了"钟"的身上。"钟"给人一种动态的印象，在教堂周围对称分布的拱门、塔楼的烘托下反而成了视觉上的中心。莫斯科郊区的教堂布局多是如此。这种

布局还影响到了菲利、乌波尔和雷科沃等地区的教堂建筑风格。这些地区的教堂建筑在装饰方面出现了西方式的革新，如杜布罗维茨地区的教堂。该地区的教堂使用很多不同寻常的雕塑元素（如皇冠），用华美风格象征世俗权力。教堂建筑尽管有所革新，但仍保留了很多"旧俄罗斯式"的特点。从平面图来看，教堂呈花瓣状，融合了一些新巴洛克风格的元素，这些元素在后来不少莫斯科建筑中仍有所保留。

在部分设计中，设计师更倾向于保持构图的完整性，因此产生了更为紧凑的八角形圆顶大厅，比如沃斯克列先斯克、沃伦斯基和佩罗沃以及其他地区的教堂。1714 年，Г. Ф. 多尔戈鲁科夫公爵在莫斯科近郊的谢尔普霍夫建造了一个绝对圆形的教堂，用当时西欧惯用的建筑手法在教堂四周设置了拱形画廊。① 教堂外部的雕塑艺术极富西欧特色。教堂旧有的那种塔式建筑和唱诗班大厅布局也逐渐发生了变化。随着教堂装饰性元素的减少，建筑中的理性主义精神凸显起来。新时代的教堂设计抛弃了对东正教教堂而言不可或缺的圣像壁，或许对于新式教堂大厅来说，和周围环境格格不入的圣像壁无处落脚。

俄国的圆顶教堂建筑和西欧教堂有相似之处，与其说它是繁复而浪漫的巴洛克风格，不如说它更接近简约而理性的新教风格或文艺复兴风格。波德莫克洛沃的圣母诞生教堂在外观上和拉斐尔画作《圣母的婚礼》中的教堂如出一辙。教堂由外国建筑家设计，出资人为 Б. А. 戈利岑、П. А. 戈利岑（二人是兄弟）以及 Г. Ф. 多尔戈鲁科夫公爵，他们是俄国的外交官，和西欧国家来往密切。

庄园教堂建筑的创新对 18 世纪的教区教堂艺术产生了深远的影响——大部分教堂在外观上呈现富有动态的多层次结构。就教堂的平面设计而言，一

---

① По поводу Подмокловской церкви, ее новой датировки и истолкования см.: Разумовский Ф. Художественное наследие серпуховской земли. М., 1979; Михайлов А. Подмокловская церковь и классические веяния в искусстве петровского времени// Искусство. 1985. № 9.

些建筑有了新布局——在视觉上来看图案更灵动，更具有存在感。

彼得一世时期莫斯科的标志性建筑——亚基曼卡圣约翰教堂，其显著特色是融入了新的西欧元素，外观呈交错的层次感，外墙遍布半圆形图案。莫斯科的另一座大教堂——大天使加布里埃尔教堂，出资人为 А. Д. 缅希科夫，坐落于屠夫门（1701～1707）附近的缅希科夫私人庄园。大天使加布里埃尔教堂最突出的特点是高耸的钟楼，在多层次的建筑顶部有一个西欧式的尖塔。该教堂是为了歌颂沙皇建造的，其钟楼设计对后来彼得堡的彼得保罗大教堂钟楼影响深远。从大天使加布里埃尔教堂下部的分层和十字形结构中人们依旧可以感受到一种上下呼应的整体性设计思路；从教堂被拉长和交错的外表面，人们则能感受到一种独立于立体感之外的平面设计思维，这也是彼得堡各建筑和各教堂的特征。

图 1-7　莫斯科亚基曼卡圣约翰教堂（1709～1713）

大天使加布里埃尔教堂的融合性和流动的体量感通过椭圆形图案和教堂入口两侧宏伟的涡旋式扶壁来塑造。这座教堂具有独特的西欧风情——扎鲁德尼为教堂外墙设计了雕塑，在内部运用了石膏艺术。

图 1-8　莫斯科的大天使加布里埃尔教堂（缅希科夫塔）（1701~1707）

　　在彼得堡，教堂建筑的变化更为显著。人们希望西式的教堂格局适应俄国的东正教文化。早期彼得堡的教堂基本上都是有着高大钟楼和尖顶的大型教堂。人们喜欢将大型教堂视作城市建筑背景的延伸，也喜欢教堂建筑群线性的布局和矩形的整体外观。大型教堂有着标准化的建筑样式，便于形成统一的建筑群，符合建设整齐划一城市的各项要求。特雷齐尼设计的彼得保罗大教堂正是这类大型教堂的代表，该教堂集西欧巴洛克建筑风格之大成。彼得保罗大教堂有一座高达 122 米的尖顶塔楼，这样的高度和塔楼西侧繁复的涡旋图案让楼体坚固而又夺目——它作为俄国新首都的象征，傲然屹立于涅瓦河畔。

然而在俄国人的印象中，大型教堂走廊的水平空间与庄严氛围似乎毫无关系，教堂所需要的那种庄严氛围只产生于东正教教堂那垂直高升的穹顶轮廓中。

18 世纪上半叶，比起舶来的西式教堂结构，人们认为莫斯科和俄国各省教堂建筑的传统结构更符合他们对教堂庄严氛围的想象。到了 18 世纪中叶，民族主义在建筑设计中最终占据了主导地位，新的元素和传统元素相互渗透，教堂的传统结构得到了新的发展。

巴洛克庄园教堂建筑彰显了一种蓬勃向上的凝聚力，这也是 18 世纪中期俄国教堂建筑的宗旨，比如彼得堡主显圣容教堂（1744～1754）和圣尼古拉斯大教堂（1752～1762）。其他教区的教堂也体现了这种凝聚力，比如莫斯科的帕拉斯科瓦皮亚特尼察教堂（1739～1744）、尼基塔·戈茨基教堂（1751）和圣克莱门特教堂（1740～1764）。而一些新建立的教堂在考虑凝聚力的同时还兼具了塔式大教堂的垂直性，比如彼得堡的斯莫尔尼修道院和亚历山大·涅夫斯基教堂、莫斯科的瓦尔索诺菲耶夫斯基教堂。

图 1-9 彼得堡的斯莫尔尼修道院（1748～1764）（1748 年复刻，模型）

图 1-10　基辅圣安德鲁教堂（1747~1767）

　　宏伟和庄严的外观也要通过装饰手段来表现，教堂内部是奢华的巴洛克装潢。蓬勃向上的主题也体现在了同一时期的钟楼建筑中，这些钟楼本身也是身着华美巴洛克服饰的高层建筑，比如莫斯科附近谢尔盖耶夫修道院和著名的基辅修道院钟楼，特维尔、科特斯罗马和科泽莱内大教堂的钟楼。

　　对于彼得堡来说，教堂建筑传统元素的回归激发了人们对俄国传统五边形图案、三段式设计和"八边形广场"布局的热情，这些俄国传统元素通过巴洛克方式进行了重新演绎。许多彼得堡的教堂重新用民族性改写了穹顶的表现形式，比如潘捷列蒙教堂（1735~1739，设计者为 И.

科罗博夫）。欧化的彼得堡用巴洛克方式重新演绎传统对莫斯科和俄国外省的教堂建筑极具启发性。不过在绝大多数情况下，外省人只借鉴了巴洛克装饰的形式，将这种装饰点缀在传统俄国教堂建筑结构之中。拉斯特雷利为了表达自己对民族传统的尊重，在18世纪中叶重新设计了新耶路撒冷修道院宏伟的圆形大厅——教堂上方托起一个新穹顶，整个空间充满了巴洛克色彩，笼罩在神圣而肃穆的光芒之下。

图1-11 莫斯科老巴斯曼纳亚街上的尼基塔圣殉道者教堂（1751）

18世纪中叶，巴洛克风格发展到了顶峰。拉斯特雷利和乌赫托姆斯基设计的教堂是彼得堡巴洛克风格和莫斯科巴洛克风格的集大成者。民族主义风格深刻地体现在了由二人所设计的教堂建筑中。最早的巴洛克宫廷建筑出现于彼得一世时期的莫斯科，还带有明显的"纳雷什金式"风格。这些建筑尽管带有全新的元素，但仍会让人联想起 17 世纪的俄国本土建筑。传统风格和巴洛克风格虽然迥异，但二者却通过一种"折中"的方式结合在一起，比如莱福托沃宫的外墙装饰和室内装潢就是传统风格和巴洛克风格试图结合的一个典范。主大厅史无前例地选择了平顶设计，厅内是比肩天花板的巨大瓷砖灶台、带有精美雕刻的欧式镜子和简陋的内部装饰。М. П. 加加林的私人宅邸坐落于特维尔大街上，它同样是西欧建筑，人们常常将其比作意大利文艺复兴时期的宫殿。这座私人宅邸对称的"突出墙体浮雕"装饰设计很快风靡整个彼得堡，涅瓦河畔的冬宫、缅希科夫宫等建筑都有类似的设计元素。在彼得堡宫廷建筑建设过程中，这些巴洛克元素被进一步运用，到 18 世纪，已经出现了比较完善的巴洛克宫廷建筑图纸和规划方案。在彼得堡，沿着街道和"突出墙体浮雕"对称分布的宫廷建筑格局自此形成。此外，像斯托罗甘诺夫宫这种包括一个内院的广场型建筑，或者像沃龙佐夫宫这种被两侧建筑"护卫"着、门廊朝向街道的建筑也流行起来。

在早期的莫斯科和彼得堡的宫廷建筑中，已经出现了严格有序、具有对称立面的房间布局，这些房间的中心是一个大厅。后来，大厅前方区域扩展成了一个对称的环绕大厅，这标志着巴洛克舞厅艺术发展到了顶峰。规模相对较小的城市私邸通过房间系统形成环形结构，在大型宫廷建筑中出现了一种更为正式的线性系统——穿廊式房间盛行一时。这种布局模式最终在 18 世纪中叶发展起来，成为巴洛克时期的特殊设计。在此时的宫廷建筑中，拉斯特雷利设计的皇家宅邸——彼得堡的冬宫（Зимний дворец）、彼得宫（Петергоф，建于 1714 ~ 1728 年）和皇村（Царское Село），具有特殊的地位。巴洛克宫廷建筑主要为充满仪式感的生活设计的，其特点是房屋正面是极富仪式感的双开大门和通向穿廊式房间的会客厅。前院对于 18 世纪的宫廷建筑来说必不可少，它隔开了

图1-12　谢尔盖圣三一修道院（1741~1761）

服务区和晚宴区。此外，在宫廷建筑旁边还出现了独立的服务建筑，建筑一层也起着类似的作用。

宫廷建筑的接待区通常在二层的包厢，它位于大厅前方，二者之间是宽阔的通道。巴洛克宫廷建筑里通常包括数个宴会厅和画廊，还有用于陈列东方珍宝的展厅（这些展厅名通常为"中国"或"日本"），除此之外还有办公厅、卧室和主餐厅。巴洛克宫廷建筑的华美集中体现在了舞厅上，在沙皇的宫殿——皇宫里，常常举办举世瞩目的奢华宴会。舞厅的大小一般取决于建筑的大小和主人的财富。

在宫廷建筑的交际区域，人们要么站着思索，要么翩翩起舞，此处几乎不放置任何家具。美轮美奂的墙壁设计和天花板装饰，数不胜数的镀金雕刻、雕塑、摆件、绘画作品以及其他艺术物品，共同为宫廷建筑营造了一种独特的仪式感。参与令人炫目、无穷无尽的庆祝活动就好像目睹沐浴在大自然光辉之下的万物开花结果一样让人无比幸福。在装饰中，象征自然活力和丰饶的植物图案占据主体地位。墙壁上的雕刻如茂盛的藤蔓一样自上而下爬满了窗户和门厅，并在绘画作品和镜子周围留下了痕迹。密集的结绳装饰制造出一种植物框架的感觉，生机勃勃，真实和虚幻的空间由此重叠在了一起。

巴洛克常常通过制造幻象，尤其是对空间延展性的强调来制造惊喜。窗户、镜子、墙壁和展厅内的画作将人们带入了一个遥不可及的世界。所有这些光芒四射的虚幻世界营造了一种节日般的幸福氛围，这种氛围迎合了日益高涨的贵族享乐主义世界观。明亮的主色调进一步强调了外墙与外墙之间的立柱和雕塑装饰的细节，这也是拉斯特雷利的个人巴洛克风格和17世纪末18世纪初莫斯科建筑传统用色方案的巧妙结合。

图 1-13 彼得宫和阶梯喷泉，圣伊莱尔的透视图（1764~1773）

最成熟的巴洛克宫廷建筑和园林在乡下庄园里，俄国广阔的乡间环境推动了巴洛克审美理想的自由发展。贵族的乡下庄园里华美的巴洛克风格主要体现在盛大的宴会中。庄园内各建筑沿着一条事先规划好的中轴线对称分布，而被环形建筑包围着的巨大庭院为大型园林保留了充足空间。此外，庄园里有各种兼具装饰和娱乐功能的地方，这也是当时贵族文化成熟和贵族注重享乐的一个缩影。

这类乡下庄园主要用来接待客人和举行奢华的庆典活动。小路和绿化带打破了园林空间的完整性，园林的不同区域承担了不同职责。在巴洛克宫廷建筑中，园林的整体规划十分注重象征性元素，要和庄园里那些雕塑、绘画等装饰品遥相呼应。湖泊四周是便于人类活动的绿色草坪。园林里举行的庆祝活动通常会有一定主题，要能衬托节目表演者和身着相应的主题服饰漫步其中的嘉宾。庄园内有一个娱乐设施名为"过山车"，从外形上来看是一个带有长坡道的娱乐项目，包括带有奇幻装饰的梦幻洞穴以及位于丛林之中的露天绿色剧院。

园林里有不少"欺骗性"设计，这些设计给人一种身处真正自然的错觉。园林内风景依然，甚至让人误以为已经远离尘嚣。曲径通幽，远处忽隐忽现的亮点让人仿佛看不到道路的尽头。园林内的凉亭则带给行人一种走出园林的错觉。水是烘托巴洛克园林梦幻氛围的关键因素，如镜子般的池塘、不断变换喷射方向的水柱和阶梯瀑布。夜幕降临，在灯火通明的园林上空有时还会进行夺目的焰火表演。[1] 人工园林和自然景观之间有着明显的界线，它不可能完全成为自然的一部分。

彼得一世统治前的俄国，在莫斯科郊外就有一些具有娱乐性质的乡下庄园。比如17世纪下半叶建成的伊兹梅洛沃庄园，它是沙皇的乡村住

---

[1] Карлсон А. Летний сад при Петре I. Пг.，1923；Дубяго Т. Б. Русские регулярные сады и парки. Л.，1963；Лихачев Д. С. Поэзия садов. Л.，1982.

宅，该庄园里有个不同寻常的园林。不过此时，新的巴洛克元素还未能形成一个完整的体系。到了 17 世纪末，沙皇身边的高级贵族——戈利岑家族、普罗佐罗夫斯基家族、萨尔蒂科夫家族、舍列梅捷夫家族和纳雷什金家族，也开始拥有私人乡下庄园。

17 世纪末，位于莫斯科郊区的菲利、马菲诺、索弗里诺、伊兹瓦里诺和尼基茨基等地的庄园风格各异。这些庄园是彼得一世时期庄园艺术创新的先驱。18 世纪初，莫斯科的新庄园建筑集中在郊区的亚乌萨，沙皇及其友人——A. 缅希科夫、Φ. 莱福尔、Φ. 戈洛文等人的庄园便建在这里。从布局上来看，庄园各建筑沿着中轴线对称分布，主建筑、前院以及园林都在轴线上。戈洛文庄园的侧面朝向亚乌萨河，莱福尔的正面朝向亚乌萨河，这种方案后来也影响了彼得堡乡下庄园布局。[①]

彼得堡的乡下庄园不仅在规模上，在整个构成和规划体系上也远远超越了莫斯科。彼得堡乡下庄园里的园林涵括了西欧常规园林的各主要类型，在这里能看到法国的花坛、意大利的梯形园林和荷兰的微型园林。和莫斯科不同，彼得堡郊区的乡下庄园以芬兰湾为中心，沿单一组织轴分布。园林内小径四通八达，或笔直向前，或蜿蜒前行，将园林内各元素连接起来。各种创新的集大成者是沙皇的乡下庄园——彼得宫。彼得宫的布局仿照了凡尔赛宫，有相交的如三叉戟般放射型小径。除了彼得宫，在芬兰湾附近还出现了许多贵族庄园：A. 缅希科夫的奥拉宁鲍姆庄园、M. 格罗夫金庄园、Φ. 阿普拉克辛庄园、И. 布图林庄园、B. 奥尔苏菲耶夫庄园、B. 斯特列什涅夫庄园、Г. 车尔尼雪夫庄园、П. 沙菲罗夫庄园等等。

18 世纪，乡下庄园的样式基本确定：以三棱柱式的别墅为主，两翼

---

① Дубяго Т. Новые данные о садах и парках Москвы // Вопросы архитектуры и градостроительства. Вып. XI V. Л. , 1953.

图1-14　彼得宫会客厅的长廊（1741~1752）

外墙对称分布，由廊柱连接，整体呈线形（比如彼得宫）、马蹄形（比如奥拉宁鲍姆庄园）或封闭式的圆形和方形。截至18世纪中叶，常规的巴洛克园林体系基本形成，此时弗朗切斯科·拉斯特雷利恰好在彼得堡附近工作。由彼得一世扩建和翻新的庄园构成了彼得堡宏伟的宫殿群。彼得宫（扩建于1746~1755年）和皇村（扩建于1752~1757年）是巴洛克庄园艺术的集大成者。① 巴洛克式的园林的绿植几何切面和装饰性结构在此时登峰造极。

　　彼得堡郊区的艺术重建对莫斯科郊区也产生了一定的影响。莫斯科乡下庄园的主流布局还是棋盘式，但也有一些放射状的庄园布局（比如

---

① Архипов Н. Сады и парки ⅩⅧ в. в Петергофе. М.；Л.，1933；Раскин А. Петродворец. Л.，1975；Бенуа А. Царское Село в царствование Елизаветы Петровны. Спб.，1911；Петров А. Н. Город Пушкин. Дворцы и парки. М.；Л.，1964.

亚乌萨河畔的巴哈罗夫庄园和麻雀山上的特鲁别茨科伊庄园）。①

由弗朗切斯科·拉斯特雷利和一些莫斯科建筑师共同设计的安娜女皇宫殿群则是 18 世纪莫斯科最宏伟的宫殿群。宫殿内的园林布局、主轴线沿着河流分布以及宫殿正面朝向河流等特征都有彼得堡乡下庄园的影子。不过就莫斯科而言，由于建立在一条中轴线上，整个宫殿群呈现显著的方向性，随着后来宫殿群的扩建，逐渐呈现不对称性和新的莫斯科特点。安娜女皇宫殿群为莫斯科"五花八门"的庄园建筑风格树立了一个榜样，影响了日后莫斯科郊区的庄园建筑艺术，比如舍列梅捷夫伯爵的新乡下庄园。18 世纪中叶，伯爵翻新了他在库斯科沃的庄园，整个宫殿群采用了单一轴线的布局原则。无论是庄园主楼、前院还是礼拜教堂都沿着轴线一字排开——以一种"非莫斯科的方式"突出了建筑的体积感。18 世纪中叶，在彼得堡的芬兰湾一带，特别是彼得宫和波罗的海沿岸附近，建起了不少新式贵族庄园。在莫斯科郊区和俄国外省的偏远地区同样如此。

巴洛克向古典主义过渡间隙是短暂的洛可可（Rococo）时期。洛可可风格主要流行于宫廷小圈子内，在 18 世纪 50~60 年代的乡下庄园里也有所体现。

洛可可是一种表达"私密"感情的艺术，它的出现改变了建筑的性质，也改变了常规巴洛克庄园的环境。整个艺术系统被"拆分"为多个"私密"的独立单元，正面和径向通道的统一性削弱了。大范围的弧形结构让庄园里各类园林设计进一步异想天开。洛可可时期，18 世纪文化的"娱乐性"进一步加强，更加露骨地显现出来——人们不再从朦胧中追求真实性。不同于巴洛克，洛可可不但追求规整的空间布局，还要求如画

---

① Палантреер С. Приемы композиции подмосковных парков ⅩⅦ и ⅩⅧ вв. : Канд. дис. М. , 1947；Евангу лова О. С. Дворцово-парковые ансамбли Москвы первой половины ⅩⅧ в. М. , 1969.

的自然环境——就像中国的园林艺术一样，营造一种感伤主义氛围（这类园林首先出现在奥拉宁鲍姆）。

洛可可宫廷建筑从外观上看如同一个"玩具屋"，比如彼得三世的奥拉宁鲍姆宫殿群（1758~1762，设计者为安东尼奥·里纳尔迪）。

洛可可的私密性和内倾性首先体现在室内，宏伟庄严的围墙不再是重点，整个空间被分割成了无数个带着柔和圆角天花板的房间，通过室内迥异的图案来烘托不同的情绪。

洛可可注重把握色彩和线条之间的微妙韵律，对精致的材料纹理和轻盈的墙面异常敏感，用透明清澈的色调取代了巴洛克时期粗犷的色彩对比。在整个建筑装饰体系中，空间规划扁平化，逐渐向构成该风格图形基础的精致且优雅的曼妙曲线过渡，一般来说，洛可可经常会和被引入该体系的"中国风"图案保持一致——叶卡捷琳娜二世在奥拉宁鲍姆的夏日居所的名字就叫"中国宫"（1762~1768，设计者为安东尼奥·里纳尔迪）。① 在一些早期古典主义宫殿的内部装饰中，比如莫斯科城郊库斯科沃的宫殿，美丽的色彩和细腻的风度都保留了洛可可的特征。

自18世纪60年代起，俄国的艺术明显受到了启蒙运动中人文主义思想的影响，充满了对理性和自由人权的向往。在建筑方面，人文主义思想促进了建筑风格的转变：古典主义取代了巴洛克——古典主义又被同时代的人称为"开明风格"。俄国的古典主义以启蒙运动的理性和谐思想为基础，在艺术领域生根发芽。对此，当时《彼得堡先驱报》的评价是："我们今天的建筑师心无旁骛，勤勉且理性地模仿那些古老设计。"

启蒙思想在培养理性意识的同时并没有否认感性，恰恰相反，它假

---

① Невоструева Л. Ансамбль А. Ринальди в городе Ломоносове// Архитектурное наследство. 1955. № 7；Ра скин А. Город Ломоносов. Дворцово-парковый ансамбль. Л .，1979；Кючарианц Д. А. Антонио Ринальди. Л .，1976.

定人类的感性因素持续存在并维持着人类精神和躯体的微妙平衡，个体由此能感受到生命的充实。洛可可和古典主义这两种建筑风格相互补充，感伤主义削弱了古典主义严格的逻辑性，这样一来便不会出现过分死板的理想主义。

18 世纪末，感伤主义和浪漫主义的第一道曙光已经在带有哥特式图案的独立建筑中冉冉升起。

图 1-15　帝国艺术学院（1764~1788），19 世纪初的木版画

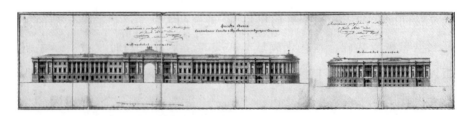

图 1-16　政府项目图，18 世纪末的木版画

18 世纪 60 年代，俄国第一批古典主义建筑几乎同时出现在了彼得堡和莫斯科。洛可可时期转瞬即逝，俄国紧接着步入古典主义早期，很快

又进入了成熟期，从 70~80 年代的彼得堡和莫斯科的建筑风格中我们可以明显地感受到这一点。

在巴洛克向古典主义演变的过程中，俄国的古典主义保留了源自法国古典主义风格中的洛可可风格的优雅，后来又受到了来自意大利建筑理想的影响——安德烈亚·帕拉迪奥严格的建筑规范。在演变过程中，俄国的建筑理想向古典主义靠拢，引发了一股帕拉迪奥风尚。沙皇优待来访的意大利艺术大师促成了新风尚的盛行。

俄国省级建筑同样经历了一个类似的转变过程，但转型速度较慢，有时各种风格杂糅在一起，显得十分混乱。不过即便在外省，古典主义的种子也已经生根发芽，就连帝国最偏僻的角落也刮起了一股古典主义之风。俄国广大地区的建筑普遍向古典主义过渡，除了中央向地方推广经过国家批准的设计理念并对地方建筑进行监督管理外，古典主义风格本身自带的民主性博得了广大建筑商人的青睐也十分关键。尽管有着严格的规范标准，古典主义还是为建筑师的自我创造提供了充分的自由。18 世纪下半叶，俄国建筑业涌现出了一批才华横溢的艺术天才，比如 K. 布兰克、A. Φ. 科科里诺夫、B. И. 巴热诺夫、M. Φ. 卡扎科夫、И. E. 斯塔罗夫、H. A. 利沃夫、И. A. 索科洛夫、安东尼奥·里纳尔迪、Ж. Б. 瓦林·德拉莫特、Ч. 卡梅隆、Д. 夸伦吉。他们将俄国古典主义建筑艺术推上了顶峰。

И. E. 斯塔罗夫（Иван Егорович Старов，1744-1808）[①] 是彼得堡学院派的代表，其作品是当时俄国古典主义风格逐渐形成的标志。И. E. 斯塔罗夫先是在莫斯科的乌赫托姆斯基建筑学院学习，后来前往帝国艺术学院跟随 Ж. Б. 瓦林·德拉莫特学习。在巴黎进修时，И. E. 斯塔罗夫曾是查尔斯·德·瓦利的门下弟子，此后又前往罗马学习。И. E. 斯塔罗夫

① 　Игнаткин А. Выдающиеся русские зодчие. Киев，1960；Белехов Н.，Петров А. Иван Старов（материалы к изучению творчества）. М.，1950；Кючарианц Д. А. Иван Старов. Л.，1982.

的建筑设计理念在国外旅居学习时逐渐产生。他后来成为彼得堡著名建筑师，是一位古典主义理想的践行者，以内敛的建筑表现手法而著称。在构图上，他追求一种完美主义，其建筑作品有着十分明显的线条感。

谈起俄国古典主义建筑就不得不提起著名的 Н. А. 利沃夫（Николай А. Львов，1758-1803）[①]。他虽然没有接受过专业的建筑学训练，但凭借着在高雅文化环境中耳濡目染得到的过人天赋获得了世人的认可。意大利之旅和其他欧洲国家的游历为利沃夫日后的建筑师生涯打下了良好的基础。他深受启蒙运动的影响，不仅在俄国建筑史上留下了自己的痕迹，对俄国其他文化艺术的发展也做出了卓越贡献。

利沃夫对俄国艺术理想可塑性本质的理解无人能及，他竭尽全力地在自己的艺术作品中彰显这一点。他非常喜欢意大利建筑师安德烈亚·帕拉迪奥，积极地在俄国建筑艺术中开展"安德烈亚·帕拉迪奥运动"——利沃夫翻译了不少安德烈亚·帕拉迪奥的著作和论文。在利沃夫的建筑语言中，古老的建筑带有一丝抒情诗般的情绪，这一点在乡下庄园建筑中体现得淋漓尽致。利沃夫设计的庄园和教堂建筑有着紧凑的中央结构，这是他对安德烈亚·帕拉迪奥的致敬——以一种俄国方式表达对安德烈亚·帕拉迪奥风格的诗意理解。利沃夫在城市建筑设计方面也天赋异禀，他设计的彼得堡邮局，预见性地为19世纪彼得堡建筑组合提供了新的公式。

另一位为"安德烈亚·帕拉迪奥运动"摇旗呐喊的艺术家是来自意大利北部的 Д. 夸伦吉（Джакомо Кваренги，1744-1817）[②]。夸伦吉在彼得堡及城郊工作了很长一段时间，他对彼得堡的郊区建筑特别是公共建筑，产生了深远的影响。他设计的建筑从外观上来看以朴素砖石为主，

---

① Будылина М. В. и др. Н. А. Львов. М.，1961；Глумов А. Н. А. Львов. М.，1980.

② Богословский В. Кваренги - мастер архитектуры русского классицизма. Л.，1953；Коршунова М. Джакомо Кваренги. Л.，1977；Пилявский В. Джакомо Кваренги. Архитектор，художник. Л.，1981.

十分紧凑，其建筑艺术的独特力量体现在冷酷而巧妙的抽象元素中。夸伦吉渴望将砖石几何体的体积绝对化，设计了一种最适合乡下建筑的理想封闭结构。他设计的城区建筑，比如彼得堡的证券交易所，该交易所的孤立性和封闭性使其和整个建筑群格格不入，这实际上和城市发展的理念相悖而行。只有在公共建筑中（比如俄罗斯科学院），夸伦吉才勉为其难地迎合了城市规划的时代要求。

18 世纪下半叶，在俄工作的外国建筑师中，来自苏格兰的 Ч. 卡梅隆（Чарльз Камерон，1743—1812）① 曾前往意大利学习古典艺术，其建筑设计别具一格。叶卡捷琳娜二世十分欣赏卡梅隆的博学，她任命其为自己的宫廷建筑师。卡梅隆还是一位精湛的古董鉴赏家，对古罗马建筑师的建筑精神敬佩有加。他在皇村的设计中彰显了高超的装饰技巧。纤细的镶板墙和精致的庞贝图案造型，不仅是一种复古情趣，还兼具早期古典主义和洛可可风格特点。在他的设计中，优雅的内部装饰和紧凑的建筑外观往往相得益彰。

不过，卡梅隆理解古代的方法和考古学相去甚远。他通过感性主义的棱镜，以一种诗意和抒情的方式展现了自己对古代精神的自由想象。卡梅隆创造了一种独属皇家庄园精致环境的建筑风格，这也是他建筑艺术独特性的体现。在他后来的建筑艺术——巴甫洛夫庄园中，他才逐渐接近安德烈亚·帕拉迪奥主义，这座庄园也成为成熟古典主义建筑艺术的代表。

另一位和俄国古典主义建筑密切相关的建筑师是 В.И. 巴热诺夫（В. И. Баженов，1737—1799）②。他才华横溢，是一位有着远大抱负的浪漫主义者，对俄国的未来充满信心。他是伟大的建筑师，也是一名悲情

---

① Талепоровский В. Чарльз Камерон. М.，1939；Швидковский Д. Архитектор Ч. Камерон.（Новые материалы и исследования）：Канд. дис. М.，1984.

② Згура В. Проблемы и памятники，связанные с В. Баженовым. М.，1928；Аркин Д. Образы архитектуры. М.，1941；Михайлов А. И. Баженов. М.，1951；Снегирев В. Знаменитый зодчий Василий Иванович Баженов. М.，1950；О н же. Зодчий Баженов. 1739—1799 гг. М.，1962.

人物——不被时代所理解，饱受羞辱，被嘲弄甚至遗忘。巴热诺夫对俄罗斯有着深刻的理解，他感悟道："最惨烈的失败是俄罗斯最好的胜利，在失败面前感到极度无力之时也是最高成就和顿悟降临之时。"对崇高公民权利和人文主义启蒙思想的追求始终贯彻在巴热诺夫的建筑作品中。

图 1-17　莫斯科克里姆林宫，西侧，模型

　　巴热诺夫在乌赫托姆斯基建筑学院接受了初级建筑教育，接着前往帝国艺术学院进行学习。他深受 Ж. Ж. 苏罗夫、查尔斯·德·瓦利等法国建筑家的影响。巴热诺夫终其一生都践行着要创立一种"俄国特色"的启蒙主义思想，在此精神指引下，他设计了众多建筑蓝图，最为突出的是大克里姆林宫的宏伟计划。

　　但是，时代制约了巴热诺夫基于启蒙思想而形成的美好愿景。他遭遇了一次又一次的精神崩溃，最终也未能实现宏伟的抱负，只留下一个个孤单的建筑物。他的古典主义建筑和同时代其他人的截然不同。在大型建筑物中，巴热诺夫最为人所知的作品是莫斯科的帕什科夫之家，而在庄园艺术中，则是察里齐诺的凉亭和比科夫壮观的哥特式教堂。

巴热诺夫的作品有一种特别的形式美，仿佛出自一位高超绘图师之手的杰作。他对繁复、充满幻想的空间结构情有独钟。帕什科夫之家和大克里姆林宫类似，尽管有着明显的古典主义特征但依旧承载着设计者对巴洛克风格和洛可可风格的追忆。这种层次感赋予了巴热诺夫建筑独特的魅力。当垂垂老矣，巴热诺夫才逐渐向拉康主义靠拢（比如莫斯科的尤什科夫之家）。

由于叶卡捷琳娜二世的反对，В. И. 巴热诺夫极富民族主义"哥特风"的建筑群设计方案最终未能落实。巴热诺夫在设计中很少使用"技巧性"重复，正因如此他的风格难以被后人模仿和复刻，也无法在同时代其他建筑师的作品中找到类似的存在。

图 1-18　克里姆林宫样图，椭圆形广场的廊柱（1767~1775）

同一时期，莫斯科另一位令人瞩目的建筑师是巴热诺夫的助手 М. Ф. 卡扎科夫（Матвей Ф. Казаков，1738-1813）[1]，他也是俄国古典主义的

① Власюк А.，Каплун А.，Кипарисова А. Архитектор М. Ф. Казаков. М. 1957.

推动者。卡扎科夫是个典型的实用主义者，充分理解和接纳了古典主义的各项规范，没有和时代主流争锋叫板。他留下了不少建筑遗产，还成立了自己的建筑学校，只不过一辈子也没出过国，只在乌赫托姆斯基建筑学院学习过。卡扎科夫在担任巴热诺夫助手的时候也学到了不少。他形成了自己的一套艺术逻辑，从其作品的表现形式来看，古典主义正朝世俗化方向不断发展。人们常常称当时的莫斯科是"卡扎科夫"的莫斯科。他为莫斯科设计了不少宫殿、教堂、公共建筑和城郊的乡下庄园。当然，他最引以为豪的作品是克里姆林宫参政院和宏伟的贵族议会柱厅。这些建筑从外观上来看朴实无华，但内部装饰穷侈极奢。此时，诸如戈利岑医院这类建筑渐渐褪去了早期古典主义风格，呈现了成熟古典主义风范。19世纪初，古典主义晚期风格逐渐形成。

图1-19　莫斯科克里姆林宫参政院（19世纪初）

不同于巴热诺夫对"哥特式"古典主义建筑的狂热幻想，卡扎科夫设计"哥特式"建筑充满了实用主义。他是一位宫廷艺术家，善于运用各种方案来优化室内装饰，借助摆件来提升矩形房间的可塑性。

18世纪末，古典主义不仅在首都盛行，在俄国各省，不少优秀的建筑师同样也接受了古典主义的熏陶，其中不乏一流的大师。雅罗斯拉夫尔的佼佼者是 П. 潘科夫和 П. 科兹洛夫，特维尔是 П. 尼基丁

（П. Никитин），卡卢加是 И. 亚斯金，图拉是 K. 索科尔尼科夫，斯摩棱斯克是 П. 奥布霍夫，托博尔斯克是 A. 古切夫。

　　古典主义对城市规划提出了新的要求。它继承了巴洛克城市的规则性，但又赋予了规则性新的艺术阐释，以便解决城市基本规划中的公共空间问题。城市被设想为一个和谐的建筑空间，这个空间是公民个人的启蒙思想——崇高社会理想实现的场所。城市应当是一个连贯的、成体系的艺术有机体，其组成是体现了诸如和谐社会等启蒙思想的独立的建筑群。城市应当是一种和谐的宇宙模型，正如同时代接受了启蒙思想的个体，城市的各个部分也应该是和谐统一的。

　　为了展现新建筑理念下的俄国城市新面貌，沙皇政府开展了一系列活动。1762 年，沙皇政府成立了一个由 И. И. 贝茨科伊领导的城市规划委员会，负责重新规划俄国两大首都。在这项庞大且艰巨的工作中最为重要的是城市公共中心的规划，尤其是彼得堡。巴热诺夫的莫斯科城市中心重建计划里也体现了唤醒俄国人"公民意识"的思想。

图 1-20　亚历山大·涅夫斯基修道院内的三一教堂（重建于 1778~1790 年）

随着俄国各省及地方城镇总体规划的制定，城市中心的主题也变得丰富多彩。

古典主义十分重视城市社会环境和建筑群的和谐统一，并以此为基础确定城市街道的主题——街道笔直呈线性向外延伸，通过沿线的古典主义建筑勾勒出清晰而严格的空间规划。这种布局法汲取了 18 世纪上半叶庄园内园林空间布局手法，此时住宅沿着街道分布，住宅前面是前院，外侧则是围栏和服务区。

彼得堡的新建筑是古典主义城市的有机组成部分。不过，要想彼得堡城市面貌焕然一新就不得不牺牲此前的巴洛克风格，好在巴洛克风格转化为古典主义风格的阻力较小，且城市的常规空间仍具有可塑性，这种可塑性在风格转换中得以延续。[①] 彼得堡的可塑性让城市风格过渡得较为自然，而且体现了城市发展的连续性。巴洛克城市结构解体后，彼得堡出现了多个自成一体的可塑建筑群，它们共同组成了一个封闭而和谐的城市体系。

此时，在涅瓦河畔的城市陆地上一个宏伟的广场建筑群即将问世——参政院、海军部、沙皇宫殿群和战神广场。德国人 Ю. М. 菲尔滕对冬宫附近进行了规划，在前海军部区域建立了新的参政院广场。证券交易所（1784~1801）的落成丰富了瓦西里岛建筑群的风貌。可以说，在彼得堡桥头堡的涅瓦河区域，一个个朴素的古典主义建筑拔地而起，构成了一个密集且具有公民意义的建筑群。18 世纪 70 年代，涅瓦河沿岸还铺设了花岗石人行道。直至今日，从整体上来看彼得堡城市建筑还是以古典主义为主，辅以部分遗留下的巴洛克建筑。

同时代不少建筑家都十分欣赏古典主义城市的和谐美。Ф. 阿列克谢耶夫、Б. 帕特森、Б. 德瓦-特拉弗斯、А. 马尔蒂诺夫等艺术家不遗余力

---

① Васильев В. К истории планировки С. – Петербурга во второй половине ⅩⅧ в. // Архитектурное наследство. 1953. № 4.

地称赞彼得堡古典主义建筑群。诗人们将彼得堡比作西欧最美丽的城市，称它是"北方巴黎"和"北方威尼斯"。

专制主义国家积极的城市规划政策也对莫斯科产生了影响。[①] 1775年，由巴热诺夫设计的莫斯科大克里姆林宫落成。巨大的古典主义建筑群包括一个椭圆形的广场，广场上三条沿不同方向向外延伸的道路上设置了廊柱，这些廊柱既是广场的装饰物，也是克里姆林宫和俄罗斯土地联系的象征。巴热诺夫原本计划重建整个克里姆林宫，拆除包括面向扎莫什科雷奇南墙在内的众多古建筑，并在那边建造一座新的宏伟宫殿。但这一方案的空间设计和克里姆林宫建筑群布局特征严重冲突，甚至有可能破坏原有的格局。他试图通过引入一组纪念碑来解决冲突，但无济于事。

在整个设计中，古典主义不断地伸张自己的诉求，但以罗马广场为参照物规划莫斯科的中心无疑让整个设计成了一场艺术乌托邦之旅，正如启蒙运动中的人们不切实际地幻想着"开明君主专制"那样，最终只落得梦一场。1775年，盛大的破土仪式和浩浩荡荡的宫殿建设还没动工多久，叶卡捷琳娜二世便下令叫停施工并勒令"重新修建"被拆除的克里姆林宫南墙。

随后，莫斯科克里姆林宫的重建工作交给了卡扎科夫，他在充分尊重历史建筑整体性的基础上起草了一份更为和缓的重建计划（1797）。卡扎科夫将重点放在了克里姆林宫的西侧和莫斯科的外墙装饰上。他打算在西侧旧宫殿群的基础上建造政府大楼，并在斯帕斯基门附近建立一座独立的控制塔楼。在卡扎科夫的计划中，重建克里姆林宫建筑群无须拆除历史建筑，而是小心翼翼地把新建筑建在历史建

---

① Рубан Г. Историческое и топографическое описание первопрестольного града Москвы. Спб., 1775; Сытин П. В. История планировки и застройки Москвы Т I М., 1950; Т. И. М., 1954.

筑周围并与之和谐相处。这样的设计理念让建筑群的重建具有了可行性，但新方案同样未能落实。参政院大楼（1776~1787）成了唯一遗留下的历史建筑。

图 1-21 莫斯科德米多夫宫的主要外墙，摘自 18 世纪末
М. Ф. 卡扎科夫设计作品集

18 世纪下半叶，沙皇政府颁布了一些用于改善莫斯科中心地段的方针。在克里姆林宫四周空旷地区逐渐形成了一个公共广场。沙皇政府在拆除了别尔哥罗德城墙和土城后，于原址上重新建立了林荫大道和莫斯科园林群。18 世纪末，沙皇政府重新规划了红场和商业街，在外围建立了两道平行的拱形外墙。与此同时，夸伦吉开始在扎里亚季耶建造新的集贸市场（1790~1805）。新集贸市场的外墙以大型柱子和拱门为主。这样一来，莫斯科的中心地带也具有了新的"公民性"。

1775 年，莫斯科出台了新的建设计划，计划中不包括改造城市街道网络，但新建的古典主义建筑还是让城市改头换面。砖石建筑和木制建筑巧妙地融为一体，共同组成了和谐的城市空间。

18 世纪下半叶，莫斯科的翻新并没有让古典主义成为城市的主旋律。新建筑和星罗棋布的古建筑——大教堂、修道院、参政院和政府大楼，和谐地分布在莫斯科城市的各处。莫斯科也因此散发出独特风情。[1] 莫斯科建筑风格多样,在建筑与建筑之间常常需要留出足够的间隙,以便各个建筑群之间维持如诗歌一般错落有致的结构。

18 世纪 60 年代以来,俄国的许多城市按照古典主义的"规则"进行了重新规划。彼得堡和莫斯科的城市建设委员会的权力在此过程中不断扩大,它们进一步为帝国各省级和地方城市制定了总体规划。委员会起草并通过了 300 多个城市规划方案,这拉开了一场大型城市重建运动之帷幕,该运动一直持续到 19 世纪中叶。[2]

因此,几乎所有的俄国城市都经历了重新规划,城市面貌基本上都焕然一新。[3] 这场浩浩荡荡的城市重建运动促进了地方古典主义艺术的兴盛。城市建设委员会为每个城市草拟的总体规划提供了一个基于古典主义原则的建筑范例,古典主义艺术思想中的"规划性"和各元素间的"统一对称性"自上而下传达到了地方。在城市建设"规范性"的要求下,俄国各地方在实施重建项目时一般都要先建立"示范性"项目。[4]

在旧城区的重新规划过程中,城市建设委员会积累了不少处理历史建筑的经验,换言之,城市建设委员会摸索出了处理城市新旧关系的方案。古典主义设计师考虑到了历史建筑的特殊性,在重新规划时便将这些历史建筑纳入了整体环境,从而实现了对历史建筑的保护。

1762 年特维尔的火灾后重建是新旧建筑融合的典范,建筑师 П. 尼基丁在其中发挥了重要作用,他不仅为灾后城市重建制定了完美的规划,

---

①　Аркин Д. Классицизм и ампир в Москве / Архитектура СССР. 1935. № 10, 11; Москва. Памятники архитектуры ⅩⅧ - первой трети ⅩⅨ в. М., 1975; Николаев Е. Классическая Москва. М., 1975.

②　ПСЗ. Книга чертежей и рисунков. Спб., 1839.

③　Чечулин Н. Русское провинциальное строительство второй половины ⅩⅧ в Спб., 1889.

④　Ожегов С. Типовое и повторов строительство в России в ⅩⅧ-ⅩⅨ вв. М., 1984.

图 1-22　莫斯科德米多夫宫"黄金屋"内的装饰（1780）

还使城市的建筑风貌发生了显著变化。他在城市原有的建筑格局上对"三叉戟"状的街道进行了调整，让分叉的射线向侧面延伸。

特维尔的城市中心成为放射性街道汇集处的广场，而整个城市建筑背景是古老的城墙。新建的特维尔成为人们向往的"模范城市"，是向省级城市引入古典主义规划的一个典范。

有时，由于古老建筑风貌难以改变，重建时只能继续使用原始规划。最常用的方案是扇形的街道布局，这种布局模式可以很好地容纳古建筑群和纪念碑，解决古旧之间的矛盾。科斯特罗马、雅罗斯拉夫尔、波尔塔瓦、刻赤等城市和一些较小的城镇，如博戈罗茨克、格拉佐夫、奥多耶夫等，都通过这种扇形街道布局对城市进行了重建。

在坦波夫、图拉、苏兹达尔、马里乌波尔、阿尔汉格尔斯克、阿斯特拉罕、沃罗涅日等一些俄国城市的重建规划中，城市单调的矩形布局模式被打破，设计师通过多种组合向常规布局中塞入了独立建筑群，丰富了城市格局。在布伊、波什科普、佐洛切夫等小城市也有类似的规划案例。

　　俄国各城市在重建过程中也出现了一些恶性现象。当时各地的重建方案中过度强调古典主义的主导作用，在具体实施时出现了"投机行为"，比如，在一些街道设计中棋盘式布局反复出现，压根没有考虑当地的地形地貌。这样的盲目之举难免会给城市重建带来不少困难。

　　"投机行为"在俄国南部城市中尤为突出，这里主要进行新军事要塞城市的建设和一些旧军事要塞城市的重建。这些南部城市参照的是古典主义"模范城市"——戍守西伯利亚的要塞城市和奥伦堡。①

　　不过一些新建的城市并没有按照"模范方案"行事，比如敖德萨——这座城市参照的是法国建筑师德·沃兰 1774 年制定的原始方案。敖德萨城市规划的完整性体现在城市中心的和谐布局中，在城市中心有一个面向大海的标志性立面，一个半圆形的广场，对称的阶梯，还有黎塞留公爵纪念碑，这座城市建了很久，直到 19 世纪初才建成。

　　俄国重建和新建的城市都有一个规整的结构，各要素都经过了精心的安排，原有的街道和广场都进一步向外拓展，城市里还增加了必要的景观设计。重建的重点部分是城市中心：政府大楼、商业广场、教堂和主要街道。以加强中央对地方的控制为目的的行政改革则推动了市政厅、政府大楼和其他公共建筑的建设。

　　18 世纪下半叶，贵族在俄国社会中的作用显著增强，首都和各省会城市出现了不少贵族议会、教育机构和慈善机构，彼得堡和莫斯科公共剧院的建设标志着文艺生活的复兴。此外，彼得堡的帝国艺术学院和公共图书馆内还新建了专门建筑。随着城市贸易和制造业的发展，旅店、

---

① Крашенинникова Н. Строительство русских крепостей XVIII в. по образцовым проектам // Архитектурное наследство. 1976. № 25.

商贸中心和各种工业综合体的数量也不断增加。公共建筑体现了古典主义对公民的重视。在古典主义建筑风格凝聚的市民社会崇高理想中，一种公共建筑理想模式逐渐形成——简约的外观、缜密的设计和宏伟的气场。古典主义建筑的外形通常就是一个清晰的几何体——正方形、长方形、八面体、圆等几何图形。在建设城市公共建筑时，巴洛克时期所形成的一些建筑规范并没有被完全舍弃，而是通过古典主义延伸出新的内容，比如在街区规划中统一安排了立柱，街区共同拥有一个广场。古典主义的建筑师使用了一种坚实且平衡的构图，偏爱紧凑、对称的结构，并勾勒了清晰的檐口线条，抛弃了以前的雕塑装饰。在最早的古典主义公共建筑中就开始强调墙体的秩序感，突出显示承重部分，建筑师对墙体进行了垂直的板块分割，强调建筑的结构性和体积感。但外墙的对称性依旧承袭了巴洛克时期的建筑传统，以门廊为对称中心。这种外墙设计也是宫廷建筑的历来传统。

图 1-23　彼得堡的陶里德宫（1783~1789），19 世纪初的木刻版画

公共建筑的内部空间同样十分清晰，分为两个区域："理想区"和"杂务区"。"理想区"是核心区域，区域内房间的规模、形态以及高超的艺术装饰让其极具观赏性。在大型公共建筑中，这一区域由一组（甚至是一整套）公务厅组成，主厅通常是类似于罗马万神殿的圆顶大厅。这样的空间通常建有雄伟的古典柱廊，外加上圆形大厅的穹顶，和谐的建筑结构让人赏心悦目。

图1-24　彼得堡附近的帕夫洛夫斯基宫（1782~1786），19世纪初的木刻版画

公共建筑的前区是一个由礼仪厅围成的通道，而商业区则由一组沿走廊一侧或两侧排成一排的独立房间组成，这种布局几乎成为所有公共建筑的定式。

在宫廷建筑、公共建筑和宗教建筑中通常采用砖制或木制的薄壁穹顶结构。莫斯科克里姆林宫参议院大楼的穹顶跨度为26.4米，这是18世纪的一项杰出艺术成就。

18世纪下半叶出现了双层外壳的圆顶式天花板设计，穹顶上部的吊灯能够照亮整个圆顶空间，此外在外壳上还安置了窗户（包括由卡扎科夫设计的莫斯科戈利岑医院的圆顶和由利沃夫设计的众多圆顶建筑）。在木制建筑方面，特别是在大跨度的桁架和拱形结构方面，俄国取得了不小的技术进步。木质桁架的吊顶，也就是所谓的带底座的"镜面穹顶"，极具表现力（如莫斯科贵族大会堂柱子大厅天花板上的"镜面穹顶"，底座上安置窗户的设计让平顶巨大的"镜子"即使在白天也金碧辉煌）。

帝国艺术学院（1764~1788，建筑师为 А. Ф. 科科里诺夫和 Ж. Б. 瓦林·德拉莫特）充分体现了古典主义时期的启蒙思想，它也成为后来所有公共建筑的典范。莫斯科孤儿院（1764~1777，建筑师是 К. 布兰克）同样也体现了古典主义的启蒙思想。

第一批古典主义公共建筑在线条的衔接和个别细节的绘制上依旧自由优雅。在莫斯科的大克里姆林宫（1767~1775）、彼得堡的小冬宫（1764~1767）和老冬宫（1775~1784）的设计中都能看到风格的转换。到了18世纪70~80年代，公共建筑中的古典主义风格趋于稳定并走向成熟，帝国艺术学院的建筑群从某种程度上预示了俄国公共建筑的未来发展趋势。

图 1-25　18 世纪末沿涅瓦河所见彼得堡之景，Б. 帕特森 1799 年的木刻版画

莫斯科克里姆林宫的参议院（1776~1787，建筑师为卡扎科夫）是古典主义风格成熟的典范，它表达了和谐市民社会的理念，受到了同时代人的高度评价。

在彼得堡和莫斯科"模范建筑"的带领下，俄国各省和地方出现了一大批模式化生产的公共建筑，但具体风格各不相同。

早期古典主义公共建筑的风格还影响了宫廷建筑，随着大规模建造宫廷建筑，宫廷建筑又开始影响公共建筑。这表现在公共建筑的布局上，比如街道上的公共建筑通常有一个大的前院（如俄罗斯帝国银行，建于1783~1790年，由Д. 夸伦吉设计）。但公共建筑的布局理念还是与宫廷建筑有所不同，它注重房檐的等高性（如莫斯科大学，建于1786年，由Д. 夸伦吉设计）。

18世纪晚期的俄国建筑形式更简洁：没有圆角的光滑门廊、扩大的柱式门廊和一些装饰细节。俄罗斯科学院和戈利岑医院是向晚期古典主义过渡的标志。

古典主义建筑思想在启蒙运动人文主义思想的基础上还影响了东正教教堂的设计，在此处上帝的特殊性和个人的普遍性实现了统一。Г. Р. 杰尔查文在其颂歌《上帝》中道出了新教堂设计理念的本质：

> 我是无处不在世界的联系，
> 我是物质的极致，
> 我是生命的中心，
> 那便是上帝的初始特征

对人与上帝关系的新理解为东正教教堂提供了一种新的富有想象力的设计方案，在这种方案中，物质体积和大厅空间的和谐性与人本身的形象相一致。因此，以圆形大厅为中心的教堂作为这种和谐理念的载体在古典主义时代获得了特殊的意义。

承载着新理念的东正教教堂主要集中在彼得堡和莫斯科。贵族的乡下庄园同样是一个表达教堂建筑新理念的自由天地。

18世纪的庄园教堂建筑迎合了古典主义理念，以立方体、圆柱体、八面体或棱柱等几何体为主要轮廓。贵族作为强大帝国的基础，他们的自我意识不断增强，关于个人尊严和贵族精神的思考让他们转而推崇古典主义秩序。古典主义秩序表达了一种和谐的理念。教堂有自己的门廊和廊柱体系，廊柱还常常充当主教堂大厅的装饰物。除了传统的圣像墙之外，此时立体建筑结构形式的祭坛也十分常见。

古典主义教堂抛弃了传统的壁画领域及其虚幻的神秘空间，用光束把视线聚焦在挂在墙上的圣体上。教堂设计中最受欢迎的元素仍然是门廊系统中的屏风，这进一步增强了教堂的空间感和造型的灵动感。

图1-26　18世纪末的特维尔，木刻版画

教堂的集中构图间接带来了钟楼元素的复兴，不过在多数情况下，教堂构图的集中化迫使建筑师将钟楼置于远离教堂的地方（比如莫斯科郊区的尼科尔斯科-加加林庄园中的教堂，该教堂建于1783年，建筑师

为 И. Е. 斯塔罗夫）。

教堂中的钟楼不再是巴洛克式层层叠加的结构，而是一种独立和复合的和谐组合。

在 18 世纪 70~80 年代的庄园建筑设计中，"教堂的构图以立方体或圆形图案为主，教堂顶部是圆形的穹顶"。绝大多数古典主义庄园教堂都建在莫斯科郊区或更偏远的地区。其中不乏一些著名的建筑，如莫斯科附近的佩赫拉-雅科夫列夫斯基庄园教堂（1779）、维诺格拉多夫庄园教堂（1772），彼得堡附近的亚历山德罗夫庄园教堂（1785），外省的阿尔帕切夫教堂（1789）、穆林教堂、迪康斯基教堂。

当时教堂建筑盛行圆顶设计。带有圆形空间的中央构图在 18 世纪下半叶的俄国城市教堂建筑中风靡一时（例如建于 1774~1788 年的莫斯科的菲利普都主教大教堂）。除此之外，还有一些慈善性质的公共建筑也盛行圆顶设计（比如建于 1796~1800 年的戈利岑医院）。

古典主义重新定义了由三部分组成的传统教堂体系。教堂的顶部不再是立方体，而是一个带有高大承光鼓的穹顶，这是一个理想的圆形，给整个空间带来一种中心化的美感（如莫斯科的圣巴巴拉教堂，建于 18 世纪末）。圆形大厅取代了传统教堂建筑中的四合院结构（如马罗斯岛上的科兹马教堂和达米安教堂，建于 1791 年；莫斯科戈罗霍夫广场上的升天教堂，建于 1790 年，由 М. Ф. 卡扎科夫设计）。

平衡木和高大承光鼓成了带圆柱的立方体大教堂的视觉中心，这一点在利沃夫的设计中极为明显（如托尔佐克的鲍里斯格列布大教堂，建于 1785 年；莫吉廖夫的圣约瑟夫大教堂，建于 1781~1798 年）。除了单穹顶，五边形的屋顶形状也开始流行。

一般来说，教堂建筑设计中突出的大体量造型不仅要符合古典主义的原则，也要符合国家规定的教堂建筑原则。只有在彼得堡、莫斯科以及俄国部分地方的教堂中，才能在教堂的西侧立面——通常是入口处，看到根据西欧大教堂构图所建造的两个对称钟楼（如涅瓦大街的叶卡捷琳娜教堂，建于 1760 年，由 Ж. Б. 瓦林·德拉莫特设计；利亚里奇庄园的叶卡捷琳娜教堂，建于 1790~1797 年，由 Д. 夸伦吉设计）。

在古典主义时期，人们还建造了不少宏伟的钟楼。城市中和修道院内的钟楼大多高耸且层次丰富，在城市规划中占有重要地位。梁赞、图拉的钟楼（18 世纪末），卡利亚津的钟楼（1800），托博尔斯克的钟楼（1797），以及托尔佐克的鲍里斯格列布修道院的钟楼（1804）都是如此。

古典主义宫廷建筑最早出现在彼得堡——大理石宫（1768~1785，由安东尼奥·里纳尔迪设计），大理石宫的建立标志着彼得堡宫廷建筑风格即将发生转变。18 世纪 70~80 年代，古典主义开始在莫斯科盛行，并在随后的十年中达到顶峰。此时在莫斯科不仅建造了许多新的宫廷建筑，还重建了不少旧的巴洛克宫廷建筑。

类似于公共建筑，早期的古典主义宫廷建筑仍然带有从洛可可时期继承下来的精致、优雅线条，但古典主义风格中独有的镶板墙面切割和丝状细节已经出现。

古典主义容旧纳新，基本改变了巴洛克时期发展起来的华美风格，让整个建筑体系进入了一种绝对和谐的状态。古典主义宫廷建筑注重的是严格而清晰的轮廓，建筑中心一般是屋檐，有时还包括一个穹顶。在宫廷建筑中，最受欢迎的元素是仿古门廊。与公共建筑和教堂建筑类似，秩序同样是划分宫廷建筑体量的主要手段。

与公共建筑不同的是，宫廷建筑的主体建筑往往在高度和规模上远远超出周边其他建筑。宫廷建筑在大厅的安排上倾向于更紧凑的布局方案，建筑师们舍弃了巴洛克式的围墙，突出了建筑的对称性和中心性，这在帕拉迪奥式建筑中尤为明显。

18 世纪 70~80 年代，宫廷建筑的功能型布局结构最终确立，生活区、服务区和宴会区分离，公务厅的作用越来越大。此时俄国城市的宫廷建筑前厅包括一个带有大楼梯的入口大厅，几个画厅（通常根据其墙壁上的装饰品被称为"红厅""蓝厅"），几个专门用于讨论艺术的沙龙，其名称通常和希腊、意大利、中国等国的珍宝相关，或是用绘画作品以及相关艺术家的名字来称呼（如"蒂埃波罗的沙龙""休伯特·罗伯特的沙龙"等等）。此外，宫廷建筑内部还包括主餐厅、主卧室、书房、图书馆、大舞厅和其他房间。

但这样的"套房"一般位于贵族的宫廷建筑中，如莫斯科附近的阿尔汉格尔斯克宫、奥斯坦基诺宫或库斯科沃宫。在皇室的宫廷建筑中，客房的构成更加多样化。贵族的宫廷建筑里公务厅被压缩进了迷你的"套房"中，而皇室的宫廷建筑则不必如此，在皇室的宫廷建筑里必然有一个大楼梯、前厅、画室、大餐厅、大卧室、书房和大厅。

与巴洛克宫廷建筑一样，古典主义宫廷建筑中大厅里的华美墙壁始于主楼梯。在彼得堡和莫斯科的一些宫廷建筑中，"套房"中的万神殿和罗马广场的元素赋予建筑以公民性（比如彼得堡的陶里德宫，建于1783~1789年，由 И. Е. 斯塔罗夫设计）。

在主厅的雄伟空间里，独立的柱廊营造了一种和谐氛围。秩序体现在室内布局以及包括家具在内的各物品的摆设上。

古典主义时期逐渐流行起由大理石雕刻而成的石膏仿制品，特别是在柱头部分。在古典主义的室内装饰中，各种由木头制成的装饰性"摆件"发挥了重要作用，这些"摆件"包括：圆木、壁龛、带有拱门的屏障或带有圆柱和拱形梁图案的长方形门框。在室内装饰中，设计师经常使用浸渍了颜料的抛光石膏来模仿大理石的光亮表面。

古典主义推动了各类宫廷建筑和私邸的发展，当时的大贵族建造了不少宏伟的古典主义宫廷建筑，比如彼得堡的塔夫里切斯基宫和莫斯科的戈洛温斯基宫（莱福尔托沃宫）。小贵族则满足于更加简约的建筑，但其中也呈现了古典主义的特征。在彼得堡，小贵族的宅邸多为长方形，其外墙沿街而建（比如建于 18 世纪 60 年代的 А. А. 别兹博罗德科府，建于 1784~1787 年的萨尔蒂科夫府，建于 1770 年的沃尔孔斯基府）。米哈伊洛夫斯基府（1792~1800）的封闭式中央构图及其庭院则是对帕拉迪奥风格的呼应。俄国小贵族宅邸的前院和服务设施置于房子的后面。这种格局在包括省城在内的俄国各地都很普遍，比如莫斯科沃兹维申卡的塔利钦府（1787）、彼得堡莫伊卡的尤苏波夫府（1780）、叶卡捷琳诺斯拉夫的 Г. А. 波将金府（1786）。房屋沿街的方形布局在 18 世纪末成了莫斯科小贵族宅邸的特征，比如建于 18 世纪末的罗斯托夫府、巴里什尼科夫府和巴塔舍夫府。

18 世纪 80~90 年代，宫廷建筑和服务设施组合起来的城市庄园模式在俄国十分流行（比如建于 80 年代的彼得堡的德米多夫庄园，建于 1790 年的莫斯科彼得罗夫的古宾庄园）。

彼得堡的宫廷建筑规划严格且对称，而外省以及莫斯科的宅邸在规划上则更加灵活和自由，对称的原则仅仅体现在外墙上。公务厅往往并不位于房子中央，而是位于房子的尽头。18 世纪 80~90 年代，许多莫斯科和外省的宅邸主楼采用了内部走廊分隔前区和生活区的布局法。[①]

建筑师只在宅邸和宫廷建筑的底层使用砖石，在房屋的上层则延续了涂抹石膏的传统，这种做法有利于室内保温，此外还具有良好的音效［例如莫斯科郊外的奥斯坦基诺宫（剧院）］。古典主义时期的木制建筑模仿砖石建筑的形式，广泛使用了凿制的抹灰墙板。这不仅能够保留木屋的原有面貌，还能确保木屋内部的温暖和安全。这种看似简单的设计

---

① Байбурова Р. Русский усадебный интерьер эпохи классицизма. Планиро-вочные композиции // Памятники русской архитектуры и монументального искусства. М., 1980; Онаже. Зал и гостиная усадебного дома русского классицизма// Памятники русской архитектуры и монументального искусства. М., 1983; Тыдман Л. Объемно-пространственная композиция домов-дворцов XVIII в. // Памятники русской ар-хитектуры и монументального искусства. М., 1985.

在俄国影响深远，直到 19 世纪仍是木制建筑的显著特征。

建筑师常常在宫廷建筑、公共建筑和教堂建筑的外墙的柱廊和基座等部分使用大理石。彼得堡的大理石宫十分罕见地用大理石装饰外墙，而加特契纳宫则是用当地的普多斯特石装饰的。在 18 世纪，石头是昂贵的建筑材料，基本不用在普通建筑上——主要用于砖石工程中或者为在建筑下部铺设瓷砖奠基。在不使用大理石建造柱式外廊、檐拱、壁柱、窗围、容易被锈蚀部分的情况下，石膏就派上了大用场，这也成为大众住房的普遍特征。

18 世纪下半叶的一个重要文化成就是贵族庄园。庄园的自然环境和美学环境象征着幸福与和谐的互补元素在贵族庄园艺术中统合起来，因此贵族庄园是此时社会理想的缩影。

新古典主义乡下庄园的特点是建筑形式的简约性、空间构成各元素的和谐性以及庄园本身的宏伟性。18 世纪建造的大多数庄园中还包括一个为其服务的经济区域。一些贵族庄园有着突出的艺术性。如舍列梅捷夫伯爵在莫斯科附近的奥斯坦基诺宫被改造成了剧院，尤苏波夫伯爵的阿尔汉格尔斯克宫在某种意义上成了博物馆，而德米多夫伯爵在彼得罗夫-阿拉比诺的庄园则被构想成了和谐和哲学沉思的代表。

俄国人生活的另一面体现在俄国的自然乡村景观中。

多愁善感的作家和诗人培养了俄国人对自然田园诗般的眷恋，这一点反映在俄国的风景画和肖像画中。自然园林的突出特点是自然性和简约性，这一点和巴洛克时期几何性质的人工园林截然相反。自然园林的理念取自英国人 B. 钱伯斯和瑞士人 C. 格什菲尔德的论文。[1] A. T. 博洛

---

① Чемберс В. О китайских садах. Спб. ，1771；Гершфиль д Г. Теория садового искусства// Экономический магазин. № XXVI，XXVII，XXX . Спб. ，1786 - 1787；Опыт о расположении садов. Спб. ，1776，и др.

托夫（А. Т. Болотов）① 是俄国自然园林最积极的推动者，他还研发出一个适应俄国中部地带的俄国自然园林模式。

这种理想的突变与启蒙思想所倡导的对自然的新态度有关，人们在自然状态中看到了真正值得模仿的智慧和美。在感伤主义的影响下，自然界越来越多地与人类灵魂、某种悲怆情绪联系在一起。园林的"亲密化"趋势要求进一步缩减园林的开放空间，并用灌木和树冠"遮蔽"一些角落。人们对自然充满了崇敬之情，但理想的自然园林还是要浸染在高级艺术和启蒙运动的美学精神之中。因此，自然园林的"自然性"是根据一种推测的理想形象而被故意塑造出来的，它实际是一种"建构"的自然。离开了"理想"，自然界本身则是"野蛮的"，需要通过边界将其与理想的自然园林隔开。②

自然园林中风景秀丽、蜿蜒曲折的小路取代了几何直线。自然园林的自由区域系统更符合人们对不平整的丘陵景观的审美。自然主义的效果通过特殊、优美的植被、河流、池塘和湖泊的曲线得以实现。自然园林的一些部分以近似于风景画的方式进行设计：在前景和背景里，人们经常使用绿色元素，它和倒映在池塘中的婆娑树影相互呼应。周围乡村的远景大大拓宽了园林的视野，突然变换的远方景色更能衬托出自然园林的美丽：

> 每一步都是新图景
>
> 忽地，
>
> 透过树丛，

---

① См.: Макаров В. А. Болотов и садовое искусство в России// Среди коллекционеров. 1924. № 5, 6.

② Курбатов В. Сады и парки. Пг., 1916; Щукина Е. П. Натуральный сад в; русской усадьбе конца ⅩⅧ в: // Русское искусство ⅩⅧ в. М., 1973.

晃过一个明亮的山谷，

像雾霭中的光束；

渐渐，

烟消云散，

只剩下葱葱的森林。

B. A. 茹科夫斯基

　　自然园林里雕塑的数目变少了，但它们的艺术、象征性功能却增加了。庄园园林中历史悠久的亭台楼阁扮演了新的角色。"迷人的"凉亭不再弥漫着沉思般静谧而孤独的气息，它有了新名称——"友谊殿堂""爱情殿堂""音乐角"，这些名字反映出庄园主人细腻而又敏感的精神世界。令庄园主人魂牵梦绕的是"简单的乡村生活"，"木制小屋""猎人小屋""牧场""磨坊"等元素也被塞入自然园林的凉亭设计中。

图 1-27　莫斯科郊外皇村内的一座庄园（18 世纪 80 年代）

18世纪下半叶，园林中充满了复古元素。然而，园林中的人对于交替出现的古今元素，与其说是感受漫步于不同时代的趣味，不如说是对历史和哲学进行短暂思索。在园林里，模仿中世纪和前朝的建筑层出不穷，其主题是堡垒塔楼、垛口、长方形拱门和带有异国情调的复杂装饰物。依托自然，园林内的建筑物才变得诗情画意，园林是庄园最重要的一部分，有时甚至能决定整个庄园建筑群的风貌。

对自然的眷恋也影响了节日装饰的风格——巴洛克式的奇观已成往昔，对自然的眷恋成了节日装饰的内核。节日里嬉闹的气氛依然存在，但核心始终是田园主题，因此节日里无论是地主还是农民都身着民族服装。

图1-28　皇村内的一座剧院（1775）

感伤主义在乡下庄园建筑中留下了明显的痕迹，开始于18世纪50年代末的哥特式运动对此功不可没。哥特式运动在古典主义全盛时期传播甚广，与古典主义几乎平行发展。哥特风格常常被用在马场建筑和其他外部建筑上。除此之外，哥特风格还出现在园林的各个部分中——大门、栅栏、凉亭、塔楼、桥梁等（这些地方都倾向于哥特风格）。哥特风格实际上带有浪漫主义的影子。

乡下庄园对红砖墙的偏爱也与哥特风格息息相关，脆弱的白色石像在哥特风格红砖的映衬下格外引人注目。在乡下庄园的装饰中，哥特风格的拱形图案和装饰元素十分常见。在一些乡下建筑的设计中，建筑师通过借用中世纪的堡垒塔楼的形式来平衡建筑的整体体积，即便如此，古典主义的建筑规则仍然占据主导地位。有时候，哥特式风格还会辐射整个建筑群，就连宫廷建筑也不例外，比如说莫斯科郊区的巴热诺夫建筑群（1775～1785）、米哈尔科夫宫（18世纪70年代末）和彼得罗夫的卡扎科夫建筑群（建于1775～1782年）。费尔滕同样以哥特风格设计了彼得堡附近的切斯曼乡村庄园。

俄国的哥特风格从一开始就没有统一的标准。莫斯科建筑学派倾向于发展俄罗斯式风格，这可以追溯到17世纪的俄国民族建筑传统，而彼得堡的建筑学派则更倾向于模仿西欧建筑。巴热诺夫为皇村设计的凉亭上装饰着丰富而复杂的图案，这显然是受到了俄国古代童话般叠层建筑的启发，这样的凉亭令人浮想联翩。俄国民间传统似乎也是巴热诺夫对平面和立面的多阶段结构着迷的根源，西欧的哥特图案出人意料地和民族图案融为一体。

与巴热诺夫为皇村设计的凉亭相比，彼得堡郊区哥特风格的宫廷建筑和园林风景在表现方式上与中世纪英国的浪漫主义截然不同，体现了费尔滕和其他在彼得堡郊区工作的建筑师的独特风格。哥特式纤细的装饰物和洛可可风极富异国情调的"中国风"图案相互叠加在一起。

彼得堡附近的切斯曼宫教堂（1777～1780）有"英国哥特建筑"的神韵，其优雅的花边装饰和宫廷建筑群的整体基调相适应。三角形的切斯曼宫有类似于中世纪的城堡方形塔楼，这样的外形不仅是切斯曼宫构图的古典基础的体现，也是共济会的象征。巴热诺夫为皇村设计的建筑也有类似的特征。

俄国建筑中的"哥特风格"是一种历史联想。哥特风格先后经历了中世纪和近代欧洲两个发展历程。一般来说，哥特风格还包括伊斯兰世界的古老东方建筑元素。这种富有异国情调的中世纪风格如同一个调色板，充满了各种可能性。在红砖墙的背景下，墙壁上没有涂抹石膏，而是运用了大理石这一古典元素，从而让人产生历史联想，比如 П. А. 鲁缅采夫为了庆祝大胜土耳其而在巴罗夫涅村修建的教堂（1790～1799）。在这里可以看到哥特大教堂的遗迹，即教堂的三层空间和其西面的双钟楼图案，这些设计也体现在穆斯林的清真寺中。

哥特风格作为官方风格的一种对立面为共济会的各种象征主义元素提供了有力载体，毕竟将思想渗透到教堂建筑中对于共济会成员来说并不困难（比如兹纳缅卡、维申科、比科夫和波日戈罗多沃等地的庄园教堂）。包括外国建筑师在内的许多建筑师都投入俄国哥特风格建筑的创作中，但巴热诺夫仍然是公认的最具特色的哥特建筑大师。

带有哥特装饰的教堂建筑最早可以追溯到18世纪50年代末，其是坐落于波鲁克托沃村的切尔基佐沃-斯塔基庄园教堂（1758～1763），然后是坦波夫省兹纳缅卡村的巴热诺夫教堂（1768～1784）。巴热诺夫教堂与17世纪末的俄国传统民族建筑之间有着紧密的联系，巴热诺夫在这座教堂的设计中发掘了俄国哥特建筑的可塑性，这奠定了后来莫斯科哥特风格建筑的总基调。[①] 在莫斯科郊区的拜科夫庄园教堂（1789）中能看到开放式楼梯的图案，这座有着两个钟楼的不寻常椭圆形建筑显然受到了来自纳雷什金风格以及西欧哥特风格的双重影响。

这种趋势在当时的一些修道院建筑上也留下了印记，如科洛姆纳附近的戈鲁特文修道院。科洛姆纳附近的一些其他教堂也有哥特式的外观，

---

① Кожин Н. К генезису русской ложной готики// Академия архитектуры. 1934. № 1-2.

其中莫扎伊斯克的尼科尔斯基大教堂（1809 年由 A. 巴卡列夫设计）以
其壮观的壁炉装饰而格外引人瞩目。

图 1-29　莫斯科郊区的阿尔汉格尔斯克庄园，于 18 世纪 50 年代重建

　　然而，俄国的哥特风格总体来说还只是古典主义建筑艺术的一种变
体，它并没有动摇古典主义的空间造型基础。哥特风格的装饰（当然，
除了长方形的窗户）通常不会破坏建筑本身的整体氛围，古典主义的装
饰仍是主旋律。

　　哥特式风格并未普及千家万户，主要在首都贵族的庄园中盛行。虽
然贵族庄园中的哥特风格的具体表现形式各不相同，但都有着微妙的挽
歌式情绪。

　　彼得堡附近的沙皇庄园在 18 世纪下半叶仍然是潮流的引领者，但
庄园建设新趋势的实际引领者在渐渐向莫斯科附近转移——有相当一部
分是在莫斯科居住的服役贵族。莫斯科郊区兴盛的庄园建设对俄国中部

不少省份起着示范作用，它们也效仿起夸伦吉、卡梅隆、斯塔罗夫、利沃夫等首都建筑师的作品，用来翻新庄园。新风格还渗透到乌克兰和白俄罗斯，不过仅仅在小圈子内流行，大部分人并不感兴趣（代表建筑有 А. Г. 拉祖莫夫斯基在巴图林的庄园，建于 1799~1803 年，由 Ч. 卡梅隆设计；扎瓦多夫斯基伯爵在布良斯克附近的利亚里奇庄园，由 Д. 夸伦吉设计）。[1]

莫斯科郊区的庄园数目在 18 世纪 70~90 年代呈下降趋势。与此同时，在彼得堡的郊区则新建了不少带有自然园林的大庄园。在俄国各省，庄园的改造活动一直持续到 19 世纪中期。在俄国各地逐渐形成了一个密集的古典主义建筑乡下庄园网络。

此时，庄园为屋内举办的晚会留出了充足空间。建筑师在带有庭院的宫廷建筑周围安置了服务设施和柱廊，这些古典主义常见元素显然有着帕拉迪奥主义建筑的影子。比较著名的庄园主要有莫斯科郊区的阿尔汉格尔斯克宫（18 世纪 80 年代，建筑师为德·伯尔尼）、彼得堡附近的巴甫洛夫斯克庄园（1782，建筑师为 Ч. 卡梅隆）、布良斯克附近的利亚里奇庄园（1790~1797，建筑师为 Д. 夸伦吉）。将宫廷建筑和服务设施放在一条线上的方法也很常见，比如彼得堡附近的贝佐博夫庄园（18 世纪末，建筑师为 Д. 夸伦吉）以及莫斯科附近的奥斯塔菲耶夫庄园和佩赫雷-雅科夫列夫斯基庄园（1770~1780）等等。在城市以外的地方也可以找到宫廷建筑的变体，即带有立柱的长条形建筑，在建筑的中心通常有一个门廊，比如石岛宫（1776~1781，建筑师为 Ю. 费尔滕）、彼得堡附近的英吉利宫（1780~1789，建筑师为 Д. 夸伦吉）、哈尔科夫省霍滕基庄园主建筑（建筑师为 Д. 夸伦吉）等等。在帕拉第奥主义的影响下，一些庄园呈现将其组成部分分散为独

[1] Лукомский Г. Старинные усадьбы Харьковской губернии. Пг., 1917；Тихомиров Н. Архитектура подмосковных усадеб. М., 1955.

立的别墅的趋势——主屋被移到庭院的中间，这样一来便有了一个以平衡中心为核心规则的解决方案（比如莫斯科附近的德米多夫伯爵的彼得罗夫-克尼亚兹切庄园，建于 1775～1785 年，建筑师为 M. Ф. 卡扎科夫）。还有主要建筑由若干小别墅组成，庄园内的服务建筑不多，只有一个前院的庄园（比如博戈罗茨克庄园，建于 1771～1778 年；尼科尔斯科-加加林庄园，建于 1773 年；两座庄园的建筑师均为 И. Е. 斯塔罗夫）。叶卡捷琳娜二世在佩拉的庄园（1785～1789，建筑师为 И. Е. 斯塔罗夫）在构图上十分精巧，它率先将各种构图规划方案纳入一个宏伟的空间组合，从形式上看属于帕拉迪奥式庄园，各要素通过庄园内庄严的柱廊连接在一起。

事先征求客户的意愿是建筑师开展工作的必要前提。有时候，客户会干涉建筑师的设计，修改甚至否决设计方案；有时，客户还会沉浸在自己的构想中，或是反复比对多位建筑师的设计作品。在施工过程中，根据客户的要求，建筑师也可以对建筑规划进行适当修改。因此，最终呈现的建筑作品时常是"集体"创造的产物。

庄园建筑的风格逐渐和城市的风格相适应。在莫斯科附近的早期宫廷建筑中已经可以看出古典主义的苗头，比如车尔尼雪夫伯爵在 18 世纪 60 年代末建造的亚罗波列茨宫，虽然在镶板墙和装饰细节中仍然可以看到洛可可风格的易碎的优雅，但整体上已经在逐渐突破洛可可风格本身。古典主义的广泛传播离不开安东尼奥·里纳尔迪、斯塔罗夫、卡扎科夫、利沃夫、卡梅隆、夸伦吉和布伦纳等建筑师的努力。这些建筑师设计了一个又一个优秀的古典主义风格的建筑群，比如莫斯科附近的阿尔汉格尔斯克宫、奥斯坦基诺宫或库斯科沃宫，彼得堡附近的加奇纳庄园、皇村和巴甫洛夫斯克庄园以及哈尔科夫省的梅尼克庄园（18 世纪 80 年代），这些建筑群都因其杰出的艺术价值而举世瞩目。古典主义晚期的庄园建筑变得更加简洁，体现了古典主义晚期的英雄主义（比如皇村内的亚历山德罗夫庄园，建于 1792 年，建筑师是 Д. 夸伦吉）。不仅砖石建筑是古典主义式的，此时不少木制庄园也模仿砖石建筑和古代建筑的形式，并由此产生了所谓的"木制古典主义"，从外观上来看"木制古典主义"建筑和古典主义砖石建筑十分接近。古典主义时期的园林，其特征是具有独立性，园林中各景观必然是基于古典主义的艺术规则而设置的。大多数人造的自然园林都体现了俄国自然园林理念，侧重于表达俄国中部自然美景的简单性和特殊性。只有在彼得堡的郊区——皇村、加奇纳庄园和巴甫洛夫斯克庄园以及彼得宫①的英吉利宫，自然园林照搬了英国园林模式。Ч. 卡梅隆、П. 冈萨戈、И. 布什等外国建筑师对俄国自然园林的发展功不可没，这些园林激发了个体的浪漫主义、感伤主义情绪，令人流连忘返。

18 世纪，俄国建筑的杰出成果当然并不仅仅局限于彼得堡和莫斯科，一些省级城市和地方庄园也是 18 世纪俄国建筑艺术的集大成者。同时，在俄国各省和小城市，特别是在农村，原始的民间建筑仍然以各种木结构的形式存在着。民间传统建筑不太容易接受变革，保留了不少和本土传统与民俗文化相关的东西。

在俄国的偏远地区，特别是在北方、乌拉尔和西伯利亚地区，那里的居民直到 18 世纪仍以几个世纪以来形成的传统形式和建筑技术建造木制教堂。在彼得一世时期，木制建筑仍然完全采用 17 世纪的审美观念，主要在教堂顶端的设计中发展装饰性艺术，比如建于 1714 年的基日岛主变容教堂。不过，教堂崇高而又庄严的结构呼应了彼得一世时期艺术所特有的"赞美"元素。

传统的木制民居并不逊色，独特的气候条件、积累了几个世纪的建材经验让俄国传统的木制建筑具有极强的延续性。木制民居的结构在俄

---

① Марков В.，Петров Н. Гатчина. Л.，1974；Кучумов А. Павловск. Л.，1970.

国各地大同小异，通常为三部分的独立小屋或组合成"双胞胎""三胞胎"的复合小屋，这在俄国北部和西伯利亚地区十分常见。

在古典主义的影响下，教堂的墙壁换成了密集凿衬的砖石，但这并没有破坏民间教堂建筑的传统基础。古典主义装饰图案充分地融入了圣像雕刻中。

图 1-30　托尔佐克的鲍里斯格列布斯基修道院大教堂（1785~1796）

住宅建筑在一定程度上主动接受了古典主义。在城市特别是省级城市的住宅建筑中，建筑师开始使用木材护套，以便在屋檐处安置古典主义的雕像，并将原木的两端隐藏起来，他们还用古典主义装饰图案来装饰窗套。古典主义时期的住宅建筑在壁板处凿有隔板。所有这些元素都使住宅建筑具有了秩序性。然而，民间建筑的传统惯性比古典秩序更适应俄国的土壤，俄国民间建筑的传统惯性依旧对住宅建筑产生不小的影响。

***

因此，俄国建筑艺术在沿着新的道路发展了一个多世纪之后已经达到了泛欧洲的水平，同时又不失其民族特性。它以其艺术语言的可塑性和多样性、感伤主义、温情而又深入人心的抒情性而令人瞩目。

俄国18世纪的建筑成就离不开几代建筑师的辛勤耕耘，其工作表明建筑设计的灵魂不在于乌托邦式的幻想，而在于满足不同社会需求的能力。在此时俄国的建筑艺术中，一切抽象的东西都被生活本身所拒绝，或者说被生活所改造。18世纪的俄国新建筑艺术为其与民间传统建筑艺术的互动开辟了道路，这有助于发掘俄国传统建筑的新内涵。这种互动也丰富了民间建筑的形式——它融会贯通了外来建筑的艺术形式，反过来获得了新的生命力和创造力。因此，18世纪是俄国建筑民族性的形成时期，这种民族性既能够满足当时社会各等级的需求，同时也成为一种泛欧洲主义现象。

第二章
雕塑艺术

B. B. 基里洛夫

  18 世纪，俄国雕塑艺术得到了空前的发展，出现了一种全新的西欧式雕塑艺术。俄国雕塑艺术成功的关键在于俄国与西欧各国相近的世俗审美、密切的文化联系和始于彼得一世时期的对西欧雕塑艺术的有机吸收。[①]

  18 世纪，俄国雕塑艺术中新造型的"萌发"离不开 17 世纪俄国雕塑艺术经验。受东正教禁欲主义的影响，俄国中世纪雕塑艺术作品中基本没有"肉身"形象，不过"肉身"形象逐渐以一种所谓的"佛兰德式"[②]体积雕刻的形式出现，这一手法源自白俄罗斯和乌克兰的雕塑大师。

---

① История русского искусства / Под ред. И. Грабаря. Т. V. M. , 1960; Т. VI. M. , 1961; Т. VIII. Кн. 1. M. , 1963; Коваленская Н. История русского искусства XVIII в. M. , 1962; Он2а же. Русский классицизм （живопись, скульптура, графика）. M. , 1964; Алпатов М. Этюды по истории русского искусства. Т. I. M. , 1967 – История искусства народов СССР. Т. IV. M. , 1976.

② "佛兰德式"，这种类型的雕刻的名字来自"flamme"一词，意思是火焰，这种雕刻手法通过凹陷的轨道和覆盖着镀金的凸起的闪亮表面营造出一种独特的雕塑效果。后来，"佛兰德式"一词也被应用于大理石雕刻艺术中。

　　"佛兰德式"体积雕刻法出现于17世纪末，也就是纳雷什金风格的全盛时期，当时的俄国工匠学习吸收了一些体积学理论知识，又接触到了西欧巴洛克雕塑技术。

　　然而，"佛兰德式"体积雕刻法的使用并不意味着俄国雕塑艺术已经改头换面，直至17世纪末，它主要用于教堂艺术，多用来装饰木制圣像台和教堂的外墙。

　　18世纪，新的世俗美学实现了雕塑人物从神性到世俗性的转变，俄国美学中立体造型思维的发展激发了人们对世俗艺术的浓厚兴趣。这种趋势很快便渗透到了公共生活的许多领域，覆盖了贵族生活的方方面面。18世纪的俄国贵族因此逐渐熟悉了欧洲的生活方式，广泛发展各种形式的雕塑艺术。

　　所有这些都对雕塑艺术提出了新的要求，而在俄国工作的外国工匠和俄国本国工匠完全不能满足需求，于是俄国贵族便常常从国外采购心仪的雕塑作品。到18世纪末，个人鉴赏家（收藏家）收藏雕塑已经成了俄国一种重要的文化惯例。沙皇珍藏了不少精美的雕塑作品，沙皇的效忠者——俄国的贵族紧随其后，比如叶里米特夫、戈利岑、斯托罗甘诺夫、波将金、尤苏波夫、沃龙佐夫和其他与宫廷关系密切的贵族，他们都是精美雕塑作品的收藏者。

　　新的西欧化雕塑主要流行于俄国首都和省级中心及附近的贵族庄园中。这种新式雕塑艺术迎合了社会精英阶层——沙皇的宫廷人员和上层贵族的需求。然而在18世纪的俄国，木制雕塑艺术占有重要份额，它和农民有关，也和以工匠、商人和手工业者为代表的城市居民有关。城市和农村的普通居民十分喜欢木雕和木刻艺术，木匠的艺术手法甚至可以追溯到古罗斯时期。学院雕塑与民间雕塑之间存在一种复杂而有趣的关系。

　　民间雕塑是一个比学院雕塑更久远、更稳定的艺术形式，在俄国，学院雕塑的风格非常多变。一个世纪以来，学院雕塑的风格从巴洛克发展到洛可可，然后又发展到朴素的古典主义。在整个 18 世纪上半叶，学院雕塑以巴洛克风格为主，然后巴洛克之风在启蒙古典主义新美学的影响下逐渐消退，但巴洛克和洛可可在相当长的一段时间内仍对其他风格产生了深刻的影响。在早期 19 世纪的雕塑艺术中，古典主义仍保留了一些感伤主义和前浪漫主义的特征。类似于建筑艺术，雕塑艺术在各个时期形成了特定的风格，并通过各位大师的作品表现出来。

在彼得一世时期，专业雕塑家多是外国大师。许多外国雕塑家同时也担任教职，他们把自己的雕塑技巧传授给了俄国未来的雕塑大师。有些外国雕塑家在俄国定居了很长时间，比如卡洛·拉斯特雷利、K. 奥斯纳、H. 吉列，有些则将俄国的工作视作职业生涯短暂的插曲，比如 A. 施吕特（A. Шлютер，1664—1714）。[1]

彼得一世时期雕塑艺术的璀璨成果要归功于佛罗伦萨雕塑大师卡洛·拉斯特雷利，他的作品最能代表巴洛克的美学理想。[2] 卡洛·拉斯特雷利在很大程度上受到贝尔尼尼作品的影响，他先是学习意大利巴洛克雕塑技术，然后在巴黎工作，1716 年受邀前往俄国为沙皇服务。卡洛·拉斯特雷利才华横溢，为沙皇服务了很长时间。在俄国，他是一位伟大的艺术家。彼得一世夸赞卡洛·拉斯特雷利是一位出色的雕塑家，但实际上他的艺术才华并不止于雕塑。他还参与了装饰性建筑群和宫廷建筑群的设计，制作了大量的浮雕和雕像，并承担了纪念碑、肖像雕塑和纪念物的创作任务，他在以上这些领域都取得了辉煌的成就。卡洛·拉斯特雷利出众的天赋和勤勉的创作实践使他在表达强烈的感情和激情方面无可匹敌。

---

[1]　Врангель Н. Иностранные скульпторы ⅩⅧ в. в России// Старые годы. 1907. № 7 - 9; Мюлле А. Иностранные живописцы и скульпторы в России. М. , 1925.

[2]　Матвеев А. Карло Растрелли. Л. , 1938; Архипов Н. , Раскин А. Бартоломео Карло Растрелли. Л. ; М. , 1964.

卡洛·拉斯特雷利的雕塑作品反映了巴洛克式的矛盾心理——对理想的渴望与对自然的眷恋，对材料的虚幻处理则让他的作品具有特殊的凄美感。他为同时代人所创作的肖像雕塑具有独一无二的气质，让人能够一睹时代本身，了解到新生个体的独特性。在他的肖像雕塑中，作品的写实性十分突出。在寓言式的园林雕塑中，卡洛·拉斯特雷利也展现了出色的组合装饰技艺。这位艺术家的作品为整个18世纪上半叶的俄国雕塑风格奠定了方向。

A. 施吕特和他在俄国创作的大量作品激发了俄国人对西欧巴洛克雕塑作品的浓厚兴趣。作为北德巴洛克的杰出大师，施吕特在俄国为彼得一世的夏宫创作了一系列宏伟的浮雕。施吕特掌握了高超的造型艺术，而他对自然界的热爱和对各元素敏感而又充满敬畏的渲染手法使其创作的浮雕场景进一步涌现出了真正的生命力。在自己的祖国（德国）他也创作过雕像，比如柏林的弗里德里希·威廉皇帝纪念碑（1703），这座纪念碑充分表达了他创作的雕塑中巴洛克式的悲怆。

法国雕塑家尼古拉斯·皮诺（Николя Пино，1684-1751）也对18世纪早期俄国雕塑艺术的形成做出了卓越的贡献。在皮诺的祖国，他是一个装饰雕刻家，以接近古典主义的优雅洛可可风格闻名，不过在他的雕塑创作中始终贯穿着一种享乐主义的洛可可精神。皮诺的艺术风格在为彼得宫所创作的雕塑作品中有所体现。彼得宫内书房的橡木雕花板显示了他对优美线条和构图工艺有非凡品位。他的另一件作品，即蒙普莱西尔天花板上的寓言人物，诠释了则更接近洛可可式的情色主义。皮诺在俄国的作品展现出了更阳刚的内容。彼得堡彼得保罗要塞大门的密涅瓦和贝洛娜的雕像具有巴洛克纪念雕塑作品的精神。彼得一世时期的新雕塑艺术方兴未艾，总体来说仍然是一种独特现象，但它影响了俄国雕塑的未来发展方向。

彼得一世时期，在俄国工作的乌克兰和白俄罗斯工匠中①，最著名的人物当数伊万·扎鲁德尼，尽管他也留下了不少建筑作品，但仍以雕塑装饰家而闻名。他是乌克兰人，在莫斯科工作过，负责建造彼得堡彼得保罗大教堂的圣像壁，这件作品后来也被认为是俄国雕刻艺术中的一大杰作。扎鲁德尼的作品是乌克兰—白俄罗斯巴洛克风格的代表，他进一步发展了 17 世纪与 18 世纪之交于俄国广泛流行的"佛兰德式"雕刻艺术。在他的影响下，圣像台的雕刻装饰除了传统的植物图案外，还增加了真人大小的天使和圣徒形象，他还在圣像台的基座上使用了雕刻艺术，这使得圣像台的各组成部分合并为一个单一的雕塑作品。作为一名雕塑装饰家，扎鲁德尼还通过凯旋门和庭院建筑的装饰艺术在世俗建筑上留下了自己的印记。

18 世纪上半叶是巴洛克风格在俄国艺术中蓬勃发展的时期，此时产生了各种观赏性雕塑作品。但这些作品主要是纪念性和装饰性的雕塑，其发展与拱形结构的发展有着密切联系。② 用于装饰建筑物和整个建筑群的浮雕和各种雕像在此时流行了起来。这些雕塑成了大型巴洛克建筑和整体环境的一部分，具有互动性。它们融入立面建筑中，用于突出表现立面建筑的核心元素——中央和侧面的立柱，或是屋檐和檐口。

除了浮雕和圆雕，公共建筑和宫殿建筑的雕塑装饰还包括屋顶和尖顶上的造型艺术。海军部尖顶上的船舶象征着俄国的海军力量，彼得宫屋顶上的迫击炮象征着军事上的胜利。在彼得一世时期，圣乔治的形象经常用来象征胜利，他有时候还会出现教堂装饰中。在彼得保罗大教堂

---

① Терновец Б. Русские скульпторы. М. ，1924；Врангель Н. Указ，соч.；Михайлов А. Новые материалы о русской скульптуре первой половины XVIII в. // Искусство. 1952. № 5；Мозговая Е. Творчество И. П. Зарудного：Канд. дис. Л. ，1977.

② Курбатов В. О скульптурныйх украшениях петербургских построек // Старые годы. 1914. № 4；Русская декоративная скульптура// Русское декоративное искусство XVIII века. Т. 2. М. ，1963.

的尖顶上有一个天使雕像。不过，完整的雕塑装饰系统直到 18 世纪中期才逐渐成熟。

在彼得一世时期，雕塑艺术是公共建筑装饰系统的重要组成部分。此时俄国新建的公共建筑是俄国专制主义的有力体现，起着"歌功颂德"的作用。18 世纪上半叶，雕塑作品在各节日盛典和庆祝活动中也必不可少。

凯旋门入口处的雕塑起着说明和装饰作用。雕塑和壁画一样也是胜利的标志。雕塑的存在是为了创造一个兼具象征性和寓意性的复杂胜利形象，寓言式的雕塑形象是专制主义的象征。一般来说，凯旋门"入口"处摆放的是涂漆或镀金的木制雕塑，油漆、金箔和奢华的褶皱展现了主人公华丽的装饰。这些雕塑一般被放置在门柱上的特殊壁龛里，或是檐口和阁楼下面。有时，"入口"处会使用木制浮雕作为装饰物，浮雕的主题包括寓言故事、神话故事或战斗场景。为了纪念 1709 年波尔塔瓦战役而建立的莫斯科凯旋门是这类木制浮雕艺术的代表（创作者为 П. 皮卡特和 А. 祖博夫）。[1] 凯旋门雕塑的核心是富丽堂皇的标志，最常见的是吹着喇叭的荣耀人物，如莫斯科红门上的铜制人物雕塑。

起初，凯旋门雕塑并没有成体系，俄国有依旧遵循着中世纪传统创作的本土雕刻家，创作巴洛克和洛可可风格作品的外国雕刻家，以及一些乌克兰和白俄罗斯雕刻家。凯旋门雕塑的质量也参差不齐：精细与粗犷作品皆有。

早期凯旋门"入口"处的雕塑艺术在许多方面还有传统木制圣像雕刻艺术的影子。早在 17 世纪末，俄国的传统木制圣像雕刻艺术中就出现了全体积的、真人大小的天使、使徒和圣徒形象。类似形象的雕塑最初也装饰在了凯旋门上。然而到了彼得一世时期，雕塑的形象还包括希腊、

---

[1] Берзин Б. Живопись и убранство триумфальных ворот в честь Полтавы И Искусство. 1982. № 7.

罗马诸神的形象。在凯旋门上，除了常见的基督教徒形象以外，人们还可以看到大力神赫拉克勒斯、智慧女神密涅瓦、战争女神贝洛娜和海神尼普顿。

从彼得保罗要塞大门的装饰中我们可以一窥这类雕塑的特点。K. 奥斯纳（K. Оснер）的浮雕置于拱门弯曲之处，几乎没有留出空余的空间。这种相当原始的静态构图方式表明许多早期装饰公共建筑的浮雕并不完美，仍然残存着民间和教会艺术的传统。雕塑作品的主题也证明了这一点：对彼得一世丰功伟业的歌颂在这里借助基督教神话的普遍意象得以呈现，如大门上的浮雕"使徒彼得击败巫师西门"。而放置在同一门户壁龛中的两座等身大小的密涅瓦和贝洛娜雕像（创作者为 П. 皮卡特），以完美的造型和极强的纪念性给人留下了深刻印象，这两座雕像体现了一位伟大的西欧大师的绝对水准。

随着巴洛克风格的形成及其塑性表达的不断增强，雕塑在全图景系统中的作用大大增加。在彼得一世统治末期以及 18 世纪中期，巴洛克雕塑艺术的装饰风格相较之前更为成熟。雕塑装饰越来越多地与门联系在一起，共同组成了一种艺术综合体，这一点还体现在了 18 世纪 30~50 年代的版画设计中。

专制主义的确立推动俄国兴起建立雕塑纪念碑的浪潮。18 世纪初，人们设计了一些描绘彼得一世军事胜利和丰功伟绩的纪念碑。雕塑纪念碑与彼得堡城市的建立相伴相生——Ж. 勒布朗为新首都的广场设计了一座纪念碑。

俄国在创建城市纪念碑方面经验不足，只能将目光转向古代和文艺复兴时期的遗产——受邀前往俄国的外国大师们带来的正是这些知识。起初，专制主义的俄国选择了传统的方尖碑形式的纪念碑。在巴洛克时期，方尖碑从外形上来看就具有装饰性功能，而碑上各种符号和象征性元素更是赋予纪念碑史诗般的宏伟性，比如彼得堡三一广场上为纪念

图 2-1　彼得保罗要塞大门上的雕塑装饰

1721 年格兰格拉姆海战胜利而建立的方尖碑。

　　这座方尖碑显然是对罗马帝国著名纪念碑图拉真凯旋柱①的致敬——纪念彼得一世和他在北方战争（1723）中对瑞典人的辉煌胜利。柱上镌刻了丰富的浮雕，借此来颂扬和赞美身为胜利者的彼得一世。方尖碑的设计者卡洛·拉斯特雷利和 A. 纳尔托夫将寓言式图像和北方战争场景图像交织起来，这是巴洛克艺术的特点——将理想和现实融合在了一起。浮雕中描绘了正在建设的彼得堡，它鲜明的现实主义风格令人印象深刻，画面不仅展示了彼得堡在水面上拔地而起的过程，还勾勒了整个城市的工作与生活——前景是创建城市的工匠的身影。不过，对这座纪念碑的各种设计只停留在模型中。

---

　　① 图拉真凯旋柱（Colonna Traiana），位于意大利罗马奎利那尔山边的图拉真广场，为罗马帝国"最佳元首"图拉真所立，以纪念其征服达西亚，将罗马疆域扩张到历史上最大范围，被誉为"实现罗马伟大复兴"的精神支柱。——译者注

　　实际上，沙皇的雕像才是展现彼得一世伟大壮举的核心，马库斯·奥勒留的雕像或许是彼得一世雕像的灵感来源。卡洛·拉斯特雷利自1716年便着手彼得一世雕像的构想，但雕像直到1747年才最终铸造成功。① 起初，沙皇雕像按计划应放置在瓦西里岛的城市广场上，广场周围是正在建造的公共建筑，紧邻各部。到了18世纪40年代，沙皇雕像又被规划在了新冬宫前。不过，哪怕是40年代的安置计划也没能落实。因为直到18世纪下半叶彼得堡才真正具备在城市环境中安置方尖碑的各项先决条件。

　　彼得一世雕像根据卡洛·拉斯特雷利的设计铸造而成，具有极高的艺术价值。他借用西欧骑马人像雕像的普遍形态，对彼得一世进行了巴洛克式的诠释。外表平静的沙皇形象展示了这位可怕统治者坚定不移的性格；在雕像的沉重体积和个别细节中，人们可以读到巴洛克造型语言。卡洛·拉斯特雷利起初为雕像规划了一个完整的寓言式的"陪衬"，这也是成熟巴洛克风格的特征。然而，彼得一世雕像的视觉重点并不是寓言式的"陪衬"，而是沙皇本人——他如同一位罗马帝国的凯旋者和统治者一般出现在世人面前。卡洛·拉斯特雷利对纪念碑的创造性发挥赋予了巴洛克雕塑艺术新的活力。

　　随着俄国造船业的兴起，雕塑艺术作为俄国国家力量的象征也被广泛应用到了"船舶建筑"领域，豪华的木雕和庞大的雕像为船舶提供了丰富的装饰元素。② 在海军部和军械库之下有一批专门从事船舶装饰工作的雕刻师——这些人中有些是出过国并接受过西欧培训的俄国本土大师，有些是外国专家。据史料记载，雕塑家卡洛·拉斯特雷利也参与了船舶雕刻工作。早在17世纪末，船舶雕刻艺术就已经显示出成熟巴洛克风格的迹象，其华丽和辉煌程度远远超过了圣像雕刻艺术。形似茶壶环带纹

　　① Петров В. Конная статуя Петра I работы Карло Растрелли. Л.，1972.

　　② Матвеева Т. Убранство русских кораблей XVIII—XIX вв. Л.，1979.

路的雕刻装饰覆盖了船舶的部分外表面——船板和甲板的上层建筑。船尾端壁上的螺旋纹雕刻装饰尤其丰富，一直延续到船头，形成一个连续的浮雕系统，像一条装饰性纹路环绕船体。全体积的雕塑主要集中在船头——仿佛在为高举的船头加冕一般。这样的船舶雕塑装饰方式能够进一步呈现船舶的形状和结构。

　　船舶雕塑装饰艺术体现了海洋的主题。雕塑中对各种海洋生物和神话人物的描绘，对航海、贸易和军事胜利的赞美，是在仔细地、虔诚地以及敏锐地诠释着自然之美，不禁让人联想起俄国北方木制民间雕塑中的粗糙形象。比如在一艘名为"生人勿近"的船上，船头高高立起的彼得一世雕塑便是俄国海军力量的象征。

　　雕塑艺术在教堂建筑领域的应用更为灵活多样，远远超出了圣像雕刻本身。在彼得一世统治前期，莫斯科在引进各种创新方面有着优势，因此最早开始在建筑中积极使用雕塑艺术的当数莫斯科庄园内教堂。

　　一些庄园的雕塑艺术具有明显的西欧偏好，公开向外界展示其巴洛克的感性本质。对巴洛克雕塑艺术十分有兴趣的主要是新贵族——彼得一世的支持者，其中戈利岑公爵是巴洛克雕塑艺术发展的有力推手。这些俄国贵族为莫斯科引进了一批意大利雕刻家，这些外国人在莫斯科的一些教堂中用典型的天主教传统创造了前所未有的雕塑作品。[①] 用雕塑语言来阐释教会题材对于当时的俄国来说十分大胆。杜布罗维察教堂（1690~1704）的雕塑装饰是莫斯科本土雕塑艺术和西欧雕塑艺术结合的产物。教堂大理石外墙用圣像雕刻进行点缀，以花卉图案、天使、基路伯、使徒和布道者的全身形象为特色。大部分教堂中的小型雕塑出自俄国本土工匠之手，一些人的工作方式仍非常传统（如教堂中的福音派雕像）。只有在西边入口处的圣徒驼背像中才有天主教雕塑的痕迹。来自瑞士泰辛州的意大利

---

① Гатова Т. Из истории декоративной скульптуры Москвы'начала XVIII в. // Русское искусство XVIII в. М. , 1973.

大师团队技艺精湛，为教堂内部设计了石膏装饰（1704）。在浮雕中描绘的众多福音场景中，充满了对自然的敬畏和迷恋，这些意象在"受难记"的构图中转化为真正的宗教狂喜，而这正是天主教的典型表达方式。[①]

这些工匠还为天使长教堂（1701~1707）和莫斯科主显修道院大教堂设计了雕塑装饰。谢尔普霍夫附近的波德莫克洛沃村教堂外部的使徒石雕（1714）[②] 建于彼得一世时期，体现了一种自由的造型方式，这表明在该石雕的设计中有其他大师的参与，或许是外国大师。

俄国教会高层允许在一些俄国教堂的装饰中使用雕像，但认为它与东正教精神相悖，并不鼓励该行为。传入的天主教雕塑传统及崇高的宗教情感并没有引起俄国人的共鸣，也没有留存下来。1721 年，神圣会议颁布了一项特别法令，禁止在东正教教堂使用雕像。

另外，圣像壁装饰艺术则继续在繁复的雕刻艺术中发展壮大，这一现象在彼得堡也很突出。伊万·扎鲁德尼设计的彼得保罗大教堂的圣像壁（1722~1726）是当时雕刻艺术的结晶。在圣像壁上的雕像中，既有国王形态的基督，他头戴王冠，这是对世俗权力的隐喻；也有手持剑和棕榈枝的天使长米迦勒，这是彼得一世功绩的象征。

在圣像壁辉煌的表现手法中我们不难看到意大利雕塑流派的影子，而正门上的圣餐场景则是典型的俄国民间雕塑。教堂圣像壁装饰中的政治主题可能源自同时代的建筑艺术，比如凯旋门中宏伟的歌颂性雕塑装饰。

18 世纪中期的俄国工匠继承和发扬了木雕传统。造船业的发展，公共建筑和宫廷建筑中丰富的世俗雕刻装饰实践，外国雕刻艺术家与俄国

---

① 一般认为此时该艺术的代表为以 K. 奥斯纳为首的荷兰大师。参见 Михайлов А. Подмокловская ротонда и классические веяния в искусстве петровского времени// Искусство. 1985. № 9.

② 从该石雕建筑的新艺术风格来看，其建成时间应当不晚于 1721 年，即在宗教会议颁布禁止在东正教教堂中使用雕像雕塑的法令之前。

本土工匠的通力合作，共同推动了圣像雕刻艺术的繁荣。此时的圣像通常有着惊艳的巴洛克图案和大胆的造型设计。切尔尼戈夫的圣三一大教堂（1731~1734）、基辅的索菲亚大教堂（18 世纪中叶）和莫斯科的尼基塔圣徒教堂和克莱门特教堂（18 世纪中叶）中的圣像柱是新旧艺术融合的产物。马来亚奥克塔的三一教堂（1730~1740）和彼得堡的圣尼古拉海洋大教堂（1753~1762）中的雕塑装饰呈现融合性。

　　18 世纪中期，教堂雕塑装饰的一个显著现象是使用石膏。莫斯科的大师从意大利人那里学到了这种造型技术，他们开始用新材料创作圣像雕刻中最受欢迎的植物图案，装饰教堂的墙壁和拱顶。到了 18 世纪中叶，除了外国工匠，俄国也有了自己的模塑师，他们主要从事教堂的装饰工作。卡洛·拉斯特雷利在教堂建筑设计中使用了大量的石膏装饰元素。在莫斯科，建筑师 K. 布兰克建设完新耶路撒冷修道院的内部圆形大厅（1750~1760）[①] 后转而成为一名优秀的模塑师。我们从莫斯科艺术学派和许多省级艺术中心的作品中能找到源自传统木雕艺术的造型技术以及如草原游牧民族般的自由因子，而在彼得堡，石膏的造型则更有组织性，多服务于教堂内部的建筑。在当时的雕塑艺术，特别是在石膏造型中，人们惊讶于其所包含的与宗教艺术严肃性相悖而行的非凡生活乐趣。天使长和其他天使如同俏皮的爱神和丘比特们，在他们微笑的面容和柔和虔诚的造型中充满了许多戏谑般的乐趣，让人们情不自禁地产生与宗教无关的联想。在圣徒的形象中，出现了一种超越其自身形象神圣性的感性表达。

　　18 世纪初，浮雕和雕像成为宫廷和贵族生活的一部分。雕塑的主题受制于专制主义，这一点具体表现在雕塑主体的寓言式形象中。对于公共建筑而言，雕塑充当住宅屋顶和屋檐的装饰物，时而在外墙上，时而

---

① 除了 K. 布兰克之外，齐明兄弟和 Π. 萨耶维奇领导的工匠团队对此处的石膏装饰同样功不可没。

在室内装饰中。

　　彼得一世时期的第一批宫廷建筑，特别是彼得堡的夏园，已经有了寓言雕塑[1]和各种几何立体雕塑装饰。这些雕塑装饰主要由外国人设计。夏园（1713~1714）外墙上的陶器浮雕由 A. 施吕特设计制成，浮雕以奥维德的《变形记》中的图像为主题，歌颂了彼得一世的伟大事迹，谴责了敌国瑞典的各项行径。卡洛·拉斯特雷利在夏园瀑布的浮雕装饰中表达了同样的主题，但附有更多的装饰性解释。在这些早期雕塑作品中已经出现了对肉体的感性认知和初步还原，充满了对生命的敬畏，属于典型巴洛克艺术。在卡洛·拉斯特雷利的不少浮雕作品中都有类似的装饰性解释。浮雕轻微凸起，前景人物呼之欲出，极富立体感。这些特征在成熟巴洛克浮雕中得到了进一步的发展。

　　夏园入口处的浮雕（1714）是当时公共建筑上布置的浮雕的一个缩影。立于炮筒和旗帜中的智慧女神密涅瓦象征着彼得一世以及其卓识远见。浮雕兼具庄严和活力，展现了时代风貌。浮雕从中心向外扩展，形成了一个华丽的巴洛克式的门廊，而细节之处则体现了对自然的敏锐观察。

　　一些木制浮雕和石膏模型也保存了下来。裹在轻薄布料中的智慧女神密涅瓦以精美的浮雕形式出现在夏园的前庭。雕塑的立体感是通过人物中各个元素的特殊加工工艺实现的，这些工艺拓展了浮雕的空间深度。人物栩栩如生的面容和精细的衣服褶皱暗示了其创作者定是一位伟大的西欧雕塑大师。[2]

　　在当时的宫廷雕塑中盛行源自法国的洛可可—古典主义风格，比如夏园大会议厅沙皇书房中的橡木雕刻板（1716~1720）。尼古拉斯·皮诺

---

① 寓言雕塑（Allegorical sculpture）是指寓意中象征和特别将抽象思想人格化的雕塑。比如，西方世界常见的代表正义的正义女神的雕像，传统上拿着磅秤和一把剑，以及谨慎的雕像，通过拿着一面镜子和一条蛇来代表真理。——译者注

② A. 施吕特究竟是不是该作品的作者还存疑。

细腻的图形雕刻风格营造了一个优雅的氛围，在每块由静物组成的雕刻板上，清晰而又轻巧的装饰图案并排而立，这是典型的古典主义风格。蒙普莱西尔的天花板（1717~1722）也极具法国特色。寓言式的四季裸体人像画在传达情欲和人体可塑性方面极具冲击性。

图 2-2　彼得堡夏园中的雕像《丰收》（18 世纪意大利学院派）

雕塑艺术在宫殿建筑中的应用在 18 世纪中叶达到了顶峰。经弗朗切斯科·拉斯特雷利之手重新规划的彼得堡及其郊区的皇宫里挤满了各种雕塑，这些雕塑在刻画宫殿外墙和轮廓方面效果卓越。墙壁内外两侧通常都布满了繁复的雕塑装饰，主要是男像柱——他们的姿势和裸露的躯体增添了墙壁的艺术张力。建筑承重构件被雕刻成了奋力托住重物的男子形象，他们负责承受外檐的重量，并与其身后的建筑形成空间过渡。从视觉上来看，檐口的雕像将建筑整体沿着柱子的垂直方向推了上去。

由此可见，巴洛克雕塑生动地表现了建筑实体结构中的艺术张力。叶卡捷琳娜宫（1752～1757）内的雕塑艺术就是典型的巴洛克风格。人物突出的肌肉组织是一种强烈的情感再现，这种再现甚至达到了一种怪诞程度。装饰叶卡捷琳娜宫门面的许多人像柱的一大特征便是强烈的情感表达。由 И. 邓克尔雕刻的男像柱极具感染力。相较于其他雕像，立于宫殿建筑屋檐之下的男像柱更具有装饰性，是一道亮丽的风景线。彼得堡的冬宫（1757～1764）正面也有类似的男像柱，只不过更为奢华。

在园林内也有各种雕塑装饰物。比如沙皇园林"假山洞"里的穹顶和入口拱门处的吊灯上就布满了密密麻麻的雕刻装饰，包括植物、动物、海洋元素和神话人物。

在巴洛克园林凉亭的装饰中也使用了主题浮雕——在一个有边际的虚幻空间里呈现各种图案。浮雕需要契合巴洛克风格，多是些有趣俏皮的元素。例如，И. 邓克尔在冬宫埃尔米塔日博物馆的浮雕中设置了嬉戏玩耍的丘比特（1743～1754）。浮雕有着灵动的造型表达，递进的空间进一步强化了浮雕图案的幻想效果。

雕塑也常常用于装点宫廷内的房间，尤其是办公厅。俄国传统的镀金木雕主要用来装饰庄严的教堂内部。18 世纪中叶，随着宫廷建筑的发展，俄国传统木雕艺术经历了二次复兴。它进一步发展了 17 世纪末"佛兰德式"的雕刻传统，并在此传统中融入了成熟的西欧巴洛克技术。俄国从外国引进的雕刻家对此功不可没，特别是 Ж.-Б. 维斯特莱利、И. 施泰因迈尔、К. 奥斯纳和 И. 邓克尔。不过主要的工作还是由俄国本土工匠完成，比如 П. 瓦列金、А. 纳尔托夫、Д. 萨库利斯尼和

И. 苏赫姆。

花草树木、珍禽异兽、俏皮的丘比特和其他神话人物，共同营造出世外桃源般的意境。

除了木雕，石膏雕塑也是办公厅的一种装饰物。办公厅内的石膏雕塑图案同样以茂盛的南方植物图案为主——木雕多为连绵的枝蔓，石膏雕塑则完全不同，一幅花团锦簇之景。和木雕相比，室内白色的石膏有着截然不同的装饰效果——它创造了一种轻盈、氤氲弥漫的氛围，正因如此，石膏装饰物主要集中在天花板和墙壁的顶部。

斯特罗甘诺夫宫大厅的男像柱（1754）是此时大型雕像艺术之精粹。雕像通过对美丽青春肉体的刻画和赞美来表达人对自然的直接感受，人物面部表情活灵活现。

雕塑艺术成了巴洛克园林的一个组成部分，这是一个复杂的、具有寓意的空间，充满了各种象征性和标志性元素。沙皇的园林成了彼得堡贵族效仿的榜样。[1] 彼得堡的夏园和彼得宫是彼得一世时期园林雕塑艺术的典范。比如，一些雕塑是不同元素、四季、一天中各时间的象征等等。"智慧""真诚""正直""贞洁""美丽""怜悯"等主题常常被结合在一个寓言系统中。雕塑艺术中经久不衰的主题是斗争精神和英雄主义——赫拉克勒斯和参孙像，以及战争与和平——马尔斯、贝洛娜和密涅瓦像。

当时从国外购买的雕像大多属于意大利巴洛克学派，这和彼得一世时期俄国的艺术总体风貌相得益彰。这些雕像中有17世纪和18世纪的大师们的作品，如 Ф. 卡比安卡、Д. 泽尔宗、А. 塔西亚、乔瓦尼·博纳扎、П. 巴拉塔、格拉佩利兄弟和其他承袭了洛伦佐·贝尔尼尼

---

[1] Курбатов В. Садовая скульптура// Старые годы. 1913. № 2；Мацулевич Ж. Летний сад и его скульптура. Л.，1936；Люлина Р.，Раскин А.，Тудлини М. Декоративная скульптура садов и парков Ленинграда и пригородов. XVIII-XIX вв. Л.，1981.

（Лоренцо Бернини）巴洛克风格的等威尼斯学派代表人物之作。园林雕塑的价值首先体现在其感性外形上，其次是其优雅轮廓和衣物褶皱细节上。在修剪过的绿色灌木所构成的清晰几何背景之下，草坪中的园林雕塑十分瞩目。

早在彼得一世时期，俄国就萌发了对古希腊、罗马雕塑的兴趣。在意大利购买的全部雕塑藏品中，至少有 1/3 是古董。[①] 但在大多数情况下，这些"古董"实际上是出自 18 世纪意大利大师之手的复制品。著名的《塔夫利达的维纳斯》于 1716 年转手至彼得堡，特意送到了涅瓦河畔的一座夏日园林画廊中——这尊雕像十分珍贵，收购起来极其困难。

在夏园的寓言雕塑群中，意大利雕塑家乔瓦尼·博纳扎的大理石雕像《夜晚》（18 世纪初）格外瞩目。它突出了巴洛克的戏剧性，以不同寻常的穿透力塑造了一种介于昏睡和夜色之间的迷幻状态。镶嵌着星星的华丽服装上的褶皱为人物平添了一股刻意的装饰感。《夜晚》和意大利雕塑家 Г. 迈耶林的雕像《女神弗洛拉》（18 世纪初）在情感表达和装饰理念方面十分接近。

情色主题同样出现在了巴洛克的雕塑中。夏园中的"丘比特和赛琪"雕塑群是巴洛克雕塑中"欲望"主题的一个代表。

不过，在 П. 巴拉塔和其他大师的作品中，感性要让位于更加克制的情感表达——某种形式的和谐与自澄。比如在 П. 巴拉塔于 1719 年创作的《克莱门特女神》或 Ф. 卡比安卡 18 世纪初创作的《波莫纳》等作品中，女神赤裸的身体象征着贞洁，她们手中拿着象征着丰饶的藤蔓。巴拉塔在《和平与富足》（1722）中直接解释了《尼斯塔德和约》的具体内涵。一般来说，他更喜欢用复杂的寓言和许多隐喻来传达事件的意义。

---

① Неверов О. Памятники античного искусства в России петровского времени// Культура и искусство петровского времени. Л.，1972；Андросов С. Скульптура Летнего сада（проблемы и гипотезы）// Культура и искусство России XVIII века. Новые материалы и открытия. Л.，1981.

图 2-3　乔瓦尼·博纳扎，彼得堡夏园的雕像《夜晚》

"和平"女神裸体形象和她脚下踩着的瑞典狮子以及被打翻的火炬，在带翅膀的胜利女神加持下，形成了一个胜利的神化形象。

园林雕塑"讲述"了新的艺术寓言，俄国贵族对此欣然接受。起初，特定的雕塑作品上有一个为公众准备的特殊牌匾，上面附有注释以便说明作品内涵。

那些从外观上来看"胸有成竹"的著名哲学家、科学家、罗马皇帝和将军的半身像也达到了教化和启蒙的目的，它们也是巴洛克园林寓言系统中意义非凡的组成部分。

雕塑在各种"水景"设计中也发挥了重要作用，特别是喷泉。彼得宫园林中的《亚当》和《夏娃》雕像（18世纪初）具有象征意义：二人品尝天堂的苹果在当时被解释为俄国正在拥抱西欧的文化成果。瀑布是一个融汇了各类寓意雕塑的统一体。

在宫廷建筑中，装饰性雕塑与潺潺的水流、喷射的泉水、流动的水纱相辅相成，是"水景"中不可分割的一部分。比如无与伦比的彼得宫的瀑布奇观——龙、狮鹫和"栖息"于沙赫马特尼和鲁因尼瀑布等水上建筑中的各种神奇生物雕像进一步强化了"奇异感"。[①]

任何一个巴洛克园林都少不了酒神巴克斯的雕塑，大多数情况下他是嘴里喷水的人面雕塑，有时也是全身像。彼得宫主瀑布上的酒神巴克斯人面雕塑装饰极具表现力，看上去咄咄逼人（雕塑家为卡洛·拉斯特雷利）。在彼得一世时期，海神尼普顿像同样风靡一时。海神尼普顿通常是整个喷泉群的中心，四周环绕着水柱和许多海洋生物——例如在彼得宫的上园林内。对海神尼普顿的偏爱与俄国渴望通往广阔海洋的伟大愿景不无关系。

贵族庄园中逐渐都配齐了园林，庄园主人对装饰性雕塑的需求也越来越大，这些雕塑有时被委托给俄国自学成才的大师和贵族豢养的农奴雕刻师。在某些情况下，甚至在沙皇的园林里，也有俄国艺术家对西欧艺术范例的仿作。例如，现在矗立在彼得宫园林的海神尼普顿青铜像（1716），看起来更像一个俄国老人，而不是神话中的海神。

有关个体价值、个人尊严和贵族在专制国家中作用的新思想的兴起推动了18世纪初俄国肖像艺术的迅速发展。在18世纪的俄国，人们认为积极进取的人能够在社会中脱颖而出，因为他具有非凡的能力，对新事物敏锐，勇往直前，具有商业头脑，对知识充满渴望。

俄国没有自己的肖像传统——17世纪的"巴尔松纳肖像画"技术并不适用于肖像雕塑。因此，俄国要想发展肖像雕塑必须借鉴西欧的经验。

---

① Исаков С. Скульптура Большого каскада Петродворца // Труды Всероссийской Академии Художеств. Вып. 1. Л.；М.，1947.

专制主义的西欧以君主肖像为核心，逐渐发展出一种巴洛克肖像表现方式。肖像的主人公往往穿着华丽的服饰，彬彬有礼，将自己最好的面貌展现出来。巴洛克肖像的艺术理想为彰显主人公的个性和魅力，用艺术手法表达对主人公的赞美和赏识。俄国的肖像艺术在西欧技艺的基础上进行了巨大的改动。

在创作过程中，雇主往往具有强烈的个人倾向。比如，彼得一世的正式肖像画就结合了看似不相容的特质——理想和具体的个人形象。当然，只有在大师手里才能实现这种兼容。大师在忠实还原人物面部特征的同时还捕捉到了人物更深层次的、个性的、转瞬即逝的些许神韵。

至于"外表"，即姿势、服装，都有固定公式。对同质性的渴望也催生了一种特殊的肖像艺术——人脸面具（如国家冬宫博物馆中的彼得一世面具）。这些从人物脸部模取下的"面具"更加自然，一般被用来制作蜡像。此时的人物蜡像通常效仿西欧，完整地复制人物整体形象，蜡像往往还穿着真正的衣服，比如彼得一世的坐像。于 1741 年制作的真人大小的安娜·伊万诺夫娜女皇（创作者为卡洛·拉斯特雷利）的肖像雕塑准确地再现了服装细节，这显然受到了蜡像艺术的影响。

然而，"蜡像"创作中所展示的自然主义体现的更多是科学精神而非艺术兴趣。这是彼得一世时期"收藏圈"藏品的一大特色。

肖像雕塑的蜕变离不开形象思维的普及，俄国的肖像雕塑艺术正是沿着这个方向取得了重大突破。俄国人不断赋予现成的西欧模式更为深刻的现实主义内涵。卡洛·拉斯特雷利是现实主义肖像雕塑风尚的引领者，比如他创作的俄国杰出政治家 A. 缅希科夫的半身铜像（1716）。在当时的肖像画中也有类似表现形式，特别是在 Г. 塔普纳姆的肖像作品中，他在描绘人物时也运用类似的形象思维（如 A. 缅希科夫和 Ф. 阿普拉克辛等人的肖像）。

彼得一世本人多变的性格为肖像雕塑的创作提供了丰富的素材。卡洛·拉斯特雷利在彼得一世半身铜像（1723）中突出了沙皇显著的个人特征：意志坚强，坚定不移。他是一个暴戾的专制者，身上那股不屈不挠的刚毅气质与超凡脱俗的智慧和鼓舞人心的精神融为一体。卡洛·拉斯特雷利出色地发挥了巴洛克的表现力，他选择了正面视角创作半身像，如同作画一般详细地勾勒出了主人公的轮廓。他还强调了剪影的修饰效果，在人物肩上披上了斗篷，这使半身像具有了巴洛克的动态性和空间延展性。卡洛·拉斯特雷利在肖像雕塑上，巧妙地结合了自己高超的融合能力和身为艺术家细致入微的观察力。

这一时期的大多数半身像都是青铜材质，有时也会使用铸铁或者蜡，比如"收藏圈"内的肖像雕塑藏品。少数是由西欧（主要是意大利）雕塑流派的艺术家用大理石制作的，比如彼得一世半身像（K. 艾尔巴契尼，1719）。

彼得一世时期的雕塑肖像，强调的是主人公拥有为公众利益服务的优秀品质。出于各种原因，在18世纪中期，现实主义肖像雕塑逐渐销声匿迹。这一时期的半身像越来越多地带有浮夸、傲慢的气势，君主的形象有一种可怕的、令人畏惧的力量。当时，以安娜·伊万诺夫娜女皇像为代表的肖像雕塑体现了对君主形象的全新见解。

***

启蒙时代古典主义的新美学让俄国雕塑艺术发生了显著的风格转变。与绘画相比，雕塑的艺术语言更加传统和抽象，因此雕塑艺术和建筑艺术类似，更倾向于表达抽象的启蒙思想。它还以浮雕和雕像的形式，携带着一种崇高的语义信息，被积极引入建筑艺术中。

雕塑艺术一如既往地装饰着公共建筑、行政建筑以及宫廷建筑。在当时兴盛的新自然园林中也大量使用了雕塑艺术，尽管与巴洛克时期相比雕塑艺术的含量少了一些，因为此时雕塑艺术表达的重点不再是装饰性的，而是语义性的。在18世纪下半叶的建筑中，雕塑艺术的语义价值突出体现在教堂建筑领域。教会高层对于各种雕塑艺术总是十分消极的。教堂内的雕塑艺术被建筑装饰所取代，而建筑装饰则成了教堂内壮观装饰的主体。与木雕有关的雕塑元素也被驱逐出圣像台，当时的教会也为圣像台规定了严格的秩序和形式。

在巴洛克时期被广泛使用的古代神话形象在表达启蒙思想方面同样效果显著。古典主义在雕塑中积极使用各种神话元素，在选择主题时有新重点，应该与古典主义所提倡的公民价值和道德观念相适应。古典主义雕塑艺术中神话的新主题是英雄式苦难，即人类精神的坚定性，因此古典主义的雕塑家特别喜欢普罗米修斯、波利克拉特、马尔斯和赫拉克勒斯的形象。特洛伊的英雄是美德、无私友谊、毅力和勇气的代表。古代和地方深厚的历史底蕴为类似的主题提供了丰富的素材——对民间英勇行为的赞美。罗马执政官雷古勒斯和将军卡米卢斯、特洛伊英雄赫克托尔以及与俄国古代王子事迹有关的主题都是十分受欢迎的创作素材。在《圣经》中人们同样挖掘出了新的英雄主题。非洲的西庇阿对弱者、失败者的关怀与怜悯经常被用来解释"何为宽恕"。古代的仪式和节日游行主题，以及和谐、快乐的生活氛围，同样吸引着古典主义雕塑家。许多从古代借来的古典主义意象表现了人类的崇高道德理想，比如美、真诚、美德、勇气等。

古典主义雕塑艺术中所表达的关于市民社会、国家、人类美德、责任和英雄主义的启蒙主义理想促进了叙事的发展，这一点在浮雕艺术上表现得十分突出。雕像逐渐成了当时的教育、道德和伦理的寄托物。[①]

古典主义时期雕塑艺术的语义功能决定了必须重新规划建筑外墙。这种规划主要集中在墙体中心的主门廊区域，部分位于侧面墙壁。雕塑

---

① Петров П. Очерки по истории скульптуры в России// Вестник изящных искусств. 1890; Ими. Академия Художеств. Каталог музея/ Сост. С. Исаков. Пг., 1915; Ромм А. Русские монументальные рельефы. М., 1953.

艺术与建筑的联系原则也发生了变化：不再基于巴洛克式的融合，而是基于古典主义所特有的各组成部分的平等互动，这赋予了雕塑艺术在建筑主体中的相对独立性。雕塑既可以自由地靠墙站立，也可以位于壁龛中，可以是墙上的浮雕，也可以成为点缀天际线的建筑物顶部装饰品。古典主义时期，宫廷建筑和公共建筑的内部也会摆放雕塑。它们一般位于主楼梯、前庭柱与柱之间以及办公厅墙角。有时，室内的雕塑是门口的女像柱或男像柱。浮雕主要位于大厅前门上侧的墙壁上，这是因为在室内门廊处光线会更加充足，浮雕也更容易被看到。在基座、壁炉、特殊桌子和基座上摆放着的是所谓的小雕塑，它们通常以雕像和半身像的形式出现。此时，宫廷流行的艺术品收藏中也包括雕塑。主人对古董或古董的复制品尤为器重，并将其放在以此命名的特别大厅进行展示。在雕塑方面，最受欢迎的材料是大理石、青铜和赤土——古代大师都是用这些材料进行创作的。

　　古典主义时期的人们尤其重视艺术形式的和谐一致，要求艺术品的内容和高度相适应。受此影响，18世纪下半叶，主题浮雕、雕像的发展达到了一个新的高度。世俗文化的发展逐渐培养了俄国人对裸体人像的新态度——它不再被视为淫秽、罪恶的东西。早在巴洛克时期，雕塑艺术界就主张公开展示充满生命力的身体。古典主义的雕塑，在新的伦理美学熏陶下呈现一种理想主义的裸体审美，高尚理想与英雄主义相联系，追求的是人物造型的精神协调性、纯洁性和美观性。И. П. 马托斯指出，"裸体是唯一的创作，是优雅的代名词。只有裸体之美才能满足各个时代的审美情趣，因为它来自自然本身"。

　　帝国艺术学院是俄国雕塑家的摇篮，它为重新解释经典提供了讨论和创新平台，不仅是造型技术还有其他。雕塑课向学生介绍了各种主要的造型艺术类型：主题浮雕、肖像雕塑和雕像。帝国艺术学院非常重视学生的练习作业，希望能培养出可以创作出接近古代理想造型的学生。

学生们通常在作业中练习雕刻古典主义经典造型，提高对构图的掌握程度。

法国雕塑家 H. 吉列在培养俄国古典主义雕塑艺术后生力量方面发挥了重要作用。18 世纪下半叶，几乎所有毕业于帝国艺术学院的俄国雕塑家都是吉列的学生，他们后来也成了俄国古典主义雕塑艺术的奠基人——Φ. 戈德耶夫、M. 科兹洛夫斯基、И. 普罗科菲耶夫、Φ. 谢德林、Φ. 舒宾、И. П. 马托斯等。

帝国艺术学院派遣最优秀的毕业生出国学习对他们的艺术生涯意义重大。18 世纪下半叶，俄国的新一代雕塑家开始在俄国雕塑艺术界大放异彩。

M. 科兹洛夫斯基（Михаил Козловский，1753–1802）的作品是时代的弄潮儿——突出远大抱负和戏剧性冲突。[①] 科兹洛夫斯基创作作品时高度追求启蒙理想和清晰的造型感，创作者对社会剧烈转变的体会凝结在了对巴洛克式表达的重新呼唤中。在他的作品中，古典主义和巴洛克元素交织在一起。他大部分作品的主题是英雄主义和斗争精神。科兹洛夫斯基在意大利访学时爱上了米开朗琪罗波澜壮阔的造型语言，他同时也欣赏 H. 普桑静谧的绘画风格。他的作品形式丰富多样，包括浮雕、雕像、纪念碑和墓碑。

在《马其顿亚历山大的守夜人》中，科兹洛夫斯基表达了古典主义理想；而在《波利克拉特》中，科兹洛夫斯基为内心澎湃的激情寻得了理想的古典主义形式。科兹洛夫斯基的雕塑作品赏心悦目，而特洛伊主题的雕像和著名的参孙像是他对偶像米开朗琪罗强大精神的致敬。18 世纪 80 年代，科兹洛夫斯基开始在作品里表达对公民权利和古典英雄主义的向往，他持之以恒，耐心向古代艺术之精髓靠拢。在寻找某种栩栩如

---

① Русское искусство. Очерки о жизни и творчестве художников XVIII в. М. , 1952；Петров В. Михаил Иванович Козловский. М. , 1977.

生、令人敬畏的自然感觉过程中，科兹洛夫斯基逐渐同古希腊古典主义雕塑家普拉克西特莱斯心意相通。科兹洛夫斯基在室内装饰艺术中尝试了一种更平静、更清晰的艺术风格。科兹洛夫斯基试图将同时代的人塑造成古代英雄，为此他要么采用多层次的寓言雕塑技巧——叶卡捷琳娜二世女皇的雕像，要么用熟悉的古代形象进行比喻，比如用赫拉克勒斯的雕像指代 A. B. 苏沃洛夫。

Ф. 戈德耶夫（Федор Гордеев，1744-1810）[1] 的古典主义之路同样艰难。在他的作品《普罗米修斯》中，尽管有古典主义对英雄主义的转述，但人们仍然可以感受到巴洛克式的那种充满戏剧性的悲壮斗争精神。戈德耶夫的墓碑设计十分经典，他创造了一种舒缓而清晰的墓碑形式——墓碑表面保留了绘画式的造型艺术，但总体上给人一种安静而又悲伤的挽歌感。在奥斯坦基诺宫的浮雕中，戈德耶夫采用了一种纯粹的复古风格。戈德耶夫在创作这些作品的过程中逐渐过渡到了真正的古典主义。然而，即使是他后期的作品，对巴洛克的追忆仍十分明显。

法国雕塑家艾蒂安·莫里斯·法尔科内（Этьен Морис Фальконе，1716-1791）[2] 在俄国创作了著名的《青铜骑士》，正是这件作品为他赢得了伟大雕塑大师的称号。他理应感谢俄国，因为倘若是在法国，他根本不可能创造出这样的杰作。在他的祖国法国，法尔科内起初是一位热衷于戏剧表演的巴洛克大师。随后，他的兴趣从巴洛克沉重的感伤主义转向了小罗卡莱的优雅和轻盈。来到俄国后，法尔科内爱上了俄国的生活方式，一股强烈的创作冲动向他袭来。法尔科内的造型语言突破了既有的巴洛克风格，对以公民启蒙为核心的英雄主义和真正伟大的意志做出了明晰说明。法尔科内和他的《青铜骑士》，奠定了俄国纪念碑式雕塑

---

① Рогачевский В. Федор Гордеевич Гордеев（1744-1810）. М.；Л.，1960.

② Аркин Д. Медный всадник // Аркин Д. Образы скульптуры. Л.，1961；Каганович А. Медный всадник. Л.，1982.

艺术的发展基础。

И. 普罗科菲耶夫（Иван Прокофьев，1758-1828）自始至终都是个古典主义者。[1] 与其他大师相比，他的作品中有着更强烈的感伤主义倾向——作品中的人物形象具有特殊的柔和性和抒情性。

普罗科菲耶夫最出彩的作品是他为帝国艺术学院制作的浮雕，这些浮雕有一种与室内古典主义结构相协调的威严感，从形式上来看相当完美。普罗科菲耶夫作品的感伤主义主要体现在他创作的同时代的人物雕像上。

雕塑家 Ф.И. 舒宾（Федот Иванович Шубин，1740-1805）的艺术风格深受启蒙运动中人文主义的影响。[2] 舒宾的作品中几乎没有彰显理想主义的古代主题，他感兴趣的是具体的人物形象，因此舒宾的作品极具写实性。舒宾出生于俄国北部的海滨城市，他意志顽强，天赋禀异，在罗蒙诺索夫的支持下前往帝国艺术学院学习艺术，在那里他大放异彩。舒宾是肖像雕塑艺术大师，在对大理石的掌握和对模特的内心世界的描绘方面他远远超过了自己的法国老师们——H. 吉列、法尔科内和 Ж. 皮加勒。舒宾和著名画家 Д. 列维茨基以及诗人 Г. 杰尔查文是同时代人。舒宾的早期作品还有洛可可痕迹，他的成熟作品和代表作则有着十分清晰的人物造型，让人耳目一新。对同时代人的人文主义关怀是舒宾肖像雕塑创作的核心。

Ф. 谢德林（Феодосий Щедрин，1751-1825）毕业于帝国艺术学院，他先是跟从 H. 吉列学习古典主义雕塑，后来前往巴黎进修，其间深受法国雕塑家 Г. 阿勒格兰的影响。[3] 他以战神马尔斯为主题的早期作品（于巴黎完成）在表达斗争的主题时仍然充满了巴洛克风格。直到 18 世纪 90

① Бернштейн Ф. Иван Прокофьевич Прокофьев // Старые годы. 1907. № 5.

② Трутовский В. Федот Иванович Шубин // Художественненные сокровщиа России. 1902. № 6；Исаков С. Федот Шубин. М.，1946；Жидков Т. Образ Шубина（к 140-летнию со дня смерти. 1805-1945）. М.，1946；Аркин Д. Шубин // Аркин Д. Указ. соч.

③ Каганович А. Феодосий Федорович Щедрин. М.，1953.

年代，他的作品才转为严谨和宁静的古典主义。他的作品，如《维纳斯》
和后来为彼得宫瀑布所创作的《涅瓦》，已经具有晚期古典主义的精神以
及古典主义特有的清晰而又纯粹的外形。然而，真正让谢德林的作品具
有纪念意义的是其中表达的英雄主义式的公民理想。谢德林为海军部制
作的女像柱是他的代表作。

图 2-4 Φ. 舒宾像

И. П. 马托斯（И. П. Мартос，1752-1835）对成熟的古典主义原则
了如指掌。[①] 18 世纪 80 年代，马托斯创作了不少极具个人特色的古典主

---

① Коваленская Н. Мартос. Л.；М.，1939.

义作品。从帝国艺术学院毕业后，马托斯没有前往巴黎，而是去罗马进修技艺，在那里他直接接触到了古代雕塑。马托斯兴趣广泛，作品主题涉及各个方面。他推动了俄国墓碑和城市纪念碑的发展，其代表作为莫斯科的米宁和波扎尔斯基纪念碑。该纪念碑与谢德林为海军部制作的女像柱均为俄国雕塑艺术的标杆性作品。马托斯有自己的一套创作方法，他不仅将雕塑与古典主义建筑相结合，而且还与城市空间相融合，在这一点上他实现了对18世纪前辈们的超越。

18世纪的最后几十年只是谢德林和马托斯艺术探索的开始，二人最重要的作品均创作于1812年以后。

古典主义影响下发展起来的雕塑艺术十分强调主题思考。帝国艺术学院非常重视这种思考，要求学生们在作业中体现古典主义的实质。[1] 浮雕成为毕业生必须提交的一件作品。一般来说，石膏是室内外浮雕创作的必需材料，但有时也会用到大理石和其他石头。

古典主义已经发展出一套严格而清晰的浮雕系统，这套系统可以追溯到古代传统。空间规划呈现扁平化，但仍保留了巴洛克特点。古典主义为主人公的活动创造了一个理想的封闭立体空间，给人一种梦幻的感觉。浮雕中和谐的人物形象借鉴了古代雕像的头部比例，这有效避免了剪影结构所导致的重心下降。门楣式的长形构图通常依靠构建运动的主题来吸引人们的注意，长形构图与画面平行发展，而这意味着其与墙壁和纹理装饰保持着良好的节奏。刻在正方形、八面体或圆形上的浮雕作品，其运动方向几乎总是向心的，与人物本身的线性方向相呼应。

浮雕的主题几乎都与古代有关，精心挑选的主题烘托了建筑的主风格——帝国艺术学院建筑上的多种艺术风格浮雕。在皇村的音乐厅内的

---

[1] Ленинград. Монументально-декоративная скульптура ⅩⅧ － ⅩⅨ вв. М.：Л. 1951；Леонова，А. Монументальная скульптура// Русское декоративное искусство. Т. 2. М.，1963.

图 2-5 И. П. 马托斯像

浮雕与音乐主题息息相关。舍列梅捷夫宫奥斯坦基诺剧院的装饰体现了一种为艺术服务的精神。在各种慈善机构中也经常看到优雅、慷慨和感性的浮雕艺术主题。

古典主义浮雕的图像系统继承了巴洛克绘画技术，在 18 世纪 60~70 年代过渡时期创作的浮雕作品中这种传承性很明显，在帝国艺术学院雕塑班内一些学生的毕业作品［如科兹洛夫斯基和谢德林创作的浮雕作品《战场上的伊扎斯拉夫》（1772~1773）］就展现出了这种传承性。此时，学院派浮雕风格的引领者主要为雕塑家 М. П. 亚历山德罗夫（М. П. Александров-Уважный）和 А. 伊万诺夫（А. Иванов）。А. 伊万诺夫的

图 2-6　浮雕作品：《奥尔加的洗礼》（A. 伊万诺夫）

作品《奥尔加的洗礼》标志着俄国浮雕艺术正式向古典主义过渡，这种风格最终在 70~80 年代稳定了下来，那也是科兹洛夫斯基、戈德耶夫、普罗科菲耶夫和马托斯大放异彩的时代。

雕塑艺术平静简洁的风格在与感伤主义有关的"田园诗主题"中也很明显，当时的一些雕塑家，特别是普罗科菲耶夫，对田园诗主题情有独钟。18世纪90年代，浮雕中同样出现了成熟古典主义风格。这一点在马托斯的作品中已经十分明显，甚至在他的早期作品中就呈现了这样的迹象，比如他设计的沙皇宫殿内绿色餐厅（建于 1782 年）的墙面构图。

然而，巴洛克风格在一些雕塑家后期的作品中再一次复苏，其形式是绘画式的幻觉效果和戏剧化的造型，如科兹洛夫斯基的墓碑浮雕设计（1800）和彼得堡喀山大教堂外墙的《骑驴的圣母》（1804）的构图。

此时，俄国浮雕的质量无论是在首都还是各省都相当之高。科兹洛夫斯基为彼得堡大理石宫的国家大厅创作了以"赞美古代公民勇气"为主题的古典主义浮雕。在罗马执政官雷古勒斯与同胞离别的场景中，主人公的悲剧命运通过戏剧性的姿态（"伸出的手臂"）得以展现。皇村音乐厅外墙上是由科兹洛夫斯基所设计的缪斯女神浮雕（1786）——女神虔诚的面部线条中充满了音韵感。普罗科菲耶夫的浮雕的造型清晰明了。他最具代表性的系列作品是为帝国艺术学院墙壁创作的装饰性浮雕（1785~1786）。"基萨拉琴和艺术三神"是艺术崇高意义的象征。艺术之神阿波罗和缪斯女神之间的友谊通过一种宁静的沉思和华丽外观呈现出来。普罗科菲耶夫以"乐趣"和"嬉戏"为主题创作了不少彩色儿童浮雕，这些浮雕装饰着斯特罗甘诺夫宫和巴甫洛夫宫（1786），浮雕绵长且细腻的抒情性让人流连忘返。戈德耶夫精湛的门楣艺术设计再现了古代的人文主义精神和生活情趣。姿势各异的裸体人像让人联想起古代盛大的节日，人像灵动而又栩栩如生，使人回忆起那些人类历史上远去的幸福而又一去不复返的黄金岁月和远大理想（《阿摩尔和赛琪的婚礼列车》）。当时包括 Ж. Д. 拉谢特、П. 斯塔基和 Ф. 蒂博在内的许多外国雕塑家都在俄国进行浮雕创作。许多优秀的浮雕作品留存了下来，不过其作者身份尚未确定。

雕塑此时也充满了更为深刻的内在含义，它旨在培养高尚的公民情感，唤醒灵魂的高级情趣。受此影响，雕塑的表现方式也发生了变化。18 世纪下半叶，雕塑的主题基于古代的理想范例（各种神话和历史）并试图接近古代的理想，雕塑的创作越来越多地追求人物的和谐美和纯洁美，力图打造完美造型和构图。在 18 世纪的古典主义作品中，英雄形象的塑造与其说是通过与外部力量的冲突，不如说是通过英雄与自己的斗争，即为了实现人类精神胜利而压制自己的弱点与冲动的复杂愿望。早期古典主义雕像中虽然涉及人类的斗争主题，但在表达身体痛苦时仍有巴洛克影子，冲突因此保持了戏剧性。早期的古典主义雕像并没有给人一种绝对古典主义的感觉，比如戈德耶夫的《普罗米修斯》、科兹洛夫斯基的《波利克拉特》和谢德林的《马尔斯》。直到 18 世纪 80 年代才出现了纯粹的古典主义作品，在这些雕塑中，主人公凭借着坚韧不拔的精神超越了肉体的痛苦（如 M. 科兹洛夫斯基《马其顿亚历山大的守夜人》）。类似于浮雕，古典主义雕像也渐渐转向宁静的田园主题，这在一定程度上促进了人物形象的平和化。科兹洛夫斯基经历了这一阶段，他的小型室内作品被誉为"宁静派"。在他的创作中有可爱的儿童形象［他的丘比特系列（1792～1796）、《带翅膀的女孩》和其他作品］。普罗科菲耶夫也经历了类似的转变，他同样是"宁静派"的倡导者。启蒙时期古典主义雕塑的核心是理想主义，完美的雕塑作品便是其产物。

在以古代为主题创作时，古典主义雕塑家的心中始终保存着对理想"形体"的追求，他们力图对其进行真正的创造性构思，不然其作品将会沦为古代艺术的"复制品"，或成为曲高和寡的学院派作品。古典主义雕塑家的作品大多是独一无二的原创成果。戈德耶夫成功地塑造了受难的普罗米修斯形象，成功地彰显了精神力量是如何对抗现实生活的。科兹洛夫斯基创作的被钉在十字架上的波利克拉特和与狮子搏斗的参孙形象同样令人印象深刻，除此之外还有谢德林创作的意志坚强的马尔斯形象。M. 科兹洛夫斯基、И. 普罗科菲耶夫、Ф. 谢德林、И. П. 马托斯以及其他同时期的雕塑家，他们所创作的古代神明的形象多是奇怪而又独特的。科兹洛夫斯基创作了牧羊人造型的青年阿波罗，这是对普拉西特列斯作品精神的致敬。在谢德林的作品中，维纳斯和戴安娜成了贞洁的化身，象征着一种崇高之美。俏皮的年轻爱神丘比特通常是科兹洛夫斯基和法尔科内小型雕塑的主角。科兹洛夫斯基创作的特洛伊英雄雕像，特别是致力于表现男性友谊的《阿喀琉斯与帕特洛克罗斯的尸体》（1796），在小型雕塑作品中脱颖而出。然而，这些雕塑家从启蒙运动的角度对君主形象进行英雄化和美化的尝试总是不欢而散，因为开明睿智的君主是乌托邦式的虚假理想，这样的创作不可避免地趋于理想化，只能用外部的寓言手段取代它所缺乏的内在内容。比如 M. 科兹洛夫斯基、Ф. 谢德林、

И. П. 马托斯等人在设计叶卡捷琳娜二世的雕像时就不得不对正义女神密涅瓦或忒弥斯进行调整。

当时的雕塑家不得不依靠复制古代（主要是罗马）原作来装饰宫殿建筑和园林。戈德耶夫留下了一批一流的复制品，包括著名的赫拉克勒斯和弗洛拉的成对雕像，这些雕像装饰着帝国艺术学院的主门廊。这些被精心复制出的雕塑作品往往质量出众。

在流行的雕像作品中也不乏真正的古代作品以及 18 世纪意大利和法国大师的作品，特别是不同时期从国外淘来的古典派作品（П. 特里斯克尼、乔瓦尼·洛伦佐·贝尼尼、A. 卡诺瓦、路易斯·西蒙·博瓦索、Э. 法尔科内、Ф. 勒蒙、Э. 布沙登等）。人们可以在贵族宅邸和皇家宫殿中看到这些人的作品。

18 世纪下半叶，贵族庄园的装饰和园林雕像的特征发生了明显的变化——具有了标准古典主义特征，其线条和形式特别简练。寓言形象仍然很常见，但与巴洛克雕像不同的是——巴洛克雕像通常选取镀金的铅或木头作为雕塑材质，而古典主义雕像更倾向于使用白色大理石，因为它给人一种更抽象和理想的感觉，可以烘托出一种微妙的情绪（尽管此时青铜雕像也很流行）。

在风景如画的园林布景下，古典主义雕像以其清晰而宁静的轮廓营造了一种梦幻般的挽歌情绪，寻欢作乐的狂欢氛围已成过往。阿波罗、赫拉克勒斯、弗洛拉、维纳斯和凡尔赛的戴安娜是最为常见的用于装饰园林的古典主义雕像。意大利雕塑家乔瓦尼·贝尼尼、П. 特里斯克尼和后来的 A. 卡诺瓦参照《三女神》所创作的维纳斯形象十分经典，可以说是古典女性的典范。自然园林中也常常会出现爱情主题，其形式通常是年轻的爱神丘比特雕像与"阿摩尔和赛琪"的雕塑群，不过以一种古典主义的方式呈现出来。罗马智慧女神密涅瓦的形象——科学和艺术的守护神，几乎是此时所有园林中不可或缺的一部分，因为它与叶卡捷琳娜二世紧密地联系在了一起。在园林的常规部分，有布置着古代神话和寓言中的英雄雕像的墓园。这种园林在莫斯科附近的阿尔汉格尔斯克宫、奥斯坦基诺宫以及彼得堡附近的加特契纳宫特别多。

除了传统的寓言形象外，此时还流行为著名历史人物创作雕像——著名哲学家、科学家、诗人和将军像在当时的庄园中也很常见。在皇村的卡梅伦画廊陈列着这样的雕像，而莫斯科附近的阿尔汉格尔斯克宫的上层露台的栏杆处也有很多这样的雕像，以及一些罗马英雄的大理石像。曾经在巴洛克园林中起装饰性作用的寓意雕塑在自然园林中也保留了下来，但此时比起表象人们更关注雕塑的深层含义。

在古典主义强大公民意识的影响下，城市纪念碑得到了新的发展。它在18世纪末19世纪初的俄国雕塑界留下了重要的印记。[①] 当时的雕塑大多是为单独建筑或园林创作的，但要成为城市的一部分，雕塑必须具备"历久弥新"的特殊品质。直到18世纪晚期俄国才渐渐兴起建设纪念性雕塑的风潮，因为只有当公民意识达到了一定水准，在发达的城市规划和周遭环境中才有可能出现这类雕塑。

在彼得堡，随着参议院广场上彼得一世像的建立，城市空间内的纪念性雕塑多了起来。在塑造"开明君主形象"时难免会美化主人公，因此彼得一世身穿古代长袍，头戴月桂花环。法尔科内选择了极为简约的造型来烘托彼得一世这一俄国伟大的改革者和启蒙者的形象——一个骑手坐在一匹横冲直撞的马背上，试图勒住脚下这匹想要在花岗岩制成的悬崖峭壁上奔跑的马匹。纪念性体现在彼得一世右手的命令性姿态上，这表明了他对俄国传统的征服。法尔科内所设计的彼得一世像仍是巴洛克风格的，但其中展现了一丝古典主义的英雄主义精神——人类意志和理性的胜利。此外，运动元素也有了新的古典主义解释——横冲直撞的

---

① Долгов А. Памятники и монументы. Спб. , 1860.

马驹被定格在了寻得平衡的一瞬间，人物悬空的身影不会超出基座。法尔科内通过朦胧的意象对纪念性雕塑进行了多层次的寓言式解释：海浪形式的花岗岩基座、挣扎着脱离骑手横冲直撞的马驹和被践踏的蛇——它们都是彼得一世必须克服的障碍和敌对力量的化身。所有的一切化身成了一个巍峨的艺术形象——不仅体现了彼得一世的伟大功绩，还融入了不少旧元素。法尔科内在使用象征手法的同时并没有破坏图像的历史真实性。在彼得一世理想化的英俊面容里，我们依旧能辨别出他本人的面容特征。

图 2-7　彼得堡《青铜骑士》雕像（1775~1777），18 世纪木版画

古典主义时期的城市建筑群对纪念性雕塑提出了更高的要求。纪念性雕塑在保持其自身价值的同时还必须与广场的建筑环境保持一致。因此，纪念性雕塑的造型通常简洁明了，在广场建筑群中的位置有所讲究，主次分明。

但是，古典主义纪念性雕塑具有一定可塑性，照本宣科地将其视作广场的静态焦点实际上割裂了它与邻近城市空间和建筑群的有机联系。

法尔科内试图克服这一点，他重点描绘了彼得一世的手臂动作，这让马背上的主人公具有了方向性。此外，他还将雕塑移到涅瓦河上的浮桥线上，这确保了雕塑与城市空间相互呼应。

类似的处理方式还可以参见《A.B. 苏沃洛夫战神像》（1799~1801）——雕像处于一个雄伟的建筑框架之下。A.B. 苏沃洛夫外观朴素但神情果敢，充分彰显了他卓越的军事才能。按照古典主义对英雄主义的定义，雕塑再现的不是苏沃洛夫的体态特征，而是他的精神面貌和个性品质。为了强调人物的个人特征，科兹洛夫斯基有意地理想化了主角，他将苏沃洛夫塑造成一个身着盔甲、手握长剑、举着盾牌的中世纪骑士，而他的英雄气概则凝固在运动的瞬间。苏沃洛夫和典型的科兹洛夫斯基式雕像主人公一样，有着气宇轩昂的胜利姿态，右手握剑，坚定不移，可谓威风凛凛。人物左腿和右臂向前延伸的姿势在视觉上营造了一种动态平衡感——运动没有延伸到基座之外，而是牢牢地固定在了基座上。在留白处，极具表现力的阴影设计赋予了主人公真正不朽的英雄品质。根据古典主义建筑群的原则，纪念性雕像应该位于广场中心，然而为了保留雕塑的运动感，在具体实践中科兹洛夫斯基打破了这一"中心原则"，该战神像置于广场的南侧。

与纪念性雕塑类似，自彼得一世时期起就蓬勃发展的方尖碑也呈现了古典主义特点。只不过方尖碑几乎不需要"寓言"式的艺术语言，只需要与古代崇高的英雄主义相关的建筑语言。

18世纪的俄国常常为庆祝军事胜利或举办其他纪念活动而建造方尖碑，城里如此，在乡村庄园也是如此。比如彼得堡的"鲁米扬采夫大捷"方尖碑（1799）、"切斯缅斯基"和"海军"圆柱以及"卡胡尔"方尖碑（18世纪末），还有纪念巴甫洛夫斯克庄园建成的方尖碑（1777），等等。然而，到了19世纪早期俄国才迎来纪念碑建设小高峰——俄国市民文化的发展和丰富，建筑和城市规划的完善，这些都为在城市建筑群中引入

图 2-8　《A. B. 苏沃洛夫战神像》（1799~1801），彼得堡

纪念性雕塑创造了新的机会。

18 世纪下半叶的启蒙运动强调个人道德、伦理和精神品质的重要性，这进一步刺激了肖像雕塑的发展，要求以更深入、更复杂的方式来描述人物特征。雕塑主人公不仅具有政治属性，还是有着独立精神和自我意识的个体。18 世纪下半叶，人们对肖像雕塑的兴趣越来越大，它在贵族中风靡一时，此时甚至还出现了非显贵的肖像雕塑作品。古典主义流派大师，比如 И. 普罗科菲耶夫、Ф. 谢德林和 И. П. 马托斯，以及其他在俄国工作的外国雕塑家，比如 Ж. Д. 拉谢特、M. 卡洛，Ж. 乌东等人，都是肖像雕塑创作的主力军。

18 世纪下半叶，俄国和欧洲其他地方一样，最受欢迎的肖像雕塑仍然是半身像。然而，随着人们对个人内心世界、精神本质的兴趣日益浓厚，人物脸部的造型变得尤为重要，而配饰的作用则被降至最低，发挥次要作用。彰显新的个性需要借用古典主义，因此人物整体带给人一种微妙的感觉。备受艺术家青睐的材料通常是大理石——它能提供最好的纹理，以便展现肖像雕塑的内在生命。有时艺术家们也会用石膏或蜡制作肖像雕塑。古典主义为肖像雕塑提供了创作路径——要么不断加强人物的对立特征，要么将其理想化。

当时最有才华的肖像雕塑大师 Ф. И. 舒宾选择了第一条道路，И. П. 马托斯则选择了第二条道路。Ф. И. 舒宾充满激情创造的 A. M. 戈利岑、П. А. 鲁米扬采夫-扎杜纳耶夫、З. П. 车尔尼雪夫和其他叶卡捷琳娜二世时期著名人物的半身像是当时政治家和开明贵族的缩影。他们既追求物质享受，也注重精神富足，对所属的贵族社会感到发自内心的自豪，对幸福生活与和谐社会充满信心。然而，想要打造一个有着面容清晰的外形但又兼具细腻内在精神的当代人形象并不容易，这样的艺术创作理念难以持续。此外，俄国的政治现实消磨了启蒙运动的乌托邦理想，在肖像雕塑中重塑贵族人格的想法告一段落。因此，怀疑、担忧和痛苦的反思很快出现在舒宾为同代人创作的肖像雕塑中，这也成为艺术家本人社会和精神平衡受到干扰的一个预兆。这在舒宾的一些早期作品中就有所体现，特别是在其创作的一个无名肖像雕塑中（18 世纪 70 年代）。

18 世纪末，感伤主义和后来居上的浪漫主义逐渐成为当时流行的艺术表达方式，比如舒宾为扎瓦多夫斯基和别兹博罗德科创作的肖像雕塑，此时舒宾的肖像雕塑创作不仅是对当代人性格的塑造，也是其心烦意乱的表现。[①]

在舒宾的后期作品中，我们还能看到另一种倾向——人物形象变得更加具体，风格变得更加朴素和自然。舒宾艺术风格成熟期的代表作品有 Г. А. 波将金像（1791）、E. M. 丘尔科夫像（1792）、M. B. 罗蒙诺索夫像。舒宾在后来的作品中常常会细致地刻画个体的矛盾心理，开始与古典主义肖像雕塑创作原则相抵触（如 И. И. 贝茨科伊像，18 世纪 90 年代）。

舒宾艺术再现了同时代人的个性和生活方式。深厚的文化修养让舒

---

① Аркин Д. Указ. соч.

宾作品兼具现实性和思想性，能够反映时代的复杂属性和矛盾关系。舒宾通过一种反思的、艺术的方式来看待自己周围的人。比如，А. М. 戈利岑（1775）身上有着伏尔泰的开明精神，又有身为叶卡捷琳娜二世外交官的狡猾，他热衷于慈善事业，但对待农奴又十分残酷。П. А. 鲁米扬采夫-扎杜纳耶夫伯爵开朗活泼，笑容可掬，自由奔放，乐观向上。相比之下，自以为是的 Г. А. 波将金则是典型的傲慢贵族。扎哈·车尔尼雪夫是军事英雄，他意志坚强，表情微妙，眼神中透着智慧的光芒。而他的弟弟伊万·车尔尼雪夫则较为普通，目光呆滞，是个冰冷的军人，完全没有其兄长的优秀品质。商人和工业家伊万·巴雷什尼科夫相貌平平，画面中没什么能证明其具有高贵的品质。无名氏瘦削而英俊的脸上闪过一丝狡黠的微笑，并带有一丝淡淡的苦涩。米哈伊尔·罗蒙诺索夫憨厚的笑脸在其极具智慧的洞察力的衬托下显得格外悦目。沙皇保罗一世的性格复杂而矛盾：在这个暴君多愁善感、泪光闪闪的眼睛里我们能够捕捉到一种几乎像孩子一样的无助感，这不免唤起了人们的怜悯之情。舒宾并不是在奉承他的模特，他非常客观地对人物进行了描绘。

为了追寻内心的理想，女性也成了当时雕塑家的创作对象，他们成功地塑造了一些性格鲜明的女性，如舒宾为 М. Р. 帕尼娜伯爵夫人（1775）和 Ш. 迈克尔逊夫人（1785）创作的肖像雕塑，或是为 А. Е. 拉布齐娜夫人和 И. 谢尔盖耶芙娜夫人创作的肖像雕塑（1800）。舒宾对女性角色进行诗化，这已经超出了古典主义雕塑的范围。

18 世纪下半叶，除了肖像雕塑，在乡村庄园中纸艺雕塑也十分常见。纸艺雕塑栩栩如生、制作精良、自然逼真，给人一种蜡像的感觉，如 П. И. 舒瓦洛夫的纸艺雕塑作品。法国作家卢梭从巴黎给 Н. 尤苏波夫也送了一件纸艺雕塑作品（现藏于阿尔汉格尔斯克地产博物馆）。纸艺雕塑，从体积上看和其他材质的雕塑作品差不多。在一个启蒙运动所推崇的理性主义哲学占主导地位的时代，纸艺雕塑的出现并不稀奇，当时的人们视其为某种惊喜，似乎是在欺骗理性。

18 世纪末，城镇和乡下的宫廷建筑里陈列着许多不同类型的肖像雕塑，从古代著名哲学家和将军的人像复制品到同时代人的新像应有尽有。在会客区域还有专门的肖像室用于摆放雕塑肖像与肖像画。不过，雕塑肖像的质量依旧参差不齐。庄园里的肖像雕塑工作被委托给农奴，他们常常按照传统方式行事，有时为了增强画面的表现力还在雕塑表层打蜡。

***

18 世纪下半叶，纪念性的墓碑艺术发展迅速。[1] 新时代哲学深入俄国贵族意识中，颠覆了他们对人生价值和生命过程的看法——生命现在被理解为某种规律运动，死亡只是其必然结果，是从一种状态向另一种状态的过渡，当时的诗人对此的感受非常微妙：

> 尘世间一切都会烟消云散，
> 大自然引领我们走向死亡，
> 人啊，请记住，
> 直面死亡吧，无论多么讨厌死亡，
> 目所能及的一切都会消逝……

А. П. 苏马罗科夫（摘自《致尘世之空虚》）

---

[1] Ермонская В. Русская мемориальная скульптура. М. , 1978；Турчин В. Надгробные памятники эпохи классицизма в России// От средневековья к Новому времени. Материалы и исследования по русскому искусству ⅩⅧ - первой половины ⅩⅨ в. М. , 1984；Врангель Н. Забытые могилы// Старые годы. 1907. № 2；Московский некрополь. Т. 1. Спб. , 1907；Т. 2. Спб. , 1908；Шамурин Ю. Московские кладбища. Вып. УⅢа. М. , 1911；Петербургский некрополь. Т. 3. Спб. 1912；Музей архитектуры И. А. Шусева. Путеводитель. М. , 1962；Нетонухин а Г. Музей городской скульптуры. Путеводитель. М. , 1972.

当时的雕塑家认为，墓碑的主题需要反思万事万物的脆弱性，赞美人类精神之不朽与伟大。因此，墓碑有一种特别崇高的诗意感。尽管表达方式很哀伤，但与死亡和解的音符始终存在，这使它失去了既有的神秘主义，从而让使用雕塑语言表现墓碑主题成为可能。这种现象的出现和此时纪念性雕塑在俄国的兴起不无关系。18世纪下半叶，古典主义墓碑形成后人们逐渐抛弃了墓碑设计中的基督教符号。贵族的坟墓很少有十字架元素和基督教神话属性。哀悼的主题现在依靠源自古代和欧洲墓碑的寓言式图像和符号来呈现。墓志铭是增强古典墓碑纪念性并将其具体化的重要手段。有时墓志铭简短而有力，如"我在沉默中说话""献给亲爱的配偶""献给人类之友""他为智慧而生"。有时候也有更具诗意的墓志铭，如"我活在记忆里，请笑着回忆起我的面容。我打破沉默，并向所有人发问，你从哪里来，你在地球上生活了多长时间，又如何生活……"

在创作这种类型的墓碑时，由于缺乏民族传统，俄国工匠不得不依靠西欧"样本"，在此基础上融合自己理解。一些早期的古典主义墓碑在感情和姿态的表达上仍有巴洛克痕迹。刻有墓志铭的墓碑雕塑很快向标准古典主义跃进，并通过有意塑造出的悲伤形象，用宁静和清晰的笔触来传达高尚情感，这便摆脱了过度的巴洛克感性和戏剧效果，换言之，刻意烦琐的巴洛克寓言让位于庄重而保守的古典主义演说。

俄国古典主义墓碑的发展开始于重建大理石石碑，石碑的形式为板状，上面有哀悼者的浮雕形象［如 H. M. 戈利岑的墓碑（1780），由雕塑家 Ф. 戈德耶夫设计］。这种墓碑是早期古典主义的代表。后来的墓碑艺术，人物体积模型化，多使用高浮雕和圆形塑像。18世纪70~80年代，成熟的古典主义墓碑已经形成。此时的古典主义墓碑包括一个靠墙的塔形方尖碑和一个石棺，上面有悲伤的人物（一个哀悼者）、一个举着火把或提供安慰的死亡天使。死者的肖像仅以浮雕或半身像的形式出现在方尖碑的背景

图 2-9　戈利岑的墓碑（1780），大理石制

中。这种墓碑的构思与建筑形式有关，人们通常将墓碑正面放置在教堂内的壁龛中［如 M. П. 索巴金娜的墓碑（1782），由雕塑家 И. П. 马托斯设计］。

　　墓碑哀悼的主题通过人物的互动来实现。在古典主义墓碑中，即便是在悲痛中也应当保持人类精神的平衡，并维持古典主义的完美形式。鸣咽声不应扭曲哀悼者威严美丽的面容，手中拿着火把的死亡天使有着完美的容貌，安慰者同样优美：悲伤的战士、父亲、儿子的形象被引入墓碑中。雕塑的完美理念也体现在坟墓的结构中，即建筑和雕塑部件的和谐交融。人物的褶皱、帘子等精致的雕塑图案让墓碑给人一种在威严

图 2-10　索巴金娜的墓碑（1782），大理石制

中沉默和哀伤的感觉，这些图案似乎伴随着哀悼进行曲流畅且缓慢的节奏缓缓摆动。

到了 18 世纪末，寓言语言变得更加简洁，人物和陪衬的数量逐渐减少，古典主义风格的墓碑艺术类型最终形成了［比如 П.А. 布鲁斯的墓碑（1789～1790），Е.С. 库拉金娜的墓碑（1792），由雕塑家 И.П. 马托斯设计］。19 世纪初是彰显个性的时代，以死者形象为主体的墓碑［Е.И. 加加里娜的墓碑（1803），由雕塑家 И.П. 马托斯设计］往往不会使用任何寓言语言。这时，向圆形雕塑的过渡终于完成了，墓碑不再靠墙或放置在壁龛中，而是置于一个开放空间中，具有新的可能性。

18 世纪下半叶，创作的墓碑的质量特别高，因为这些墓碑大都是出自建筑大师之手。Φ. 戈德耶夫、M. 科兹洛夫斯基和 И. Π. 马托斯留下了古典主义墓碑的完美范例——由他们所创作的哀悼者有着一种难以言喻的悲怆感。戈德耶夫和科兹洛夫斯基在刻画墓志铭时仍然保留了一种悲恸情感，马托斯通过压制过度的情绪和柔化送葬者衣服的线条来诠释墓碑主题——死亡的不可避免和命运的反复无常。

戈德耶夫和马托斯推动创造了一种更发达且具有深刻哲学和人文意义的建筑雕像式坟墓。在戈利岑的墓碑上，哀悼者和安慰者的形象体现了悲痛的人类灵魂的两种不同状态——无法平息的悲痛与无法避免的死亡所带来的绝望。死亡天使的形象（M. Π. 索巴金娜的墓碑）反映了一种对命运的抗争和对死亡的抗拒态度。躺在石棺（E. C. 库拉金娜的墓碑）上悲痛欲绝的哀悼者——从环绕在逝者身影周围的戏剧性安排中我们能聆听到些许抽泣声，这种情绪在描绘她与孩子们拥抱的悲伤浮雕中达到了高潮。马托斯加深了悲伤主题的戏剧性特征——石棺上的弯腰战士形象被定格在了哭泣的姿势中，他也因此成为悲伤真正的化身。E. И. 加加里娜的墓碑上也有一个呈哭泣姿势的战士雕塑，但它也是对人类不朽存在的胜利表达，这与永恒的、永不褪色的古代之美息息相关。

在俄国工作的外国大师也丰富了这一时期的墓碑雕塑艺术。莫斯科顿斯科伊修道院墓地的墓碑精美绝伦，引人注目，比如 Ж. 乌东为 M. 戈利岑创作的墓碑（18 世纪末），A. 特里佩尔为 3. 车尔尼雪夫创作的墓碑（1789），Я. 泽梅尔查克为 Π. 戈利岑创作的墓碑（1775），以及德·佩德里为 M. 里姆斯基-科萨科夫创作的墓碑（18 世纪末）。

古典主义喜欢永恒性，这也催生了一种简单几何形状的复古墓碑模式。它通常包括一个凹槽，一个光滑的柱子，基座上是骨灰盒，或者是点缀着浮雕的几何组合体。墓碑的基座上有时还有塔形的方尖碑，基座上写有墓志铭，装饰着浮雕。尽管设计上有些重复，但是墓碑整体完美的比例和精致的古典主义轮廓仍体现了高超的艺术水准。

墓碑几何建筑结构被同时代的人视为一种隐喻——它与不朽和伟大的人类精神相关，这一点具体体现在墓志铭或浮雕上。最古老的几何学形式往往带有语义象征，体现了某些传统的概念。在这一时期的墓碑中，我们还可以找到象征图案矮树——它象征着生命的终止，如 B. 卡拉钦斯基的墓碑（18 世纪末，莫斯科顿斯科伊修道院的墓园）。当时贵族的共济会圈子痴迷于托物喻志，进一步培养了这种象征语言。18 世纪下半叶，墓碑几何建筑结构几乎成为俄国墓碑艺术的整体发展趋势，并在数量上超过了寓言式的墓碑雕塑。

这时也有石棺类型的墓碑，但随着古典主义建筑轮廓和装饰细节的运用，它也呈现出典型的古典主义规范性。这类墓碑主要集中在莫斯科的顿斯科伊修道院和彼得堡的亚历山大·涅夫斯基修道院的墓园。有时，这种石棺类型的墓碑带有鲜明的地方色彩，具有突出的装饰性和建筑性特征。

***

因此直至 18 世纪末，俄国雕塑艺术已经可以和西欧雕塑艺术并驾齐驱，这是它一个多世纪以来发展的结晶。

同时，城市特别是城市内的农村居民，仍然对形态多样的民间木雕艺术情有独钟。与面向古典主义严肃的学院派雕塑相比，民间艺术家的作品保留了自由性，视觉效果强烈，是对自然的直接表达。城市手工业者也开始模仿首都风尚，他们的工艺品在城镇销量很好，传播速度比在农村快得多。民间木雕艺术的文化传统并没有因此遭到破坏。

在俄国中部的一些地方，特别是莫斯科郊区，以及北伏尔加地区的

图 2-11　镀金的先祖雕像（18 世纪）

沃洛格达、切列波韦茨、科斯特罗马、雅罗斯拉夫尔、雷宾斯克和下诺
夫哥罗德附近的地区，一些原始的民间雕塑传承了下来。邻近北方和乌
拉尔的彼尔姆地区是一个木雕中心，这里的雕刻经验甚至传给了西伯利
亚的新定居者们。彼尔姆雕塑①有助于人们进一步了解民间雕塑的特殊
性，这种雕塑在描绘自然方面十分传神，有时甚至接近于怪诞，令人印
象深刻。在这些特殊的形象语言中，彼尔姆雕塑保留了与古代异教雕塑
的联系。基督教圣徒的形象中有时也会有普通人，这体现了"人神"的
理念。宗教题材与人们的命运息息相关，因此最受欢迎的题材是耶稣受
难、基督入狱、施洗约翰被斩首、圣母玛利亚和复活星期五。人民的坚
毅精神具体体现在莫扎斯克的圣尼古拉形象上。彼尔姆雕塑的另一个特

---

① Серебрянников Н. Пермская деревянная скульптура. Пермь，1967；Искусство Прикамья.
Пермская деревянная скульптура／Сост. О. Власова. Пермь，1985.

点为它的色彩运用——丰富的色彩有助于塑造人物造型。在彼尔姆雕塑中，中心主题或中心人物会被重点着色，以便强调人物特征和雕塑主题。

图 2-12　普列奥布拉任斯基大教堂的大门，18 世纪下半叶（局部）

尽管地方的民间雕塑保留了传统性，但在一定程度上它还是受到了来自学院派雕塑风格变迁的影响。民间雕塑有机地适应了巴洛克风格，也受到了来自古典主义的影响。这一点在保存下来的有明确造型分类的彼尔姆木雕作品中有所体现。新风格通过房屋雕刻对民间雕塑产生了更大的影响。在民间雕塑艺术中首先出现了巴洛克式的花卉图案，然后又出现了古典主义的几何装饰品。例如，18 世纪下半叶在雷宾斯克及其周边地区，装饰房屋内外两侧的木雕的细节部分呈现几何形状。但反过来，写实主义的民间雕塑也对首都的学院派雕塑艺术产生了直接或间接的影响。

18 世纪是俄国雕塑不断发展的时期，此时雕塑艺术有两条发展道路：

图 2-13　头戴荆棘冠冕的救世主，木制雕塑，切尔登区的亚兹瓦村

专业的、泛欧主义化道路；地方的、延续民间艺术的传统道路。此时，雕塑艺术成功地深入俄国艺术的许多领域，并达到了一定的艺术高度。俄国雕塑艺术不仅吸收了西欧的经验，而且还推动了本土传统的发展。18 世纪末，俄国在雕塑艺术领域已经培养了众多的国家大师，代表人物有 M. 科兹洛夫斯基、Ф. 戈德耶夫、Ф. И. 舒宾、И. 普罗科菲耶夫、И. П. 马托斯和 Ф. 谢德林。

第三章
绘画艺术

O. C. 伊万戈诺娃

俄国绘画艺术历史悠久。直到 18 世纪初，俄国绘画艺术都延续着中世纪传统，即以纪念性和装饰性的绘画以及圣像画为主。17 世纪下半叶，绘画艺术与其他艺术共同经历了转变。[①] 这为 18 世纪初俄国绘画艺术中的激进改革做了准备。

相较于西欧各国，俄国绘画艺术较晚迈入新时代，不过其独特的发展历程依旧符合绘画艺术发展的普遍规律。俄国世俗绘画最先变革，其发展具有超前性，几乎是新时代最主要绘画形式油画的先驱。

俄国的世俗画发源自彼得堡和莫斯科，18 世纪下半叶开始在俄国其他城市和庄园中广泛流行。绘画艺术的一个传统分支圣像画仍然广泛存在于各行各业。圣像画受教会严格管束，有一套严格的创作模式，但是它也并没有止步不前，只是发展速度和世俗画相比就显得十分缓慢了。目前，学界对 18 世纪的圣像画以及纪念性教堂绘画的研究还远远不够。

---

① См. об этом процессе： Малков Ю. Г. Живопись// Очерки русской культуры XⅧ века. Ч. 2. М. , 1979.

此处我们主要探究世俗绘画及其分支的发展状况，因为世俗绘画最充分并持续地体现了俄国文化发展的新趋势，有着跨时代的意义。

俄国绘画在整个18世纪不断向前发展，吸收西欧学院派优秀成果。它吸收了文艺复兴和巴洛克艺术作品的精华，广泛借鉴了其他国家绘画艺术的发展经验。和其他处于艺术转型期的国家类似，在俄国新绘画风格的形成过程中本土画家和来访的外国画家共同促成了新绘画风格的形成。18世纪，俄国人常常从国外购买大师的绘画成品，较少委托作画，这些购回的现成品对绘画艺术的发展也十分关键——推动创造了一幅复杂多变的俄国绘画图景。然而，正如研究人员早期研究显示的那样，整个18世纪的俄国世俗艺术，特别是绘画艺术，有一个串联全局的核心，世俗艺术具有明显的民族特征，其发展态势取决于俄国社会的需求。外国艺术家在俄国所创作的作品更清楚地体现了这一特点。他们在画作中阐述了对俄国现实的看法，间接反映了当时俄国文化发展的一些重要态势，出于各种原因，这些外国大师们始终是俄国文化发展的"局外人"。

18世纪俄国绘画的显著特征为作品数目大幅提高和肖像画艺术水平不断上升。这一点清晰地体现在学院派绘画以及旅俄外国大师的作品之中。在整个18世纪，俄国一些绘画流派发展较慢，比如静物画、风景画、家庭画和历史画（根据帝国艺术学院的传统，后一个术语不仅意味着历史题材，还包括神话和宗教内容）。这些绘画流派在18世纪后期才逐渐发展起来。18世纪上半叶，直到帝国艺术学院成立，许多本属于经典油画领域的主题通过其他艺术形式大放异彩，例如历史主题的纪念壁画，风景主题的雕版印刷版画。在俄国，油画形式的静物画也比较少见，多是对西方经典之作的临摹。

18世纪，俄国绘画艺术的发展历程和其他艺术类似，习惯上可以划分为三个主要时期。第一个时期主要是彼得一世时期，或者更为准确地说，是18世纪的前1/3——这是新时期绘画艺术创作基础的形成期。彼得一世时期的绘画艺术处于一种变革阶段，其特点是不同的风格并存——巴洛克、索菲亚摄政风和洛可可，甚至还有法国古典主义。然而与建筑艺术相比，这些风格对绘画艺术的影响更弱也更间接。

　　第二个时期为 18 世纪中叶（1730~1750），此时绘画艺术稳定发展，主要为巴洛克风格，不过有时我们很难将其同洛可可风格相区分，洛可可在当时艺术发达的西欧国家盛行一时。

　　第三个时期即 18 世纪最后 40 年的绘画艺术风格主要是古典主义，帝国艺术学院对此功不可没。感伤主义与古典主义并行。感伤主义是 18 世纪 90 年代肖像画和风景画的主要特征。此外，感伤主义中还出现了前浪漫主义的迹象，而浪漫主义则是 19 世纪初俄国艺术的一大趋势。

　　彼得一世时期的俄国绘画艺术经历了翻天覆地的变革。其特点是质量上参差不齐，风格上丰富多样，以及因不同流派交织所带来的民族风格叠加性。此时，绘画艺术的阶段性特征也不清晰，强制推行的新绘画原则阻碍了莫斯科和各省传统绘画艺术的发展，并使其趋于保守。绘画艺术的世俗分支现在占据了主导地位。世俗化要求艺术完全受命于当前公共政策，并满足那些追捧它的社会圈子的特殊需要。

　　庆典、游行、焰火和凯旋门是彼得一世统治全盛时期的俄国国内变革和军事胜利的表现，满足了新兴专制主义的需要。用于装饰宫殿大厅内部的历史神话主题的装饰画在彼得一世时期也开始广泛流行。宫廷从海外定制了歌功颂德的帆布画，这种赞歌绘画极具正式感，但在侧重点和表达方式上具有理想主义特征。许多纪念绘画未能留存下来，只有草图和同时代人留下的描述可以帮助我们了解纪念性绘画在凯旋门装饰中的作用。① 根据历史建筑遗存和其他文献资料，我们可以确定一点，即纪

---

① 有关凯旋门的绘画主题，参见 Панегирическая литература петровского времени. Русская старопечатная литература（XVI-первая четверть XVIII в.）. М.，1979；Пигарев К. Русская литература и изобразительное искусство（XVIII）—первая четверть XIX века）. Очерки. М.，1966；Борзин Б. Ф. Росписи петровского времени. Л.，1986。

念性绘画中特定的图像组合体反映了当时典型的寓言式思维。

俄国军事上的胜利被比作古人的英雄事迹，并倾向于同古代历史和神话建立联系。例如，斯拉夫-希腊-拉丁学院被称为"被统治者和上帝拯救的伟大城市莫斯科中的斯拉夫-俄国-雅典学院"。[①]

古代人物中最受欢迎的是亚历山大大帝——人们常常将彼得一世比作亚历山大大帝，而他的父亲阿列克谢·米哈伊洛维奇在凯旋门主题画作中常被称为"俄国—马其顿的新菲利普"。[②] 彼得一世也经常被比作神话中的人物，比如宙斯、马尔斯和赫拉克勒斯。当时的创作者常常用神话人物的功绩来类比彼得一世的功绩，比如卡库斯非法侵占奶牛的故事就是对吞并伊索拉土地的瑞典国王的影射，而彼得一世则是当地人民的解放者。[③]

从《圣经》的主题来看，人们把彼得一世比作杀了歌利亚的大卫，歌利亚同样代指的是瑞典国王查理十世。[④]

就俄国国家历史人物而言，亚历山大·涅夫斯基和伊凡雷帝的故事最脍炙人口。[⑤] 在与瑞典缔结和平的时候，彼得一世曾下令建造一个凯旋门，"……凯旋的彼得一世在装饰的一边，而伊凡雷帝则在另一边"。[⑥]

总的来说，此时绘画作品中各图像要素十分松散，靠历史典故十分唐突地凑在一块。画面"不协调"的情况很多，这种"图像组合"试图模仿一种更为集中的现代构图，但是有时用力过猛。修饰性元素过多，

---

① Описание изданий, напечатанных кириллицей. 1689—январь 1725；Сост. Т. А. Быкова и М. М. Гуревич. М.；Л.，1958. С. 72.

② Торжественные врата, вводящая в храм бессмертный славы...1703// Панегирическая литература петровского времени. С. 140.

③ Там же. С. 164-165.

④ Там же. С. 60.

⑤ 彼得一世在谈到伊凡雷帝时说："他是我的先驱和榜样。"（参见 Петр Великий в его изречениях. Спб.，1910. С. 17）

⑥ Штелин Я. Любопытные и достопамятные сказания о императоре Петре Ве ликом... Спб.，1786. С. 230.

图像和典故交织组成的"盛况"给人一种杂乱之感。

室内装饰画以寓言性构图为特色。① 沙皇夏宫室内装饰画的托寓中常常蕴含着"历史""建筑""时间""欺骗""无知"等意象。宫廷卧室的天花板上装饰着"摩耳甫斯的胜利"——画面中有丘比特和一只嘴里叼着蛇的鹳。号角和鸽子象征着财富和贞洁,而绿色的背景则代表世界。

坐落于瓦西里岛上的缅希科夫宫内的一处天花板上描绘了彼得一世的光辉形象。在 Ф. 皮尔曼的指导下,俄国艺术家 A. 扎哈罗夫、C. 布什耶夫、M. 内格罗波夫、Д. 索洛维约夫等人为彼得宫的蒙普莱西尔绘制了装饰画。画作在主题和表达方式上都是索菲亚公主摄政时期的风格,其中不乏四季元素,自然四元素水、火、土、气,以及意大利喜剧中的人物。

彼得一世时期绘画艺术中最有趣的是肖像画。伊凡·尼基季奇·尼基廷(Иван Никитич Никитин,约 1680-1742)是新时期肖像画的开创者。② 近年来,人们对他的作品进行了深入研究。原以为是尼基廷所作的那幅著名的彼得一世圆形画像似乎出自一位不知名的 18 世纪艺术家之手,而刻在椭圆形相框中的沙皇图像(现藏于俄罗斯国家博物馆)则是 Л. 卡拉瓦卡的作品。尽管 И. 尼基廷和那幅著名的彼得画像无关,不过由其所创作的其他作品仍十分重要。

----

① О монументально-декоративных росписях в интерьерах петровского времени см.: Борзин Б. Ф. Указ. соч.; Калязина Н. В. Монументально-декоративная роспись в дворцовом интерьере первой четверти XVIII века (К проблеме развития стиля барокко в России) // Русское искусство барокко. Материалы и исследования// Подред. Т. В. Алексеевой. М., 1977. С. 55 - 69; Кузнецова О., Сементовская А., Штейман С. Летний дворец Петра I. Л., 1973.

② См.: Молева Н. М. Иван Никитин. М., 1972; Лебедева Т. А. Иван Никитин. М., 1975. Особое место уделяется в последнее время проблемам атрибуции произведений И. Никитина (см.: Римская-Корсакова С. В. Атрибуция ряда произведений на основании технико-технологического исследования// Культура и искусство петровского времени. Публикации и исследования. Л.), 1977. С. 191 - 199; Котельникова И. Г. Новый портрет работы Ивана Никитина// Там же. С. 183-190.

尼基廷的画作生动地体现了彼得一世时期人类无穷的潜力。画家的人生经历同样也是那个时代的生动写照。尼基廷作为俄国绘画的主要改革者，他见证了俄国绘画的起起伏伏。

尼基廷原本是莫斯科的神职人员。皇后普拉斯科维娅·费奥多罗芙娜的住所伊斯梅洛沃庄园是他艺术的起点。尼基廷早期绘制的肖像画具有浓厚的欧洲特色，与17世纪末18世纪初法国画派的作品更为接近，或许他在莫斯科的皇家和私人收藏中看到过这些作品。尼基廷着重表现了索菲亚摄政时期人物气势磅礴的衣物。在他的画中，人物穿着传统剪裁、配饰丰富的服饰，十分时尚，有的还戴着假发，这充分展示了索菲亚摄政时期人物所固有的世俗性格。他借用泛欧化经验实现了自己对世界、美学和模特的个人塑造。这是属于他个人的肖像画创作——难以理解且完全不可模仿。

在彼得一世统治前，尼基廷所创作的大多数肖像画在构图、姿势和服装方面具有相似性，但在细微处略有不同。这些"细微之处"和巴尔松纳肖像画有异曲同工之处——为面部的装饰性元素提供了一个延展性框架。安娜·彼得罗芙娜像（1716年之前，藏于国立特列季亚科夫画廊）和普拉斯科维娅·伊万诺夫娜像（1714年，藏于俄罗斯国家博物馆）令人印象深刻。除了女孩的可爱之外，尼基廷还展现了模特的个人特色。比如娜塔利娅·阿列克谢耶夫娜像（1715~1716年，藏于国立特列季亚科夫画廊），人物的面容暗示了她与彼得在身体和精神上存在亲密关系，而且这个有趣的、在当时非常开明的女士身上有一种不羁的气质。画像的色彩是浓郁的，和这个时代最受欢迎的凯旋门颜色相一致——红色、白色和黑色，并辅以闪闪发光的金色刺绣。尼基廷铿锵有力的笔触有一种错落有致的韵律感，与胜利的精神、庄严的音乐和彼得一世时期文化的一般感情基调相得益彰。

1716年，尼基廷在彼得一世的艺术资助下前往意大利进行访学。这次旅行开阔了他的视野——陌生的国家和人民、美丽的艺术、古老和现代的交织。尼基廷从意大利带回了这些作品，并匆匆向沙皇展示。他显然是真诚地喜欢着彼得一世，他欣赏彼得一世的能力，并希望让欧洲知道"在我们俄国人民当中也不乏优秀的画师"。

彼得一世对尼基廷给予了各类支持。尼基廷从欧洲回来后，彼得一世在彼得堡建造了一座工作室，希望他能为自己的朝臣们作画，尼基廷也因此声名大噪。尼基廷为国务总理 Г. И. 戈洛夫金创作了肖像画（1720年，藏于国立特列季亚科夫画廊）。在这幅画中，尼基廷的素描和绘画水平有显著提高，此外画家在表达上更传神，通过图像和观众进行情感沟通的能力大幅提升。同样出彩的作品是《室外的盖特曼像》（18 世纪 20 年代，藏于俄罗斯国家博物馆）——画像中充满了民主色彩，整个人物外观公然无视世俗规范和欧洲既定的"骑士"理想。从丰富的色彩层次和生动而富有感情的笔触中我们可以感受到尼基廷绘画水平的提升和对自由的追寻。尼基廷的艺术自主性还体现在他为 С. Г. 斯特罗甘诺夫创作的肖像中（1726 年，藏于俄罗斯国家博物馆），这幅肖像具有非常独特的、优雅的色调，描绘出了彼得一世时期的另一类人物之个性。可以说尼基廷对自然的理解和画技的成熟已经炉火纯青：他可以用艺术表达自己对周围世界的全部想象和情感。不幸的是，纵使尼基廷天赋禀异，他的人生并非始终一帆风顺。

尼基廷人生的一个重要转折点是彼得一世的离世。他在冬日的一个夜晚被传唤到皇宫，最后一次为沙皇作画（《彼得一世临终前》，1725年，藏于俄罗斯国家博物馆）。在此之后，尼基廷的人生开始走下坡路。1732 年，И. 尼基廷与他的兄弟——牧师赫罗德和画家罗曼卷入了一场政治审判，他们被指控散布针对费凡·普罗科波维奇的诽谤，在接下来的几年里他为此不停地接受审问。尼基廷在整个审判过程中展现了过人的勇气，为了证明自己的清白，他用红字坚定地写道，自己是在"严刑拷打"中招供的。尼基廷被卷入整个案件主要是因为弟弟的轻率，这次审判却让他的艺术生涯一落千丈。有人认为，正是因为他的蔑视态度和对个人尊严的强调，他受到了鞭刑并被流放到托博尔斯克。

有关尼基廷生命最后几年的记载就很少了。他大概和不少权贵结下了梁子。无论如何，后来沙皇颁布了两项法令他才得以释放，最后在从流放地回来的路上撒手人寰。

另一位值得一提的俄国画家是安德烈·马特维耶夫（Андрея Матвеева，1701/1702-1739），他的作品是彼得一世时期精神的代表。

现如今，经过大量的研究，人们已经对马特维耶夫部分具有争议的作品进行了作者更正。此外，研究还发现了马特维耶夫更多的生平细节。① 马特维耶夫的求学经历显然不同于尼基廷。18 世纪初，马特维耶夫在彼得一世的命令下前往荷兰学习，当时的荷兰已经不再是一个伟大的艺术国度。然而，在 A. 布南手下学习的时光以及在佛兰德斯安特卫普学院的求学经历为马特维耶夫提供了必要的视觉素养。他所创作的《绘画的寓言》（1725 年，藏于俄罗斯国家博物馆）和《维纳斯与丘比特》（藏于俄罗斯国家博物馆）是其优秀视觉素养的最佳证明。一般来说，掌握抽象思维、独立构图的能力以及裸体绘制的技巧极为困难，但马特维耶夫在自己的小型画作中已经能炉火纯青地运用这些技巧。

马特维耶夫最著名的作品是《与妻子的自画像》[1729 年（?），藏于俄罗斯国家博物馆]。② 在这幅画中，画家使用了典型的用于描绘贵族的婚礼肖像的构图法，这可以被视作大师的一种自我探索。众所周知，

---

① См.: Ильина Т. В., Римская Корсакова С. В. Андрей Матвеев. М., 1984. Дата рождения А. Матвеева дается нами по этому изданию.

② 这幅画中的人物存在不确定性。在该画作的一份草图中，画家描绘了安娜·列奥波多夫娜和她丈夫 A. У. 布伦瑞克（参见 Молева Н., Белютин Э. Живописных дел мастера. Канцелярия от строений и русская живопись первой половины XⅧ в. М., 1965. С. 110-111）。目前可以确定的是，这幅画实际上描绘的是马特维耶夫和他的妻子（参见 Ильина Т. В., Римская Корсакола С. В. Указ. соч. С. 116-119）。

在俄国社会，包括画师在内的艺术家们在很长一段时间内都被视为工匠，甚至连受过教育的公众和画家本人都不知道怎么界定艺术大师或艺术家的地位。因此，通过创作自画像来摸索艺术家的个人社会地位是一项相当超前的做法，这在 18 世纪下半叶以前几乎是没有出现过的。不过，考虑到尼基廷和马特维耶夫的工作性质——异常强烈的社会激情和普遍的奢侈精神供养了他们，马特维耶夫的这一举措也相当正常。他在画作中描绘了对俄国来说一种全新的关系。丈夫和妻子并不是简单地以平等的身份出现：艺术家小心翼翼地将他的妻子呈现给观众。这种风度在今天看来可能有些形式主义，但它反映了一种严肃而深情的愿望，即渴望颁布新的道德规范。马特维耶夫在画作中细致地描绘了人物的面部特征（《与妻子的自画像》）和个人特征（《И. А. 戈利岑和 А. П. 戈利岑的肖像》，1728 年，私人收藏，莫斯科），营造了一种真诚、温暖而又细腻的感觉。

马特维耶夫不仅对俄国肖像画影响深远，还促进了俄国绘画艺术的总体发展。马特维耶夫于 18 世纪 30 年代返回俄国，他与其他受彼得一世资助的画师——П. М. 埃罗普金、И. К. 科罗博夫和 И. Ф. 米格林共同促进了彼得一世时期绘画艺术基本风貌的形成。马特维耶夫对绘画有着强烈的兴趣，他十分勤奋，其作品别具一格。他为沙皇政府服务，绘制了大量纪念性和装饰性作品，其中就包括为彼得保罗大教堂绘制的复杂宗教作品。马特维耶夫对 18 世纪中期俄国肖像画的发展做出了卓越贡献，И. Я. 维什尼亚科夫是他的得意门生，后者为俄国政府绘制了不少出色的室内装饰画。И. Я. 维什尼亚科夫似乎继承了马特维耶夫画作的延展性特征，此外，他还接受了路易斯·卡拉瓦卡的悉心指导，不过 И. Я. 维什尼亚科夫是以一种更为微妙的马特维耶夫式风格来表达自己对路易斯·卡拉瓦卡指导的理解。

外国画家在彼得一世时期的俄国画坛中也占有一席之地。[1] И. -Г. 坦瑙尔（И. -Г. Таннауэр，1680–1733/1737）是寓言画《波尔塔瓦之战中的彼得一世》（18世纪头10年，藏于俄罗斯国家博物馆）的作者，同时也是皇太子阿列克谢·彼得罗维奇像（18世纪头10年，藏于俄罗斯国家博物馆）、政治家和外交家 П. А. 托尔斯泰像（1719年，藏于列夫·托尔斯泰国家文学博物馆）的作者。一般认为藏于巴甫洛夫斯克宫博物馆的 Ф. М. 阿普拉克辛和 А. Д. 缅希科夫肖像画的作者也是 И. -Г. 坦瑙尔。[2] И. -Г. 坦瑙尔作品有着巴洛克式的音律，表达有时是直接的，有时则是隐忍的。И. -Г. 坦瑙尔画作的整体基调和战斗场面给人一种赞歌感。为了加强专制主义而突出的胜利标志与 И. -Г. 坦瑙尔作品中冗长的局部细节和浓郁的、有时几乎是华丽的色彩搭配相得益彰。

路易斯·卡拉瓦卡（Луи Каравакк，1684–1754）也在俄国留下了自己非凡的印记。1716年，他与 Ж. -Б. 勒布朗和 Б. К. 拉斯特雷利几乎同时来到俄国，并在这里工作了多年，直至去世。[3] 路易斯·卡拉瓦卡在法国已经确立了自己的风格。路易十四统治时期典型的"宏伟"风格和宏大叙事模式已经不再适用于法国的现实，而俄国的艺术转型也面临类似的挑战。1730年后，路易斯·卡拉瓦卡在俄国画坛的影响力逐渐上升，当时他被任命为宫廷画家，为安娜·伊凡诺芙娜女皇（1730年，藏于国立特列季亚科夫画廊）和伊丽莎白·彼得罗芙娜女皇（1750年，藏于俄罗斯国家博物馆）绘制大型礼仪画像。

---

[1] 关于18世纪在俄国工作的外国艺术家，具体可参考 Врангель Н. Н. Иностранцы в России// Старые» годы. 1911. № 7–9. С. 5–94。

[2] 有关对 И. -Г. 坦瑙尔作品的最新研究，可详参 Римская Корсакова С. В. Атрибуция ряда портретов петровского времени на основании технико-технологического исследования // Культура и искусство петровско го времени. Публикации и исследования. С. 192 – 193, 198。

[3] 有关路易斯·卡拉瓦卡的作品，可参考 Врангель Н. Н. Указ, соч. ; Веретенников В. И. «Придворный первый моляр» Л. Каравакк// Старые годы. 1908。

路易斯·卡拉瓦卡将儿童肖像引入俄国绘画艺术中，他以神话的形式描绘了小"弗洛尔"——《彼得一世的女儿们》（1717年，藏于俄罗斯国家博物馆）、《彼得一世的孙子》、《未来的彼得二世和他的妹妹娜塔莉亚》、《二人分别扮演着阿波罗和戴安娜》（1722年，藏于国立特列季亚科夫画廊）。路易斯·卡拉瓦卡笔下浮夸的孩子——皇太子彼得·彼得罗维奇的肖像非常有趣，他描绘了一个丰满的手持弓箭的丘比特，丘比特把膝盖靠在一个红色的垫子上，上面放着沙皇的礼服（藏于国立特列季亚科夫画廊）。他还画了一幅在俄国学院派中不常见的裸体画——小伊丽莎白·彼得罗芙娜赤身裸体地躺在一个蓝底点缀着朱砂色的幔子上。

路易斯·卡拉瓦卡的作品深沉但又有一种天真的自命不凡。有着洛可可的繁复优雅，由于需要保持与皇室子女相称的威严，最终呈现的画面往往更加复杂。

路易斯·卡拉瓦卡的作品主要围绕王室这个小圈子，但其作品的意义却超出了这个范畴。路易斯·卡拉瓦卡连同画家、装饰家 Ф. 皮尔曼以及雕刻家 Н. 尼古拉斯·皮诺和一些其他法国文化的代表共同将与新兴社交礼节、场面和集会有关的潮流引入俄国绘画艺术中，满足了俄国贵族对日益增长的优雅生活和殷勤社交的个人追求。

在马特维耶夫和 И.Я. 维什尼亚科夫的肖像画中，我们可以感受到法国大师的儿童肖像画的影子。研究表明，路易斯·卡拉瓦卡在俄国长期居住期间，他的创作也受到了俄国本土画家的影响。他在俄国创作的绘画，虽然缺乏法国洛可可风格的典型精致感，但具有更高的清晰度和生动性，这反而是俄国本土画家的特征。在俄国画家的作品中，这反映了他们对民族美学理想的追求。路易斯·卡拉瓦卡还是尽可能地遵守西方的构图规范和宫廷礼仪精神，因此他作品中的"俄国风情"意外地有些粗犷。不过这也让他的作品有了一丝纯粹的新鲜感。新绘画风潮在蓬勃发展的新文化氛围中呼之欲出。

彼得一世时期的著名画家，除了大家耳熟能详的几个主流画派，还有其他一些左道旁门，只不过后者的作品保存不全。其中具有代表性的是用于博物馆展览的"怪物派"画作，比如 Г. 格泽尔（Георг Гзелль）的作品：失存的《纺车旁的俄国大胡子女人肖像》《她的裸体肖像》和现存的《巨人尼古拉·布尔乔亚的肖像》（藏于俄罗斯国家博物馆）。这些作品同样是俄国肖像画的经典之作。"怪物派"的画风与当时俄罗斯科学院的活动有关，这些画家的创作往往是在精准地描述某种现象，而不是通常意义上的对自然进行艺术加工。虽然这些画作给人一种奇特感，但画作本身仍具有美学价值。

俄罗斯科学院的"探索性成果"还包括 Г. 格泽尔的妻子 Д. М. 格泽尔（Д. М. Гзелль）有关鸟类、宇宙、花卉和昆虫的写生。Д. М. 格泽尔是荷兰著名艺术家 М. С. 梅里安的女儿和继承人。她的作品不仅是在进行科学记录，还是在创作一件具有极高价值的艺术作品。其作品带有巴洛克的幻想主义，但更加偏重自然性。她对世界的精确观测和充满爱意的凝视仿佛是在透过"放大镜"来再现俄国的生活，因此她的作品中充满了浓厚的生活气息，细节丰富。"放大镜"式的手法既让"探索"充满了乐趣，也让她的作品妙趣横生。

俄国社会此时盛行一种对自然科学的探索精神，妙趣横生的益智游戏也颇受欢迎，Д. М. 格泽尔的画作迎合了当时社会对探索发现的需求。哪怕是一些不够富庶的家庭也能买得起地图、城市景观图、矿物和"化石"图册，收藏几本动植物标本和钱币图册，这些图册能够帮助孩子们很好地学习历史、地理和自然世界的基本知识。不仅儿童，任何对新事物充满渴望的俄国民众，都能够通过博物馆和私人收藏品展览会认识自然事物，从而了解宇宙的奥秘。当毛毛虫转变为茧，茧转变为蝴蝶时，观众便进入了一个迷人的自然世界，这还是文学作品中最受欢迎的变形和奇迹轮回主题。美丽的东西也不再徒有其表。

彼得一世十分喜欢 M.C. 梅里安和 Д.M. 格泽尔的昆虫微型画。他对亚当·希罗的画作《码头》给予了高度的评价，他认为亚当·希罗既是一个船匠，也是一个画家。根据记载，彼得一世用这些画来考察那些在荷兰和英国学习过航海技术的俄国年轻人。绘画的质量取决于画面的真实性——精确性和艺术性并重。

博物馆内的昆虫收藏品、矿物收藏品和毛绒鸟类标本与那些新奇的机械"革新者"——钟表、罗盘、气压计及其他"巧妙"的仪器一样令彼得一世欢欣鼓舞。18世纪初，科学还没有完全与艺术脱钩，而艺术则在俄罗斯科学院内披着科学的外衣大放异彩，不过科学和艺术追求的目标本质上不同。彼得宫的展馆，即"鸟园"，里面有活生生的鸟和五颜六色的毛绒动物，据一位同代人说，彼得一世"常常捧起这些小家伙并亲吻它们"，这不仅是一种奢侈的消遣，还有更深层的东西。俄国人理解的动物消遣和西欧人截然不同，在西欧，"动物消遣"早已成为一种审美活动，异国的鸟类在鸟舍中歌唱，活禽和绘画中的毛绒动物以及瓷器上的鸟类图案都化身为沙龙的装饰品，沙龙里演奏的是海顿的《鸟类协奏曲》。俄国民众在很久以前就有着类似的娱乐活动，现在需要做的是克服旧的习惯和观念。对精致的渴望，正如彼得一世曾经说的那样，对"欧洲生活方式"的渴望越来越明显，而且逐渐成了一种需要。同时，人们越来越想要了解自然界的运作方式。大自然是如此错综复杂，诱使人类用近代科学深入分析其内在复杂而精密的结构。这种开拓精神类似于格列佛的好奇心——学习小人国、巨人和智慧马的生活，又像是创造性的《鲁滨孙漂流记》——探索人类可能性的尺度。彼得一世建立了自己的舰队，航海文化融入俄国精神中。俄国人为远航、沉船和宝藏神魂颠倒。水手们从国外带回了珍品——矿物、珊瑚、贝壳和海星以及其他物件，彼得一世下令将搜到的宝藏放入俄国的艺术博物馆，这反映了新文化对世界百科全书式的兴趣。彼得一世的个人生活中也充满了新奇的事物。

码头和船舶的蜡质模型、迫击炮和建筑结构模型、罗盘和导航仪器对他来说既是认真研究的对象，也是一种装饰品。

在 Г. 特普洛夫、П. 博戈莫洛夫和 Т. 乌里扬诺夫的静物画中我们也可以清楚地看到新的生活方式。[①] 虽然这些画家活跃于 18 世纪 30 年代末 40 年代初，但其作品的精神和内容都与彼得一世时期有直接联系，反映了彼得一世改革后俄国人的日常生活。这些画作大都属于 "书房" 静物画。画面中是打开的相册和笔记本、拆了一半的信件、挂在墙上的画，这些物件共同描绘了一个高傲的、远离物欲的世界。静物画是画家所处时代个人日常生活的一种再现。寻找画中这些物品的所有者是徒劳的。不过比对档案记录，画面表现的可能是画家 И. 尼基廷、建筑师 П. М. 埃罗普金、"魔术师" Я. 布鲁斯的书房。还有一些是彼得一世在普列奥布拉任斯基和彼得堡宫殿内的私人物品。

18 世纪中期，俄国的绘画体裁结构已经衍化出了相当大的分支。巴洛克建筑的发展推动了纪念性和装饰性绘画的进步。外国艺术家——Дж. 瓦莱里安尼、А. 佩雷西诺蒂和 С. 托雷利，以及受政府雇佣的和他们一起工作的俄国画师 И. Я. 维什尼亚科夫、贝尔斯基兄弟、Б. 苏霍姆林斯基，这些人对于装饰性绘画的发展功不可没。他们搭建了大型场景，偏好大型绘画和门上浮雕装饰物，他们还喜欢在室内布置戏剧场景。寓言题材在纪念性和装饰性绘画中十分常见。寓言式的人格化特征在此时发生了微妙的转变。在保留其专制主义取向的同时，画面旨在突出伊丽莎白身为彼得一世的 "女儿" 这一属性，她是中断的前一个统治时期的复兴者，是繁荣、和平和富裕理想的象征。同样的主题在戏剧中也得到了发展，特别是在歌剧《蒂托夫的怜悯》中，该剧在莫斯科上演时正值伊

---

① Глозман И. М. К истории русского натюрморта // Русское искусство XVIII в. Материалы и исследования/ Под ред. Т. В. Алексеевой. М., 1968. С. 53 – 71; Болотина И. С. Натюрморт в русской живописи XVIII – XIX вв.: Автореф. канд. дис. М., 1971. С. 7-8.

丽莎白·彼得罗芙娜的加冕典礼，因此歌剧的副标题为《受辱的俄罗斯重获新生》。①

纪念性和装饰性绘画体系中有时还包括挂画。当挂画并排悬挂时就不得不考虑构图和色彩的关系——挂画覆盖了一大片墙面，只被薄薄的木条隔开。因此，室内装饰性绘画家热衷于绘制可爱的人物面部画像，比如艺术家 П. 罗达利的作品就深受人们的喜爱。有时候他们还会创作小风景画，或是使用历史和神话场景。这些挂画甚至会被修剪为合适的尺寸，以便拼接成一个连续的彩色表面，譬如彼得宫大宫殿的肖像厅和奥拉宁鲍姆彼得三世宫殿的画像厅。

对装饰性的普遍重视也反映在教堂的装饰性绘画上。此时俄国的教堂内部充满了世俗的、欢乐的和胜利的气氛。圣像尤其是宫廷教堂和数以百计的私人教堂中的圣像，像神话主题和寓言性绘画那样镶嵌在华丽的镀金框架中，构图精致，色彩斑斓，例如叶卡捷琳娜宫内的宫廷教堂圣像壁。大多数莫斯科和省级教堂的装饰性绘画都比较简单。

18 世纪中叶，俄国绘画中普遍缺乏彼得一世时期典型的主题。画面不再追求忠实还原具体事件全貌，特别是战斗场面，而是保留了一种赞美精神。这也反映在肖像画中——伊丽莎白·彼得罗芙娜骑兵队喜气洋洋，同行者是著名的贵族和政治家（《伊丽莎白·彼得罗芙娜女皇与其护卫队的骑兵肖像》，Г. 普雷纳，1720 年前后，藏于俄罗斯国家博物馆）。而在 Г. 格鲁特创作的一幅小型肖像中，女皇则身穿普列奥布拉任斯基团的制服（1743 年，藏于国立特列季亚科夫画廊）。换言之，俄国军事胜利尽管被抛在一旁，但是以其他形式得以不朽。

---

① Коноплева М. С. Театральный живописец Джузеппе Валериани. Материалы к биографии и истории творчества. Л. , 1948. С. 49.

到了18世纪中期，风景画不再以架上绘画的形式出现，风景不再是一个视觉主体或是某种特定的景观（不同于景观图，比如 M. И. 马哈耶夫的彼得堡景观图），"风景"是其他元素的背景板，如门上浮雕装饰物或戏剧场景的背景板。此外，在自然科学主题或描绘个体在园林休憩场景的绘画中，风景也常常充当远处背景。

静物画主要用来装饰墙面的一个特定区域——主要是门廊上方。最常见的静物画是花卉静物画。五颜六色的鲜花和水果，象征着伊丽莎白·彼得罗芙娜统治时期文化中典型的普遍繁荣理念。

肖像画是18世纪中期俄国最发达的画种，它在更大程度上受到了绘画从属于室内装饰理念的影响。这一点在安娜·伊万诺夫娜、伊丽莎白·彼得罗芙娜和彼得三世时期皇家肖像画中尤为明显。沙皇的肖像画多用于装饰皇宫主厅或者凯旋门。它们的体积大，配件丰富，颜色也很鲜艳。半身的肖像画也很常见——画师通常会对人物进行一定的剪裁，并将主人公置于中性背景下。室内肖像画的范式多样。

18世纪20~40年代，俄国取消了"外国访学"制度，帝国艺术学院成立后又恢复了这项制度，不过后来被"国内教育"取而代之。俄国艺术家首先在帝国艺术学院的大师手下学习。学成后，他们通常会受雇于沙皇宫廷，参与宫廷庆典装饰和室内装饰工作，为宫殿、教堂创作礼仪性的肖像和壁画。建筑师、画家、雕刻家、镀金工匠、剧院装饰家们同属一个艺术圈子。艺术家与客户、设计师与工匠、工匠与学徒之间建立了一种新联系。与前一时期相比，个人对新艺术有着更自觉、更理想的认知。在巴洛克背景下，俄国艺术风格整体变化不大。不过，一个全新的、统一的俄罗斯国家画派正在形成。

此时俄国艺术家的作品非常有趣，特别是 И. Я. 维什尼亚科夫、А. П. 安托波夫和 И. П. 阿尔古诺夫的作品。

伊万·雅科夫列维奇·维什尼亚科夫（Иван Яковлевич Вишняков，

1699-1761）是 18 世纪中叶的一位俄国艺术家。① 从 1727 年起，维什尼亚科夫开始在建筑办公室工作，后来领导建筑办公室的绘画小组。维什尼亚科夫参与了各种庆祝活动的装饰工作，创作了不少大型仪式性肖像画，绘制了宫殿的内饰和圣像画，并负责考核建筑办公室员工的技能。他勤奋负责，是一位真正的大师。

维什尼亚科夫流传后世的作品并不多，除了一些肖像画——根据画家落款，研究人员判断维什尼亚科夫是作者。其中一幅画描绘的是雷宾斯克的地主 Н. И. 季希宁和他的妻子 К. И. 季希宁的肖像画（1755 年，藏于雷宾斯克历史和艺术博物馆），这幅画描绘了夫妇二人结婚时的装束。在季希宁家族肖像的构图设计以及其他一些画作中，维什尼亚科夫使用了泛欧技巧。维什尼亚科夫还为萨拉·费莫尔和威廉·费莫尔创作了盛大肖像（1749 年和 18 世纪 50 年代后半期，藏于俄罗斯国家博物馆），他们是一位在俄国服役的英国将军的孩子。从维什尼亚科夫为 Ф. Н. 戈利岑创作的肖像画（1760 年，藏于国立特列季亚科夫画廊）中能看出画家本人对路易斯·卡拉瓦卡作品的借鉴。总之，维什尼亚科夫的作品具有个性化和民族化的特点。维什尼亚科夫在描绘儿童时表现出了一种动人的温情。他的作品有一种充满爱意的、微妙的、几乎是居高临下的视角，略显羞涩的孩子们穿着成人的黛色礼服和制服，摆好了姿势，看上去十分快乐。这些孩子的姿态略显滑稽，但这也给人一种俄式的亲切感。

维什尼亚科夫画面中的男主人公和其他人与众不同——他们聪明且独立。无论是开明的地主 Н. И. 季希宁还是年轻的炮兵工程师 М. С. 别吉切夫（1757 年，藏于 В. А. 托皮宁博物馆）。维什尼亚科夫笔下的人物没有 Ф. С. 罗科托夫画中主人公那种高度的灵动性，但这并不是维什尼亚科夫绘画的弱点，18 世纪中期，在以俄国画派的典型肖像概念中，不突

---

① См.：Ильина Т. В. Иван Яковлевич Вишняков. Жизнь и творчество. М.，1979.

出人物的灵动性是一项共识。他们认为更重要的是艺术家能够仔细地观察自然，并尽可能忠实地将其呈现到画布上。

维什尼亚科夫为彼得堡著名家族企业家雅科夫列夫家族（约 1756 年，藏于埃尔米塔日博物馆）绘制的肖像画中也呈现了类似的人物特质。这对新婚夫妇品行高洁，是"朴实无华，健康且富庶的典范"。当时，俄国还不存在商人肖像画范式，但商人和贵族在社会地位上又有着本质差异。维什尼亚科夫往往因人而异地为对方绘制肖像画，挖掘出每个人独特的美——画面主人公一张简单黝黑的脸庞上或许闪耀着坦率的快乐，又或许他身着一件绣有珍贵图案和镶有华丽花边的礼服套装。

维什尼亚科夫仔细而细腻地描绘着他画中的人物，用自己的画笔"抚摸"画布。他认为身为一名画家，有义务用画笔打造赏心悦目的画面。维什尼亚科夫在绘画上取得了巨大成功，人们甚至愿意忽略不计他略显不足的透视能力和绘图技巧，当人们走近画作便会发现他的画作有一种摄人心魄的魅力。他竭尽所能，试图用自然色彩再现丝绸的图案、蕾丝的花纹、金色的刺绣、有形状的纽扣——这还仅仅是人物的一件衣服。

华美的衣物似乎不是穿在人物身上，而是在画布上缓缓铺开。或许这是维什尼亚科夫对某种传统的致敬——对"塔夫绸肖像画"传统的延续，丝绸按字面意思铺在画布上，接着再画出褶皱。在人物的塑造上，维什尼亚科夫或许吸收了巴尔松纳肖像画的手法，十分注重细节。他生动而准确地绘制了非全身肖像画，人物成为类似于美丽"静物"的存在，这种绘画技巧是 18 世纪中期装饰性绘画的特点。写实地再现人物面部特征的重要性不亚于对服装进行准确描绘。写实主义或者说"纯粹现实主义"，不仅是维什尼亚科夫的个人风格，也是与他同时代的众多俄国艺术家群体的风尚，这股风尚一直持续到 18 世纪末。

阿列克谢·彼得罗维奇·安托波夫（Алексей Петрович Антропов，

1716-1795）和 18 世纪末的 Ф. С. 罗科托夫和 Д. Г. 列维茨基是同代人。①
在 А. П. 安托波夫的整个职业生涯中，他始终为 18 世纪中期的艺术原则
所吸引，他也在此基础上进行了很多创新。像马特维耶夫和维什尼亚科
夫一样，安托波夫为官方工作，和教会也有联系，他还负责监督绘制圣
像画。安托波夫的代表作包括一幅极富表现力、近乎怪诞的彼得三世肖
像（1762 年，藏于俄罗斯国家博物馆、国立特列季亚科夫画廊）。他还为
主要神职人员作画（《大主教库 С. 利亚布基的肖像》，1760 年，藏于俄
罗斯国家博物馆；《Ф. Я. 卢比扬斯基——伊丽莎白·彼得罗芙娜皇后的
忏悔者》，1761 年，藏于埃尔米塔日博物馆）。

安托波夫十分擅长创作室内肖像画。他的早期作品中还有昔日在意
大利艺术家 П. 罗塔里处学习的痕迹——一般认为安托波夫学习了 П. 罗
塔里所绘人物轻盈而英勇的特征。安托波夫对意大利艺术家 П. 罗塔里画
风的模仿并不是因为他能力不足，而是因为他待人温柔，他无法或不愿
意忽视模特的本质特征——他们棱角分明、羞涩笨拙的外表。

安托波夫在自己第一部独立作品中就已经展露出他对世界的根本看
法。他对娇媚和肤浅的优雅嗤之以鼻，和大多数俄国画家一样，他不在
意人物微妙的曲线。他避免对双手进行描绘，以弯腰或是静止的姿势展
示模特。安托波夫喜欢将人物放置在一个狭小的长方形画布里，这样能
够进一步地突出绘画主题并让观众一下子注意到画面人物。安托波夫对
青年不感兴趣，他主要创作的是中年和老年的肖像画。在科利切夫像、
布图林像以及沙皇的肖像画中，安托波夫使用了夸张的色彩搭配，但这
些张扬的色彩却被模特忧虑的面孔和高龄的岁月感所掩盖。

安托波夫的肖像画与西欧的肖像画大相径庭。即使是维什尼亚科夫，
他笔下人物的英勇气概在某种程度上也是从马特维耶夫和路易斯·卡拉

---

① 有关 А. П. 安托波夫，请详参 Сахарова И. М. Алексей Петрович Антропов. 1716-1795
М.，1974。

图 3-1   А. П. 安托波夫肖像

瓦卡那里借来的。在模特的选择上，安托波夫更加包容和灵活，他更乐于传达一种精致的世俗性，如果模特本身的世俗性表现得不够充分，那么他还会用画笔来为其添上一抹。安托波夫或许在某种程度上更接近乌克兰画家，他们有自己的永恒不变的理想，承认物质与精神存在对应关系，因此他们的画作中保留了从前一时期继承下来的略显粗糙和直接的图像概念。安托波夫的画作体现了作者对人物个性的理解，带有强烈的自我意志，而聘请安托波夫为自己作画的客户显然很欣赏这种画风，如哥萨克领袖 Ф. И. 克拉斯诺谢科夫的肖像画（1761 年，藏于俄罗斯国家博物馆）、气宇轩昂的 А. М. 伊兹梅洛娃女士的肖像画（1759 年，藏于国立特列季亚科夫画廊）和 M. A. 鲁米扬采娃的肖像画（1764 年，藏于俄罗斯国家博物馆）。这些人物充满了自我意志，笃信个人生活方式。安托波夫的一些肖像画，尽管人物没有凌厉的傲气，但仍保持了一种尊严。

安托波夫想要绘制独具"俄罗斯气质"的肖像画，试图用民族化的创作理念去和当时更流行的泛欧化经验或是寓言式绘画的创作理念相抗衡，但他的思想过于超前。安托波夫在同代画家中最清醒和严肃，他早早地选择了一条远离神话元素、过分修饰人物服饰的肖像画创作路径。这种严肃冷静的风格与安托波夫作品中"概括性"的人物形象并不冲突，比如在他为哥萨克领袖 Ф. И. 克拉斯诺谢科夫所画的肖像画里，这位哥萨克领袖的身材无定形，看不见脖子，头部呈"卵形"。在安托波夫的大多数肖像画中，画家清晰地勾勒了人物的面容，人物脸部从整体上看就像是由一个个独立的小规模局部细节支撑起来的一样。安托波夫喜欢突出人物脸部各部位的独特性：主人公的鼻子是他本人的鼻子，主人公的眼睛是他本人的眼睛，五官都被"列举"出来而不是被"模糊地"处理掉。安托波夫的这种处理方式并没有让画面"分崩离析"，反而因强大的外部轮廓和内部细节的协调，"被列举"出的各部位重新组装，有机地黏合成一个和谐的整体。安托波夫对客观性的追求反映了当时俄国的理想审美——对健康、充满血性机体的崇拜，对令人信服的、真实的、尽可能接近自然视野描写的追求。

就安托波夫锋芒毕露的个人画风而言，他画中那若有若无、浑然天成的"洞察力"独树一帜。这一点或许在彼得三世的加冕画像中表现得最为明显——彼得三世仿佛意外闯入了沙皇权力不可撼动的精神世界中，他几乎是以一种芭蕾舞的姿势不稳地站立着。沙皇的加冕肖像意外透露了其命运——彼得三世的统治非常短暂。

伊万·彼得罗维奇·阿古诺夫（Иван Петрович Аргунов，1729 –

1802）有着传奇般的人生，对于欧洲文化和俄国文化来说他都是个特殊的存在。他并不是宫廷画家，但他是著名艺术赞助人、收藏家、最富有贵族 П. Б. 舍列梅捷夫的农奴。[①] 农奴艺术家是一种独特现象，他们在 18 世纪俄国艺术中有着特殊的地位。阿古诺夫的艺术创作在很多时候都直接反映了其主人的意志。《П. Б. 舍列梅捷夫与狗》（1753 年，藏于埃尔米塔日博物馆）是对法国画家让·马克·纳蒂尔于 1728 年在巴黎制作的 А. Б. 库拉金肖像的模仿。除了纳蒂尔，阿古诺夫还模仿过另一位大师。阿古诺夫并没有什么独创的绘画手法，不过这也不应该仅仅归咎于他的农奴身份。

18 世纪，不仅在俄国，哪怕是西方画家也会广泛模仿、临摹大师名作，以彰显客户和艺术家的品位。临摹和模仿画作对俄国人来说信手拈来（因为临摹长期以来都是圣像画创作的核心方法），俄国客户也喜欢这类作品。"仿作"的创作方式甚至在以阿古诺夫为代表的农奴画家圈子里形成了一定的体系。但他们可以选择创作类型，凭借个人喜好和审美来挑选模仿对象。包括阿古诺夫在内的农奴画家，他们的创作不是奴颜婢膝地对绘画大师献媚，而是在标榜自己身为艺术家的独特审美。

阿古诺夫的作品体现了他那个时代俄国绘画的内核：幸福的精神世界，赞美人类本身和道德标准，表达对纯粹理想主义的向往。受此驱动，阿古诺夫在挑选创作模板时带有明确的目的性。他偏好笔触细腻、个性鲜明和细节丰富的范本，装饰性功能也很重要。

18 世纪 60 年代中期以来，阿古诺夫迎来了自己的创作高峰期。他对绘画范本的选择往往取决于对方的具体需求。60 年代，随着家族画廊的出现，人们对描绘祖先越发感兴趣，除了 П. Б. 舍列梅捷夫的家族成员及其亲属，他也为家族的祖先绘制了肖像画。阿古诺夫利用彼得一世生前

---

① 参见 Селинова Т. А. Иван Петрович Аргунов. 1729–1802. М., 1973。

的肖像以及其他合适的范本，再现了彼得一世的得力干将 Б. П. 舍列梅捷夫和他妻子的形象。即便是从纯艺术的角度来看，这样的人物重建都是十分有趣的，它也表明了 18 世纪下半叶的一项社会共识，即各个文化领域都开始认识到上个时代是历史上的辉煌时期。祖先肖像画的出现也表明了人们对艺术的重视——这是确立贵族家族地位和声誉的重要手段。

　　阿古诺夫于 18 世纪 50~60 年代创作的一组肖像画同样十分有趣，这组肖像画描绘了与阿古诺夫关系密切的知识分子。此处的范本选择十分巧妙。彼得堡舍列梅捷夫喷泉宫里有一个"藏宝阁"。[①] 除了稀世珍宝和艺术品外，还有他的"藏品"和一些与房子关系密切的人的肖像画。这当中就有 А. 赫尔曼医生的肖像画（1753 年，原件下落不明），他是 П. Б. 舍列梅捷夫的私人医生。此外还有 А. П. 季诺维也夫，他是舍列梅捷夫"百万之家"（现在为奥斯坦基诺宫博物馆）的经理。阿古诺夫还为翻译和外交事务委员会秘书 К. А. 赫里普诺夫及其妻子创作了肖像画（1757 年，藏于奥斯坦基诺宫博物馆）。还有一幅他的自画像草图（18 世纪 60 年代，藏于俄罗斯国家博物馆）以及一幅女性肖像画（藏于俄罗斯国家博物馆）。这些人和画家之间存在一种特殊关系——模特与画家所处的社会环境和生活圈子有很大的交集，更重要的是，他们的精神世界十分契合。Ф. С. 罗科托夫的作品也体现了这一点，18 世纪 60 年代后半期，Ф. С. 罗科托夫也画了与他关系密切的莫斯科知识分子。但阿古诺夫在为这些知识分子作画时，仔细地描绘了人物深思熟虑的面孔，用适度的色彩搭配呈现了他们严肃但又不那么讨人喜欢的特征，这是 18 世纪末俄国优秀绘画作品中高尚人文主义取向的体现。

　　在阿古诺夫的后期作品中，最受欢迎的是《穿着俄国传统服饰的无名农妇肖像》（1784 年，藏于国立特列季亚科夫画廊）。现如今，人们认

---

① 　Селинова Т. А. Указ. соч. С. 32.

为画中的女主角实际上是一位侍女，其穿着侧面反映了当时的流行风尚。① 阿古诺夫的这幅肖像画还体现了俄国绘画的民族性，表达了对理想民族女性美的追求。类似的还有 M. 希巴诺夫的《农民的午餐》（1774年，藏于国立特列季亚科夫画廊）和《婚礼庆典》（1777年，藏于国立特列季亚科夫画廊），В. Л. 波罗维科夫斯基为伊万·利沃夫女儿的乳母即农妇克里斯蒂亚绘制的一幅肖像画（约1795年，藏于国立特列季亚科夫画廊）以及《利岑卡和达辛卡》（1794年，藏于国立特列季亚科夫画廊）中农民女孩的诗化形象。

18 世纪中叶，俄国绘画艺术的发展还是离不开对西欧艺术的借鉴。"访学资助"叫停后，学习和借鉴外国艺术家的机会对于俄国本土艺术家来说就更为珍贵了。外国杰出艺术大师能够向俄国艺术界和普罗大众介绍西欧的艺术发展状况，直接跟随其学习的人更有助于提升个人艺术修养。俄国画家不断和来访的外国画家切磋学习，他们都在建筑办公室供职。作画时，这些外国人自然地走向模特本人，他们常常能够注意到俄国本土画家和客户没有注意到或认为没有必要表现出来的生活元素和个性特征。来访的外国画家有时还会结合在自己国家的生活经验，以便弥合不同文化之间的间隙。意大利著名画家 Д. Ж. 瓦勒里安和 A. 佩雷西诺蒂促成了俄国巴洛克装饰艺术的形成，他们的艺术风格与巴洛克的华美基调相当契合。18 世纪，德国和奥地利涌现出一大批杰出的艺术家，而乔治-克里斯托夫·格鲁特（Георг-Христоф Гроот，1716–1749）是其中的佼佼者。他自 1741 年起在俄国工作，直到去世。② 格鲁特是洛可可风格的代表。他的小型肖像画也极富特色，比如他笔下的伊丽莎白·彼得

---

① Там же. С. 139.

② 格鲁特来俄日期的考究可参考如下文章：Бездрабко Л. А. Комплексное исследование и атрибуция некоторых портретов кисти Г. Х. Гроота// · Реставрация, исследование и хранение музейных художественных ценностей. Науч, -реф. сборник. Вып. 2. М., 1979. С. 27。

罗芙娜女皇肖像（1748 年，藏于俄罗斯国家博物馆和国立特列季亚科夫画廊），画面中的女皇优雅端庄，身着前往化装舞会所需的黑色的多米诺服。格鲁特擅长展现俄国文化的整体图景，他巧妙地再现了俄国宫廷和戏剧艺术的辉煌。格鲁特的绘画风格集中体现在独特的色彩运用上。不同于其他俄国本土画家，格鲁特在配色方面更加准确和生动，极度强调局部细节，画面整体上给人一种微妙的冷静感。不过，在对色彩及其内在价值的理解和对作品细节的考究方面，格鲁特和俄国本土画家不谋而合。这种审美符合社会对美的要求，外露的人物自我价值和画面的戏剧性效果也是伊丽莎白·彼得罗芙娜时期沙皇宫廷礼仪文化发展的产物，与彼得一世时期勇敢且富有军事气质的"阳刚"宫廷礼仪文化相比，它更加高雅。

法国大师 Л. 托克（Л. Токке，1696－1772）对俄国美术的影响同样不容忽视。不少身份显贵的俄国上层人士十分欣赏他的画作，这些俄国买家的喜好逐渐左右了当时的审美观——社会越来越追求完美和优雅。

18 世纪中叶，"罗西卡"一直都是俄国传统艺术和西欧艺术之间的缓和物——从经典的西欧帝国肖像画模式到 П. 罗塔里（1707～1762）肖像画的流行，俄国肖像画经历了一个转变过程。在来到俄国以前，П. 罗塔里就深受其他西欧宫廷的喜爱。非全身肖像画，即所谓的 têtes d'expression（"头部肖像"）是他的看家本领。"头部肖像"备受其他欧洲国家追捧，俄国也不例外。这些"头部肖像"带有 18 世纪典型的教化性。它程序化地制定了人类的一系列状态，人物的情感直接展现在画面之中，不需要观众费尽心思去琢磨。画面各人物是快乐、温柔、忧郁情绪的复合体——画中的人物没有强烈的情绪，他们百无聊赖，告诉观众自己心情愉悦。不过，П. 罗塔里画中的人物有着独特的魅力，他们置身事外，沉溺于自己微不足道的悲伤中，换言之，这些人天生敏感，情感丰富。П.罗塔里画中姑娘们的穿着朴素而优雅，肆意享受着短暂而又愉快的青春，她们是人类普遍经验的承载者，不禁让人联想起日后 H. M. 卡拉姆津倡导的道德平等理念。纤细而敏感的精神世界使她们更接近于小说中的温柔女主人公，随着感伤主义不断发展，这些女孩常常和田园诗般的生活联系在一起。俄国买家喜欢外国艺术家的作品，俄国艺术家们也密切关注着外国同行的作品。格鲁特对阿古诺夫产生了深远影响，安托波夫从 П.罗塔里那里学到了不少，П.罗塔里和埃里克森对年轻的 Ф. С. 罗科托夫影响深远。俄国画家将自己从外国画家那里学来的技能与他们对俄罗斯民族本身的理解结合起来，他们从"罗西卡"中汲取了外在情感的袒露，经消化吸收后，逐渐转化成一种内在的灵魂塑造，属于俄国绘画艺术的新时代即将到来。

18 世纪最后几十年，俄国绘画作品种类丰富，体系完整，这主要得益于帝国艺术学院的成立。俄国画派逐渐成为一支能和由近代西欧大师所代表的西欧绘画流派相并立的独立力量。正是在这一时期，历史画、生活画和风景画等体裁应运而生。帝国艺术学院规定了绘画艺术的内部等级，历史画位居首位。最古老的绘画艺术门类自然有着最深厚的历史底蕴，例如，肖像画因其久远的发展历史在内容深度和其他艺术价值方面都是最强的。不过，其他门类的绘画作品也展现了 18 世纪下半叶文化生活生动的一页。

在表意、类型、风格和质量方面，本土和外国大师的作品之间的差异仍存在，但整体上来看双方之间差距越来越小。俄国绘画艺术最终成为欧洲绘画艺术体系中的一支强劲力量。

绘画收藏此时稀松平常。沙皇收藏了丰富的画作，一些贵族家庭也收藏画作，藏品包括在世家庭成员的肖像、祖先的肖像（生前和死后）以及其他类型的作品。来自莫斯科、彼得堡等地的贵族家族，如舍列梅捷夫家族、戈利岑家族、别兹博罗德科家族、斯托罗甘诺夫家族的宅邸里，以及来自雅罗斯拉夫尔、科斯特罗马、卡卢加、萨拉托夫、诺夫哥罗德和乌克兰附近的许多省级城市的小贵族庄园里，都藏有大量精美画作。

除了为沙皇宫廷服务，自由的艺术创作在这一时期也渐渐流行起来。这方面的领军人物是 Ф. С. 罗科托夫和 Д. Г. 列维茨基。Д. Г. 列维茨基是帝国艺术学院肖像画的授课老师。不过，要说起自由的艺术创作则不得不提及 В. Л. 波罗维科夫斯基，相对而言，他在自由艺术领域占据了一个更加独立的位置。

个人因素在创造性工作中的重要性大大增加，思维活跃的知识分子和公众十分支持画家、诗人和演员的创作活动。从 18 世纪 60 年代末开始，在彼得堡开始举办艺术展览，学生作品会在学院组织的拍卖会上进行出售，帝国艺术学院所享有的威望不断上升。1766 年，俄国驻法国特使戈利岑公爵向帝国艺术学院寄来一份手稿——狄德罗论文《绘画经验》的修订译本，题目是《关于利益、光荣和其他艺术的来信》。А. П. 洛森科的《人体比例简述》（1772）和 И. 维恩的《关于解剖学在雕塑和绘画中的影响》（1789）是专门为学院学生出版的教科书。1786 年，《唐·安东尼·拉斐尔·门格斯的信》出版，这是一本关于古典主义基本艺术理论的著作。1789 年，А. М. 伊万诺夫翻译了《完美画家的概念》，译者在前言部分对该书进行了简介。1792 年，П. 切菲列夫琴科所著的《关于自由艺术的论述》出版。1793 年，И. Ф. 乌尔瓦诺夫的《历史类素描和绘画知识简明指南》出版。

与 В. И. 巴热诺夫、Н. А. 利沃夫、А. Т. 博洛托夫等向西方学习的俄国建筑师、园艺家们不同，这些向西方学习的俄国画家大多并不擅长总结和归纳绘画理论。然而，在 А. П. 洛先科、С. Ф. 谢德林等人的访学日志中却包含了不少对绘画艺术的有趣观察和奇思妙想。

图 3-2　Н. А. 利沃夫像，Д. Г. 列维茨基绘，18 世纪 80 年代

　　18 世纪末，俄国艺术家们常常在自己的圈子和沙龙里讨论艺术问题。在这些沙龙中最为耀眼的当数 Н. А. 利沃夫以及肖像画家 Д. Г. 列维茨基和 В. Л. 波罗维科夫斯基。保罗一世和他的妻子都是艺术爱好者，他们品位独特，资助了不少"小众"艺术家。除此之外，玛丽亚·费奥多罗夫娜以及特维尔公爵夫人叶莲娜·帕夫洛夫娜（她婚前是奥尔登堡家的公主）的沙龙里也聚集了不少艺术家。

　　18 世纪末，肖像画是此时俄国绘画艺术中最为光辉的一页。费奥多尔·斯捷潘诺维奇·罗科托夫［Фёдор Степанович Рокотов, 1735

（？）－1808］的肖像画极富魅力，但又令人难以捉摸。①

这位艺术家的生平仍有待考证。他很有可能是雷普宁公爵家农奴的后裔。命运眷顾了罗科托夫，他被帝国艺术学院录取时年岁已不小。

在新成立的帝国艺术学院里，每一个人都怀揣着满腔的创作热情。罗科托夫和舒宾以及斯塔罗夫决心投身艺术事业。很难说主导学院绘画课堂的法国大师们对罗科托夫产生了多大影响，不过他的确从埃里克森、罗塔里等人那里学到了不少。罗塔里对罗科托夫的影响尤为深远，虽说他本人不在学院内，但他的作品非常受俄国人欢迎。无论如何，罗科托夫许多早期作品（《Г. Г. 奥尔洛夫的肖像》，1762～1763 年，藏于国立特列季亚科夫画廊；《保罗一世的童年》，1761 年，藏于俄罗斯国家博物馆；《Е. Б. 尤苏波娃》，18 世纪 50 年代末 60 年代初，藏于俄罗斯国家博物馆）都呈现洛可可风格。叶卡捷琳娜二世的加冕画像（1763 年，藏于国立特列季亚科夫画廊）塑造了女皇的官方形象，它也有洛可可风格的痕迹。为女皇和贵族们作画让罗科托夫在短时间内平步青云。然而 1766 年前后，他回到了莫斯科。人们习惯性地将这一唐突的，甚至危及生命的举动解释为他想摆脱学院强加给他的行政职责。离开彼得堡后，罗科托夫获得了独立和自由。他完成了拖延已久的莫斯科教育之家监护人系列肖像画，后来他再也没有承接类似画作，也没有画过微型肖像画，或许这是画家自由意志和独立性的最好证明。他也没有受到过度服饰化或神话化等绘画趋势的影响。他不了解多变的绘画类型，不像列维茨基那样对周围的艺术状况有更敏锐的反应，但他更善于倾听客户的需求。在莫斯科定居后，罗科托夫在老巴斯曼纳亚街和托克马克夫巷的拐角处买了一栋房子——这栋房子一直留存至今。他和自己的助手们一起工作，创造了一个类似于工作室但不招收学徒的地方：罗科托夫的个人风格十分

---

① 有关 Ф. С. 罗科托夫的作品，具体可参如下专著：Лапшина Н. П. Федор Степанович Рокотов. М. , 1959。

强烈，"前无古人，后无来者"，难以复刻。罗科托夫在作画时总是显得很轻松，但作品质量很高，就像他的崇拜者、小说家 Н. Е. 斯特鲁伊斯基所描绘的那样——罗科托夫一下子就能抓住对方的主要特征。И. М. 多尔戈鲁科夫这样称赞罗科托夫肖像画的不同凡响——他某次远远地经过一位亲戚的房子，看到房子的窗户旁挂着一幅画，只需一眼，他便立马认出来那幅画的作者是罗科托夫。[①]

罗科托夫极具个性，他的画作有着强烈的作者属性，埋藏着罗科托夫不为人知的个人秘密，这也让其作品魅力十足。罗科托夫为形形色色的人物创作过肖像画，比如 В. И. 梅科夫（18 世纪 60 年代末或 70 年代，藏于国立特列季亚科夫画廊）[②]、Н. Е. 斯特鲁伊斯基及其妻子 А. П. 斯特鲁伊斯卡娅、著名外交官 А. М. 奥布列斯科夫（1777 年，藏于国立特列季亚科夫画廊）、И. И. 沃龙佐夫以及几乎整个沃龙佐夫家族（И. И. 沃龙佐夫本人、妻子 М. А. 沃龙佐夫以及两个孩子 А. И. 沃龙佐夫和 И. И. 沃龙佐夫，这些画作创作于 18 世纪 60 年代，藏于俄罗斯国家博物馆）。此外，罗科托夫还创作了《无名男子》（18 世纪 70 年代初，藏于国立特列季亚科夫画廊）和《穿粉色裙子的无名女子》（18 世纪 70 年代，藏于国立特列季亚科夫画廊）等作品。

罗科托夫笔下这些千差万别的人物有什么共同点吗？毫无疑问有，这些人身上有一种典型的莫斯科反对派精神，一种远离宫廷和传统意义上大都会的感觉，这些人身上没有那种耀武扬威的命令口吻，从不穿繁复华丽的社交礼服。在青年的画像中，有一种未受公务环境影响的纯真感；在长者的画像中，有一种远离世俗喧嚣的智慧气质。这种远离官方影响的生活状态，无疑得到了罗科托夫的肯定，他将自己的主人公们聚

---

① Долгорукий И. М. Капище, моего сердца, или Словарь всех тех, лиц, с которыми я был в разных отношениях в течение моей жизни. М., 1874. С. 60.

② 关于这幅肖像画日期的最新考证，请参见 Косолапов Б. А. Новая датировка портрета В. И. Майкова кисти Ф. С. Рокотова // ПКНО. Ежегодник. 1979. Л., 1980. С. 299–301.

集在自己的"绘画世界",画家并没有看不起他们,但也没有对他们屈尊俯就。而且,他对模特一点也不冷漠。罗科托夫和画中的主人公如"朋友"般地相处,在精神层面双方是平等和友好的,双方相互理解。这种友好的氛围并没有让画家陷入一种随意的状态,画家知道自己在这种气氛之下更要避免突兀地闯入笔下的世界。或许这些模特在现实生活中并不像罗科托夫画中展现的那样优秀——不被虚荣心所干扰,只做高尚的事情,有崇高的道德标准。然而,画家用细腻敏感的笔触将这些人物放入了一个不喧闹和不被打搅的独立世界,他用充沛的情感为画中人物染上了独特的气质,而这些人物整体来看具有一致性——情感丰富,时而快乐,时而悲伤。他笔下的人物给人一种淳朴的感觉,这也是画家心中理想的精神状态。为了改善画面的外在效果,画家还试图调整笔触的颤动,他仅用单色就实现了最精细色彩渐变,还通过冷暖色调的相互作用完成了难以察觉的色彩渐变,这样一来,画中主角一下子就被观众的视线抓住了。尽管罗科托夫肖像画具有纯粹性和独特性,但也不失当时绘画艺术的普遍性——仁慈、与模特精神上的亲近和从洛可可风格继承下来的温暖气质。

18世纪80~90年代,罗科托夫的画风发生了变化。在B.E.诺沃西尔采娃肖像画(1780年,藏于国立特列季亚科夫画廊)、贵族妇女E.H.奥尔洛娃肖像画(1779年,藏于国立特列季亚科夫画廊)以及苏洛夫采夫夫妇的肖像画(18世纪80年代后半期,藏于俄罗斯国家博物馆)中,画面的主导色调是核心,衬托了主人公的自豪感。对于罗科托夫来说,这种贵族主义与其说是等级性的,不如说是精神性的,而且是由艺术家自己引入的东西。享乐主义失去了抽象性,在视觉上实现了自我解构,化作了一种面向观众的趣味性元素。从根本上来说,这种现象反映了一种新思想——贵族的尊严观念转化为一种高贵的傲气,既不承认沙皇的专横,也不承认"贵族"的横行霸道。开明的知识分子强调"贵族出身"和"财富地位"在精神上的排他性，他们认为这些人有责任遵守某些行为规范，践行某种生活方式。贵族们不仅想表现出"血统"和"财富"，而且试图为自身高雅的精神世界找到一个物质容器。这正好与俄国艺术的风格转换结合起来——古典主义和新社会价值观复杂地交织在一起，古典主义倾向于"演绎"，而感伤主义偏爱情感的交互体验。

在"罗西卡"中，受制于环境和作者个人经历，外国画家对俄国生活的描述多停留在"上流社会"。他们绘制的肖像画，构图和色彩运用往往十分老练，但画面却不怎么"接地气"，带有明显的宫廷文化，有时甚至流露出傲气和娇贵。而罗科托夫的创作始终保留了一种人性的关怀，他的画风更加客观和理智。到了 18 世纪末，罗科托夫在肖像画中强调更多的是不同的价值观——不再像早期那样追求统一性，而是突出了多元的价值取向。人们厌倦了浓艳的画面，试图进一步探寻更独立、更私人的自我认知，希望肖像画能够兼顾实用性与装饰性。精致的椭圆画框内是身着慵懒女士罩衫的主人公，她如同放入花瓶中新鲜的花束，又像是被精心地放置在人们面前的美丽物件。每个人都面容姣好，带着几分伊丽莎白时代的圆润，又不乏俄国女士喜欢的那种标准的"叶卡捷琳娜式"的审美趣味，两种风格相互交相辉映。受色彩主义的影响，即便是类似的艺术手法，不同画家呈现的风格也有微妙的差别。平滑的笔触，明暗得当的光线对比，能够为人物的脸部营造出一种空灵感，让人物更加神秘。

德米特里·格里戈里耶维奇·列维茨基（Дмитрий Григорьевич Левицкий，1735–1822）是和罗科托夫同时代的画家，但他走的是一条典型的俄国本土艺术大师成功之路。[①] 他最早从牧师兼雕刻家父亲那里学来

---

① См.：Гершензон-Чегодаева Н. М. Дмитрий Григорьевич Левицкий. М.，1968；Левицкий. Альбом / Сост. Т. В. Яблонская. М.，1985.

了一些艺术技能。根据研究表明，列维茨基在为基辅圣安德鲁大教堂的圣像壁作画时，他被安托波夫慧眼识中。之后两位艺术家都在莫斯科为叶卡捷琳娜二世加冕仪式中的凯旋门绘制仪式性画像。帝国艺术学院是列维茨基艺术生涯的起点。1770 年，他为帝国艺术学院院长 A.Φ. 科科里诺夫绘制肖像画（1769 年，藏于俄罗斯国家博物馆），此外他还为百万富翁 H.A. 塞泽莫夫创作了肖像画（1770 年，藏于国立特列季亚科夫画廊），这两幅肖像画在学院所办的艺术展上大获成功。列维茨基在帝国艺术学院肖像画班执教近 20 年，他不仅参与了整个学院的肖像画教育，还奠定了俄国肖像画的整体基础，为俄国肖像画赢得了国际声誉。在绘画方面，相较于罗科托夫，列维茨基涉猎广泛。列维茨基是一位成功的肖像画家，他不仅从事室内肖像绘画，还绘制大型仪式性肖像画和所谓的非全身肖像画，根据创作类型的不同，他所使用的绘画手法也不同。在室内肖像画方面罗科托夫更胜一筹，他的风格不同于任何一个同时代的画家，即便是列维茨基也稍显逊色。列维茨基绘画中的多样性和灵活性让人想起伟大的西欧绘画巨匠，他的肖像画仿佛折射了时代的各种创作兴趣。列维茨基想要拓宽肖像画创作的可能性，以便更好地回应客户审美和当时日益增长的艺术爱好者的需求。

列维茨基为不同的人创作了各类肖像画。他的客户既有叶卡捷琳娜二世，也有女皇的贵族侍从和宫廷女官。还有一些人通过各类学术会议、展览会和拍卖会联系上了列维茨基，希望他为自己作画。此外，列维茨基还和当时另一位数一数二的肖像画大师 B.Л. 波罗维科夫斯基关系紧密，他们同属一个艺术圈子。列维茨基为该艺术圈子内的很多人创作过肖像画，比如建筑师 H.A. 利沃夫——他是圈子内的灵魂人物，以及他的妻子 M.A. 利沃夫娃，还有与列维茨基私交甚好的巴枯宁家族和启蒙家、作家 H.И. 诺维科夫。与罗科托夫一样，列维茨基也有鲜明而强烈的个性。然而不同于罗科托夫，列维茨基给予了模特更多的自我表达机会，他温柔但又十分客观地描绘着笔下的人物。他在展示客户的相貌和精神特质时更加理性，更加写实地对人物进行描绘，有时甚至有些尖锐。

列维茨基的画工可以从《古怪而慷慨的慈善家 П. А. 杰米多夫》（1773年，藏于国立特列季亚科夫画廊）的语义表达中看出。在创作时，列维茨基让模特处于一种"en deshabillé"（指人物慵懒，完全没有精心打扮）的状态，这种造型在法国很常见，但在俄国却很罕见，而且对于很多画家来说容易弄巧成拙。在一幅大型仪式画中央，杰米多夫摆出气势非凡的姿势，他由内而外散发着自由的气息，这象征着他对传统和18世纪末俄国文化中享乐主义倾向的蔑视。

穿着不同服饰的斯莫尔尼女孩系列肖像画（18世纪70年代，藏于俄罗斯国家博物馆）是列维茨基一系列奇思妙想的总和，这一系列作品极为复杂，独具匠心。这些画像是在叶卡捷琳娜二世的指示下创作出来的，女皇陛下为斯莫尔尼学院感到骄傲，并希望在寄宿学校的围墙内培养出远离"庸俗现实"的新时代开明少女。列维茨基采用仪式性肖像画的形式，把他的模特比作戏剧表演中的人物，或跳舞，或演示物理实验、朗诵、弹奏竖琴等。幼稚和成熟、自然和拘束、严肃和有趣等细微差别共同构成了几乎难以捉摸且互相矛盾的一个整体，经过缜密细致的计算才能揭开它的奥秘，画作仿佛一个情节曲折的故事。

这些肖像画的显著特点是矫揉造作的姿势和浑然天成的优雅气质相结合。这种精致的爱抚是受洛可可文化影响的表现，不过在列维茨基的作品中从来不会出现过分甜腻的矫揉造作之情。

18世纪80年代，列维茨基的观察力显著提升，他在创作中以自己的方式对文化转向做出了回应。此时肖像画的类型范围扩大了，随着俄国对西欧艺术状况了解的深入，绘画中不断涌现出新的主题和新的情绪。列维茨基创造了令人惊叹的、几乎是珐琅质地的画面，用最精细的着色向世俗潮流致敬——意大利女演员安娜·达维亚·伯努齐肖像画（1782年，藏于国立特列季亚科夫画廊）和交际花乌苏拉·姆尼塞克肖像画（1782年，藏于国立特列季亚科夫画廊）。在这两幅画中，列维茨基以一种夸张的方式展现名姝的美丽——画中人物似乎是毫不畏怯地邀请人们来欣赏自己的美貌。在这些作品中有一种微妙的、几乎察觉不到的讽刺意味，特别是在对具有冒险主义精神的女演员的描绘中，列维茨基展现出一股不属于俄国画派的尖锐态度。《身着戏服的Ф.П.马克洛夫斯基》（1789年，藏于国立特列季亚科夫画廊）是典型的前浪漫主义作品，《牧师的肖像》（1779年，藏于国立特列季亚科夫画廊）则让人联想到范·戴克画作中传统的英国年轻贵族，这幅画也被视为对17世纪传统的再度呼唤，画中的老人或许来自17世纪，他们眼神中流露出的一丝悲悯满是岁月赠予的智慧。

列维茨基的作品有助于进一步完善叶卡捷琳娜二世的官方形象，这一形象源自Г.Р.杰尔查文在《穆尔扎的愿景》（1783年，藏于俄罗斯国家博物馆）中的描述。列维茨基将女皇比作智慧女神密涅瓦，她在祭坛上燃烧着象征睡眠的罂粟花，以此表明女皇不知疲倦地关心着祖国的利益。尽管女皇对自己的形象斤斤计较，但这种崇高的、神话化的解释并没有招致她的不满。

列维茨基在人生中最后十年里深陷眼疾之苦，他近乎半盲，最后十年没有工作。他与忠实的妻子兼助手纳斯塔西娅·雅科夫列夫娜在家中继续辛勤生活，携手相伴。在他生命的最后时光中，他还是一位称职的父亲。列维茨基始终放不下自己的女儿，她早年丧偶，和孩子们一同与他生活——列维茨基在自己画中描绘的阿加莎，其原型便是婚前的女儿，在欢乐的节日里她容光焕发，穿着民族服饰，拿着面包和盐（1785年，藏于国立特列季亚科夫画廊）。

弗拉基米尔·卢基奇·波罗维科夫斯基（Владимир Лукич Боровиковский，

1757-1825）进入 18 世纪俄国最伟大的肖像画家行列。[①] 来到彼得堡后不久，他与以 Н. А. 利沃夫为首的艺术家圈子中的人私交甚好，并多次为与该圈子有着密切联系的人士作画。Н. А. 利沃夫妻子的一个姐妹嫁给了诗人 В. В. 卡普尼斯托姆，另一个则成了 Г. Р. 杰尔查文的第二任妻子。在艺术家圈子内，有作曲家 Е. И. 福明、作家兼音乐家 Ф. П. 利沃夫、政治家 А. М. 巴枯宁、翻译家兼外交家 А. С. 赫沃斯托夫和 П. С. 菲利波夫。艺术圈的负责人则是 А. А. 别兹博罗德科和 П. В. 巴枯宁。А. Ф. 拉布津是帝国艺术学院内思想活跃的开明人士，艺术家们在 А. Ф. 拉布津的引介下共济会结识。在备受宫廷和艺术家圈内人好评的奥地利画家 И. -Б. 兰皮的推荐下，波罗维科夫斯基很快成了彼得堡贵族圈里炙手可热的肖像画家。波罗维科夫斯基为不少显赫的贵族家族进行过肖像画创作，如洛欣家族、托尔斯泰家族、阿森尼耶夫家族、加加林家族、别兹博罗德科家族，他的名气通过为贵族家族创作肖像画变得越来越响亮。

波罗维科夫斯基多次为女皇的秘书 Д. П. 特罗欣斯基以及财政部部长 А. И. 瓦西里耶夫及其妻子作画。在此之后，波罗维科夫斯基步步高升，甚至为叶卡捷琳娜二世本人作画，还为女皇的孙女——皇子保罗的女儿们创作了大量肖像画。

与早早离开彼得堡的罗科托夫和几乎在 19 世纪初就停止工作的列维茨基不同，波罗维科夫斯基直至 19 世纪 20 年代仍在辛勤工作——他与 А. Г. 维内恰诺夫和 В. А. 特罗比宁同时工作。波罗维科夫斯基的作品可以划分为两个阶段：18 世纪末（更确切地说，18 世纪 90 年代后半期至 19 世纪初）和所谓的"帝国"时期（19 世纪前 20 年）。

波罗维科夫斯基的主要作品是小型肖像画。这些照片尺寸较小，通常是长方形的半身或全身肖像画。画中人物姿势类似，配件类似，背景

---

① 对这位大师最为全面的研究可参考 Алексеева Т. В. Владимир Лукич Боровиковский и русская культура на рубеже XVIII-XIX вв. М.，1975。

图 3-3　波罗维科夫斯基肖像

常常是自然风光。

　　波罗维科夫斯基的画作非常华丽，人物往往置身于华美的背景之中，画家还着重表现出人物优雅的姿态，对主人公的服装进行了娴熟的处理。在自然环境中，女主人公常常给人一种寓言和神话中人物的感觉。为了与画面整体基调保持一致，作为配饰的"瓷器"在配色选择方面也很用心：散文式冷峻的色彩，柔和且模糊的笔触。

　　波罗维科夫斯基创作的画中的女主人公通常是娴静的。为数不多的例外是 E. H. 阿尔撒尼耶娃的肖像画（18 世纪 90 年代后半期，藏于俄罗斯国家博物馆），画中女子的眼中闪耀着纯粹的欢愉和娇媚。不过，绝大多数波罗维科夫斯基创作的画中的女主人仍是窈窕淑女，宁静优雅。画中人物的魅力并不取决于他们的服装和装饰品，而是靠环境进行烘托。不愿与世俗同流合污的愿望有时会体现在人物自由而慵懒的神态上（如《М. И. 洛普欣娜像》，1797年，藏于国立特列季亚科夫画廊）。在某些情况下，这种慵懒象征着画中人物不再是身为贵族的柔弱女子，而是极具个人意志和民主精神的个体（如《斯科别耶娃的肖像》，18世纪90年代后半期，藏于俄罗斯国家博物馆）。在叶卡捷琳娜二世的肖像画和 Г. А. 波将金的女儿 Е. Г. 特姆金娜的肖像画（1798年，藏于国立特列季亚科夫画廊）中，自由几乎等同于懒惰气质，甚至精神涣散。

然而，比对波罗维科夫斯基和其他人笔下的女主人公，我们会发现波罗维科夫斯基画中流露的并非一种欢乐的气氛，而是一种略显忧郁的私人感情——一种对古典主义的社会导向和规范性的回应。正如 Н. М. 卡拉姆津所说的那样："好比守财奴在寂静的夜晚为自己的金子欢欣鼓舞，温柔的灵魂在与自己独处时，也会因自己丰富的内在财富而笑逐颜开，从而更加深入地探寻自我……"因此画面呈现了一种悖论：模特既希望自己看起来"像其他人一样"，但又充满了自信，努力让别人相信她的"自我"是最好的。

有些研究人员认为波罗维科夫斯基在作画时使用了同一种模板，因为在他的画中出现了大量相似的女性图像。然而更准确来说，波罗维科夫斯基的作画手法和理念已经成为某种典范，有着绝对的知名度。

波罗维科夫斯基将自己绝大部分精力都集中在了小尺寸和精巧的微型肖像画上。微型肖像画有着典型的感伤主义色彩，突出亲缘关系和虔诚友谊，这让它与架上肖像画不同（当然，作为荣誉徽章的微型肖像画例外），微型肖像画的核心是亲密感。微型肖像画体积小，适合放在手掌中，戴在胸前，挂在房间的墙上，或是带着它去旅行，就如同后来的相片。

波罗维科夫斯基创作了许多双人和家庭群体肖像画——这些群体肖

像画在 19 世纪有所增加，还有仪式性的肖像画，既包括生前的也包括死后的。此外，他还积极投身圣像画创作。他的业务范畴之广和勤奋精神由此可见一斑。

19 世纪初，波罗维科夫斯基的作品在某些方面变得更加简单和理性。感伤主义所特有的对亲密感的青睐主要反映在热衷于创作成对的和集体的家庭肖像画上。波罗维科夫斯基描绘的是梦幻般的，但又强壮健康的女孩，如《А. Г. 加加林和 В. Г. 加加林姐妹》（1802 年，藏于国立特列季亚科夫画廊）和《Е. А. 库拉金和 А. А. 库拉金姐妹》（1802 年，藏于卢浮宫）；或是父母与孩子们，如《А. И. 贝兹博罗科与女儿的肖像》（1803 年，藏于俄罗斯国家博物馆）、《Л. И. 库舍列娃和她的孩子们的肖像》（19 世纪中期，霍夫曼斯塔尔收藏，伦敦）和《格里高利·库舍列夫和他的儿子们的肖像》（19 世纪中期，藏于诺夫哥罗德国家历史和建筑博物馆），这些画作生动地表达了父母对孩子的爱。

纵观波罗维科夫斯基的一生，他最擅长的还是仪式性肖像画。早期作品包括叶卡捷琳娜二世在沙皇园林散步时的肖像画（1794 年，藏于国立特列季亚科夫画廊）。后来波罗维科夫斯基为 Д. А. 杰尔查文娜所创作的一幅肖像画同样也是仪式性肖像画（1813 年，藏于国立特列季亚科夫画廊）。波罗维科夫斯基还为 И. А. 鲁米扬采夫（1811 年，藏于伦敦国家图书馆）和 Н. П. 舍列梅捷夫（1818~1819 年，藏于奥斯坦基诺宫博物馆）等一些 18 世纪的重要人物创作过祖先肖像画。为了缅怀自己祖先的光辉事迹，贵族家里常常设有专门的家族肖像画陈列室。

波罗维科夫斯基最著名的画作是气势恢宏的《副席大臣 А. Б. 库拉金肖像》（1801~1802 年，藏于国立特列季亚科夫画廊），它绘制于这位政治家职业生涯结束后，但波罗维科夫斯基画中所展现的这位政治家的宏伟造型十分贴合 А. Б. 库拉金"孔雀"的称号。和波罗维科夫斯基的其他仪式性肖像画一样，它具有大型绘画的所有特征——尺寸大、装饰性强、气势足。

波罗维科夫斯基的画风随着时间的推移变得更加明确，笔触更加"硬朗"，更具有体积感和雕塑感，画面更为紧凑，色彩运用更加浓重。以上这些倾向在波罗维科夫斯基的早期作品里就有迹可循，如《А. Е. 拉布齐娜和她的学生 С. А. 穆德罗娃的肖像画》（1803 年，藏于国立特列季亚科夫画廊），以及加加林姐妹和库拉金姐妹的肖像画。这些特征在波罗维科夫斯基创作第二阶段的肖像画中逐渐成形——《М. И. 多尔戈鲁科夫肖像画》（1811 年，藏于国立特列季亚科夫画廊）、《斯塔尔夫人的肖像》（1812 年，藏于国立特列季亚科夫画廊）等。波罗维科夫斯基肖像画中男性形象中的阴柔气质逐渐被一种更严厉、更傲慢的阳刚气质所取代。

波罗维科夫斯基创作的女性肖像画也开始强调人物坚强的意志。他以自己的方式对当时的英雄主义理想和浪漫主义倾向做出了回应。他的模特显得更加矜持，她们的情绪更具有示范性，面部表情更加严肃和端庄，画面背景往往是迷人的室内环境而不是之前的自然风光。这些肖像画是波罗维科夫斯基经过多年打磨后精湛技艺的具象。尽管画风有所演变，但波罗维科夫斯基的创作仍然停留在 18 世纪的主要绘画艺术范围内，他本人也成了 18 世纪绘画艺术概念的一个创建者。

俄国省级肖像画在俄国的肖像画体系中占有重要地位。[①] 我们所说的"省级"一方面表明其在地位上"从属于"首都艺术圈，另一方面指它在地理位置上远离首都圈。莫斯科、彼得堡肖像画画家和省级肖像画画家具有相似的个人特质。尽管远离首都圈，但首都画家的画作仍影响着省级画家的创作，比如米纳·科洛科利尼科夫、格里高利·谢尔久科夫和建筑办公室中一些画家的大部分作品。在首都圈周边城市和庄园艺术

---

① 有关 18 世纪俄国各省的肖像画发展请详参 Ямщиков С. Григорий Островский-живописец из крепостных// Творчество. 1973. № 4. С. 18, 19；Сахарова И., Чижикова Е. Еще о Григории Островском// Художник. 1973. № 11. С. 52；Лебедев А. В. О русском провинциальном портрете второй половины XVIII в. // Искусство. 1982. № 4. С. 54–61.

中我们仍然可以发现地方主义的特征。下文我们将围绕这一点展开阐述。

省级画家通常有自己的客户群。一般来说，贵族和富商在建造庄园时常常会使用当地的工匠，有时甚至是以家庭为单位的工匠群。当然在统一的艺术准则指导下，客户和画家都知道肖像画和由它们组成的画廊理应是什么样子。话虽如此，省级画家仍心怀自己的理想，此外绘画艺术的发展也有一个不可避免的内在逻辑，即哪怕是在统一准则指导下，各省的肖像画也不可能千篇一律。因此，在省级大师的绘画艺术体系中，"从属性"特征并不是一种贬义，换言之，他们的创作不是单纯的模仿。大多数省级画作的不一致性是作者自身矛盾性的产物：一方面，他们希望自己的作品不输首都艺术圈；但另一方面，他们又不希望失去自身的独特性。

省级画家通常缺乏系统的学术训练。他们的艺术之路也离不开临摹，其技术能力往往习承自圣像画画家。有时，他们还会将新旧画法结合起来进行创作。与首都的同行相比，他们可以说是自学成才，甚至是业余的画家。省级肖像画的一个共同特点是质量参差不齐，这往往是因为创作者水平有限。此外，这些省级画家对于当时的肖像画艺术"只知其然，而不知其所以然"，他们并不清楚如何去"创造"艺术。因此，省级画家勤奋但迟钝地重复着在大都市学校传下来的技艺。这种被动的艺术接受通常会催生出一个均质化的肖像样本——一个缺乏明确个性的流行艺术特征集合体。省级画家对画作原作者的抱负不甚关心，只是机械地模仿和学习他们的画技。这种地方主义特征不仅在俄国边缘地区存在，甚至在大都市也十分常见，大都市内的公众要求"更高"，对于他们来说，伟大的艺术范例基本上近在咫尺。对比之下，省级画家的作品看上去更为平凡，他们多被视作追随者，而不是自己道路的开辟者。

格里高利·奥斯特洛夫斯基（Григорий Семёнович Островский）对

科斯特罗马省贵族家庭，如切列文家族、雅罗斯拉夫尔家族和阿库洛夫家族的描绘，很具有代表性。这些人是贵族，与首都的圈子有联系，他们也品读伏尔泰的思想，拥有丰富的图书馆资源，过着充实的精神生活。他们追求精神的一个表现是在涅罗诺沃村建立了规模庞大的谢尔文家族画廊。在 А. И. 穆辛－普希金的鲍里斯格列布斯基庄园、雷宾斯克地主 Н. И. 季希宁的季赫维诺-尼科尔斯基庄园、索斯诺维博尔市郊区的利哈乔夫家族庄园、斯摩棱斯克省内杜吉诺地区的帕宁斯家族庄园、萨拉托夫省纳德日丁的库拉金家族庄园、切尔尼戈夫省的利亚利奇家族庄园、诺夫哥罗德省玛丽娜的斯特罗甘诺夫家族庄园等，也有类似的场所。所有这些都是面向大贵族的画廊。这些画廊有的是类似于以私人收藏为主的博物馆，其中不仅藏有家族成员的肖像画，还有不少其他古代和当代大师的作品。当然，省级画廊的规模要小得多，它们的构成也各不相同。有时还包括首都圈大师所作肖像画原件或复制品，有时画廊里的所有画作出自同一位大师之手。

省级肖像画的发展前景有限，缺少内涵，种类也不丰富，发展最好的门类是全幅仪式画像和半幅仪式画像。所谓的全幅仪式画像和半幅仪式画像一般来说指的是在长方形、大小适中的室内画布上绘制的个人肖像画。背景在抽象的空间内是中性的，人物和画布自由表面之间的关系是随意的。就画面的比例规整而言，解剖学意义上的正确绘制无关紧要。大部分省级肖像画仍保留了巴尔松纳肖像画和圣像画的古老传统——人物脸部通常是立体的，而衣服是平面的和贴花的，但是省级肖像画原则上不提倡"朦胧感"。画中展现的一切都是健全且生动的，这得益于明确的色彩方案和背景阴影。画作中所包含的精神世界有时几乎是原始的，有时揭示了一个缥缈但又能目所能及的世界。在省级的儿童肖像画中很少能感受到温暖和眷恋之情。

大多数省级肖像画都体现了对地方生活节奏的欣赏。与首都热闹紧凑的生活节奏相比，地方上的生活多随性而为，给人懒散和迟缓的感觉。对于生活在地方的人来说，他们处在一个有些黏稠和拖沓的时代——过去、现在和将来都是如此。18 世纪的俄国庄园就总是给人这种感觉，那里并不总是高雅的且文明的，而是平静的和安宁的。一般只有在青年的肖像画中才能感受到那种可以被称为生命强烈脉动或灵魂颤动的东西。通常情况下，人物肖像画创作的主旨还是写实地表现人物的外在模样。

省级画家在满足客户需求方面十分上心。这不仅体现在脸部的渲染上，也体现在服饰的描绘上——细致地描绘了女士的服装、帽子、丝带、花边、珠宝首饰和假发，甚至是人物的每根头发。从画面中我们甚至能看到出衣物的线头，数得清项链和耳环上的每一颗珍珠，甚至难看但独特的细节，如疣子，画家也不会草率处理。换句话说，眼前的一切都被转移到了画布上，画家一视同仁地对待每一处细节，毕竟细节决定成败。在这样的创作流程和要求下，画家们几乎看到了创作的最高意义。肖像画的记录意义在这里得到了充分的体现——画家在特定的时间和特定地点所描绘的人，其身份信息（比如说年龄）通常会详细地展示在画布背面。譬如，我们知道伊万·格里戈里耶维奇·切列文在 1741 年满 39 岁，他的妻子娜塔莉亚·斯捷潘诺夫娜在那一年满 29 岁。有时，画中人物还附有详细的传记，甚至还会记述其高光时刻（如 M. 科洛科利尼科夫所作的《梅舍斯基公爵肖像》，1756 年，藏于加里宁肖像馆）。这种肖像画既是画作，也是一种书信式的纪念物，其后的记录常常是手写的。例如，在《П. И. 萨马林肖像画》的背面这样写道："作于 1789 年，那时我将近 14 岁。彼得·萨马林。"（藏于雅罗斯拉夫尔艺术博物馆）。

省级肖像画在表意上十分清晰，没有含混不清的地方。画面中没有情感的挣扎，没有矛盾和冲突。模特有时给人粗鲁和不体面的感觉（如《男子肖像画》，藏于科斯特罗马美术博物馆），他看上去脾气暴躁，甚至有些贪婪。与莫斯科画派彰显时代和谐精神的理想佳作相比，省级肖像画则不忌讳展现不完美。不过，我们现在对这些省级肖像画的看法与18世纪大部分省级艺术家和顾客的看法可能大相径庭。毫无疑问，肖像画家在创作时先验性地认为这些特征是值得欣赏的，例如，穿着新娘红裙明媚动人的费莉察塔·阿利亚比耶夫娃肖像画（1750年，藏于罗斯托夫博物馆）。这幅画的作者在创作时似乎根本没有考虑过外人的评价。这不仅反映了艺术家坚持不懈的自我意志，也反映了他对模特本人的信念，即她不逊色于任何人（比如首都那些名媛），她足够美丽动人。美的概念，其背后隐藏的是健康的躯体和自我的满足，这种审美让18世纪下半叶的省级肖像画与18世纪中期的首都肖像画有着异曲同工之妙。

尽管在首都艺术学派中，以崇尚健康肉体为代表的享乐主义精神逐渐被对精神修养的崇拜所取代，但在俄国各省这种享乐主义仍然非常活跃。感伤主义和前浪漫主义以及古典主义的规范性，并没有让省级肖像画改头换面，省级肖像画保持了既有的审美和道德独立性。

18世纪下半叶，外国艺术家在俄国画坛仍活跃着。当然，此时他们中的大多数失去了以前那种友好的随行人员，不过仍得到了来自沙皇宫廷以及开明贵族们的赞助。18世纪末，意大利画家的数量比之前要少得多，但法国画家的数量明显增加了。18世纪90年代，还有来自德国和奥地利的画家。18世纪70~80年代，受俄国本土画家罗科托夫和列维茨基的影响，俄国人不再像以前狂热追求外国人的作品了。到了18世纪90年代，外国画家的影响力有了新的回潮。

18世纪70年代后半期，旅俄外国肖像画家中最重要的是亚历山大·罗斯林。[1]

---

[1] Врангель Н. Указ. соч. С. 5-94；Явчуновская-Белова Н. Е. Александр Рослин в России // Русская художественная культура ⅩⅧ века и иностранные мастера. Тезисы докладов Всесоюзной научной конференции молодых специали- стов. М. , 1982. С. 28-30.

亚历山大·罗斯林（Александр Рослин，1718-1793）是一个在法国工作多年的瑞典人，他在法国工作时其作品就在俄国顾客中享有很高的声誉。1775年，他受邀前往俄国，在这里生活了两年后，他成功地在俄国文化中留下了自己浓墨重彩的一笔。罗斯林有一种独特的、半瑞典人半法国人式的处事风范，他对生活怀有极大的热情。他以法国画派特有的随意性为基础，在俄国模特身上捕捉到了大自然健康而高雅的特质，这种特质往往与对欧洲高贵论的推崇密不可分。罗斯林的许多模特，特别是男性模特，都具有相似性，如别洛塞尔斯基-别洛泽尔斯基、В.М.多尔戈鲁基-克里姆斯基，甚至在 Н.И. 帕宁这样特殊的个体身上也能找到某种共性。罗斯林笔下的人物脸部在轮廓上带有些许女性美感。罗斯林通过对丝绸、天鹅绒、金色刺绣制服和礼服的巧妙演绎，提升了画作的吸引力。他充满爱意，仿佛与模特处于平等地位，细腻地描绘着模特的表情，最常见的是骄傲的冷笑和姿态上的友好，他以一种对学院派画家来说非典型的轻松方式描绘着人物的表情。罗斯林在色彩运用方面也同样十分情绪化。

罗斯林在为叶卡捷琳娜二世创作时也采取了类似的方法。1776年底（或1777年初），他为女皇创作了一幅大型礼仪肖像画。画作的尺寸和构图很有气势，非常具有他个人的风格。不过，叶卡捷琳娜二世本人对这幅画很不满意，她在信中指责罗斯林把她描绘成了一个"瑞典厨师"。

罗斯林丰富多彩的艺术手法不仅体现了女皇的个人喜好，还体现了俄国社会的总体审美。不同于列维茨基《立法者叶卡捷琳娜女皇》中模仿英国贵族肖像画的高贵感，也不同于罗斯林旧有作品中对法国资产阶级和瑞典资产阶级的如实描写，罗斯林在俄国创作的作品更加和谐。总体而言，独立性使画家能够自由地描绘个体的面部和性格特征，俄国的大师们对于这些特征往往采取更为保守的艺术手法。

法国学院派绘画大师 Ж.-Л. 薇尔（Ж.-Л. Вуаль，1744-1803）在俄

国生活了约 30 年，并留下了自己重要的印记。[①]

Ж.-Л. 薇尔的作品面向的是一个非常特殊的群体："小宫廷"——保罗一世本人和他的妻子玛丽亚·费奥多罗夫娜皇后，以及与彼得堡贵族斯特罗甘诺夫家族和帕宁家族有关的几个人。来自法国学院派表明薇尔在肖像画上有着极高的造诣，但他的画风却没有因此失去独创性。与同在俄国工作的法国学院派其他杰出人物相比，特别是和以理智而活泼的画风著称的罗斯林比较时，Ж.-Л. 薇尔的画作依旧独树一帜。Ж.-Л. 薇尔的作品和其他俄国画家作品相比，如罗科托夫、列维茨基或波罗维科夫斯基，同样具有区分度。然而，在对模特情绪谨慎、敏感和细腻的处理方面，他和俄国画派十分相似，比如他为 Н. П. 帕宁（1792 年，藏于国立特列季亚科夫画廊）和 С. В. 帕宁（1791 年，藏于国立特列季亚科夫画廊）所创作的肖像画。

Ж.-Л. 薇尔的画作体现了一种强烈的色彩文化。他经常用灰色调的蓝粉色颜料作画，略微带有洛可可的摇晃感。不过薇尔在作画时将其表现得很自然——严肃而充满活力，去除了巴黎的"轻浮"。

奥地利画家 И.-Б. 兰皮（И.-Б. Лампи-старший，1751–1830）在宫廷中极受欢迎，他在俄国美术史中有着特殊地位。他应 Г. А. 波将金的邀请来到俄国，1792~1797 年于彼得堡工作。兰皮非常了解世俗生活的细微之处，对他来说艺术是世俗生活的一部分，在这方面他与他那些不太善于交际的俄国同事不同。他的画作深受俄国新旧贵族的喜爱。他为祖博夫家族、尤苏波夫家族、别兹博罗德科家族和波将金家族等创作过肖像画。

兰皮本身就是一个时尚的、有品位的画家。他的创作和其他俄国画

① Рош Д. Несколько замечаний о Вуале и оВиоллье// Старые годы. 1909. № 10；Руднева Л. Ю. Жан Луи Вуаль и русская художественная культура последней трети XVII в. // Русская художественная культура XVIII в. и иностранные мастера. С. 37–39.

家的创作一样，反映了超出外国大师兴趣和认知之外的整个俄国生活图景。他笔下的宫廷人物有一种不同寻常的积极心态。在一个王位摇摇欲坠的时代，他笔下的人物还有一种不知从何而来的傲慢。兰皮赋予了那些在现实中并没有取得什么丰功伟绩的模特脆弱的精神世界。

尽管法国画家 Л. Э. 维热-勒布伦（Л. Э. Виже-Лебрен，1755-1842）自称来到俄国是无奈之举，但她确实在俄国迸发了创作的激情。面对汹涌的革命浪潮，Л. Э. 维热-勒布伦离开了法国，她在欧洲游历了一段时间，1795 年前往了俄国。她轻车熟路地在自己周围构建了一个粉丝圈，她的创作模式和其他俄国大师毫无共同之处。Л. Э. 维热-勒布伦精通人情世故，有很高的艺术造诣，充满创意，此外她还喜欢组织盛大的变装派对，在现场作画或是玩猜字游戏。她的创作与身边那种"美丽高雅"的生活方式有机地融合在一起，回应了上流社会对艺术日益增长的需求——她作品中固有的资产阶级审美与对戏剧性的渴望。Л. Э. 维热-勒布伦画艺高超，她知道如何在画布上自由而漂亮地摆放人物，她在服装设计方面也毫不逊色。飘逸的连衣裙和头巾，松散的头发，模特看上去温柔可爱，富有女人味，有时还有点儿自由放任，但始终保持一种体面的优雅。她最受欢迎的是带着年幼孩子的母亲画像，这一风尚由她本人引领。类似的画作有《A. C. 斯特罗加诺娃和儿子》（1793 年，藏于国家冬宫博物馆）、《A. П. 戈利岑娜和儿子》（1794 年，藏于国家普希金博物馆）以及《C. B. 斯托罗甘诺娃和儿子》（1795～1801 年，藏于国家普希金博物馆）。不过，身着精美服饰的主人公却给人一种楚楚可怜的感觉，这让她的作品有些不够大气。Л. Э. 维热-勒布伦为男性创作的肖像画中也存在类似的娇媚元素（《Г. И. 切尔内绍夫手拿面具的肖像》，1793 年，藏于埃尔米塔日博物馆）。Л. Э. 维热-勒布伦作品中精致的父权主义，一般认为是感性主义所宣扬的生活方式的表现。波罗维科夫斯基以自己严肃而朴实的作画方式无声地回应着 Л. Э. 维热-勒布伦的画风。在他的衬托下，这位法国女画家的美丽和优雅无一例外地都在强调贵族气质。Л. Э. 维热-勒布伦更接近 И. -Б. 兰皮、丹麦人 В. 埃里克森和其他一些鲜为人知的"罗西卡"画家，他们都在用自己的艺术来维系日渐衰微的西欧贵族精神。

直到 18 世纪末，历史主题在俄国绘画中尚未成为显学，尽管历史主题存在于纪念碑和装饰性艺术中，但架上绘画中却很少出现。18 世纪，俄国以历史为主题的绘画多为外国画家所创作，以战斗场景为主，此外值得一提的是俄国画家 Г. И. 科兹洛夫 ［Г. И. Козлов，1738（？）－1791］和 М. И. 普奇诺夫 ［М. И. Пучинов，1716/1720（？）－1797］。他们两人都与彼得堡挂毯厂关系紧密，他们的作品中经常会再现各种历史场景。他们的作品与那些被宫廷和私人收藏的西欧大师的作品一样，视觉效果突出。历史主题绘画的发展标志着人们对俄国历史日益感兴趣，体现了逐渐成形的国家自我意识的快速增强，这也是沙皇宫廷和沙皇野心的产物。它与历史科学的形成、教育的传播有关，当然也与帝国艺术学院的建立有关。

帝国艺术学院中的国内外优秀画家能够基于各类历史进行创作——古代历史事实和基于这些事实的文学题材作品。比如普奇诺夫的《亚历山大大帝与第欧根尼的约会》（1762 年，藏于俄罗斯国家博物馆）和《贺拉斯的妹妹卡米尔之死》（1787 年，藏于国立特列季亚科夫画廊），普奇诺夫作品中的常见母题多取自神话传说，再比如，А. П. 洛森科的《宙斯和菲提斯》（1769 年，藏于俄罗斯国家博物馆）和《赫克托尔告别安德洛玛克》（1773 年，藏于国立特列季亚科夫画廊），或是 И. А. 阿基莫夫的《普罗米修斯根据密涅瓦的命令制作雕像》（1775 年，藏于俄罗斯国家博物馆）、《十字路口的赫拉克勒斯》（1801 年，藏于俄罗斯国家博物馆）和《拿着镰刀、坐在岩石上剪掉丘比特翅膀的马尔斯》（1802 年，藏于国立特列季亚科夫画廊）。在俄国历史绘画作品中，宗教题材也很常见，比如 Г.И. 科兹洛夫的《放弃基督的使徒彼得》（1762 年，藏于俄罗斯国家博物馆），А.П. 洛森科的《亚伯》（1769 年，藏于哈尔科夫艺术博物馆）、《该隐》（1768 年，藏于俄罗斯国家博物馆）、《托比亚斯与天使》（1759 年，藏于国立特列季亚科夫画廊）、《美妙的渔获》（1762年，俄罗斯国家博物馆），此外还有法国艺术家 Ж. 茹文画作的复制品《以撒的牺牲》（1765 年，藏于俄罗斯国家博物馆）。

对国家历史的关心是一国文化发展的最好表现，这里的历史既包括古代史也包括近代史，比如 И.А. 阿基莫夫的《诺夫哥罗德人推翻佩伦》（素描作品，藏于俄罗斯国家博物馆）和《斯维亚托斯拉夫大公，从多瑙河返回基辅时亲吻母亲和孩子》（1773 年，藏于国立特列季亚科夫画廊），此外还有 А.П. 洛森科的《弗拉基米尔和罗格涅达》（1770 年，藏于俄罗斯国家博物馆）。

对俄国近代历史进行描绘的主要是外国画师。丹麦画家 В. 埃里克森为纪念 1762 年政变而绘制了一幅三联画，画中的叶卡捷琳娜二世在奥尔洛夫兄弟陪同下骑马前往彼得宫。意大利画家 C. 托雷利创作了《叶卡捷琳娜二世战胜土耳其人和鞑靼人》（1772 年，藏于国立特列季亚科夫画廊），法国画家 Ж.-Л. 德－维利描绘了莫斯科瘟疫期间奥尔洛夫兄弟的英雄行为。

俄国历史题材画家的代表人物是安东·帕夫洛维奇·洛森科（Антон Павлович Лосенко，1737－1773）。他热情直率，对艺术有着无穷的热情。[①] 他经常以《圣经》和神话为主题进行创作，但他有关俄国历史的画作最受欢迎。1770 年，他的作品《弗拉基米尔和罗格涅达》在帝国艺术学院展出。这幅画受到了来自文化生活其他领域的影响，比如戏剧。演员 И.А. 德米特里耶夫斯基是画作中弗拉基米尔人物形象的现实原形。洛

① Каганович А. Л. Антон Лосенко и русское искусство середины XVIII столетия. М.，1963.

· 171 ·

森科细致且细腻地描绘着人物，与主流观点恰恰相反，弗拉基米尔在此处并不是一个征服者、杀人犯和强奸犯——这有悖18世纪俄国绘画中主角必须是正面形象的惯例，艺术家赋予了人物更复杂和高尚的情感：画作想表达的不仅是这个角色本身，而且是他在军事责任和个人情感面前的徘徊。主题的升华可以参照这段描述——正如洛森科在他的"解释"中所说的那样，"看到自己的新娘遭受欺辱，弗拉基米尔不得不爱抚她，向她道歉……"①

在洛森科的另一部作品《赫克托尔告别安德洛玛克》中也有类似的处理。在画作中，洛森科权衡了祖国、社会的责任与家庭、私人幸福。

Г. И. 乌格留莫夫（Г. И. Угрюмов，1764-1823）是伟大的俄国民族主义画家。他的作品有《伊恩·乌斯玛的审判》（1796）、《1552年10月2日夺取喀山》（不晚于1800年，藏于俄罗斯国家博物馆）和《1613年3月14日，推选米哈伊尔·费奥多罗维奇·罗曼诺夫为沙皇》（不晚于1800年，藏于俄罗斯国家博物馆）以及《亚历山大·涅夫斯基战胜德国人后庄严地进入普斯科夫》［1793（1794），藏于俄罗斯国家博物馆］。

《亚历山大·涅夫斯基战胜德国人后庄严地进入普斯科夫》画面宏大，在某种程度上让人想起17世纪大师们绘制的胜利游行主题作品。然而，乌格留莫夫为画面引入了具体历史元素。因此，即便对事件发生地普斯科夫的内城描绘得有些失真，但整个画面却富有诗意，而且画家还着重突出了人物的民族服装。对俘虏网开一面的态度使这个场景与众不同。在《1613年3月14日，推选米哈伊尔·费奥多罗维奇·罗曼诺夫为沙皇》画中，乌格留莫夫试图美化沙皇。И. А. 阿基莫夫的一幅早期画作《斯维亚托斯拉夫大公，从多瑙河返回基辅时亲吻母亲和孩子》也有类似倾向，着重表现了沙皇对家族传统的重视。上述例子表明，历史主题绘

---

① Цит. по: Каганович А. Л. Указ. соч. С. 152.

画并不完全契合古典主义。与 18 世纪下半叶俄国文化领域的许多现象一样，它是各种风格融合的产物。多种风格自然而然地融合在一起，相得益彰。古典主义并不否认感性，而感性总涉及一些社会情感。前浪漫主义与其他带有丰富情感的艺术风格也不冲突，它通过强烈的外力将自己挤入俄国艺术中。

俄国历史绘画很少涉及多位女性角色，此外还避免与爱情有关的主题。在俄国的历史题材画作中没有像珀尔修斯和安德洛米达、克里奥帕特拉和安东尼、达纳埃和宙斯、戴安娜和阿克泰恩、维纳斯和马尔斯这样的男女主人公，但他们是 18 世纪西欧巴洛克绘画的主角。显然，帝国艺术学院不鼓励女性历史题材的创作。在帝国艺术学院，描绘女性裸体在当时还不被社会接受，俄国画家不喜欢创作裸体女性，接触到裸体女性模特的机会也很少。

俄国学院派绘画不仅避免了爱情主题，还很少描绘女性角色，他们更喜欢英雄主义和无私的男性友谊，例如 П. И. 索科洛夫（П. И. Соколов，1753-1791）的《戴德鲁斯把他的翅膀绑在伊卡洛斯身上》（1777 年，藏于国立特列季亚科夫画廊）和 И. А. 阿基莫夫的《赫拉克勒斯在他的朋友菲罗克忒斯的见证下于火刑柱上自焚》（1782 年，藏于国立特列季亚科夫画廊）。这些绘画体现了男性友谊崇拜，受到了感伤主义的影响，在文学作品中也有所体现。历史绘画技巧在戏剧作品中运用较多——帝国艺术学院的学生们会定期出演专业和业余的俄国历史主题戏剧。帝国艺术学院的学生们在出演时以绘画原则理解表演中的错视、个人姿势和人物神态。绘画主题的选择也与当时的政治现实有关。一幅画中所表达的道德取向和理想追求或许能在其他文化领域产生共鸣。例如，Н. М. 卡拉姆津笔下美丽的"波雅尔之女娜塔莉亚"让人想起了有着乌黑眉毛的阿加莎·列维茨基，而洛森科画作中的士兵和侍女可能与 18 世纪俄国戏剧中的主角们相似。

俄国风俗画出现时间较晚，尽管俄国有古老的风俗画传统，但是很长一段时间内对俄国风俗画产生深远影响的是荷兰风俗画。

18世纪末，一些外国艺术家来到俄国，其中以平面艺术家（从事素描、版画、水粉画等的造型艺术家）为主，他们或是文化友好使者，或是来发展科学并组织各种探险活动。其中包括法国画家 Ж. -Б. 勒普林斯和雕刻家 Ж. 德拉巴特，德国绘图师和雕刻家 Х. -Г. 盖斯勒，英国艺术家 Д. А. 阿特金森（Д. А. Аткинсон），等等。他们专注于俄国自然界的具体特征、生活方式、习俗、服装特征，尤其是服饰。在艺术家 Д. А. 阿特金森为外交官 Д. А. 戈利岑编纂的手册中，他高度评价了18世纪的俄国民族服饰，他认为其中"包容了礼仪、人物、时尚、服装、风俗、武器、建筑、法律、审美、植物、动物等多种元素，所呈现的变化本身就是历史变迁的反映"。[①]

平面艺术家认为，艺术家们不仅要努力娱乐观众——虽然这也很重要，但最重要的是要让他们了解其他人的生活。平面艺术家的活动具有重大意义，因为对于当时很多人来说俄国还是一个遥远的、十分神秘的概念。例如，勒普林斯创作了奥切塔奶奶、戴宽边红帽的马车夫、贩卖图拉商品的小贩和吝啬鬼等经典的卡通形象。另一位法国艺术家德拉巴特细致地描绘了俄国民间节日的场景——谢肉节的庆祝活动和滑雪橇游戏。他们还描绘了具有俄国民族特色的建筑。盖斯勒的绘本和阿特金森生动而准确的素描画在俄国大受欢迎。不少平面艺术家还捕捉到了俄国的生活场景。例如，莱巴根据勒普林斯的画作创作的雕塑《俄国人的晚餐》，其中没有展示小屋的奇妙内部，而是描绘了田野里的一家人正从一个巨大的木盆中取肉汤的场景。总的来说，作者以冷静的有时可以说是置身事外的方式呈现了俄国生活的特点，这些外国艺术家并没有去迎合

---

① Там же. С. 312.

对异域风情的猎奇心理，只是如实地描绘着俄国人的普通生活。这种写实性有可能受到了 18 世纪俄国艺术基本"道德原则"的影响，或者单纯是装饰性绘画属性使然。外国创作的风俗画也并非全部质量出众，但这些作品对俄国封闭且略微有些停滞不前的风俗画领域进行了有益的补充。此外，这些外国艺术家在创作时并没有照本宣科地描绘西欧惯用的阅兵、狩猎、动物和体育等主题——这些的确都存在于俄国人的生活中，但俄国人并不认为它们是值得用艺术表达的主题。

И. И. 菲尔索夫（И. И. Фирсов）是俄国风俗画家中一个独特的存在。他创作了一幅小型画《年轻的画家》（18 世纪 60 年代后半期，藏于国立特列季亚科夫画廊），这幅画显然是向法国画师 Ж.-Б. 夏尔丹致敬。И. М. 通科夫（И. М. Тонков）的画作《教堂盛宴》（1784 年，藏于国立特列季亚科夫画廊）和《乡村之夜》（1773 年，藏于俄罗斯国家博物馆）对乡村生活的描写具有戏剧性，是接近戏剧和文学的田园牧歌。

М. 希巴诺夫（М. Шибанов，1789 年后去世）的创作以农民题材见长，他是《农民的午餐》（1774 年，藏于国立特列季亚科夫画廊）和《婚礼盛宴》（1777 年，藏于国立特列季亚科夫画廊）的作者。① 两幅画描绘的都是典型的"民族服饰"。然而，两幅画画幅较大、构图独特、绘画原则接近于俄国历史主题绘画传统。《婚礼盛宴》所呈现的故事情节神圣而又充满爱意，画家细致入微地描绘了各种细节，用宏大手法表现了一个平凡主题，这无意间实现了一项艺术突破——宣扬普通人生活的伦理价值。

另一位风俗画家是伊万·阿列克谢耶维奇·叶尔梅耶夫（Ивана Алексеевича Ерменев，1749 年至 18 世纪 90 年代），在 18 世纪俄国艺术整体背景下，他的命运和作品都显得不同寻常。他出生在一个宫廷马车

---

① 关于 М. 希巴诺夫的绘画可详参 Жидков Г. В. М. Шибанов. Художник второй половины ⅩⅧ в. М.，1954。

夫家庭。父亲去世后，他开始为保罗一世的宫廷工作。然后他进入帝国艺术学院学习绘画，并取得了优异的成绩。然而，叶尔梅耶夫在毕业前和其他学生一起犯了点事，因此毕业几年后他才有机会在国家的资助下前往巴黎进修画工。

叶尔梅耶夫擅长描绘乞丐风俗画（18 世纪 70 年代初，藏于俄罗斯国家博物馆）。① 流浪者乞讨这一主题最早可以追溯到 17 世纪的荷兰绘画传统，18 世纪的法国画派吸收了这一传统，叶尔梅耶夫轻而易举地掌握了这一绘画手法。就类型而言，乞讨主题尽管缺乏娱乐性，但仍属于风俗画范畴。叶尔梅耶夫的小画片，就像是拉吉舍夫的《从彼得堡至莫斯科旅行记》的书页，浓缩着一种悲剧性的感伤主义。在他的画中有坐着的盲人，似乎在无尽的荒芜空间里悲哀地呼唤着他人；也有对话的老年夫妇，仿佛在古典主义剧院的舞台上进行着戏剧性的"交流"。无论是驼背的盲人，还是对话的老人，他们并非毫无价值的小人物，在他们身上有着浓厚的悲情色彩。像拉吉舍夫和其他俄国人文主义思想的代表一样，叶尔梅耶夫描绘了一幅幅哀伤的画面，但这些画面并非凄惨，只是试图唤起观者的深切同情和参与感。

关于叶尔梅耶夫笔下人物的原型究竟是谁有很多猜测。他们要么是战败的普加乔夫军队的残余势力——无法回家而在各处流浪的农民，要么是长期与家人分离而被迫流浪的老兵，就像拉吉舍夫的《从彼得堡至莫斯科旅行记》中的一个人物。这些人仿佛被赶出了他们普通的虽然贫穷但正常的生活，他们没有土地因此无法工作，没有住所，没有家人。他们似乎从一开始就注定陷入这种境地。鉴于俄国长期以来对盲人的态度——普通人和贵族都给予这一群体以广泛同情，叶尔梅耶夫画中的伦

---

① Савинов А. Н. Иван Алексеевич Ерменев. Л., 1982. Иные датировка и осмысление значения серии «Нищих» предложены Е. И. Гавриловой (см. Гаврилова Е. И. Русский рисунок XVIII века. Л., 1983. С. 54~57).

理观念是合理的。这些人并不是通过乞讨，而是通过唱歌，有尊严地扛起不幸命运所施加的沉重负担。此外，乞丐们被视为人民欢乐、痛苦和叛逆精神的代言人，或许这种叛逆精神只有这些一无所有的人才能坦率地、相对不受惩罚地表达出来。

叶尔梅耶夫的人生道路虽然不寻常，但或多或少地反映了当时整个艺术界人士的命运——他们的命运并非取决于自身所创造的成就。众所周知，叶尔梅耶夫浪漫放纵的生活让他在法国陷入了生活的困境。在周围俄国同胞的帮助下，他辗转回到了俄国，但回来后不久就销声匿迹了。

一幅长期被认为叶尔梅耶夫所作的画作现在经证实为另一位俄国画家 И.-Х. 纳布戈尔茨（И.-Х. Набгольц）所作。[①] 这幅画描绘了一位矫揉造作的加莱艺术家，他躺在一个高高的基座脚下，在基座上面有艺术装饰品，给人一种夏尔丹静物画之感。艺术家蒙着眼睛，写下一段意味深长的话："做一个工匠比做一个没有赞助人的历史题材画家好得多。我已经试过了，现在我追悔莫及，不过事到如今说什么都为时已晚。"这句话直接点出了许多俄国画家的命运，包括叶尔梅耶夫。

风景画在 18 世纪末出现在俄国，像风俗画一样深受人们的喜欢。[②]从彼得一世时期开始，在宫廷收藏和私人收藏中，风景画一直被视作古典主义收藏的一部分，这些收藏品多为荷兰、意大利和法国大师的作品。俄国风景画的出现与帝国艺术学院的成立密不可分。费奥多尔·雅科夫列维奇·阿列克谢耶夫（Федор Яковлевич Алексеев，1753/1754-1824）是一名优秀的城市风景画画家。他在学院时学的是戏剧装饰艺术，毕业后前往意大利继续深造。然而，当他回到俄国时，他又开始创作风景画，其作品得到了各方的认可。那时，耗费国家半个世纪努力的

---

① Савинов А. Н. Указ. соч. С. 20.

② 专门研究 18 世纪俄国风景画的专著为 Федоров-Давыдов А. А. Русский пейзаж XⅧ—начала XIX века. М. , 1953。

新首都彼得堡已然成了俄国人民眷恋的故乡，当时许多关于彼得堡的描述都充满了这种情结。俄国散文作家和诗人热情地谈论着"北方巴尔米拉"。阿列克谢耶夫的画风既有俄国肖像画的微妙色彩感，也有洛森科绘画的语义性。阿列克谢耶夫通过一种理想主义棱镜来看待彼得堡，这使他的画作不受写实主义和日常性的影响。彼得堡虽是一个人造的城市，但是这里充满着生活气息：涅瓦河上的木筏在航行，彼得保罗要塞堡垒上的篝火烟雾缭绕，装载货物的船舶飞速驶过。阿列克谢耶夫还以一种奇特的方式观测着莫斯科的克里姆林宫、红场和石桥。与彼得堡相比，莫斯科的一切看起来更熟悉，有一种宗法式的古老气息和无序的热闹感。

图 3-4　Ф. Я. 阿列克谢耶夫像

在 18 世纪末，人造的自然——自然园林，也成了绘画对象。谢苗·费多罗维奇·谢特林（Семен Федорович Щедрин，1745-1804）是最早提倡描绘自然园林的风景画家。谢特林在帝国艺术学院学习了风景画技巧，并前往意大利精进画技，他有着古典景观设计的习惯，这使他能够通过泛欧棱镜看待俄国的自然景观。巨大的、被阳光照耀的树木，平静的涅瓦河水，湍急的溪流，和平的牧群，石头岛、加奇纳、巴甫洛夫园林和其他彼得堡周边地区的景色与欧洲绘画、文学和戏剧中早已确立的范例有相似之处。谢特林以一种泛欧式手法赞美着俄国的自然景观，在他的笔下，大部分风景画呈现一种理想的自然状态——一个无与伦比、阳光明媚的夏日。谢特林强调了这种状态的永恒性——树木的静谧之美，建筑的永恒之美。这里的风景就像一个盛开的伊甸园，在树冠下，人们可以沉浸在崇高的思想中，赞美亘古不变的美德。这样的风景诱惑着人们和两三个好友一起远离城市，抛下生活中琐事的陈规旧律，共同踏上一段遥远的精神旅程。这种城市和农村生活二元性存在于杰尔查文和利沃夫的诗歌中以及卡拉姆津的散文中。当时有些人（比如 H. 维科夫）警告人们不应当把农村理想化，但自然界还是越来越多地与精神自由联系在一起，农村是创造性灵魂的避风港，是灵魂相遇的地方，是一种人世间的世外桃源，是唯一适合自由发展的环境。就像卡拉姆津所写的那样，"祝福你，乡村的和平树荫；祝福你，沉默的河流；还有你，潺潺的小溪……我到你这里来寻求休息……我独自一人，背上我的灵魂，拥入自然的怀抱"。

事实上，这就是普希金庄园哲学的萌芽，一个空旷的角落，一个"和平、劳作和灵感的天堂"。18 世纪末，多愁善感的俄国民族主义者已经把自然园林视为某种理想天堂，那里居住着友好、快乐的人，每个人在思想和感情上都是平等的，无忧无虑。

18 世纪末，浪漫主义开始渗透到风景画中。神秘的月光、夜间雷雨和火灾的主题常常出现在风景画中。虽然画面不像卡拉姆津的《博恩霍尔姆岛》那样富有戏剧性，对世界的不安情绪已经十分明显，但对外呈现的还是快乐、宁静的状态。

***

整个18世纪，俄国绘画艺术与其他艺术形式一样依照新时代发展规律经历了一次大的变革。时代需求的变化体现在绘画艺术的发展历程中——分出肖像画、风景画、历史画和风俗画等类型。此时俄国绘画各分支的发展道路有着许多共性，其他国家绘画艺术的发展道路有不少相似之处。此外，和建筑艺术、雕塑艺术、实用装饰艺术一样，俄国绘画艺术有自己的发展道路，且发展速度非常快，主导风格之间存在特殊联系。到18世纪末，俄国绘画艺术系统业已完善。俄国绘画艺术中的启蒙主义和人文主义倾向在接下来19世纪的艺术中持续发展。

第四章
平面艺术

Е. И. 加夫里洛娃

　　木刻版画作为一种独立的艺术形式，在俄国的发展可以追溯到几个世纪前，它起源于手稿中的精美插图，和书籍印刷术的发展密不可分。平面艺术源自圣像画、壁画、民间装饰艺术以及早期手写书中的插图。根据15世纪的一本带有地形图的桦树皮手稿中的相关信息，И. Е. 扎别林认为"桦树皮插画或许早在印刷术发明之前就存在"，因为在这份手稿中韧皮和桦树皮"就被用于绘画"。①

　　俄国木刻版画最早可以追溯到椴木刻绘画，这些木刻版画大多描绘了俄国民间传说。最早的几张椴木刻版画可以追溯到16世纪末。② 1589

---

① Забелин И. Е. Домашний быт русских царей в XVI и XVII столетиях. Ч. I. М. , 1915. C. 230.

② Данная позиция подробно аргументирована в статье: Гаврилов а Е. И. Об истоках русской графики Нового времени // Отечественное и зарубежное искусство XVIII в. Основные проблемы. Вопросы отечественного и зарубежного искусства. Вып. 3. Л. , 1986. О традиционной точке зрения на зарождение лубка в конце XVII в. см. : Снегирев И. М. Лубочные картинки русского народа в Московском мире. М. , 1861; Сидоров А. А. Древнерусская книжная графика. М. , 1951; Алексеева М. А. Гравюра на дереве «Мыши кота на погост волокут» – памятник народного творчества конца XVII – начала XVIII в. // Р усская литература XVIII –начала XIX в. в общественно-культурном контексте. Л. , 1983.

年，莫斯科印刷厂重新营业。这时除了官方印刷商，在莫斯科还出现了
与各城市圈相联系的自由工匠。正是在这种环境下才有可能创造出独特
的"老鼠埋猫"椴木刻版画。这幅画有着浓厚的民间艺术感和俄国民族
特色。它的画面虽然有些粗糙但经久不衰，在彩色石版画出现前流传了
整整三个世纪。几个世纪以来，木刻版画作为文字和绘画艺术的综合体，
以那些保留了原始平面艺术特征的图像为基础逐渐发展起来。木刻版画
中所包含的语言和字体，以及传统的中世纪平面空间结构，使平面艺术
在16世纪末逐渐壮大起来。平面艺术的图像系统可以追溯到俄国本土的
娱乐文化和古代葬礼仪式上的江湖艺人的表演以及庆典中的游戏（"面具
下不为人知的一面"）。民俗学家德米特里·罗文斯基指出，其中一些图
像与江湖艺人表演联系紧密。[1]

　　也有一些木刻版画会涉及宗教内容。现存最早的印刷品是1668年的
一张题为《大天使米迦勒——天堂的领袖》的木刻版画。现藏于俄罗斯
国家博物馆的一块木刻板也有类似的画面，这块木板可以追溯到16世纪
末17世纪初。再比如，创作于1677年的《一个可怕镜子里的可怕寓言》
（画面中一个荡妇骑坐在龙上，画面旁附有一段极富道德意味的文字说
明）是文学—神话的综合体，其中所蕴含的民间传统和专业艺术家作品
天差地别。"鲁博克"（Лубок）就是在此基础上发展起来的，它兼备道
德规范和新审美情趣。

　　在民间艺术和学院艺术发展程度较高的地区，版画受众最为广泛。
这些版画装饰着沙皇的房间、贵族的宅邸、商人的房子和农民的小屋。
轮廓清晰、色彩明亮的图像在墙上看起来很喜庆。甚至在圣像画中，装
饰功能也比神圣内涵更重要，这引起了教会领袖的强烈不满。

---

① Ровинский Д. А. Русские народные картинки. Т. 5. Спб. ，1881. С. 225；Морозов А. А. К
вопросу об исторической роли и значении скоморохов// Русский фольклор. Т. ⅩⅥ. Л. ，
1976. С. 39-40，60.

图 4-1　《老鼠拖着猫去墓地》（17 世纪），木刻版画

　　17 世纪 30~40 年代，俄国艺术家已经开始创作反映（根据真实印象）城市建设（《阿尔汉格尔斯克和其他沿海区域图画，用俄文书写和签名》）和军事行动（《带有人物形象的图画：弓箭手乘船从水路出发前往拉津》）的速写和风俗画。这些都是"军械库大师"受沙皇委托创作的作品。[①] 由此可知，最初俄国平面艺术的发展受到了来自现实需要和日常生活的双重影响。景观图和军事图纸所呈现的艺术特点为：空间的平面结构、人物、建筑、群体和景观有分层——尽管这种分层仍然十分古老，既不符合审美要求，也不符合艺术反映现实的新任务，更不符合新的意识形态。为了丰富俄国民族艺术传统，有必要向西欧艺术取经。

　　17 世纪下半叶，俄国平面艺术家在创作时进一步借鉴了欧洲范例。俄国的平面艺术家开始使用皮斯卡托·菲舍尔于 1650 年创造的人物模板。

---

① Забелин И. Е. Указ. соч. Ч. I. С. 223，227，229；Пекарский П. И. О старинном чертеже，изображающем выступление стрельцов в поход против Разина // Известия археологического общества. Т. V. Вып. 6. Спб.，1863. С. 474 – 476；Фомичева З. И. Редкое произведение русского искусства XVII в. // Древнерусское искус- ство XVII в. М.，1964. С. 316.

早前，荷兰平面艺术家在创作《圣经》木刻版画时，将意大利文艺复兴时期的传统规范化，形成了一种新的艺术手法。1674年，曾因外交任务访问过荷兰的俄国外事人员A.A.维尼乌斯将16~17世纪荷兰和佛兰德的大量版画和印刷品带到莫斯科。300多页的图画汇集成了一本画册——《维尼乌斯之书》，它是俄国平面艺术家的创作范本（由于画册主人与艺术家的关系以及他对艺术的兴趣），供军械库的平面艺术家们使用。

西蒙·乌沙科夫（Симон Ушаков）推动了俄国新平面艺术文化的形成，乌沙科夫掌管银器室，他绘制了不少器皿设计图、服装图案、旗帜草图和一些地图。他还创作了俄国第一幅铜版画《七宗罪》（1665），直到19世纪末，该作品仍被廉价流行版画转印。文字和图像构成了一个绘图"指南"，因此乌沙科夫的作品不同于荷兰人的模型画。但是，乌沙科夫的作品中裸体人物复杂的角度以及符合解剖学原理的人体比例证明了他对西方现代艺术原则了如指掌（如《祖国》木版画初稿，1666年，西蒙·乌沙科夫以俄国圣像的传统风格绘制）。

乌沙科夫在创作版画后留下落款是他身为艺术家个人意识的体现，也和神学家、宗教作家西蒙·波洛茨基（Симеон Полоцкий）的主张不谋而合——以莫斯科文化为基础进行文学创作。乌沙科夫、波洛茨基和木刻版画画家阿塔纳修斯·特鲁赫门斯基（Афанасий Трухменский）三人志向相同，都对西欧艺术有着浓厚兴趣，经常合作交流。1680~1682年。西蒙·波洛茨基的几部翻译作品和原创作品得以出版，这是"西欧风"三巨头合作的结果。特鲁赫门斯基根据乌沙科夫的图画创作了版画《瓦拉姆和约瑟夫的故事》，其中他将西欧木刻艺术和突出的俄国字体进行了有机的结合。特鲁赫门斯基还将佛兰德式的寓言人物置于了传统的花架之中（比如《四季》）。

特鲁赫门斯基的作品深受欢迎，经久不衰，比如1713年的《教历》中就使用了他创作的寓言版画。在特鲁赫门斯基的两幅标志性肖像版画中，他描绘了以克里姆林宫为背景的莫斯科人亚历克谢和菲利普，同样地，他将画面置于华丽的花卉和水果框架之中。1672～1678 年，带有沙皇肖像的《君主头衔书》出版——它是彩色肖像版画和素描画的杰出范例，是军械库和听令于大使办公室的手抄本绘图工匠辛勤劳动的成果。乌沙科夫的学生伊万·马克西莫夫（Иван Максимов）领导大使办公室各工匠工作。他还监督沙皇米哈伊尔·费奥多罗维奇选举书插画的创作，其中包括 20 多幅莫斯科和克里姆林宫的全屏画和许多彩色的关于庄严游行场面的画。总之，17 世纪后半期，俄国的肖像平面艺术诞生于传统和创新的融合中，是平面艺术大师和手抄本插图作者不懈努力的产物。

17 世纪 60 年代，俄国出现了一种新的书册，它是一种过渡性的作品集：它们克服了俄国手稿抄本的旧艺术传统，向写实性和注重细节的方向发展。类似的作品还包括为皇子、公主们制作的《童书》，书中以西方"民间版画"的风格描绘了战斗和风俗场景。另一本具有教育性的出版物是以铜版蚀刻和木刻印刷而成的《识字书》，它由波洛茨基的继任者、圣书院印刷厂的木刻师卡里翁·伊斯托明修士在 1692～1694 年编纂而成。这本书的插图是由银器室版画家列昂修斯·布宁（Леонтий Бунин）根据自己的画作改编的。精雕细刻的图画延续了古老的俄国传统，他仔细观察现实，作品有强烈的写实性。在 17 世纪末，素描画家、历史学家和地理学家谢苗·乌里扬诺维奇·雷梅佐夫（Семен Ульянович Ремезов）创作了一本手绘的《西伯利亚的图画书》（参见《雷梅佐夫年谱》）。这本书是雷梅佐夫在家族编年史的基础上撰写和装饰的，其中包括了 154 幅插图。插图将 17 世纪手抄本中的固定元素和富有动感的草书书体巧妙地融合在了一起。

17 世纪 90 年代是木刻版画书籍发展的一个转折点，至此，木刻版画继往开来，开辟了全新的道路。旧风格的最后一部作品是出版于 1696 年的《创世纪和启示录的面部形象》，书中 36 幅插图由莫斯科木刻版画家瓦西里·科雷恩（Василий Корень）根据格里高利修士的图画改编而成。《皮斯卡托的圣经》是莫斯科第一本相册式《圣经》印刷出版物。科雷恩在这本书中依靠皮斯卡托以及基辅17世纪中期、后期的木刻版画家的作品创造木版画，他重新阐释了宗教主题和俄国民族主题。[①] 这部作品的特点在于它的民俗性和大众性，反映了当时的需要。17世纪莫斯科"方块木刻版画"的民族特色取代了对西欧图形文化的模仿。科雷恩继承了为普通民众创作宗教版画的俄国民间版画传统——该传统在17世纪中期曾遭受东正教会无情打压，他的版画风格可以追溯到此前流行的廉价通俗木刻版画。

　　17世纪80年代以来，俄国的素描艺术主要用于满足实际需要——在与新兴职业教育和科学相关的文献中充当教学材料。此时的素描风格简洁明了、目的明确，还出现了一种与海洋科学、火炮和烟火学任务有关的新型应用素描（到18世纪中叶达到高峰）。大使办公室主要负责翻译关于"火器技艺""几何和测量""军事结构"的书。这些作品由曾经为《君主头衔书》绘制过图片的几位绘图师——M. 安德烈耶夫、Ф. 洛波夫、Ф. 尤里耶夫，根据西欧模式绘制而成。1696~1701年，雷梅佐夫根据维尼乌斯（当时的大使办公室下属西伯利亚办事处主任）的指示制作了《西伯利亚的图画书》，并在维尼乌斯的要求下从事西伯利亚地图集的绘制工作。随着舰队的建立和军队的重组，在莫斯科有关军事工程和造船图书的翻译出版工作正如火如荼地展开。1702年，应沙皇要求，圣像画画家和旗帜设计师费奥多尔·瓦西里耶夫为科技类书绘制了插图，后来他还成为彼得堡城市规划者之一，他也是新首都第一个绘图员。1703年，数学家、木刻版画家和出版商瓦西里·基普良诺夫（Василий Киприанов）成立了民间印刷厂，出版了Л. 马格尼茨基的《算术》一书，书中的铜版画由迈

---

① Сидоров А. А. Древнерусская книжная графика. C. 188.

克尔·卡尔诺夫斯基负责绘制，他于 1697 年从切尔尼戈夫来到莫斯科，是印刷商会的绘图专家。他把《算术》的 "论纲" 视作设计的重中之重——上面有一只预示性的鹰、一个巴洛克式的卷边花饰以及毕达哥拉斯和阿基米德的形象。

"论纲"（有时也被称为宣传海报）是版画艺术的一种形式，也是版画艺术中最有趣的一类，它是 17 世纪以来俄国平面艺术发展集大成者。木刻版画的 "论纲" 多由斯拉夫-希腊-拉丁学院负责设计，其内容多针对某一哲学—神学问题提出个人论点并进行论述，这些论点、论据和结论也会成为整个木刻版画印刷设计的一部分。[①]

17 世纪末，在制作献给某个事件或某个人的悼词时也常常采用 "论纲" 的设计手法。"论纲" 版画设计是版画艺术从教会向世俗过渡的代表。从构图、风格和主题上看，它借鉴了 17 世纪乌克兰地区的书籍封面设计，以及 1663 年莫斯科《圣经》的封面设计。1663 年莫斯科《圣经》的封面设计（由僧侣艺术家佐西玛设计）是经典的 "论纲" 版画：有天国、圣经故事元素、双头鹰和盾牌以及底部的莫斯科平面图，并以圣乔治胜利者借喻沙皇阿列克谢。颂歌艺术的元素也出现在乌沙科夫的作品《七宗罪》和《莫斯科国家之树——赞美弗拉基米尔圣母》（1668）中。在塔拉塞维奇 1689 年创作于莫斯科的一幅木刻版画作品中，俄国双头鹰框住了索菲亚公主。双头鹰纹章作为俄国教会和国家统一的象征，被嵌入两幅典型的 "论纲" 版画中：К. 伊斯托明 1693 年创作的铜版 "论纲" 版画，以及乌克兰木刻家 И. 希斯基 1691 年创作的一幅 "论纲" 版画。画面中，莫斯科和基辅景色、彼得一世和约翰的肖像以及莫斯科和乌克兰的主教们的上方是双头鹰和天国。克里姆林宫和基辅佩切尔斯克修道

---

① Якунина Л. И. Отпечаток на шелку гравюры с изображением Димитрия Кантемира // Труды ГИМ. Вып. XIV. М. , 1941. С. 85；Алексеева М. А. Жанр конклюзий в русском искусстве конца XVII – начала XVIII в. // Русское искусство ба- рокко. Материалы и исследования. М, 1977. С. 7-23.

院的图案凸显了联合俄国和乌克兰的思想。在整个画面中，文字仍是复杂构图的基础。

《君主头衔书》中包含了彩色肖像版画艺术手法，以及17世纪末木刻"论纲"版画等多种元素，画面构图十分复杂。风俗画内的各类元素成为18世纪俄国主要平面艺术的创作基础：战斗主题、风景画主题和城市规划主题、肖像主题、寓言主题以及焰火元素。

***

18世纪20年代，平面艺术成为俄国艺术中的一大流派。俄国专制主义的建立、国家转型的开始以及彼得一世改革的全面开展，逐渐要求将新的政治和启蒙思想形象化。颂扬俄国新面貌的一个有效手段是发行印刷物，印刷不仅是为了传达各种通知，也是为了宣传意识形态和对民众进行教育。

1697年，彼得一世在阿姆斯特丹结识了出版商和雕版印刷家阿德里安·肖内贝克（Адриан Шхонебек），他是雕版印刷版画的大师。彼得一世对雕版印刷的艺术性、推广的相对简易性以及图像的生动性和清晰度十分满意，趁机邀请肖内贝克前往俄国工作，指导军械库的印刷师工作，培训学生并制作符合现代标准的作品。1698年，肖内贝克在莫斯科设立了一个工作室并开始招募俄国学徒。他最初的学生是阿列克谢·祖博夫（Алексей Зубовы，1682-1751）和伊万·祖博夫（Иван Зубовы，1677-1745）兄弟，兄弟俩曾是军械库的图案设计师，在肖内贝克的指导下后来均成为俄国著名的雕版印刷大师。

肖内贝克来俄之前，在莫斯科聚集着俄国本土和来自乌克兰的雕版印刷大师们（如М.卡诺夫斯基、Л.布宁、В.安德列夫和Г.捷普切戈尔斯基），他们在凿刻和版画方面的成就很高。他们擅长凿刻富有表现力的花纹，其笔触准确而有力，这表明了当时俄国的民间版画已经具有了一定的专业水准，相较之前有了新发展。这些印刷物记录了彼得一世统治下俄国的发展，围攻要塞和激战（海战和陆战）、军队的胜利以及沙皇宫廷的庆祝活动等重要信息传递到了国家各个地方；这些印刷物展示了沙皇新征服的土地和城市的规划、指挥官的肖像、正在建设的新首都。

俄国第一幅新式雕版印刷版画是 1699 年的《亚速之围》，署名为"阿德里安·肖内贝克，莫斯科的图书保管员和俄国第一位雕版印刷大师"。准确来说，莫斯科第一位雕刻版画师应该是乌沙科夫，不过肖内贝克以其绘制的三幅"宿命"号护卫舰图声名大噪，其作品显示了他作为绘图师和雕版印刷版画家的精湛技艺。

1703~1704 年，北方战争的战场上搭建了一个雕版印刷工作室。彼得·皮卡特（Питер Пикарт，1668-1737）是负责人，他是肖内贝克的继子、学徒和助手，直到肖内贝克去世前都在俄国工作。[①] 肖内贝克的学生伊万·祖博夫、Л. 布宁和 B. 托米洛夫与皮卡特成为俄国第一批战地记者，他们跟随俄国军队，用印刷作品传递军队胜利进军的喜讯。他们描绘了诺特堡—涅山茨战役（1703）以及居里夫和纳尔瓦围攻，皮卡特还用正面视角描绘了新建成的彼得堡（1704）。所有这些版画都收录在《马尔斯之书》中，彼得一世自 1712 年起萌生了创作该书的想法，在皮卡特的参与下，书中不仅有战事报告，还有根据战役、胜利而制成的版画，以及被征服土地的地图、城市和堡垒视图。肖内贝克曾使用波哥达印刷厂的材料，制作了名为《伊霍拉》的四幅雕版印刷品（其中包括彼得堡的第一个平面图）。肖内贝克去世后（1705）剩余部分由他的学生继续完成。阿列克谢·祖博夫在 1704~1705 年《君士坦丁堡条约》签订后，又根据在"土耳其会议"上划定的俄国南部新边界绘制了新地图。阿列克

---

① Макаров В. К. Из истории Петровской гравюры（Походная гравировальная мастерская 1703-1704 гг.）// Книга. Исследования и материалы. М.，1961. С. 272.

谢·祖博夫和皮卡特在持续的竞争合作中完成了《欧洲地图》（1708）。

老莫斯科的雕版印刷艺术派也没有退出历史舞台。1705年，В. О. 基普良诺夫（В. О. Киприанов）设立了公民印刷所，为了便于开展航海事业，它被置于炮兵衙门①的管辖之下，并负责处理所有私人雕版印刷订单。除了数字表格（"一种新的算术方法"）和地图（"地球和其他天体"）外，公民印刷所还制作了著名的"布留索夫日历"（Брюсов календарь）。从1709年起（在 Я. В. 布鲁斯的协助下），"布留索夫日历"中融合了"复活节日期计算表、占星图、格罗姆尼克之书、圣诞颂歌和草药医术"等莫斯科古老元素，以及一些新的西方舶来元素。② 基普良诺夫和他的学生 А. И. 罗斯托夫采夫还按照古老的"论纲"版画传统刻印了"布留索夫日历"的封面，包括寓言、花环和克里姆林宫的景色。

1708年，皮卡特调到了莫斯科印刷厂工作，他在那里建立了一个雕版印刷车间，和自己的学生们继续制作《马尔斯之书》内的各类版画和平面图。皮卡特离开军械库后，荷兰雕版印刷家扬·范·布利克兰特（Ян ван Бликлант）接任了他的职务，他以西欧雕版印刷版画的方式凿刻了莫斯科及其郊区的景色。布利克兰特创作了两幅不朽的作品：《从麻雀山看莫斯科全景》，描绘了莫斯科的近郊和天空；另一幅画是《从石桥上看莫斯科》，描绘了克里姆林宫、中国城墙和白城。在布利克兰特的第二幅作品《从石桥上看莫斯科》的书边上还单独刻有莫斯科附近八座修道院门楣的图案（这个门楣图案后来还用在了《彼得堡全景图》中）。布利克兰特以现代欧洲的手法巧妙地设计并绘制了全景图，向我们提供了关于18世纪莫斯科及其郊区建筑外观的独特信息。

伊万·费多罗维奇·祖博夫是莫斯科雕版印刷版画的代表人物。他

---

① 炮兵衙门（АРТИЛЛЕРИЙСКИЙ ПРИКАЗ），1701~1720年俄国的一个中央国家行政机构，负责军事弹药的生产和分配、账目管理等工作。

② Бородин А. В. Московская типография и библиотекари Киприановы // Труды института книги, документа, письма. Вып. V. М.；Л.，1936. С. 79.

在圣像画方面经验丰富，为教会出版物绘制了大量插图。但伊万·祖博夫在为斯拉夫-希腊-拉丁学院制作的"论纲"版画中对自己的定义仍是肖内贝克的学生。在与传统雕版印刷师（М. Д. 卡诺夫斯基和 Г. П. 捷普切戈尔斯基）的合作中，伊万·祖博夫创造了纯欧洲风格的作品。其作品的特点是富有动态感，有着巴洛克式的华丽，以及兼顾了人物图像的寓言性和写实性。他的作品如下：《献给波尔塔瓦的胜利》（1709）和《摩尔达维亚公 Д. 坎特米尔加入俄国国籍》（1712）。1710 年，伊万·祖博夫根据建筑师扎鲁德尼的草图创作了三幅《凯旋门》雕版印刷作品，后来他又创作了《彼得一世的船》（1722），简洁的画面和装饰性细节带有浓厚的肖内贝克风格。

1707 年，皮卡特按照巴洛克西欧雕版印刷传统，制作了一幅彼得一世在战斗前骑马的肖像版画。1721 年，北方战争结束后，阿列克谢·祖博夫根据沙皇的命令以皮卡特原版画为基础，略微改变了彼得一世的画像和题词，制作了一幅新版画，这幅版画的传播范围更广。皮卡特最有趣的作品是那些明显受到俄国传统图形影响的作品，特别是描绘游行的作品——带有透视元素的带状图案在平面上缓缓铺开。

雕版印刷的主要方式是蚀刻和凿刻，比如《波尔塔瓦战役胜利后俄国军队返回莫斯科》（1710）和《1712 年波斯使团造访莫斯科》（1713）。阿列克谢·祖博夫早期独立作品（1711）同样也是描绘波尔塔瓦战役胜利，这幅作品创作于新首都彼得堡，其画风和皮卡特的作品类似。

1711 年，以阿列克谢·祖博夫为首的一批莫斯科雕版印刷师被调到了彼得堡。从 1714 年起，他和皮卡特一起领导彼得堡印刷厂。这一时期出现了一个新的彼得堡雕版印刷版画流派。这一流派的特点是根据彼得一世的个人命令制作雕版印刷版画，版画极具政治意义——主要对大众进行政治宣传（甚至面向欧洲）。新版画很快在各类美术作品中拔得头筹，并成为彼得一世推行对内、对外国家政策的一种工具。

1713 年，阿列克谢·伊万诺维奇·罗斯托夫采夫（Алексей Иванович Ростовцев，1690-1746）被从莫斯科抽调过来参与绘制《马尔斯之书》。他的《1710 年维堡之围》是彼得一世时期最杰出的蚀刻画之一，1715 年这幅画被收入《马尔斯之书》。[①] 版画有一个整洁的装饰性构图，印刷清晰，线条硬朗，阴影浓密，显示出作者对图形的完美掌握。罗斯托夫采夫雕版印刷版画的独特性在于将俄国历史传统（空间的平面处理、烟尘和火药的装饰观赏效果）与城市的具体结构、景观平面图的精确性以及"火器技艺"说明手册中烟花的轨迹融合在了一起。罗斯托夫采夫（他是基普良诺夫的学生）的原创作品是俄国民族传统和现代雕版印刷艺术的结合体。

阿列克谢·祖博夫创作的《甘古特之战》（1715）和《格连格姆之战》（1721）纪念新成立的俄国舰队取得辉煌胜利。这两幅作品都按照传统技艺制作而成，象征着俄国的胜利。阿列克谢·祖博夫以各种方式展示了不同的海战主题。第一幅版画只描绘了战斗的一个场景——俄国战舰俘虏了一艘瑞典护卫舰。第二幅版画则描绘了在广阔海洋上展开的战斗全景，在时间和空间上都具有延伸性。阿列克谢·祖博夫用版画来记录军事胜利，这既是一种有效的宣传手段，也是对军事荣耀的绝佳纪念。同一主题有时还会被委托给不同的大师来制作（包括外国大师）。

此时也开始制作雕版印刷风俗版画，推广欧洲化的世俗生活、仪式和服装规范。肖内贝克的《小丑费拉特·尚斯基的婚礼》描绘了莫斯科列佛尔托夫斯基宫内部的群众画面（1703），这幅画对阿列克谢·祖博夫的后续创作影响很大（比如蚀刻画《侏儒的婚礼》，1711 年）。阿列克谢·祖博夫作品中最为有趣的是《彼得一世在冬宫的婚宴》（1712）。这幅蚀刻画是为了纪念彼得一世的婚礼，沙皇希望这一特殊

---

① Алексеева М. А. Из истории гравюры петровского времени// Русское искусство первой четверти XVIII века. М.，1974. С. 190-197.

时刻能够流传下来（1712 年，《日刊》在描述这一婚宴时就搭配了这幅版画）。为了沙皇的婚礼，д. 特雷齐尼为冬宫预留了宽敞的内部空间，因此阿列克谢·祖博夫对巨大的大厅进行了平面化处理——整个画面是华丽的，充满了装饰物。餐桌的对称圆形图案和没有经过透视还原的客人形象让画面富有节奏感。画面活泼生动，人物栩栩如生，室内各类装饰和日常生活的细节都使人身临其境。所有这些与蚀刻产生的闪亮纹理所带来的光影效果相结合，创造了一个个清晰而完整的艺术形象。

图 4-2　А. И. 罗斯托夫采夫，《1710 年维堡之围》，1715 年的雕刻版画

　　传统的"论纲"版画也没有失传。此时"论纲"版画中最具代表性的是一幅创作于 1717 年的作品——皮卡特向刚从国外回来的沙皇赠送了大型"论纲"版画作品（105 厘米×55 厘米）。这是献给沙皇的赞美诗，作品名为《彼得一世封神记》。该版画使用了复杂的寓言式构图，沙皇像位于画面顶端，主体部分是 Ф. 普罗科波维奇的赞美诗，用艺术线条、战役图像和沙皇肖像进行装饰。只有 Ф. 普罗科波维奇那构思独特的诗歌音律才能和这样别致风格的版

画完美契合。皮卡特的这幅版画作品（以及其作品中的《庆典》单页）表现了其创作的回顾性，以及他对掌握第二故乡古老艺术原则的渴望。

与此同时，阿列克谢·祖博夫则向沙皇提交了新首都彼得堡的纪念性全景图（1716），该作品也被视作"极度成功的版画艺术"之典范（用 Г. 布钦斯基的话说，作品中饱含了对首都及其奠基人的"深情"）。阿列克谢·祖博夫用八张纸绘制了全景图的主视图（76 厘米×255 厘米）。全景图的主视图中还有由阿列克谢·祖博夫和罗斯托夫采夫绘制的"小景色"（仿照熠熠生辉的莫斯科风景画)[①]。全景图根据真人大小的图画、建筑物的建筑设计图制作而成（甚至使用了肖内贝克《命运号》舰艇的原始稿），画面展示了彼得堡的全部荣耀。阿列克谢·祖博夫由近及远，首先描绘了冬宫，然后是包括科特林岛和喀琅施塔得在内的城市及其周边地区的宫殿和著名建筑。《彼得堡全景图》以其庄严性、节奏性和情感性，表达了对俄国舰队取得胜利以及其在守卫新首都和巩固国家安全方面的赞美。

费奥多尔·瓦西里耶夫（Федор Васильев，1660-1737）在 1718~1722 年绘制的彼得堡外景独具特色，类似于室内绘画。瓦西里耶夫曾是军械库画家和造船图书的插画家，在彼得一世指示下他转而成为一名建筑设计师（在由他设计的建筑中，只有基辅佩切尔斯克修道院的大钟楼留存至今），他绘制了 7 本画册，其中只有不到 30 多张完整留存了下来。他用羽毛笔、毛刷、墨水，以及褐色颜料创作绘画，描绘了城市中令人难忘的地方、风景、居民、日常场景、静物和其他稀有事物。费奥多尔·瓦西里耶夫绘制的彼得堡系列作品融合了新时代俄国艺术中的各种风格。画家用精细的线条勾勒出别列佐瓦亚岛和城郊士兵驻扎点的全景图，此外还描绘了彼得堡的第一批建筑，他用短笔刷对沙皇小酒馆、三一教堂和圣母升天教堂、参议院会议厅和彼得堡印刷厂的土坯房进行着色。他以近乎球形的视角覆盖

---

① 参见 Гаврилова Е. И. «Санкт-Питербурх» 1718 - 1722 гг. в натурных рисунках Федора Васильева // Русское искусство первой четверти XⅧ века. С. 119-140）。

了城市广场和街道的空间，并巧妙地在景观中穿插人物。瓦西里耶夫画了《舍列梅捷夫的庭院》、《阿尼奇科夫的磨坊》和《炮台》（炮台位于要塞的木质堡垒中）。1718 年关于建造新渔船的法令推行后，他还绘制了新的双桅船草图。对于瓦西里耶夫来说，将机构（如"司法院"和"参议院"）作为静物绘画的创作主体是一项前所未有的挑战。此外，他还为亚历山大·切尔卡斯基公爵创作过肖像画（《切尔卡斯基公爵》），绘制了里海和咸海的第一批地图。1717 年，他随军事远征队出行中亚，途中去世。在瓦西里耶夫的画页里，几乎每一页都有作者的题词和标题，有些甚至还是单字标题。他对自己十分自信，绘制了各种栩栩如生的图案，随心所欲地着色。他独特的技艺源自俄国传统图形，融合了对荷兰风俗画的个人理解，他的绝大部分作品被收录到《维尼乌斯之书》中。

彼得一世计划创作一系列雕版印刷的"平面图"——大型的、精心设计的有关新首都及其周边地区景观的版画。[①] 沙皇将这一事业委托给斯捷潘·米哈伊洛维奇·科罗温（1700~1741），他在巴黎做了六年的雕版印刷版画学徒后于 1722 年回到了俄国。雕版印刷版画的图纸设计交给了 М. Г. 泽姆佐夫。[②] 1725 年，五幅带有彼得宫景观的印刷版画已经制成。在同一年，科罗温和罗斯托夫采夫根据 М. Г. 泽姆佐夫的图画制作了三幅展示冬宫彼得一世灵柩停放大厅场景的雕版印刷版画——这是俄国艺术中第一幅"哀悼版画"。

雕版印刷版画艺术在 18 世纪前期蓬勃发展，此时的作品主题明确，体裁多样，采用了最先进的技术。俄国雕版印刷版画的集大成者是《马尔斯之书》，北方战争中精彩战役和胜利片段都被收入其中；其次是《彼得堡全景图》，它收录了彼得堡及其相邻地区的建筑景观。这些作品展示了俄国艺术家

---

① Там же. С. 132.

② Макаров В. К. Гравер Степан Коровин и его проект типографии 1725 г. // Труды Гос. Публичной библиотеки им. Салтыкова-Щедрина. IX（12）. Л., 1961. С. 135.

处理空间问题的新手段和新方法，他们在构图时多使用一种古典主义视角。彼得一世时期的雕版印刷版画艺术在传统的基础上融入了泛欧式科学技艺。[①]如彼得一世最初对俄罗斯科学院的定义——"科学与艺术学院"，雕版印刷版画艺术成了俄罗斯科学院的一分子。俄罗斯科学院的工作人员中包括大量雕版印刷工匠，他们为出版物绘制插图，制作雕刻板和准备火器。

***

在 18 世纪前期，雕版印刷版画艺术逐渐成为一种宫廷艺术，该艺术本身并没有什么贵族性，不过它在书籍插图和加冕画册领域大放光彩且深受宫廷喜爱。此外，这些雕版印刷版画画家还常常为宫廷庆祝活动设计烟花，为仪式肖像画绘制中的光线问题出谋划策。此时的雕版印刷版画大师们进一步改进了雕版印刷技术，新的刀刻翻印版画技艺取代了传统的俄国蚀刻画技艺。

1725 年是阿列克谢·祖博夫生命中决定性的一年——他离开了印刷厂，开始接受私人委托。他最重要的作品《伊斯梅洛沃》（1729）描绘了彼得二世和 И. 多尔戈鲁基公爵的猎鹰情景，这幅画展示了阿列克谢·祖博夫在莫斯科平面艺术传统和荷兰雕版印刷版画共同影响下形成的原创风格。生动的前景是彼得一世时期雕版印刷版画的特征，建筑夺目的装饰和突出的平面感让人联想起 17 世纪 60 年代的俄国传统雕版印刷抄本。

1727 年底彼得堡印刷厂被关停。印刷厂最后的作品包括《叶卡捷琳娜一世与阿拉普契尼克的肖像》（1726），由阿列克谢·祖博夫与 И. Н. 奥尔斯基共同制作而成（根据画像原作创作）——这是俄国历史上第一

---

① Гаврилова Е. И. О первых проектах Академии художеств// Русское искусство XVIII-первой половины XIX в. М. , 1971. C. 219-228.

幅用"黑色方式"雕版印刷的版画①。阿列克谢·祖博夫的私人委托经营
惨淡，随后他从彼得堡搬到了莫斯科，在那里他补充和完善了 И. К. 基里
洛夫的《俄罗斯帝国地图集》。后来他以民间流行版画的方式创作了沙皇
的肖像版画，逐渐向肖内贝克以前的俄国传统版画风格回归。祖博夫兄
弟的最后一件作品是二人共同制作的《索洛维茨基修道院的景色》
（1744），这幅版画模仿了 1699 年安德烈耶夫类似作品中的构图和风格
（显然是根据客户要求），回归俄国传统。

　　到 1730 年，俄罗斯科学院内已经没有本土雕版印刷版画家了。1727
年，德国刀刻翻印版画大师克里斯蒂安·艾伯特·沃特曼（Christian Albert
Wortmann）应邀前往俄罗斯科学院。1728 年，俄罗斯科学院请来了荷兰小
型雕版印刷版画师奥托马·艾利格。在巴黎接受培训的凿刻画大师科罗温
被俄罗斯科学院请来充当外国大师的翻译。1731 年，И. А. 索科洛夫
（И. А. Соколов，1714－1757）和 Г. А. 卡恰洛夫（Г. А. Качалов，1711－
1759）成为奥托马·艾利格的学生，М. И. 马哈耶夫（М. И. Махаев，
1717－1770）跟随城市景观和建筑绘画大师 Г. 安费尔扎赫特学习，11 年后
才获得了大师的肯定，到 1756 年，М. И. 马哈耶夫本人业已声名大噪。新
生代俄国雕版印刷版画大师的成长过于缓慢，甚至在伊丽莎白·彼得罗芙
娜女皇统治初期在"雕版印刷版画艺术"方面的平庸之辈遍布学院："德国
人压根不管俄国学生，他们随手把学生丢给助手。他们甚至不教学生技能，
或者藏着掖着不肯教，这样一来，20 年内肯定没有哪个俄国人能取代他们。
因此他们手下一个能独当一面的俄国学生都没有。"② 1736 年有几百幅学生
描绘珍品陈列馆宝物的习作留存了下来。这些学生的绘画，风格统一，

---

① 与用凿子和蚀刻针创作而成的雕版印刷版画不同，"黑色方式"（金属雕版印刷法）则
　　是用熨斗在用颜料擦过的粗糙铜板上抹去光斑，从而制成雕版印刷版画。——译者注
② Циг. по：Гаврилова Е. И. Ломоносов и основание Академии художеств// Русское
　　искусство ⅩⅧ века. Материалы и исследования. М.，1973. С. 69.

造型僵硬，细节枯燥乏味，缺少"大师"潜质。两年后，俄罗斯科学院迫切地要求建立系统的雕版印刷教学体系。1738 年，在 Б. 塔尔西亚的坚持下，俄罗斯科学院开设了素描课，他负责教授素描，而 X. 鲍曼负责教授雕版印刷版画。[1] 他们设立了一个绘画室，选定了上课用的模型和材料（包括普莱斯勒的绘画书，这本书即使到了 19 世纪也被用于初级绘画课）。他们的学生 М. Я. 涅克拉索夫，从 1758 年起在莫斯科大学教授绘画，另外一个学生 Н. И. 柳别茨基，在 18 世纪 60 年代初成了绘画室的负责人。

从 18 世纪 30 年代末开始，绘画室成了一个培训中心，俄罗斯科学院内其他部门的学生也被送到这里进修画技。俄罗斯科学院还对陆军中的贵族子弟进行博雅教育——贵族军官不仅要学习军事知识，还要接受人文和艺术知识。在工事、建筑和绘画课上，在各艺术家们（М. Г. 穆辛斯基、И. П. 戈尔斯基、Ф. 扎杜布斯基）的指导下，学员们临摹和绘制地图和平面图，绘制风景画和小型油彩画。现存的堡垒、幕墙、碉堡的平面图和剖面图，绘制细致，装饰性强，富有节奏感，有时还配有翔实的文字说明和丰富的景观图案，这些是真正的实用艺术。

18 世纪 30 年代，耗时 20 年的《俄罗斯帝国地图集》终于完成，这标志着俄国走在了欧洲制图工作的最前沿。《俄罗斯帝国地图集》的封面由 X. 鲍曼制作。

烟花和彩灯成为雕版印刷版画艺术中的重要图像。在彼得一世时期，二者出现的次数相对较少，主要用烟花和彩灯烘托火药武器的战无不胜（具体可参见《马尔斯之书》）。18 世纪 30 年代以后，烟花和彩灯具有了宫廷性——成了宫廷庆祝活动的代表元素。1736 年，И. 欧多尔斯基和阿列克谢·祖博夫受令从莫斯科赶来用"黑色方式"为宫廷创作雕版印

---

[1] 早在 1725 年，Л. 卡拉万内就在邮局内的一个车间里为他的学生们开设了模型绘画课。

刷版画——他们创作了三幅异想天开的喷泉版画。

士官武备学校和炮兵与工程学校也教授如何绘制风俗画和版画。在学校保存下来的单页版画和画册中出现了不少套用模板和辅有多色灯光的寓言画。18 世纪 40~50 年代的版画构图（其中包括教堂、拱门、吊饰和雕像、字母和格言等元素）轻盈而又优雅，细节处是异想天开的装饰元素，所有这些都预示着俄国雕版印刷版画具有洛可可风格。

俄国雕版印刷家智慧的集大成者是加冕图册——描绘伊丽莎白·彼得罗芙娜女皇进入莫斯科和加冕的画册（1745），其创作工作持续了整整两年。不过，只有三本画册留存了下来。[①] 第一本画册创作于 1742 年，由建筑师 И. Ф. 米丘林根据回忆绘制而成的，主要是黑白版画。在团队绘图员的帮助下，他完成了 100 多幅画的创作。第二本画册（提交给女皇）仍是 И. Ф. 米丘林的画作，只不过填充了色彩。第三本画册是 Э. 特里梅尔和建筑师 И. 舒马赫的一些作品。加冕专册（共 54 页）在第一本和第三本画册原作的基础上被制作而成。画册的封面是伊丽莎白·彼得罗芙娜女皇的肖像——原本由 И. 斯特林（И. Штенглин）根据卡拉瓦卡的原作以"黑色方式"制成，不过这幅肖像版画不太成功，所以封面的女皇肖像又让 И. А. 索科洛夫进行了重新雕刻。所以加冕画册封面最终由 И. А. 索科洛夫制成。克里斯蒂安·沃特曼贡献了两幅优秀的作品（皇室衣冠图），这两幅版画因清晰的构图和详尽的细节堪称典范。主要负责加冕画册的 И. А. 索科洛夫和 Г. А. 卡恰洛夫不仅提升了自己的技艺，而且在能力上甚至还超过了克里斯蒂安·沃特曼。Г. А. 卡恰洛夫主要负责彩灯、凯旋门和游行队伍部分。通过比对米丘林、舒马赫和卡恰洛夫的作品，人们明显能看到不同艺术家的不同风格和构图差异。米丘林构图清晰，他用一种"鸟瞰"角度来观测建筑和骑手们，这种透视手法是俄国传统雕版印刷版画中的惯用手法。舒

[①] Алексеева М. А. Гравировальная палата Академии наук// Русское искусство XVIII века. Материалы и исследования. М. , 1968. С. 76~77.

马赫"改进"了传统的画面结构，他将图画放入了古典透视视角下，这造成了画面构图的弱化，画面变得平坦，轮廓也变得模糊不清。卡恰洛夫恢复了舒马赫画面中流失的清晰度和对比度，保持了俄国传统雕版印刷版画风格的独特性。在特里梅尔的作品中也能感受到米丘林的绘画风格，特里梅尔甚至把连绵数张纸上的游行队伍变成一张图内数排的游行队伍，这显然源自莫斯科雕版印刷版画艺术。

索科洛夫负责对内饰、承宣官和皇权象征物（如王冠、权杖等）等的创作。这些雕版印刷版画体现了凿子的力度和线条的美感，让画作整体提升到了欧洲凿刻版画的最佳范例水平。加冕画册的结尾部分十分有趣（《宫廷化装舞会》），是对特里梅尔画作的改编。在版画家的剪裁下，人头攒动的舞会现场放置在了优雅但略显慵懒的构图中，充满活力，十分灵动，在光线和阴影的对比方面尤为出色。1746年，索科洛夫掌管雕版印刷版画工作，他主要从事肖像版画的创作。索科洛夫肖像版画作品中最出彩的当数根据卡拉瓦卡原作改编的伊丽莎白·彼得罗芙娜女皇的肖像版画（1746），后来女皇官方形象采用了这幅肖像画，在绘画、构图和剪裁上都无可挑剔。索科洛夫本人是一位优秀的绘图员，这一点从他绘制的铅笔速写女皇肖像中就能看出——这是伊丽莎白·彼得罗芙娜女皇肖像的另一个版本，一个充满诗意和女性化的迷人形象。索科洛夫和卡恰洛夫（"速写大师"）二人几十年来培养了一批新的雕版印刷版画骨干，在教学过程中二人逐渐意识到需要成立一个专门学校。正如两位大师所说的那样："（学校的创办）主要是为了俄国的荣耀和利益，只有这样才能把我们的雕版印刷版画艺术传播到更远的地方。这样，它才不会因为艺术家的新老更替而衰弱。我们的主要目标是创建一个新的、更有吸引力的艺术学堂。"[1]

卡恰洛夫在《亚历山大·涅夫斯基修道院》（1747）中概述了如何创

---

① Цит. по：Алексеева М. А. Гравировальная палата... С. 78.

作雕版印刷风景版画。在这幅作品中，卡恰洛夫将特里梅尔设计的传统圣徒形象放入 М. И. 马哈耶夫风景画中的建筑群中，М. И. 马哈耶夫本人也是引领 18 世纪中期俄国雕版印刷版画趋势的重要人物。马哈耶夫从俄罗斯科学院内的意大利老师 Д. 瓦莱里安尼那里学会了透视技术，他第一次在画作中运用所学的透视技术便得到了瓦莱里安尼的认可。后来，瓦莱里安尼还训练马哈耶夫使用数学和光学工具（包括遮光罩）来制造城市景观。在重新调整外景后，马哈耶夫及其助手会在白色图纸上作画，并据此制作雕版印刷版画。

为了庆祝彼得堡建城 50 周年，索科洛夫组织绘制了图文并茂的《彼得堡首都平面图》，书中收录了 12 幅大尺寸版画，是一本赏心悦目的景观画册。马哈耶夫为画册创作了一系列墨色草图。卡恰洛夫和他的学生以马哈耶夫画作为原型制作了雕版印刷版画，版画色彩清晰，色调丰富，两个人在整个创作过程中可以说配合得天衣无缝。根据参议院的法令，这些版画在相关部门进行了备案，它们在俄国的文化界，甚至在外国文化界也广为人知——这些版画被当作礼物送了出去，并被其他雕版印刷版画家复制印刷。在法国、英国、意大利和西班牙，《彼得堡首都平面图》相继出版。马哈耶夫的 12 幅风景画为俄国风景版画的发展做出了卓越的贡献。不过，马哈耶夫的作品只有那些没有被用来制作雕版印刷版画的画作原稿得以留存。马哈耶夫等人创作过程的特点是有着近乎迂腐的细心，对待画作极度认真，他们的作品通常十分写实，比如拉斯特雷利的夏宫和第二冬宫设计图纸或涅瓦大街透视图。马哈耶夫用建筑与天空之间的精确比例突出了巴洛克建筑的优雅。从卡恰洛夫（绘制了涅瓦大街、海军部、丰坦卡河和涅瓦河沿岸的景色）以及索科洛夫的学生 Я. 瓦西里耶夫（绘制了阿尼奇科夫宫）、И. 叶利亚科夫（绘制了证券交易所和外商商场）的雕版印刷版画中，我们能够一睹马哈耶夫业已失传的原稿。

《彼得堡风景版画集》（彼得一世的一个梦想）于 1753 年春天出版，

那时马哈耶夫正准备以彼得堡郊区风景为主题创作一系列作品（同样，这也是彼得一世梦想的一个部分）。Я.瓦西里耶夫、E.维诺格拉多夫、A.格雷科夫和 H.切尔纳科夫负责彼得宫、皇村、奥拉宁鲍姆和喀琅施塔得的宫殿和亭子风景版画制作。第二批彼得堡风景版画于1755~1760年完成，这套版画集仔细地再现了马哈耶夫风景版画的风格：前景色彩浓郁，背景构图十分紧密，中间是建筑和人物的浅色轮廓。马哈耶夫1757年开始描绘彼得堡的新景观时，透视结构不再像以前那样生硬，而是具有了对彼得堡的眷恋之情（比如《莫伊卡河上的景观——彼得巴甫洛夫斯克要塞的景观》）。

18世纪50年代初，继续让俄罗斯科学院进行科学和艺术教育已经略显勉强。M.B.罗蒙诺索夫于1755年创立了莫斯科大学后，1756年1月就有几批学生前往彼得堡，跟随卡恰洛夫和 C.И.切瓦金斯基学习（他的学生包括著名的 B.И.巴热诺夫和 И.E.斯塔罗夫）。斯特林当时也在莫斯科大学教授艺术，他培养了一批批优秀的俄国艺术大师。1757年9月，版画家 Г.-Ф.施密特担任了莫斯科大学的客座教授，这时候不少艺术生聚集在彼得堡，在他们的努力下在彼得堡成立了隶属莫斯科大学的艺术学院，И.И.舒瓦洛夫担任院长。这样一来，莫斯科和彼得堡就各有一个艺术部门，但都隶属莫斯科大学管理，只是莫斯科的逐渐式微，而彼得堡的蒸蒸日上。1764年位于彼得堡的帝国艺术学院正式成立。

帝国艺术学院的建立是俄国艺术史上的一块里程碑，从此以后，这里成为按照现代欧洲标准教授艺术的殿堂。A.П.洛森科是俄国学院派艺术的创始人和新艺术教学体系的缔造者。他是第一个在彼得堡、巴黎和罗马接受过完整学术教育的俄国艺术家，掌握了依照"范本"、模特和雕塑进行练习的教学方法。

帝国艺术学院内的法国教授根据合同规定，在就职时必须携带他们的代表画作。从18世纪50年代末起，学院便收藏了一大批珍贵的大师画作原作。其中就包括"莫斯科大学艺术学院"时期由最早一批外国大师绘制的约 500 幅人物写生图和教学用图，这些教授包括 Л. -Ж. 勒洛兰、Г. -Ф. 施密特、Л. 拉格列涅等。18 世纪 60 年代末，学院共计收藏了由院长 И. И. 贝茨科伊赠予的近 7000 幅画作。此外，帝国艺术学院内还收藏了洛森科外国访学期间创作的大量作品——大约 250 幅日常素描、古董摆件和其他绘画，以及一些创作草图和构图研究笔记、解剖学研究笔记及"模塑"（"模塑"是一种独特的绘画临摹手段，在 18 世纪欧洲平面艺术创作中非常流行）① 作品。直到 19 世纪初，学院收藏的第一批艺术原件一直在学术实践中充当教具（后来这些原件被存放在图书馆中，久而久之，一些作品的作者便变得难以考证，然后变成了匿名作品散布在彼得堡的各大博物馆中）。②

18 世纪 90 年代末，帝国艺术学院出于艺术发展和教育目的，印刷出版了学院内所收藏的众多原始画作，希望通过这种方式普及平面艺术。其中一个出版物系列是关于 Г. -Ф. 施密特在凡尔赛宫创作的人体头部绘画研究、Ш. 纳托尔的画作集和 Ж. -Б. 格鲁兹的人物头像研究的作品。帝国艺术学院还出版了 А. П. 洛森科的罗马研学报告——如何用紫檀色颜料对博洛尼亚大师的画作进行"模塑"。这两个系列均出自 И. -С. 克劳伯（И. -С. Клаубер）指导的版画班学生之手，他们通过"铅笔风格"③ 创作

---

① "模塑"，或者又称作"反印"（counter-prints），是通过将作者的作品叠加在一张干净的（或者潮湿的）纸上，然后进行提炼和修整，这种绘画手法最早使用的是紫檀色颜料。——译者注

② 关于其中 300 件作品的归属问题，具体可参考 Гаврилова Е. И. Две группы новых рисунков А. П. Лосенко в собраниях Русского музея и Музея Академии художеств СССР// Сообщения ГРМ. Т. 8. 1964. С. 27 – 37; Она же. О рисунках А. Лосенко// Искусство. 1964. № 1. С. 62–67; Она же. Новые материалы к творческой биографии Г. - Ф. Шмидта, первого профессора Академии художеств в С. -Петербурге// Русское искусство XVIII – первой половины XIX в. С. 324 – 341; Она же. Атрибуция группы «оригиналов» Л. -Ж- Лё Лоррена и Л. -Ж -Ф -Лагрене// Русская графика XVIII – первой половины XIX в. Новые материалы. Л. , 1984. С. 26–43.

③ "铅笔风格"，即先用压花刀具在蚀刻版上蚀刻，然后再用针或者压花刀具进行精修。——译者注

了雕版印刷版画，这种技艺最早经由 Г.-Ф. 施密特传到俄国。1772 年俄国就出版了具有"铅笔风格"的洛森科著作——《基于对古代雕像比例所进行的实证研究——人体比例简要说明》，提出出版"铅笔风格"作品的是洛森科本人，但 Г.И. 斯科罗杜莫夫和 С.А. 帕宁对该书的具体出版同样功不可没。在整整一个世纪后，帝国艺术学院终于实现了乌沙科夫早在 1667 年就提出的愿景——创造一套用于描绘人像的雕版印刷模型。

那些曾经前往外国进行艺术访学的俄国艺术家为 18 世纪的俄国平面艺术引入了新的风尚——坐着的人像素描和解剖人体图，古代画作和已故大师画作的研究著作，神话和《圣经》主题作品。洛森科是第一个在作画时使用草图练习的俄国艺术家。洛森科在法国开始研学时主要用石墨铅笔和粉笔在灰色的底纸上作画。他的神话主题作品（《尼姆和法乌努斯》《解救安德洛墨》）仍然有洛可可风格的余韵，似乎在不情愿地向复古主义冲击低头。洛森科后来开始通过研究模型琢磨如何在画作中处理自然，他主要借助古典主义来打造理性主义的人类形象，这也符合新的审美趋势。规整的线条和保守造型宣告了洛森科新艺术风格的诞生。在罗马，洛森科从多美尼奇诺和卡拉奇的古代雕像和壁画中汲取营养，学会了如何将自然转化为艺术。当洛森科用紫檀色颜料进行"模塑"时（这让人联想起 Г.-Ф. 施密特的美术研究），以及用铅笔和粉笔在稿纸上构思创作元素时（如《穿衣场景》《旅行》），古典主义的庄严有序的意象系统呈现了一种优雅与和谐。洛森科在罗马访学时留下的画作和随笔，特别是对马库斯·奥勒留骑士雕像的研究，受到了 Э.М. 法利科涅的高度赞扬（法利科涅同时也是洛森科的好友）。在洛森科后来的绘画作品《弗拉基米尔和罗格涅达》《赫克托尔告别安德洛玛克》的习作和草图中，他用石墨铅笔和笔刷在蓝色练习纸上轻快灵活地进行着造型设计——这些草图或许是洛森科留给我们最宝贵的平面艺术遗产。在洛森科的铅笔素描中，农民和士兵形象的特性十分突出，这表现了他对社会各类人士的细致观察。

能和洛森科笔下的平民形象一较高下的只有 И. А. 叶尔梅耶夫①笔下的"乞丐"，他的画作拓宽了平面艺术的新领域，叶尔梅耶夫的一些画作甚至发扬了椴木刻版画传统。在叶尔梅耶夫的出版物中，最具平面艺术之美的是 1773 年的寓言画册《叶卡捷琳娜二世时期的美丽俄国》和精装版《祭坛圣歌》。墨水作画营造了一种富有层次感的构图，叶尔梅耶夫的这一创作方式显然受到了帝国艺术学院绘画老师 C. 托列利的影响。C. 托列利是装饰性寓言画大师，他对叶尔梅耶夫的影响还反映在复杂的画面结构，对画面元素数目的把控，以及对单色构图主色调的调制方面。叶尔梅耶夫后来的一组平面艺术作品——18 世纪 80 年代在法国创作的关于《圣经》、风俗和寓言主题的先锋画作，表现力强、轮廓模糊，动态墨水和灰色色块扣人心弦，显示出叶尔梅耶夫对图形纹理的理解远远超过了同时代俄国其他人。

加夫利尔·伊格纳季耶维奇·基兹洛夫（Гавриил Игнатьевич Кизлов，1738-1791）是 18 世纪下半叶的一位俄国平面艺术家，他创作了许多著名的平面艺术形象。除了为叶卡捷琳娜二世登基和皇太子结婚所创作的寓言作品外，基兹洛夫还为教育机构（帝国艺术学院、军校、莫斯科教育学院和首都贵族女子寄宿学校）章程绘制了版画和插图（正面图案、侧影、头饰和尾部装饰）。基兹洛夫十分擅长让画面具有层次感。此外，他在 18 世纪 60~70 年代创作了一系列实用装饰性艺术作品。他设计了"荣誉勋章"，还创作了一些"奥尔洛夫斯基式"和"阿拉伯风格"的作品，这些作品的特征是造型典雅、装饰精美。他还设计了吊灯、花瓶、教堂用具以及军服和旗帜。② 他的平面艺术遗产包括创作于 18

---

① 有关 И. А. 叶尔梅耶夫的水彩画具体参考"绘画史"系列丛书。此外，还可以参考 Гаврилова Е. И. Русский рисунок ⅩⅧ века. Л.，1983. С. 54 - 57. Здесь обоснованановая датировка серии（1764-1765 гг.）。

② Воронов М. Г. Гавриил Игнатьевич Козлов. Л.，1982. С. 31，67，70，82，109.

世纪 70 年代末的《艺术家孩子们的肖像》，画中采用了当时俄国肖像版画中比较罕见的水墨模糊晕染技术。这幅画与一个世纪前的一张插画——《维尼乌斯之书》中刚结婚的卡利廷夫妇二人的画像（约 1690），存在着意想不到的联系。二者的共同点在于，虽然画面朴实简单，背景平平无奇，没有使用什么特殊的绘画手法，但画面富有鲜明的民族特色。

耶夫格拉夫·斯捷潘诺维奇·切梅索夫（Евграф Степанович Чемесов，1737-1785）主要从事肖像版画工作，他擅长通过蚀刻和使用凿子和干针制作雕版印刷版画。他在谢苗诺夫斯基军团服役时，就常常用墨笔绘制生动的肖像素描画，这也成了他艺术道路的开端。舒瓦洛夫十分欣赏切梅索夫的作品，邀请他到帝国艺术学院深造学习。进入帝国艺术学院后，切梅索夫成了 Г.-Ф. 施密特的学生，紧接着又成为 Г.-Ф. 施密特的助手。在 Г.-Ф. 施密特离开学院后（1762），切梅索夫接任他担任雕版印刷版画班的老师。他对版画班上的学生产生了深刻的影响。在摹刻罗塔里、洛森科或 И. 德维利等人的原作时，切梅索夫不是在简单地临摹，而是在用不同的技术对原作进行创造性改造。他用凿子或针再现了大师轻柔的笔触，然后又用各种纹理提升了板材的色调丰富度。切梅索夫的作品中，《伊丽莎白·彼得罗芙娜女皇的肖像》是当之无愧的上乘之作，在幔帐花边丝状图案的衬托下，女皇的外观精致而又简约。此外，切梅索夫的《自画像》同样耐人寻味，画中的切梅索夫给人一种充满智慧但又精致脆弱的艺术家印象。这是一幅椭圆形（18 世纪中叶及更早，西方版画的常见构图）自画像，画框处落有画家的名字"E. 切梅索夫像（版画）。（切梅索夫）本人根据好友 И. 德维利的画作雕刻而成"。切梅索夫英年早逝，但他将自己的技艺传授给了帝国艺术学院一批又一批的学生，他为后人留下了 20 多幅版画，每一幅版画都是独一无二的杰作。

俄国艺术大师、建筑师 В.И. 巴热诺夫是俄国最早一批外国访学的艺术家，他最早是 Д.В. 乌赫托姆斯基手下的一名绘图师，后来他与 С.И.

切瓦金斯基一起前往帝国艺术学院进修美工，除了大量的设计图纸，巴热诺夫还留下了丰富的平面艺术遗产。巴热诺夫在外国访学期间既绘制了古代题材的素描，也学会了如何在画面中处理"群像"（酒神和狂欢主题），他对人物群像的演绎非常逼真。在他的作品集《意大利风景》中，特定风景下的各种建筑组合成一个新的整体。这本画册呈现了浓厚的早期古典主义风格。但巴热诺夫最有趣的绘画作品是他设计的察里津村的全景图（1776）。全景图中包含了总平面图、三张图纸以及个别建筑设计规划。画面带有一种庄严气氛，和当时的建筑习惯相符，"哥特式"宫殿和亭子位于风景如画的山丘和池塘之间。巴热诺夫用柔和的笔触精心打磨建筑物细节，这让全景图具有独特的美感。在附属建筑与周围景观的衬托下，主建筑的宏伟气质呼之欲出。

М.Ф. 卡扎科夫既是巴热诺夫的同事，也是巴热诺夫的竞争对手，此外他还是马哈耶夫传统建筑景观画的追随者。他在作画时以素描的方式（可能还借助了一些光学仪器）描绘了莫斯科克里姆林宫的大教堂、塔楼和修道院。卡扎科夫在描绘科洛姆纳市建筑景观时也采用了同样平实的轮廓笔触，这有助于展示市民的日常生活。卡扎科夫并不是一个创新者，他的作品具有保守性，既写实又生动。

***

椴木刻版画——莫斯科能工巧匠在木头或铜板上雕刻而成的民间雕版印刷版画在 18 世纪的俄国平面艺术中占据了一个特殊的位置。18 世纪初莫斯科就出现了椴木刻版画中心，这些中心多延续了古老的俄国民间艺术传统（宗教和童话题材），或间接涉及一些当代事件（一般通过怪诞讽刺的情节来针砭时事）。渐渐地，三种或四种颜色的廉价民间手工印刷品逐渐占据了大众市场，印刷品上的主要内容为颂扬史诗、流行歌曲和童话人物，歌颂功绩和美德。怪诞的讽刺画常常谴责当下社会生活的各种黑暗（外国人的统治，统治者的无知，淫乱和醉酒，贵族们奢靡的生活方式）。例如，《丈夫编草鞋，妻子纺纱布》是一幅创作于18世纪上半叶描绘农民日常家庭生活的风俗画。18世纪末，一些民间雕版印刷版画家将这幅画改编成椴木刻版画，19世纪初的民间雕版印刷版画家又用瓷雕艺术改编了这幅画。18世纪另一幅著名椴木刻版画是《熊和羊在玩耍》，这幅画按照俄国手抄本插图传统，使用了轮廓画方式进行创作。用椴木刻版画呈现的俄国民间文学作品包括《佛玛和艾尔玛》《帕拉莫什卡和萨沃什卡》《勇敢的船夫》，等等。文字、诗歌和俗语被有机地纳入版画中。按照传统，这些椴木刻版画尺寸较大，画面各要素清晰，背景是童话般的花草、山峦，画面颜色鲜艳丰富——红色、黄色和绿色（有时甚至还有紫色）。

图4-3 《丈夫编草鞋，妻子纺纱布》（18世纪上半叶），民间椴木刻版画

俄国的椴木刻童话版画最早可以追溯到17世纪。18世纪最为流行的是《博韦科罗列维奇的故事》（直到19世纪中叶人们还经常使用这本书中出现过的印刷插画）。除此之外还有《勇士画册》和《骑士画册》——它们对创作于18世纪中叶的画册《俄国近卫军中的军官》影

响深远。《俄国近卫军中的军官》是根据政府命令制作的，旨在颂扬俄国军队在七年战争中的胜利。И. 艾哈迈季耶夫在莫斯科印刷厂工作时，曾在铜板上创造了一幅大型椴木刻风格的版画《1759 年萨尔特科夫元帅在法兰克福的胜利》。莫斯科印刷厂后来还用椴木刻板制作了《祖博夫战役》《天体图》《布留索夫日历》，以及一些日常题材的版画。

在价格低廉的大众印刷品中，铜版雕刻印刷品逐渐取代了需要密集型劳动的木版雕刻印刷品，从 18 世纪中叶起，大众印刷品中逐渐开始应用一种新的技术，民间雕版印刷技术得到了进一步的提升，这样一来，从品质来看民间印刷品更加接近于专业的平面艺术了。与此同时，在专业的雕版印刷出版物中也再次出现民间题材。М. 阿赫梅特夫（М. Артемьев）于 1759 年在莫斯科成立了个人工作室，斯特林在这里工作了几年，以"黑色方式"制作了圣像画和《圣经》插画。П. Н. 丘瓦耶夫（П. Н. Чуваев）是阿赫梅特夫工作室鼎鼎有名的雕版印刷家。他用铜板和法国画纸印制风俗画和道德画（《酒鬼的头》《煎饼师》《时髦男女》），他还改编了一些 17 世纪的画作（《认识自己，指着自己的家》）。丘瓦耶夫还为 А. П. 苏马洛科夫寓言故事制作了插画。即使到了 19 世纪上半叶，这种"回归人民"的民间文学出版物依旧广受欢迎。18 世纪下半叶，出现了以同时代大众生活中重大事件为主题的铜版画和彩色椴木版画，比如《1766 年维苏威火山爆发》《莫斯科的波斯大象》《占领奥恰科夫》。《占领奥恰科夫》这幅版画体现了彼得一世时期"论纲"版画和作战图的一些特征。《白海捕鲸》这幅画，在手法上几乎是对 17 世纪椴木刻版画《谢丁尼科夫之子叶尔绍夫的故事》的再现。18 世纪末，民间大众流行版画进一步演变为一种全新的俄国平面艺术，除了固有的装饰性外，它还有着对比鲜明的色彩、清晰的轮廓和阴影要素。1812 年卫国战争的政治版画最早就是通过民间版画的形式呈现的，它是一种带有古典主义元素的现代绘画艺术。[1]

***

18 世纪末期，受启蒙思想的影响，俄国的绘画艺术取得了巨大的成就。历史体裁和军事体裁的雕版印刷品宣扬了一种爱国主义精神、公民意识和崇高的英雄主义理想，体现了对自由主义和人道主义的追求。到了 18 世纪末期，当洛森科画派的艺术家、其门下学生和继承人开始活跃于俄国艺术界时，启蒙时代的俄国古典主义绘画引领了潮流，取代了 18 世纪中期（俄国绘画民族学派的形成时期和各种艺术蓬勃发展时期）多样的俄国平面艺术。正是在此时，洛森科的现实主义倾向、情感表现力和艺术形式中的理性主义内容得到了发展，这奠定了俄国古典主义的民族性基调。

18 世纪 30 年代以后，雕版印刷版画就失去了曾经的政治意义和发展活力，以及在绘画艺术中的主导地位，所以它在很大程度上变成了一种可复制的产品。到了 18 世纪末期，雕版印刷版画维持了高超的技术，对于提升俄国艺术教学质量功不可没——普及了俄国和西方大师的绘画作品、城市规划、地理考察，并通过再版学术专著来促进绘画教学。因此，启蒙时代的俄国版画最终成为一种流行艺术，在社会文化生活中起着突出的作用。俄国人对版画的消费需求量很大——在帝国艺术学院书店内售卖版画根本难以满足本国人的需求，1779 年俄国还开设了第一个私人版画交易机构"版画室"。彼得堡的《新闻报》还使用并刊登了"版画室"制作的版画。随着 1796 年天才教师 И. -С. 克劳伯的入职，帝国艺术

---

[1] Черкесова Т. В. Политическая графика эпохи Отечественной войны и ее создатели // Русское искусство XVIII –первой половины XIX в. С. 11.

学院内版画班的实力大为加强。正是他的学生以"铅笔风格"重新刻制了一些经典画作。他和学生们负责重制 Г. А. 萨里切夫的旅行地图集(《穿越西伯利亚》)和 И. Ф. 克鲁森斯特恩的世界地图集,共绘制了100 多幅平面图和地图。

18 世纪 80 年代初,Н. А. 利沃夫在俄国文艺界十分活跃,他既是一位优秀的雕塑家,也是一位卓越的绘图师。他是俄国第一位用水墨蚀刻法(拉维斯法)[①] 进行创作的艺术家,如风景画《维堡城堡的景色》(1783)、莫吉廖夫教堂的景观图(1781)、全尺寸风俗画《涅瓦河上的奔跑》。18 世纪 80 年代末,利沃夫用钢笔和深褐色墨水为奥维德的诗篇《变形记》绘制了一大批素描(这些插图可能同样使用了水墨蚀刻法)。《变形记》中插画的仿古风格、音乐般的节奏、灵动的轮廓和轻盈优雅的笔触对以费奥多尔·托尔斯泰为代表的下一代的俄国平面艺术家们产生了深刻的影响。

从英国访学归来的加夫利尔·伊万诺维奇·斯科罗杜莫夫(Гавриил Иванович Скородумов,1755–1792)为俄国引入了一种全新的雕刻技术。斯科罗杜莫夫擅长素描和风俗画(他的老师是洛森科),但他后来成了一个雕版印刷版画师。1773 年,他前往伦敦跟随 Ф. 弗朗切斯科学习,他因此掌握了彩色线刻[②]的技术。斯科罗杜莫夫那些色彩柔和的宗教画、寓言画和肖像画在英国广受欢迎。1777 年,斯科罗杜莫夫的英国访学之旅即将结束,但帝国艺术学院却迟迟不肯向其提供教职,他便接受英国国王的邀请留在了伦敦。1782 年,斯科罗杜莫夫受叶卡捷琳娜二世的邀请担任了冬宫宫廷版画负责人,于是他便与自己的英国妻子一

[①] 水墨蚀刻法,又称为拉维斯法,是一种蚀刻画创作手段,通常用针在清漆上进行刻画。通过蚀刻涂有松香和硝酸加热的木板,可以获得新的整体色调。用这种方式制作出的印刷品通常会呈现一种颗粒状的色调。——译者注

[②] 彩色线刻是一种综合技术:用针和凿子在蚀刻清漆上工作,在去除清漆后,对雕版进行修整。针刺技术使印刷品具有坚实的色调。——译者注

起回到了俄国。他随后参与了冬宫收藏品的宣传工作。他按照西欧最
高标准监督宫廷版画的绘制工作，因此他几乎没有什么时间去自由创
造。他构思了一幅专门介绍涅瓦河堤坝建设的大型雕版印刷草图，描
绘了涅瓦河岸的生活场景：砖匠、洗衣妇、小贩、带孩子的农民等人
的工作场景，以及涅瓦河上来往的船只和岸边的花岗岩块。可惜的是，
斯科罗杜莫夫的这幅风俗画只有部分草图得以留存。1784 年，斯科罗
杜莫夫为 B. 考克斯的穿越俄国的游记创作了插画。1799 年，由 Я-И.
巴辛制作的画册——《彼得堡的民族工业家》在莫斯科出版，斯科罗
杜莫夫又萌发了创作风俗画的念头。他描绘了在农闲季节到外地做短
工的农民。斯科罗杜莫夫的相关作品的作品集是俄国第一个以"民间
人物"为主要内容的画册。[1]《复活节周的聚会》再现了俄国民间生活
场景，画面五彩缤纷，洋溢着欢快气氛，人物略显失衡的比例则让人
想起低廉的大众流行版画。

斯科罗杜莫夫留存下来的作品中，最好的是他的《自画像》
（1790~1791），这是一张精心制作、仪式感十足的大画幅作品，画面
的色彩搭配十分精致，质地宛如天鹅绒。衣着华丽的艺术家的身后是
冬宫办公厅内的挂画和珠宝，该作品展现了主人公不为人知的内心世
界，传达了一种微妙的情绪。斯科罗杜莫夫在启蒙思想影响下所作的
《自画像》有着忧郁而悲伤的基调，为古典主义概念增添了些许浪漫
主义色彩。虽然斯科罗杜莫夫最终当选为俄罗斯艺术学院院士，但他
一直被帝国艺术学院排挤。哪怕是在 18 世纪 80 年代，当帝国艺术学
院的雕刻班由于缺乏好老师而遭遇危机时，学院也不肯请他担任教职，
他门下自然也没有学生。18 世纪末，斯科罗杜莫夫创作了几乎可以算
作俄国第一部的讽刺画集《1791 年欧洲的平衡》（毫无疑问，它受到

---

[1]　Комелова Г. Н. Сцены русской народной жизни конца XVIII – начала XIX в. по гравюрам из
　　собраний Гос. Эрмитажа. Л. , 1961. С. 4-6.

了当时欧洲讽刺画的影响）。

1799 年，在帝国艺术学院副院长 C.Φ. 谢德林的推动下，学院内（在沙皇政府的总体领导下）成立了一个专门的风景画班。谢德林与切梅索夫曾一同前往国外进行访学。谢德林从帝国艺术学院的风景画班毕业后（1767）去国外学习了 9 年。在访学期间，他创作了许多深褐色、墨水和意大利式铅笔画。谢德林的风景画遵循着严格的构图规范，符合古典主义美学标准：在前景中，有一个带有人物的装饰图案，然后是风景透视，建筑物在光和空气透视中融为一体（比如谢德林对阿尔巴诺和蒂沃利景色的描绘）。他不知疲倦地工作，对自己的绘画事业充满热情，他特别喜欢研究树木（《松树和柏树》《罗卡迪帕帕的树》，1776）。

图 4-4　Г.И. 斯科罗杜莫夫自画像（1790~1791）

谢德林回国后接管了帝国艺术学院的风景画班，20 多年以来他根据宫廷的委托绘制加奇纳、彼得宫和巴甫洛夫斯克皇室住所的风景。这些风景画被改编成雕版印刷版画流传甚广。帝国艺术学院风景画班的学生和谢德林的门生 А. Г. 乌赫托姆斯基、С. Ф. 加拉克季奥夫、К. В. 切斯基和 И. В. 切斯基，推动了俄罗斯风景画的辉煌。风景画不仅在绘画艺术中，而且还在平面艺术中确立了自己的独立地位。他们将描绘首都郊区优美风景的画作改编成雕版印刷版画。考虑到谢德林作品有着成熟的古典主义规范，这些年轻的蚀刻家在对谢德林的风景画进行处理时更加细致和严格，他们力图在还原原画的同时充分展现不同材质蚀刻画的具体特点，在此基础上精心打磨细节。他们通过铜版画来展现谢德林画面和谐的色调，还原了原画的色彩关系和丰富细腻的纹理，实际上这些蚀刻家创造了具有新美感的原创艺术作品。

米哈伊尔·马特维耶维奇·伊万诺夫（Михаил Матвеевич Иванов，1748—1823）是一位风景画家，也是学院派军事画的创始人。第二次俄土战争期间，他是总司令 Г. А. 波将金公爵手下的一名画家。1780 年，他从国外访学归来后立即前往 Г. А. 波将金公爵处就职。他成了 Г. А. 波将金公爵手下的首席画家，并陪同他巡视整个俄国（包括新占领的领土）。18 世纪 80 年代，伊万诺夫用铅笔和水彩画绘制了旅行速写（白俄罗斯、克里米亚、格鲁吉亚、亚美尼亚以及从阿斯特拉罕到基兹利亚尔的里海沿岸景色）。伊万诺夫是最早描绘俄国和周边国家古迹的俄国艺术家。在实地写生和风俗画的基础上，他用架上绘画手法创作了《老拉多加的古迹》《巴希萨雷的入口》《陶里德地区的苏达克》等作品。

从 1787 年起，伊万诺夫作为战地记者—艺术家穿梭于俄国驻多瑙河的军队中。他是一个记录者，几乎是各项军事活动的参与者。他利用在雅西、本德利和奥恰科夫的实地写生，创作了一系列不朽的风俗画，歌颂了俄国军队（尤其是海军）的胜利。在其代表作《君士坦丁堡海峡的俄国舰队》（1799）中，他颂扬了黑海舰队的荣耀，该舰队在海军上将Φ.Φ. 乌沙科夫的指挥下击败了土耳其舰队。伊万诺夫延续了彼得一世时期雕版印刷版画的传统，他对赞歌式的军事版画十分感兴趣。1791 年，伊万诺夫创作了一幅架上水彩全景画（有时长达 1.5 米），庆祝胜利攻克奥恰科夫要塞。对传统技术的采用也反映在历时性的绘画语言上，他模仿彼得一世时期雕版印刷家，描绘了连续的进攻场景。Д. 夸伦吉甚至通过临摹伊万诺夫的作品来提高自己的平面绘画水准，他在临摹伊万诺夫作品的同时还思考了如何在创作中表现古代和当代建筑遗迹的民族特性。法国绘图师 Б. 德拉-特拉弗斯（Б. де ла Траверс）同样也临摹过伊万诺夫的画作。

整个 18 世纪，在欧洲其他国家民众对大国形象的想象中，俄国往往是"一艘启航的船"。18 世纪中叶以来，源源不断的"旅行艺术家"涌入俄国一探究竟。最早访问俄国两个首都（莫斯科和彼得堡）、波罗的海甚至东西伯利亚的人是法国画家和雕刻家 Ж-Б. 列普连斯（Ж-Б. Лепренс）。列普连斯根据自己 1756～1762 年的旅行日志，在巴黎出版了几个系列的关于俄国民俗和日常生活的蚀刻画。18 世纪 80 年代末 90 年代初，Б. 德拉-特拉弗斯正在为他的画册《游历俄国的画家》收集素材，为此他改编了 Ф. 瓦西里耶夫的绘画（此外，他还临摹了伊万诺夫的风景画）。1784～1801 年，英国画家和雕刻家 Д. 阿特金森在彼得堡工作，并在英国出版了几本和俄国题材有关的画册，其中就包括 1803～1804 年版雕版印刷彩色版画集——《俄国的习俗、服装和生活方式》①。这些出版物尽管艺术价值各不相同，但从异域风情的角度来看都是十分新奇的，在欧洲大受欢迎（印刷物在出版第一版后又多次再版，甚至还出现了仿制品）。这些画册在俄国同样脍炙人口，广为流传，这有助于风俗版画的发展。同样受欢

---

① Там же. С. 6–12.

迎的还有斯科罗杜莫夫和 M. 科兹洛夫斯基类似主题的画作。

米哈伊尔·伊万诺维奇·科兹洛夫斯基（Михаил Иванович Козло-вский，1753–1802）是洛森科绘画的最后一位继承者，他是一位装饰艺术家，他在晚年设计了一本俄国民间人物形象画册。他制作的几块蚀刻板和板材保存了下来（《牛奶女工》《采浆果的女子》《渔夫—猎人》）。这些画作揭示了大师令人意想不到的一面，他对时代发展趋势十分敏感。18 世纪 70 年代初，科兹洛夫斯基的《赫克托尔的哀悼》以罗马时代为主题，创作该作品时，洛森科去世的消息传来，他悲痛不已，画中饱含了对恩师的追忆。他在罗马访学的那几年，米开朗琪罗的作品对他产生了深刻的影响，他在构思《俄国浴室》时，画中的人物具有米开朗琪罗创作的人物的神韵。在最后完成的紫檀色素描图中，人物灵动，极具可塑性，造型清晰，轮廓分明，还进行了清晰的人物分组。《俄国浴室》是俄国日常生活主题绘画发展的一个缩影，同时也是艺术创作对人体细致研究的体现。科兹洛夫斯基的画作体现了古典主义的崇高戒律，他将民间生活中的一个普通主题（甚至从当时的美学角度看是一个低级的主题）提升为永恒的美。在 18 世纪 80 年代，他借用历史主题，用史诗般的抒情性诠释自己对平面艺术的理解（《雷古勒斯的告别》《赫拉克勒斯和欧姆法勒》《缪斯》《神圣家族》）。

科兹洛夫斯基的平面艺术杰作包括 1792 年用墨水、钢笔和毛笔在木板上绘制的两幅大型作品：《希波吕忒之死》和《里纳尔多离开阿米达》。这些作品创作于法国，紧张而富有戏剧性的故事情节，明暗对比突出的画面，内涵丰富的人物动作姿态，所有这些都预示了在变革时代，"米开朗琪罗"式的悲情主义将再度回归，它将战胜古典主义。

***

俄国平面艺术的形成与雕版印刷版画逐渐从书籍插画中分离出来息

息相关；早在 16 世纪末 17 世纪初俄国就出现了书籍插画。17 世纪下半叶，俄国平面艺术克服了中世纪教条主义，在新艺术理念的推动下，逐渐成长为一种独立的艺术形式。17 世纪末至 18 世纪早期，俄国平面艺术是最具活力和现代性的艺术形式，在俄国艺术中占据了主导地位。随着俄国艺术领域的扩大，新的门类不断形成，各艺术风格也经历着自己的新老更替。18 世纪，俄国的平面艺术，从类型到技术都得到了广泛的发展——从微型画到全画幅大开本艺术作品，从铅笔画到木炭画，从棕褐色、紫檀色到彩色，技术上有蚀刻、干针法、虚线法、金属版印刷法和水墨蚀刻法等众多手法。俄国艺术家们对最新的审美趋势十分敏感，对最新的启蒙思想和公民理念做出了自己的回应。帝国艺术学院逐渐在欧洲艺术高等教育中拔得头筹，这里造就了俄国艺术的辉煌，历久弥新，继往开来，为俄国艺术黄金时代的到来开辟了道路。

第五章
实用装饰艺术

A.Φ. 什克利亚鲁克

    实用装饰艺术是俄国最为古老的艺术创作形式，在俄国它有着深厚的历史底蕴。城市工匠、首都艺术圈、贵族、农民、农奴艺术家和外国人都对俄国实用装饰艺术的发展做出了卓越贡献。实用装饰艺术广泛存在于俄国社会生活的方方面面，相较于其他艺术，它更功利也更实用。18世纪初，俄国实用装饰艺术走上了一条泛欧主义发展道路，此后俄国实用装饰艺术可谓焕然一新。实用装饰艺术兼具审美价值和精神内涵。当时的知识圈逐渐达成共识：实用装饰艺术让日常生活有所不同，符合新生活方式的要求。在启蒙思想的影响下，俄国文化繁荣进步，手工业和制造业也快速发展。

    18世纪以前，俄国实用装饰艺术的创作者主要为城市工匠和农民艺术家。两者都以传统民间艺术为基础，吸收了多代大师集体经验归纳出一套技术方法，并形成了自己特殊的风格。城市工匠和农民艺术家作品的唯一区别在于原材料和装饰程度。在17世纪末18世纪初，贵族审美的变化带动了新的需求，加上俄国与西欧国家之间贸易往来的扩大，莫斯科、阿尔汉格尔斯克、霍尔莫戈里、大乌斯秋扎宁、沃洛格达和雅罗斯拉夫尔等实用装饰艺术中心的俄国工匠既制作普通装饰物（包括极具艺术性的餐具和家用器皿），也制作西欧风格的装饰品。因此，18 世纪以后的俄国实用装饰艺术远远超出了中世纪传统，其中既包括农民手工制作的普通装饰物，用于满足农民、城市中产阶级和部分贵族的日常需要，也包括那些专供贵族使用的"文化饰品"。二者是 18 世纪俄国实用装饰艺术中单独发展但又联系紧密的两个分支。[①]

国家和私人投资推动了俄国工业的迅速发展，日用的普通装饰物越来越丰富。此时主要工业部门涉及冶金、玻璃制造、瓷器、纺织品、染料，铜、锡、银、半宝石和装饰石，优质黏土等矿藏的发现和开采。此外，日用普通装饰物的进步发展还得益于俄国工匠（包括女工）在实践中积累的大量实用技能——在金属加工、陶器、木雕和绘画、缝纫领域的丰富经验。

新的文化需求催生出 18 世纪俄国新实用装饰艺术，它随着个人生活方式、人际关系、审美情趣的变化而变化，其发展与其他艺术基本一致。室内装修风格基本决定了艺术产品的选择，并推动不同质地的新装饰物的出现。雕塑艺术的流行和工艺进步让新元素渗透到各种装饰艺术中，曾经仅限于玻璃、骨头、镀镍银装饰中的技术现如今可以用到其他材质的物品上。装饰艺术和珐琅彩的微型肖像画有异曲同工之妙。不同内容（肖像、风景、生活和历史等）的画作，都可以改编成版画和珐琅彩画。在木头、瓷器、青铜浮雕艺术方面，常常会使用到小型雕塑装饰品。

彼得一世时期是俄国文化的一个重要转折点，不少外国大师——造船师、版画家、建筑师、陶艺师和服装设计师前往俄国的实用装饰艺术

---

① Ильин М. А. Традиция, национальность, новаторство// Ильин М. А. Исследования и очерки. М., 1976. C. 50-51.

中心授课。俄国本土工匠被派往荷兰、英国、法国、意大利和德国接受各种专业培训。版画家、橱柜设计师、画家、漆艺师在负责建造宫殿的工场、建筑办公室和海军部造船厂等地接受培训。

　　实用装饰艺术学校既是职业技术培训中心也是工厂，负责教学的是外国工匠。这些外国工匠声名远扬，实力过人，因此他们可以拥有自己的助理，招收众多学徒。经过培训和考试，学徒中能力最强的人通常会成为得意门生。在获得师傅的认可后，学徒才能独立工作。[①] 波希米亚版画家瓦西里·皮沃瓦洛夫（Василий Пивоваров）和德门蒂·沃伊洛科夫（Дементий Войлоков）在雅姆布尔和后来的彼得堡玻璃厂工作，同时他们也在工厂招收学徒。[②] 自18世纪20年代起，俄国建立了第一批实用装饰艺术学校和工厂，熟练工匠的子女在厂里学习绘画和绘图技艺，并接受一般通识教育。[③] 虽然教学功利性强，实用装饰艺术学校的成立还是推动了工艺美术教育体系的形成。1725年，这些实用装饰艺术学校划归新成立的俄罗斯科学院管理。[④]

　　17世纪下半叶的俄国实用装饰艺术是在"斯拉夫—巴洛克"的大框架内发展起来的——这是东欧国家文艺复兴后文化发展的一个方向，具体表现在宗教建筑、室内装饰、绘画上。实用装饰艺术中固有装饰性元素"图案"的使用范畴扩大了。图形、纹章和椴木刻版画中图案表现力的进一步增强表明了实用装饰艺术正在逐渐形成一种特殊的风格（斯特罗甘诺夫风格和纳雷什金巴洛克风格），不过此时形成的新风格并没有彻

---

① Коршунова Т. Т. Создатели шпалер Петербургской шпалерной мануфактуры // ПКНО. Ежегодник. 1975. М. , 1976. С. 262-277.

② Апарина Н. Ямбургское стекло// Декоративное искусство СССР. 1974. № 5. С. 52-53.

③ Пронина И. А. Декоративное искусство в Академии художеств. Из истории русской художественной школы XVIII -первой половины XIX в. М. 1983. С. 27-28.

④ Там же. С. 29-43.

底脱离传统形式。[①] 只有所有元素形成一定体系，并在此基础上实现实用
装饰艺术对象的统一，泛欧主义风格才算真正形成。此时的实用装饰艺
术在装饰风格和具体形式上还有着严格的从属关系，具有浓厚的民族性。
图形元素需要和物品本身相契合的审美取向推动了新实用装饰艺术的
形成。

图 5-1　一个狩猎用的木匣（18 世纪初），俄国北部

俄国实用装饰艺术向新风格的过渡是不均衡的。彼得堡地区最先实
现向新风格的过渡。与之相比，莫斯科的实用装饰艺术结构的调整则缓
慢得多，直到 18 世纪中叶各省实用装饰艺术才逐步开始更新换代。

17 世纪，俄国人家中的室内组合套件往往也具备装饰作用。新时期
实用装饰艺术风格取决于室内的整体艺术设计方案，是基于形式、设计、
特征和装饰意义的统一。

---

① Уханова И. Н. К характеристике стиля русского народного декоративно-прикладного
искусства ⅩⅦ-начала ⅩⅧ в. // Русское искусство барокко. М. , 1977. C. 30-42.

18世纪，俄国实用装饰艺术主要为手工艺制品，分为专供贵族的"装饰物"和农民手工制作的民间装饰物。18世纪末，有相当一部分首都和省级珠宝工匠、橱柜工匠和青铜器工匠前往私人工作室或工厂工作。俄国手工艺制品的制造可追溯至17世纪，它依靠精细技术和机械加工来批量创造大众产品。随着艺术工业的不断发展，除了纺织和玻璃工艺外，还包括金属、石头的加工，雪花石、瓷器和辉石的生产。

18世纪俄国实用装饰艺术的发展经历了两个主要时期。第一个时期为17世纪90年代到18世纪60年代，这是实用装饰艺术的起步阶段，更注重产品的造型、寓意和装饰性价值，以巴洛克风格为主，其他风格为辅。

18世纪30~60年代，随着彼得一世开启变革，俄国艺术体系朝着统一形式和视觉语言的方向进一步重组。18世纪30~40年代是俄国实用装饰艺术发展的一个特殊时期，各类装饰物件外观的风格不统一，实用装饰艺术的风格主要取决于建筑的位置、所需装饰物品的原风格和客户的社会背景。大约从18世纪40年代中期起，随着彼得堡宫殿的建设，巴洛克风格在俄国实用装饰艺术中的地位得到加强。18世纪50年代末至18世纪70年代初属于晚期巴洛克—洛可可时期。随着洛可可时代的到来，巴洛克式的寓言被神话和爱情场景取代。洛可可装饰风格还偏好中国艺术元素和自然植物等图案。

18世纪70年代至19世纪，俄国实用装饰艺术和其他艺术一样也向古典主义过渡。18世纪70年代，洛可可的回声偶尔会与仍尚未完全形成的古典主义相应和。到了18世纪80~90年代，俄国的实用装饰艺术具有成熟的古典主义倾向，借鉴了古希腊风格的建筑、雕塑和瓶画艺术，多为仿古图案。

由于农民手工工艺品的发展十分缓慢，相较于专供贵族的"文化工艺品"，它受彼得一世改革中对艺术的革新以及巴洛克风格和古典主义的影响就小得多。此外，从少量现存的和有日期的农民手工工艺品来看，18 世纪的俄国民间实用装饰艺术是实用装饰艺术的一个特例。

***

莫斯科实用装饰艺术家在塑造俄国巴洛克艺术方面发挥了重要作用。17~18 世纪，莫斯科的军械库内聚集着工匠核心小组，其成员是来自各行各业的高级工匠：珠宝工匠、雕刻家、圣像画画家和版画师。从事手工业的自由农民工匠——陶工、铜匠和铁匠，在加工各种材料方面有着丰富的经验。在莫斯科及其郊外建立了俄国第一批玻璃厂和纺织厂。然而，北方战争造成经济困难，国内白银稀缺，另外组建舰队导致工匠迁徙，因此 18 世纪头 10 年里俄国实用装饰艺术十分功利，具有过渡性，其发展主要基于 17 世纪末的艺术遗产。

直到 18 世纪头 10 年，莫斯科的宫殿内饰在空间组织原则和装饰物选择上仍是过渡性的。[①] 巨大的橡木椅和胡桃木扶手椅是室内装饰的主体，这些椅子的椅背和座位上覆盖着天鹅绒、锦缎和皮革，简单的桌子和长凳上装饰着雕刻和彩绘。此外，在室内装潢中还常常使用黄铜吊灯和枝形烛台。这些是 17 世纪下半叶俄国室内装饰的传统物品。只有在个别案例中才有创新，如丘萨河上的莱福尔托沃宫的大厅，其墙壁上悬有毛织挂画，落地镜的镜框布满精美雕刻，还有熠熠生辉的水晶壁灯。不过绝大多数时候，莫斯科的商人、工匠以及各省的贵族家中都保留着旧风格的家具和装饰物。

彼得堡自建成之日起便试图向世人展示一个全新的艺术理念。这既适用于宫廷建筑，也适用于普通建筑。城市经过重新规划呈现全新的面

---

① Евангулова О. С. Светский интерьер Москвы конца XVII – начала XVIII в. // Русский город. Вып. 4. М. , 1981. С. 100-120.

貌。波尔塔瓦战役的胜利带来了新的政治环境，人们可以调动资源来加强彼得堡的城市建设，特别是在公共设施和建筑内部装修方面。彼得堡的城市建设造成了工匠的迁移：一些来自莫斯科军械库（1711）、霍尔莫戈里和其他工艺中心的大师被转移到了新首都。彼得堡的改建工作需要彻底改变传统的装饰方法。一种新的、通过实用装饰艺术来统一室内的装饰方案出现了——开始以一个建筑项目为单位进行整体设计。18世纪头10年，在建筑师的号召下，彼得堡的工匠协会成立了实用装饰艺术中心，并参与宫廷建筑的装饰工作。Ж.-Б.勒布朗在其中发挥了重要作用，1716年，他与一群在创造统一装饰风格方面有着丰富经验的雕刻师、模塑师、铸造师、刺绣师以及一些其他工匠应邀从法国前往俄国。[①] 俄国工匠和学徒在法国工匠领导的车间里被分为若干小组，他们实践经验丰富，快速学会了新技术。正是这些优秀好学的俄国工匠推动了彼得堡一个个宏伟的宫廷建筑的建成。

18世纪初，巴洛克室内装饰的辉煌成果体现在彼得堡郊区工匠的活动中。杰出装饰主义雕塑家尼古拉斯·皮诺和Ж.-Б.勒布朗共同设计了彼得宫的办公室套间（1718~1720），这套办公室可谓是真正的杰作。办公室套间内的橡木雕刻装饰展示了精致而丰富的新装饰艺术。新技术和新风格的引入丰富了俄国既有的民族传统工艺。[②] 皮诺的作品无论是从艺术构思还是最终成果来看，都已经成为衡量室内设计统一程度的标准。旅居俄国的十年间，皮诺除了参与雕塑和建筑艺术之外，他还和自己的俄国学生们共同设计了不少家具、照明工具、陶器、马车和船舶装饰品。[③]

---

① Калязина Н. В. Архитектор Леблон в России （1716 – 1719）// От Средневековья к Новому времени. М. , 1984. С. 94–123.

② Там же. С. 111.

③ Рош Д. Рисунки Н. Пино, предназначенные для России// Старые годы. 1913. № 5. С. 3–21.

俄国实用装饰艺术统一性的另一个代表是彼得宫中蒙普莱西尔宫的漆柜（1720~1722），画家伊万·季哈诺夫、佩尔菲利·费奥多罗夫等人参加了漆柜的制作，他们是隶属海军部的"漆器学徒"。[①] 彼得宫办公室套间的装饰和漆柜装饰是18世纪初俄国对远东艺术热情的典型表现。彼得堡的贵族们特别喜欢镶金黑漆家具：桌子、凳子、扶手椅、带铰链盖的小柜子、橱柜、放文件和贵重物品的柜子。蒙普莱西尔宫的漆柜是俄国工匠们的一个代表作，它在许多方面都是独一无二的。俄国工匠掌握了新的绘画技术，不仅制作了单个物品，还制作了极具室内装饰性的装饰画——漆板。

彼得堡第一批宫廷建筑和郊区庄园的室内装饰体现了18世纪俄国人对室内空间、物体和整体功能的全新艺术理解。人们根据用途划分宫廷建筑内的房间，设置了正式的房间、餐厅、办公室和卧室等不同区域，根据不同房间的需要对家具进行区分，并使用了许多对俄国人来说十分新颖的家具，如软垫沙发、欧式帷帐大床、镜子、书桌、抽屉柜、各种衣柜（书柜、办公柜等）。此时的俄国工匠基本上摒弃了既定的、早期的俄国传统家具、织物、陶器、金属和玻璃器皿。不过，他们还面临一个尖锐的问题。18世纪初期，俄国的审美并不统一。宫廷建筑的家具需要具备17世纪末法国巴洛克风格的表现力：家具上覆盖着镀金的雕刻，外表面用天鹅绒、特殊的锦缎或手工刺绣等布艺包裹起来，此外还镶嵌着骨、珍珠、龟甲和黄铜等装饰物。勒布朗和皮诺向俄国人展示了巴洛克装饰的多样性，实用装饰艺术逐渐形成了，即所谓的摄政风格。在英国和荷兰，在巴洛克风格的基础上，发展了更多的理性主义形式——使用木雕、镶嵌和绘画进行装饰。这时俄国室内家具的选择受制于快速完成彼得堡重建工作的现实需要，只能依靠实践经验。大多数家具的装饰仅

---

① Уханова И. Н. Русское лакирное дело в XVIII в. // Культура и искусство XVIII в. Л. , 1981.

仅是木雕（通常为胡桃木或橡木）和打蜡。此外，俄国工匠们还借鉴了英国和荷兰实用装饰艺术设计，用油彩（或蛋彩绘画）和石膏雕刻进行装饰。

俄国巴洛克室内装饰艺术具体体现在 18 世纪 40~50 年代弗朗切斯科·拉斯特雷利的作品中，其作品标志着俄国室内装饰艺术的成熟。莫斯科、彼得堡以及首都郊区的木制和石制宫廷建筑的内部装修都是在他的设计和直接监督下完成的。为伊丽莎白·彼得罗芙娜女皇的加冕庆典（1742）而准备的莫斯科冬宫王座厅是借助实用装饰艺术完善室内装饰的一个范例。王座厅由一个宴会厅和一个带厢座的舞厅组成。皇冠状的桌子周围环绕了一圈花束和温室植被，桌子和厢座周围都放置了休闲家具。王座厅第一次使用了各种吊灯、壁灯与镜子相结合的方式进行装饰。弗朗切斯科·拉斯特雷利的惯用手法是在窗户前对称地放置一系列镜子来扩大宫殿内部空间。吊灯和壁灯被放置在通过镜子放大的空间内，能够增强光线效果，就像彼得宫房间（1747~1752）所布置的那样。

巴洛克室内装饰中大量使用了雕花镀金和彩绘木制家具。最初，这种装饰法只存在于浅层雕刻、藤蔓图案装饰的个别物品中。雕花镀金技术的引入让家具看起来就好像铸造的压花金属制品。家具上点缀着密密麻麻的雕花装饰实现了物与物之间平滑的过渡——从家具向墙壁过渡，从墙壁向灯的表面过渡。18 世纪 50 年代，弗朗切斯科·拉斯特雷利为皇村、斯特罗甘诺夫宫和彼得堡的冬宫设计了不少家具。宫廷建筑群中的家具、照明工具和其他家具组合中的装饰元素变得更加丰富多彩。这一时期的家具装饰淋漓尽致地展现了雕刻艺术的奢华性。装饰元素对称排列，辅有装饰性构图和寓意性图案。

雕刻丰富的家具一般非常脆弱。根据 18 世纪同时代人的回忆，即使是宫廷建筑内也没有添置太多此类物品，它们主要起装饰作用。在 18 世纪下半叶，胡桃木和桃花心木的家具很常见，这些家具的腿是直的或略微弯曲的，背部有雕刻，这体现了英国巴洛克"简约化"的审美情趣。这些家具是由海军部和建筑办公室的雕刻师和细木工制作而成的。这些人大多有在彼得堡手工工场工作的经验，还有些人以前在西欧国家接受过培训，了解如何装饰木制品和制作家具。[①] 生活在奥赫塔地区的工匠有着高超的专业技能，他们常常负责宫廷建筑的室内装饰。

园林景观建筑如贝壳形石洞、凉亭、狩猎亭等，通常会选取锻铁作为家具的材质，园林里的家具主要包括扶手椅和其他椅子，它们仿照木制家具，具有光滑的高背和略微弯曲的腿（"卡布利奥"）。在沙皇的郊区庄园里有着不少产自图拉的可折叠铁质家具。图拉长期以来一直以金属制品闻名。18 世纪中叶，图拉工匠的手工艺尤其是铁质工艺炉火纯青。18 世纪 40 年代，图拉工匠们设计制作了装饰着"草木"图案的折叠扶手椅。[②] 这些工艺品虽然略显笨重，但其表面的镀金装饰还是给人独特的和谐感。

相比于彼得一世时期，巴洛克室内照明体系和其他室内陈设的风格越来越统一了，特别是带有木雕装饰的冬宫落地灯。自由木匠 Я. 威斯特沃和 И. 罗德汉斯根据弗朗切斯科·拉斯特雷利的设计图纸雕刻了冬宫内的落地灯。[③] 亚历山大·涅夫斯基大教堂亚历山大·涅夫斯基墓旁的银质落地灯（1752 年，藏于埃尔米塔日博物馆）的创作者既是一名首饰匠又是一名雕刻家——他使用了旧木制模型雕刻灯具。其作品有着浓郁的巴洛克风格，增强了俄国实用装饰艺术的造型感和装饰性。

18 世纪中期，俄国实用装饰艺术风格从巴洛克进一步向洛可可过渡。18 世纪 50~60 年代，成熟的洛可可风格形成，并在俄国盛行。成熟的洛可可风格主要集中在家具、照明设施，以及有色金属和贵金属制品、珠

① Матвеева Т. М. Убранство русских кораблей. Л. , 1979. С. 9-10.

② Малченко М. Тульские «златокузнецы». Л. , 1974. С. 22-24.

③ Орлова К. А. Деревянные торшеры, исполненные в середине XVIII в. для Зимнего дворца// Сообщения ГЭ. 1977. Вып. 42. С. 27-29.

宝、陶瓷和纺织品等领域。

安东尼奥·里纳尔迪是公认的建筑大师，他将洛可可风格的丰富内涵发挥到极致。这位意大利建筑师自1754年开始就在彼得堡工作。在奥拉宁鲍姆，俄国工匠们根据安东尼奥·里纳尔迪的既有设计在每座建筑中进行了新的创造，其中实用装饰艺术发挥了重要作用。彼得三世宫殿的大厅（1758~1762）因家具套件和内部装饰独特的完整性而引人注目，其中一些雕刻和漆画中还包含了东方元素。里纳尔迪对中国的宫廷建筑兴趣浓厚，成套的装饰品、彩绘天花板、墙面装饰和实木地板风格统一，共属于一个装饰系统。奥拉宁鲍姆内成套的寓言性瓷器组（共40个）颂扬了俄国舰队在切斯马战役中的胜利，丰富了室内装饰艺术的文化内涵。墙上托架上的雕塑，是德国萨克森州迈森工厂的工匠们于1772~1775年制作的。[1]

进入洛可可时期后，桌椅家具变得更加精致。桌椅家具主要由软木制成，表面经过了着色处理或镶嵌了镀金装饰物——所有的装饰物都由小型贝壳、橡树叶和五瓣花冠图案组成。家具也根据用途做了进一步的区分。到了18世纪70年代，俄国出现了独具特色的"阿拉蕾"扶手椅（"女王"椅）、带有弧形椅背优雅的轻型椅子"卡布利奥"、带有巨大"遮阳篷"便于白天放松的细长躺椅。"波兰式""土耳其式""公主式"的床具常常放置在主卧和带落地窗台的卧室，根据摆放的房间不同，床摆放的位置和帷帐的款式也有所不同。

洛可可风格的室内装饰在橱柜家具方面也很突出——衣柜、抽屉柜、带有神话主题的多色挂画套装（包括英勇的战斗场景和自然风光）的办公柜。类似的绘画装饰图案还出现在当时的瓷器和刺绣中。洛可可风格的室内家具装饰十分注重细节，追求一种自然主义，装饰图案往往与室

---

[1]　Кючарианц Д. А. Антонио Ринальди. Л. , 1976. C. 90-133.

内整体绘画基调（壁画、门廊和静物挂画）完美协调。橱柜各部分材质虽不相同，但书桌和抽屉柜基本镶嵌着精美图案。

除了落地灯，为大厅提供照明的还有悬于天花板优雅的玻璃吊灯。玻璃吊灯在不同的时间效果也不同——白天五彩缤纷，晚上熠熠生辉。和家具一样，室内照明系统也经过了精心规划，摆放位置十分讲究。会客厅内通常悬挂吊灯，若是天花板已经装饰精美壁画，该房间通常只会放置落地灯。成对的壁灯对称排列。镜子可以反光，常常与玻璃吊坠一起安装在吊灯的金属链条上。人们还在室内摆放了银质烛台，不过它很快就被镀金的青铜器和瓷器所取代。除了银制餐具和瓷制餐具套装，玻璃吊灯也能增添餐桌上的节日气氛。

俄国各省的室内装饰受到了传统与现代的双重影响，根据自身需要进行了相应的舍取。此时，有关实用装饰艺术并带有插图的书籍传播广泛，俄国人逐渐对西欧学院派艺术熟悉起来。

巴洛克时代，俄国装饰艺术的发展主要是不断丰富造型语言，注重发扬个性，保留了自身独特的审美取向，成为18世纪俄国艺术体系的一部分。18世纪上半叶，彼得堡地区的实用装饰艺术正是如此。彼得堡的实用装饰艺术家们在一些领域追随西欧脚步，删去了装饰中更具有民族性的成分。他们在普遍艺术规范的基础上，进一步创造出新的艺术技巧和设计方案，其作品的商业性更强了。不过，18世纪俄国实用装饰艺术仍继承了民间装饰艺术的传统。旧艺术中心的能工巧匠们是传统民间装饰艺术的继承人。彼得堡的艺术氛围对延续传统也发挥了一定的作用，灵活地将俄国顾客的不同品位、外国大师的个人特色和以年青一代为代表的新俄国艺术家的创作能力结合了起来。他们既运用了所学专业知识，也不忘挖掘民族传统，赋予"老莫斯科式"银器、"伊兹梅洛夫式"玻璃制品等旧概念新的内涵，以此强调历史传统是俄国民族存在的基础。

接下来简单介绍一下18世纪俄国珠宝艺术的发展。直到18世纪中叶，西伯利亚银矿才开始被大规模开采，缓解了俄国的白银短缺，在此之前制造银器还主要通过熔化硬币或旧物品。18世纪初，各类军事活动造成了贵金属紧张，银器的数目自然也不多，其形式和装饰都很简单。简洁的造型，光滑的雕刻装饰，符合18世纪头几十年的贵族审美。[1] 但这种风尚并没有持续很长时间。随着巴洛克风格的发展，人们开始从对简洁朴素形式的追求转向了对繁复装饰的偏好。"螺纹（Резьба）[2] 和黑银（ЧЕРНЬ）[3] 是16~17世纪俄国银器主要的装饰方式。但是到了18世纪，富有层次感的植物浮雕装饰成了银器的主要装饰方式。后者多用于装饰外形复杂的新式银器，更能满足新生活方式的需要——搭配新的食物和饮品，与新的个人物品和其他室内装饰品相得益彰。"[4] 此时涌现出了不少新式银器，除了盘和碟，还出现了手锤、咖啡壶、汤锅、糖碗和其他形式的银器制品。

　　整个18世纪，彼得堡银匠从来自传统中心的熟练工匠身上学到了不少知识，这对彼得堡银器艺术流派的形成具有重大意义。来自莫斯科和大乌斯秋格的银匠将压花、雕刻和镀镍的技术用在了彼得堡的银器工艺中。彼得堡的外国艺术家对俄国珠宝艺术的发展功不可没。他们精通俄国本土建筑艺术，在旅居俄国的过程中，不断和俄国人交流互动，摸清了俄国顾客的喜好。这些外国珠宝艺术家作品的风格通常具有一致性，以丰富的装饰和极具表现力的造型而著称。

---

① Бериякович З. А. Русское художественное серебро ⅩⅥ－ⅩⅩ в. в собрании Эрмитажа. Л. , 1977. С. 5-22.

② 螺纹是俄罗斯一种传统金属加工工艺，通过钢刀在金属表面如素描一般绘制精美的纹路进行装饰，类似于一种浅浮雕。

③ 黑银是一种独特的金属加工工艺。黑银实际上是一种银、铅、硫合金，将合金碾成粉末后润湿涂抹在器皿雕刻凹槽中，高温烧制后会和器皿外表面紧密黏合。该金属加工工艺在俄罗斯北方地区广泛使用，18世纪和巴洛克艺术相结合，成为一种独具特色的银器加工工艺。

④ Постникова-Лосева М. М. Русское ювелирное искусство, его центры и мастера ⅩⅥ－ⅩⅨ вв. М. , 1974. С. 156.

图 5-2　银器茶杯（1742）

　　18 世纪中期，俄国的银器制造业蓬勃发展。通过组合铸造、冲压、锻造和雕刻工艺，贵金属装饰艺术有了更丰富的表现形式，更利于展现巴洛克式艺术的层次性。晚期巴洛克银器的经典作品是伊万·利伯曼的"新首席餐具套装"（1739~1740 年，藏于埃尔米塔日博物馆）和"彼得餐具套装"（18 世纪 50 年代，藏于埃尔米塔日博物馆）。1755 年，在彼得堡制作了一个独特的纪念品——授予 И. 奇尔金的汤勺勋章（藏于埃尔米塔日博物馆）。

　　除了那些专供沙皇宫廷和少数俄国精英的精美绝伦的珍稀物品外，彼得堡的工匠也为普通民众创作了一些更具实用性的生活用品。这些工匠发扬了俄国银器工艺的传统，特别是莫斯科和其他传统艺术中心熟练工匠的传统。

18世纪初期，莫斯科的银匠延续了传统，与彼得堡的大师们相比，他们并没有那么急于采用泛欧主义的艺术形式。莫斯科银匠主要为富有的城市居民制作银器，以17世纪末的方式进行装饰。螺纹更能展现出平面艺术之美。这些银器的装饰给人一种轻盈而优雅的感觉。黑银作为一种银器装饰工艺，与螺纹结合，特别受莫斯科银匠的青睐，这一偏好一直延续到了18世纪末。

莫斯科的珠宝制造业还采用手工生产，直到1751年在莫斯科才出现了第一家珠宝制作工厂。商人瓦西里·昆金是工场创始人，18世纪40年代中期他从大乌斯秋格的米哈伊尔·克里姆辛那里学会了黑银装饰工艺，此外他还从乌索维切戈斯克的珐琅师雅科夫·波波夫那里习得了"珐琅技艺"。昆金雇用了大约70名工匠，直到1761年工厂关门，他一直拥有用黑银、螺纹、压花和珐琅技艺制造教堂银器的特权。[①]

同样是1761年，在大乌斯秋格（俄国最古老的金属加工中心），商人阿法纳西耶夫和斯捷潘·波波夫共同建立了一个专门生产黑银和珐琅制生活用具的工厂。该工厂一直运营到了1776年，生产各种鼻烟壶、咖啡壶、高脚杯、茶壶、冲洗器、盥洗盆，几乎囊括了所有洛可可风格生活用具，这些生活用具用珐琅彩进行装饰，配以带有一定主题的金银雕刻镶边——这种金银雕刻镶边在18世纪后期对俄国餐具形式和装饰艺术的发展意义深远。[②]

俄国省级城市中新巴洛克风格的代表是乌拉尔工厂生产的有色金属制家庭用具。18世纪30年代以来，国营和私营企业40多年里一直大规

---

① Постникова-Лосева М. М. Указ. соч. С. 151-152, 197.

② Там же. С. 197; Хабарова М. Эмаль Великого Устюга// Декоративное искусство СССР. 1973. № 6. С. 56-57.

模生产餐具。最初，乌拉尔工厂生产的金属餐具还有 17 世纪下半叶俄国民间手工制品的影子。最开始，工厂生产的陶瓷、银器品种较少，但随着新风尚的传播和居民对各类生活用具需求的上升，工厂开始生产茶壶、咖啡壶、茶炊、茶杯、茶碟和搅拌勺等生活用具。乌拉尔工厂生产的第一批茶炊并不是普通的旧俄式茶炊，而是以 18 世纪中叶英国茶炊为原型改进后的新式茶炊——盛放开水的内胆可取出。新茶炊与俄国传统的黄铜茶炊外观相似，都带有花纹。俄国传统茶炊外部的装饰有动物、贝壳、植物螺纹和其他巴洛克图案，乌拉尔工厂生产的新茶炊还增加了马约利卡彩陶、珐琅和黑银装饰。

图 5-3 珐琅彩首饰盒（18 世纪中后期）

德米多夫工厂、奥索金工厂和图尔恰尼诺夫工厂的产品从乌拉尔地区一路远销到俄国中部广大地区，包括伏尔加地区，在那里销售的产品还引入了新的巴洛克样式。有时候，产品里还运用了俄国传统木雕装饰和彩绘工艺。

18世纪，在俄国还发行了一些注明珠宝制品生产基地的城市邮票和带有工艺品设计者姓名两个或三个首字母的"人物"邮票。这些邮票有助于研究人员破译许多无名工匠的真实身份。18世纪中叶至下半叶，俄国熟练工匠中的杰出代表是雅科夫·马斯林尼科夫（Яков Масленников）。他来自莫斯科，发扬了洛可可风格和古典主义的传统，形成了自己独特的风格。雅科夫·马斯林尼科夫的所有现存作品——勺子、茶具和教堂用具（分别藏于俄国国家美术博物馆、国家艺术博物馆、国家现代艺术研究所），与彼得堡的珠宝匠的产品相比，具有别致的精美感，他对洛可可风格和古典主义风格有着更为深刻的理解，其作品十分端庄。

巴洛克珠宝艺术与雕刻艺术、绘画的关系具体呈现在雕塑、寓言性绘画艺术、《圣经》主题和以世俗场景为特色的餐具装饰中。莫斯科珠宝匠喜欢在自己的作品中使用叙事性图像。有时这些叙事性图像有着明显的平面艺术特色，类似当时民间广泛存在的廉价流行版画，不过得益于这些版画，我们才能重新还原18世纪俄国城市居民的日常生活图景。

新世俗文化的特殊性以及各种艺术和手工艺的相互作用在徽章和鼻烟壶中体现得淋漓尽致——这些珠宝首饰上装饰着珐琅彩。赐予贵族君主画像是俄国的一种新风尚，受到赏赐的贵族通常会小心翼翼地将画像珍藏起来。后来只有高级官员才可以佩戴沙皇胸像徽章，特别的徽章往往还被用来传达特别的指令。印有君主肖像的珍贵鼻烟盒也是一种沙皇赏赐。

微型画画家格里戈里·穆西基斯基（Григорий Мусикийский）为俄国世俗珐琅画奠定了基础。[①] 穆西基斯基最早临摹了各类经典肖像画（例如，由Ⅲ. 布阿特所作的彼得一世椭圆肖像画被广泛应用到各类徽章上，

---

① Комелова Г. Н. Первый русский миниатюрист-Г. С. Мусикийский // Русское искусство первой четверти XVII в. М. , 1974. С. 168-182.

该肖像画创作于 1707 年，现藏于俄国国家美术博物馆），不过随着不断临摹和学习，穆西基斯基逐渐形成了个人风格。他的代表作为包括彼得三世和叶卡捷琳娜二世在内的椭圆肖像画，这幅微型肖像画似乎是用来装饰鼻烟壶的（1723~1724 年，藏于埃尔米塔日博物馆）。穆西基斯基在微型肖像画方面技艺精湛。原始构图拉长后背景空间更大了，高超的色彩运用使穆西基斯基的作品成为肖像画和实用装饰艺术融合的典范。

以 A. 奥夫索夫（A. Овсов）的作品为标志，俄国巴洛克微型画的发展进入一个新阶段，奥夫索夫创作了大量人物半身肖像画。[①] 18 世纪 30 年代，珐琅画大师们继续为徽章、圣母小像（主要挂在胸前且饰有宝石）和福音书绘制微型肖像画和圣像。俄国人对珐琅画的兴趣在整个 18 世纪都十分高涨。经过改编后的肖像画装饰在各种各样的日用品和珠宝上——徽章、戒指、胸针、手镯、鼻烟壶、盒子和箱子。微型画的外框也变得越来越华美，进一步强调了巴洛克风格。

珠宝不仅是首饰，也是服装的一部分。用珐琅、宝石和黄金装饰的扣子、发夹、针线盒、香水瓶、鼻烟盒、怀表链以及梳妆盒链都与服装风格和当时的审美取向相一致。

18 世纪 40 年代，И. 波齐尔（И. Позье）来到了彼得堡，很快他成为宫廷御用珠宝工匠。[②] 波齐尔是一个优秀的珠宝工匠，十分擅长宝石组合装饰，很快就小有名气，并承接了不少商业委托。波齐尔的才华在 18 世纪 40~50 年代达到了顶峰，当时他创作了大量钻石首饰。他的作品"花束"（衣服装饰物）至今仍是国家冬宫博物馆的一项镇馆之宝。1762 年，他为叶卡捷琳娜二世的加冕仪式制作了一顶大型帝国皇冠（军械库内钻石展藏品）。镶嵌在镂空框架上的钻石和成排的珍珠使王冠有一种轻

---

① Комелова Г. Н. А. Г. Овсов-миниатюрист петровского времени // ПКНО. Ежегодник. 1975. С. 250-258.

② Записки придворного бриллиантщика Позье о пребывании его в России с 1729 по 1764 г. // Русская старина. Т. I. Спб. , 1870. С. 48-127.

盈和优雅的感觉，是典型的洛可可风格。

在 18 世纪的俄国实用装饰艺术中，陶瓷艺术占有重要地位。18 世纪的俄国陶瓷艺术承前启后，其辉煌成就离不开悠久传统。人们对五颜六色的瓷砖和各类陶瓷餐具的追捧促进了 18 世纪俄国陶瓷艺术的进步和发展。

18 世纪初，俄国的陶艺师仿照荷兰代尔夫特地区的陶艺师，在白色不透明搪瓷背景上使用蓝色钴绘制单色画，这种陶瓷工艺很快在俄国流行起来。带有主题装饰画的代尔夫特瓷砖（与俄国传统瓷砖不同，它们的背面没有起支撑作用的骨架）用于装饰彼得堡第一批宫廷建筑：彼得宫、瓦西里岛上的缅希科夫宫和其他宫廷建筑。

18 世纪头 10 年，彼得堡成为陶瓷工艺中心。砖厂内设置了陶瓷生产部，大规模生产釉面砖。在生产陶瓷的锅炉附近残存的极具表现力的壁画中研究人员发现了建筑景观、风俗场景和首都建筑的装饰性图案，这表明当时的俄国陶艺师已经掌握了最新的专业技能。[1] 自 18 世纪 20 年代起，彼得堡的工匠们开始生产陶瓷花瓶，它体现了巴洛克陶瓷艺术的可塑性。[2] 1720~1721 年，斯特雷纳工厂的陶瓷工匠为了生产新型瓷器，曾尝试借助进口黏土来改善工艺。[3]

由于缺乏高质量的原材料，18 世纪 30~40 年代彼得堡陶瓷工厂里几乎不生产陶瓷餐具。1752 年，人们在新涅夫斯基砖厂的基础上新建了一个陶瓷厂。到了 18 世纪中后期，莫斯科成了俄国陶瓷生产中心，主要生产华美的格热利陶瓷。1724 年 A. 格雷本希科夫在莫斯科建立了一个陶瓷

---

[1] Калязина Н. В. Меншиковский дворец-музей. Л., 1982. С. 39；Баженова Е. Первые Зимние дворцы и Эрмитажный театр // Сообщения ГЭ. 1980. Вып. 45. С. 38–42.

[2] Коренцвит А. В., Сергеенк о И. И. О майоликовых вазах-цветниках из раскопок Летнего сада и о керамисте петровского времени И. П. Алабине // ПКНО. Ежегодник. 1982. Л., 1984.

[3] Ис историй руский керамикиистекла XVII – XIX веков // Труды ГИМ. Вып. 62；М., 1986. С. 69.

厂，由于生产技术的改进，18 世纪 40 年代陶瓷厂开始大规模生产点缀蓝紫色白釉的瓷器。[①] 这些物品的形状和泛欧装饰性绘画技术的使用反映了俄国陶瓷工艺对巴洛克风格的吸收。18 世纪 40 年代末，A. 格雷本希科夫工厂声名远扬，它主要为宫廷制作陶瓷制品。不过此时莫斯科也出现了一批为居民生产生活用品的陶瓷厂。比如苏哈列夫兄弟工厂，它在 18 世纪 50 年代主要生产彩绘鸟形器皿，其中一个鸭子形状的扁平器皿现藏于国家冬宫博物馆。[②]

巴洛克建筑不再专注于外墙装饰，而是在室内装饰上大量使用装饰性瓷砖。单调的蓝白瓷砖曾风靡一时，不过没过多久，室内装饰性瓷砖的颜色变得更为丰富多彩了。蓝色、棕色和黄色是室内瓷砖的主要颜色。在瓷砖上，人们绘制版画风格的人物、神话英雄和动物。画面的中心部分是装饰性花、涡纹和植物藤蔓图案，有时还伴有几句诗文。瓷砖光滑的表面有利于绘制图画，同时也利于各种图案自由组合。俄国人喜欢用色彩斑斓的瓷砖拼成一个完整画作，这些瓷砖画引人入胜，让人忍不住驻足观赏。莫斯科瓷砖工艺推动了俄国瓷砖艺术的发展。18 世纪中期，在莫斯科内有 20 多家瓷砖、陶器工厂。[③] 这些工厂内的工匠继承了俄国民间艺术传统，创造了富有表现力的作品，他们往往在传统的基础上对巴洛克进行重新解释。[④]

18 世纪上半叶，莫斯科和格热利地区继续为普罗大众生产简单的铁制品和覆盖着彩色釉料的器皿：水壶、格瓦斯罐、酒桶和茶杯。这些产品虽然继承了俄国传统陶器和金属器皿的一些特征，但总体上还是受新

① Салтыков А. Б. Первый русский керамический завод // Салтыков А. Б. Избранные труды. М. , 1959. С. 303-333.

② Никифорова Л. Р. Красочная и ценинная фабрика братьев Сухаревых Ц Труды ГЭ. Т. 15. Русская культура и искусство. Вып. 3. Л. , 1974. С. 152-160.

③ Из истории русской керамики и стекла. С. 65-67.

④ Балдина О. Д. Русские народные картинки. М. , 1972. С. 186-190.

风格影响有所变化。18 世纪中期，彼得堡成为欧洲第三个"瓷都"。18
世纪 40 年代末，M. B. 罗蒙诺索夫的同事 Д. 维诺格拉多夫进一步改进了
陶瓷制作工艺。[①] 他创造了一种质量不亚于当时的萨克森瓷器和维也纳瓷
器的硬质瓷器。早先俄国的瓷器在风格上并不一致，甚至在形态上盲目
模仿东方或西欧的瓷器。维诺格拉多夫研发的新瓷器制作工艺对造型、
颜色选择、画工和原材料提出了新的要求，提升了俄国产瓷器的整体
质量。

彼得堡瓷器制造厂出产的第一件代表作品是伊丽莎白·彼得罗芙娜
女皇的个人餐具，整套餐具用模制花环进行装饰。餐具的艺术表现形式
和整体风格十分统一，这是因为各种形式的餐具（盘子、勺子、杯子）
都使用了压花的花架网进行装饰，有着一致的精致配色。此外，这套餐
具的独特之处在于其独立的设计方案（尽管存在一些元素借用）。

彼得堡瓷器制造厂生产的产品主要有酒瓶、酒杯、油盒、花瓶、烛
台和瓷器雕塑等，代表产品是鼻烟壶。沙皇将鼻烟壶作为礼物赠给朝臣
们以表彰他们的服务，此外鼻烟壶也是俄国人走亲访友必备的小礼品。
鼻烟壶的瓷器外观上装饰着鸟类、花卉、勇士的战斗场面和一些东方主
义的图画，颇具洛可可风格。这些微缩画由珐琅彩画大师和"绘画学徒"
制作而成。[②]

1765 年后，彼得堡瓷器制造厂改名为帝国瓷器制造厂，此时是工厂
的"维诺格拉多夫时期"。彼得堡瓷器制造厂所产瓷器的艺术形式趋于成
熟，工厂的生产技术也得到了进一步的提高。

玻璃制品是俄国实用装饰艺术的另一大产品，它根植于民族传统，
在 18 世纪初玻璃工艺品的生产就初具规模。莫斯科郊外伊兹梅洛夫国营

---

① Никифорова Л. Р. Родина русского фарфора. Л. , 1979. С. 32–58.
② Там же. С. 64–66；Салтыков А. Б. Фарфор // Русское декоративное искусство. Т. 2. М. ，
1963. С. 544–545.

工厂的工匠掌握了高超的玻璃制造工艺。伊兹梅洛夫国营工厂的产品以高质量和多样化而闻名，此外工厂还生产吹制的陶瓷制品——水壶、杯子、玻璃杯、照明设备（灯和烛台），以及既可以陶瓷形态也可以金属形态呈现的传统器皿——酒壶、煎锅、盘子和水壶。伊兹梅洛夫国营工厂生产的玻璃制品可塑性强，体积大，外观时髦，比如"小丑"高脚杯。17~18 世纪，伊兹梅洛夫国营工厂还逐渐用玻璃雕花来装饰茶杯和酒杯。[1]

18 世纪 20 年代，随着亚姆堡工厂和扎宾斯克工厂的建立，俄国的玻璃制造中心逐渐转移到了彼得堡（1710）。[2] 亚姆堡工厂主要生产玻璃艺术品，它因高水平的雕花和独创的设计而备受关注。雕花是玻璃艺术品的灵魂，使其不同于普通的玻璃制品。玻璃雕花体现了对物体本质的新理解，一般来说，这些花纹和图案都有特殊含义。玻璃艺术品上有时还会有奉献性、礼赞性和教化性的铭文，标注了与重大历史事件有关的人名缩写和日期。和当时的其他艺术品一样，玻璃雕花中的主题图像主要源自雕版印刷书籍中的寓意性插图。

亚姆堡工厂停止运营后，彼得堡玻璃厂成了俄国玻璃艺术品的主要产地，创造了各式各样的玻璃工艺品。工厂运营 30 年以来，彼得堡玻璃厂的产品一直以体形相对较小的水杯、酒杯、镜片和开瓶器为主。到了 18 世纪 60 年代，随着俄国餐具尺寸的缩小，工厂才慢慢丰富产品种类，开始大规模生产高脚玻璃酒杯和薄壁酒杯。18 世纪 30~40 年代，主流的餐具装饰艺术为奢华的巴洛克装饰，君主微型肖像画被帝国字母图案和名称缩写环绕。随着洛可可风格的流行，玻璃艺术品的装饰性更强了。洛可可时期，俄国的玻璃艺术品上装饰着肖像画、建筑景观、风俗画、

① Ашарина Н. А. Русское художественное стекло // На рубеже двух веков Труды ГИМ. Вып. 47. М.，1978. С. 66-68.

② Из истории русской керамики и стекла... С. 6-7.

景观画和圣像画，在构图上接近于版画。彼得堡玻璃厂的玻璃艺术品是众多能工巧匠的智慧结晶，既体现了俄国工匠独特的传统雕花技艺，也体现了受外国大师风格影响"舶来"的精细装饰工艺。彼得堡玻璃厂继承并发扬了亚姆堡工厂的玻璃雕花艺术，正因如此，其产品具有一种独特的美。

18世纪中后期，俄国中部省份出现了不少私营玻璃厂，它们进一步完善了俄国玻璃生产体系。马列茨和涅姆钦诺夫斯基地区的玻璃工厂，遵循俄国玻璃艺术品发展的基本趋势，面向更广阔市场有选择地发展了特定的装饰技术，这是俄国工厂生产主动性的体现。[①] 这些地方性私营玻璃工厂促进了巴洛克风格在实用装饰艺术各个领域的传播。随着古典主义的新审美规范的到来，人们对玻璃雕花工艺的兴趣逐渐淡去，古典主义玻璃艺术审美偏爱器物的形态美。

除了玻璃器皿之外，俄国的玻璃厂还生产许多吹制的绿色或透明玻璃瓶、水壶、酒瓶和瓶盖。玻璃器皿的形状和装饰（压印石、螺旋线）取决于制作工艺。整个18世纪上半叶，一些私营工厂还为这些吹制的玻璃器皿装饰了彩色的珐琅。[②] 彩绘玻璃源于东欧的城市文化。在俄国，彩绘玻璃与巴洛克瓷砖都带有大众文化的印记，因为它与精美的城市民俗文化紧密相连——主要是民间木刻版画，并且服务于特定人群。从器皿落款来看，这些彩绘玻璃的主人通常是商人和富有的公民。

俄国国内此前并没有编织挂毯的传统。对于挂毯编织艺术来说，法国和佛兰德斯的工厂是当之无愧的先驱。挂毯的生产工艺非常复杂，首先需要有"模型"（框架草图）、平面设计图纸、适当的设备和优质材料，

① Долгих Е. Мальцевское гравированное стекло ⅩⅧ в. // Декоративное искусство СССР. 1979. № 3. С. 33 – 35; Яглова Н. Т. Художественное стекло заводов Немчиновых ⅩⅧ в. // Сообщения ГРМ. Вып. 4. Л. , 1959. С. 42–45.

② Ашарина Н. Русское народное стекло // Декоративное искусство СССР. 1974. № 1. С. 56–57.

图 5-4　玻璃罐（18 世纪下半叶）

特别是染料。挂毯编织业是一项劳动密集型且耗资巨大的艺术行业，需要君主的大力支持。法国 1685 年废除南特敕令后，不少胡格诺派编织工匠逃离法国。加上连年战争造成的经济困难，法国的挂毯生产量持续下降，不少工厂不得不关闭。许多有经验的法国工匠失去工作后便移居俄国，为俄国带来了挂毯编织工艺。

　　1717 年，彼得堡挂毯编织厂成立。在组织分工方面（学徒、编织工匠），它完全符合当时最新的生产规范。①

---

① 　Коршунова Т. Русские шпалеры. Петербургская шпалерная мануфактура. Л. , 1975. С. 5-33.

　　俄国最早的挂毯更像是舶来的绘画艺术，主要起装饰作用，与建筑本身没有什么联系。在室内，这些挂毯与绘画作品一起充当装饰物。18 世纪 20 年代前，彼得堡挂毯编织厂生产了不同主题的挂毯：战斗、肖像、静物、叙事和纯装饰性。这些挂毯展示了挂毯编织工匠的高超技巧，体现了他们对平面艺术装饰性的新理解，在色彩方面个人喜好突出。此时挂毯编织艺术的代表作品是 Ф. 贝加莱桑和 И. 科比科夫以波尔塔瓦战役为主题制作的挂毯《波尔塔瓦战役》（1722 年，藏于埃尔米塔日博物馆）。这是一幅以战斗为背景的君主马术肖像——对当时的俄国来说是一种新的构图形式，称得上挂毯编织艺术史上里程碑式的作品。挂毯丰富的色彩体现了其选材质量之高，包括衣用羊毛和名贵染料。

　　彼得堡挂毯编织厂工匠技能不断提高，随着 18 世纪 30 年代末至 40 年代生产规模的扩大，工厂开始生产一系列装饰性挂毯。大画家 Д. 索洛维耶夫的名作也被改编成了挂毯编织作品。一些挂毯编织工匠将弗朗切斯科·拉斯特雷利设计的蒙普莱西尔大礼堂与彼得一世时期其他建筑放在了一起，以寓言的形式表现了世界各国的情况——这是巴洛克时期对异国情调的欣赏。和法国的挂毯编织艺术不同，俄国的这些挂毯没有错落有致的色彩，精细度方面略显粗糙。每个挂毯都有一个宽大的边框，有的时候甚至还使用了镀金的框架。挂毯和当时其他大型作品使用了同样的设计方式。

　　艺术风格的变化并没有立即反映在挂毯的构图上，而是体现在了装饰框架的配色和图案的转变上。18 世纪 40 年代后期，挂毯的色彩变得更加细腻，中心图像的外围通常是一圈明亮的花边。比如《阿波罗和狄安娜的诞生》（1749 年，藏于埃尔米塔日博物馆），画面精致，色调柔和，人物形象清晰。随着巴洛克风格的进一步发展，除了神话还陆陆续续出现了以田园风光、狩猎以及动物为主题的作品。成熟的洛可可风格生动地体现在了 Ф. 阿法纳西耶夫于 1763 年创作的《海豚上的维纳斯》（藏于俄罗斯国家博物馆）上。该挂毯编织作品给人一种在画布上作画的感觉，其构图方式、以浅色为主的画面基调和对花环的描绘方式都有绘画感。

彼得堡挂毯编织厂是一种独特的现象，生产一件挂毯往往耗资巨大。因此该厂专生产宫廷的装饰性挂毯，其各项生产开支都有详细记录。虽然挂毯编织艺术品价格不菲，编织艺术只是一种小众艺术，但彼得堡挂毯编织厂还是对许多大师的教育、俄国实用装饰艺术学校的形成以及俄国艺术生产领域的扩展起到了至关重要的作用。

编织艺术是18世纪上半叶俄国实用装饰艺术的重要组成部分。早在17世纪90年代和18世纪初，沙皇就希望加紧组织布匹和亚麻布的生产工作。随着宫廷内饰艺术的发展、家具生产量的扩大和新式服装的传播，俄国对织物的需求量也在稳步增长。俄国的纺织厂十分关注国内对织物新的需求，不断提高生产技术并扩大生产规模。1721年后，当"所有等级的人都可以自费建立和运营丝绸工厂"时，彼得堡各纺织厂的生产便可以满足俄国人对简单设计织物的基本需求。这些织物通常用于装饰服装、家具、四轮轿式马车和轿子（棚架作顶）。

18世纪中叶，俄国编织艺术进入洛可可时期，带有各种图案的丝织品锦缎、织锦和绸缎的产量迅速增加。此时，新的织物被大量用于制作挂毯、窗帘，并用来装饰休闲家具、屏风、壁炉屏风和床铺。洛可可风格织物的一大特点是喜欢使用花卉元素，浅色背景上点缀着亮丽的主题元素。有时，洛可可风格编织艺术还会辅以手工刺绣。

手工刺绣也被用来制作装饰板和点缀家具。18世纪下半叶，带有叙述性和装饰性图案的丝绸和刺绣（有时还辅以贴花）开始流行。在18世纪60年代，小玻璃珠也开始成为刺绣的一个元素。M. B. 罗蒙诺索夫创办了专门生产彩色玻璃的乌斯季-鲁德内工厂，这使得玻璃珠畅销俄国各地。刺绣通常用作装饰衣服的细节，或是点缀小型布艺美术品。奥拉宁鲍姆宫中的中国风收纳柜便是法国妇女德·谢恩和俄国金饰刺绣大师们的智慧结晶。[①] 类似于中国宫殿的内饰家具组合，奥拉宁鲍姆宫书房是洛可可室内装饰艺术的组合体。

18世纪上半叶，刺绣既昂贵，用途还有限，印花布则更大众化一些。它用于窗帘、床罩、墙纸装饰，以植物花纹、几何图形或童话人物为主要图案，最初由一些私人工作室生产。俄国城市生活的变化推动了印花技艺和印花图案风格的转换——更接近洛可可时期丝织品的图案和花卉装饰。

图5-5 印花织物（18世纪上半叶）

***

古典主义取代了洛可可风格，它如风一般席卷了所有的艺术领域。

---

① Воронов М. В. Русская декоративная вышивка в середине XVIII в // ПКНО. Ежегодник. 1981. Л. , 1983. С. 415-423.

古典主义时期，新的泛欧主义实用装饰艺术在俄国逐渐形成。与此同时，俄国逐渐成为一个欧洲大国，拥有巨大的经济潜力和国内市场。俄国城市建筑业欣欣向荣，城郊建立了一批批规划统一的贵族乡村庄园。人们对家具和装饰性艺术产品需求的显著增加刺激了手工艺技术的更新，产品销售区域不断扩大，艺术产业不断发展。"实用装饰艺术"范围进一步扩大，农民手工工艺品和其他民间手工艺术也被包括进来，并逐渐发展成农民的一项副业。

从巴洛克到古典主义的过渡时期，实用装饰艺术的发展势头如彼得一世时期一样强劲。西欧最好的艺术力量都为俄国宫廷而服务。外国工匠创作的作品再一次成为俄国国内产品的典范。国家要求帝国艺术学院高度重视对工匠的教育培训。古典主义对俄国艺术教育提出了新的、更高的要求，以古典风格进行创作的大师们不仅要接受严格的技术训练——在18世纪上半叶的帝国艺术学院里，工匠主要通过实践来打磨技艺，此外他们还需要学习人文知识，了解古代艺术规律并掌握精湛的绘画技巧。18世纪下半叶，帝国艺术学院在理论与实践有机结合的基础上培养了高素质的工匠。学院培养出的家具工匠擅长装饰性雕塑、木雕以及木工——这也是当时实用装饰艺术教育的侧重点。铜匠在铸模、铸造和压花班接受教育（从1769年开始）。1763年，学院内设立了一个金匠班，教授涂漆和金工课程。微型画特训班（从1779年开始）存在的时间最长，1790年珐琅画从中分离出来。学院在培训学生时会让他们不断地临摹样本，在此基础上开始自己的设计并不断实践练习。[①] 工厂附属的职业学校也有一个与学院类似的培训班制度。

早期古典主义最先体现在18世纪下半叶专供贵族的"文化工艺品"中，如60~70年代彼得堡的建筑。建筑师 Ю. 费尔滕（Ю. Фельтен）也

---

① Пронина И. А. Указ. соч. С. 58-124.

是著名的室内设计师①，他不仅设计了许多纪念碑，还改造了早期的巴洛克建筑，如弗朗切斯科·拉斯特雷利设计的彼得宫大厅。费尔滕遵循了早期古典主义建筑传统——独立的封闭式室内空间，强调墙面的平整度，并配有窗帘和低矮的石膏装饰，对称地辅以绘画进行装饰，较少使用镜面装饰元素。费尔滕很少使用镀金，他的墙壁和家具以浅色为主，室内有一种特殊的"田园"风格。

安东尼奥·里纳尔迪在彼得堡大理石宫的大厅（1768~1785）里进一步发展了早期古典主义的室内装饰艺术，他还为其引入了新的装饰元素。除了在18世纪中叶非常流行的实木地板外，里纳尔迪还在墙壁上使用了天然石材，并在室内加入了大理石浮雕和雕塑。吊灯、青铜器和与墙壁同色的软垫家具共同营造了一种和谐的氛围。②

17世纪80年代，俄国宫廷建筑内部的艺术装饰种类丰富，绚丽多彩——木雕、彩绘、彩色陶瓷、彩色玻璃、雕塑、金属装饰和彩色织物。Ч. 卡梅隆（Ч. Камерон）重新设计了叶卡捷琳娜宫的内部，这是一项浩大的工程。他采用了巴洛克时期古老的围合式布局，并根据古典主义美学，将大厅设置成了短围合式，其中前厅、客厅、书房、闺房和正式卧室依次排列，根据每间房间的用途进行装饰和布置。③ 除了西欧的家具、灯具和钟表外，室内还摆放了由建筑师本人设计的家具组合、镀金铜器和玻璃制品。卡梅隆是一位杰出的抽屉设计家和古董装饰品鉴赏家，他精细地雕刻家具，其作品外形轮廓十分精美。此外，他还用铜雕来装饰烛台和壁炉。这些设计凝结着他的赤诚匠心，展示了他精湛的专业素养。

卡梅隆的实用装饰艺术是原创性的，他甚至会别出心裁地使用不

---

① Бартенев И. А., Батажкова В. Н. Русский интерьер XⅧ-XIX вв. Л., 1977. С. 35-37.

② Кючарианц Д. А. Указ. соч. С. 22-60.

③ Талепоровский В. Н. Чарльз Камерон. М., 1939. С. 109-115.

寻常的构图和装饰品组合，而法国微型艺术家 A. Ф. T. 维奥利尔（A. Ф. T. Виолье）则更为传统，他曾为卡梅隆建造的巴甫洛夫斯克宫的房间绘制了一系列家具图。[①] 维奥利尔所绘制的家具具有个性化的外观，更符合室内装饰。

18 世纪 80 年代，古典主义宫廷建筑室内的实用装饰艺术逐渐成体系。家具套装在室内实用装饰艺术中至关重要，家具套装和之前一样包括办公书桌和壁炉屏风。镜子仍是室内的一个重要装饰元素，镜框在风格上与书桌的雕刻和墙上的装饰相协调。此时室内实用装饰艺术最有趣的例子是建筑师 M. 卡扎科夫建造的德米多夫宅邸内的"金色房间"（18 世纪 80~90 年代）[②]，这里的家具是建筑整体的一部分，能够将内部空间转化为一个艺术组织，是具有功能性的新环境。

俄国宫廷建筑的内部装饰艺术延续了装饰元素突出、色彩丰富和对比鲜明的发展道路。这在建筑师 B. 布伦纳（B. Бренна）和 H. 利沃夫的作品中尤为明显。彼得堡的 И. 奥特和 Г. 古姆斯工作室根据布伦纳的设计制作了各种桌子，他们制作的桌子外观朴实，红木上常常点缀着鎏金铜和象牙的装饰品，特征明显，具有纪念性（藏于巴甫洛夫斯克宫博物馆）。精致的桃花心木家具、彩绘玻璃、镀金的青铜装饰物都是按照布伦纳的设计由 И. 奥特和 Г. 古姆斯工作室制作完成的。[③]

古典主义不仅仅改变了宫廷建筑的风貌。[④] 在贵族的乡下庄园里也充满了彼得堡工厂生产的家具和当地工匠制作的装饰品——这些当地工匠通常是农奴，通过对首都工厂制品进行模仿，主要生产一些雕刻装饰物、装饰画和镶金木制家具。

---

① Кучумов А. М. Русское декоративно-прикладное искусство в собрании Павловского дворца-музея. Л., 1981. С. 21–32.

② Харламова А. М. Золотые комнаты дома Демидовых в Москве. М., 1955.

③ Кучумов А. М. Указ. соч.

④ Николаев Е. Классическая Москва. М., 1975. С. 184–198.

省级城市的室内装饰也在发生变化，这主要得益于廉价版画和建筑书籍的流通，以及实用装饰艺术的工业化。

第一批新风格家具产自彼得堡的工厂。18世纪70年代后期，家具逐渐褪去了洛可可式的优雅形式，呈现更加朴素的轮廓。古典主义和花卉装饰交织——花环、涡旋、瓮、毛茛叶、伊奥尼亚式圆柱、棕榈叶和藤蔓图案。在一个天马行空的构图中，新旧风格的元素交织在一起，呈现一种独特的美。此时，俄国室内装饰风格中混合了法国风情、英国风情及基于前二者基础上的俄国民族风情。

18世纪末期，俄国的家具以简单的几何外观为主，成套出现。除了有着长方形靠背的椅子和扶手椅外，带有椭圆形靠背的小型家具也很常见——主要图案为椭圆形肖像画。这种椭圆形肖像画在18世纪80年代的俄国室内装饰中十分常见。在相框背部加入圆形软垫逐渐成了一种时尚。英国的木雕作品以简洁的形式和坚固的框架而著称，它在俄国也很有名，因此在俄国的庄园内也摆放了类似的木雕作品。西欧模式下的家具有一种规整性与疏离感，俄国工匠对其进行了改造，他们制作的俄国家具有流畅的轮廓和特殊的温暖感。

成熟的古典主义的家具艺术体现在镀金家具、落地灯和奥斯坦基诺宫剧院的木雕沙发上，这些都是由莫斯科的 П. 斯波尔①工作室制作而成的。这些家具中雕塑的装饰感很强，从某种意义上来说，装饰物甚至显得有些臃肿。奥斯坦基诺宫的装饰品是18世纪俄国镀金木家具辉煌历史的一个缩影。

18世纪70年代末的橱柜家具保留了洛可可风格的奢华，有着丰富的彩绘和复杂的装饰元素。室内布置着各种各样的写字台和桌子：办公用的写字台——高盖写字台，便于玩纸牌游戏的游戏桌，女士的梳妆桌，

---

① Останкинский дворец-музей. Л. , 1982. С. 25-31.

呈现优雅弧形外观的矮脚桌。室内装饰画包括风俗画、圣像画、"中国风"画、风景画、山水画和花鸟画。成套家具——成套的桌子、抽屉柜、橱柜和办公柜在俄国渐渐普及。制作一套复杂精美的家具往往需要一系列精细的草图和样例图纸。

18世纪70~90年代的家具上通常会标注家具制造商的名字，如尼基弗·瓦西里耶夫、奥赫塔的纳斯科夫夫妇和M.韦列滕尼科夫。[①] 尼基弗·瓦西里耶夫是库斯科沃和奥斯坦基诺庄园的套装家具制造者，他是舍列梅捷夫家族的农奴。尼基弗·瓦西里耶夫作品的表面装饰性很强，贴合大众审美。18世纪90年代，M.韦列滕尼科夫参考新的设计图纸为叶卡捷琳娜二世和彼得三世制作了两张柱形办公桌（藏于普希金宫博物馆和加特契纳宫博物馆）。

俄国古典主义时期的室内装饰除了木制家具，还包括由其他材料（瓷器、玻璃和金属）制成的家具。第一件此类作品是彼得堡瓷器厂制作的带有巴甫洛夫斯克景色瓷面画的桌子（1789年，现藏于巴甫洛夫斯克宫博物馆）。瓷器雪白的底调突出了塞米扬·施特林的水彩画精致的浅色调，Ж.Д·拉谢特在白色釉面瓷器上绘制的人物栩栩如生，在红木和镀金铜桌腿的衬托下，显得格外美丽。在巴甫洛夫斯克宫另一个青铜制的三角桌子上也装饰着绘有庄园景色的瓷面画（1789年，现藏于巴甫洛夫斯克宫博物馆）。镀金青铜框架与明亮的绘画背景形成了鲜明的对比。

宫廷建筑和庄园建设需要大量购置同质化物品。随着俄国国内职业艺术学校的成熟，室内家具的风格变得统一起来。家具更加同质化——工厂里大批量生产，可前往商店内购得。18世纪90年代，新生代俄国工匠因此摇身一变成了商人。

---

① Шклярук А.Ф.О формировании национальной школы русской мебели// Проблемы истории СССР. Вып. ХИ. М. , 1981. С. 183 - 198; Фомин Ю.В Наборное дерево в России конца ⅩⅧ в. // Русское художественное дерево. Труды ГИМ. Вып. 56. М. , 1983. С. 57-82.

桃花心木、杨木和卡累利阿桦木是流行的家具原材料，常用于制作桌椅、橱柜等各类家具。随着家具跨国贸易的增长，俄国国内家具不停地更新换代，俄国家具更倾向于使用简练的装饰和大众化的轮廓，这也是家具普及化的特征。

金属加工工艺，尤其是镀金的青铜器皿，是古典主义的室内装饰的点睛之笔。家具、灯具、钟表和装饰花瓶上常常会用到金属加工工艺，包括模型制作、铸造、压花、镀金和组装技艺，掌握这些技艺离不开长年累月的专业培训。帝国艺术学院和工厂车间在培养高级金属加工工匠方面均做出了突出贡献。

18 世纪 70 年代，室内灯具整体结构仍比较复杂。烛台和灯台，以及简单的塔形落地灯慢慢引入了室内照明体系中，其装饰属于古典主义风格。18 世纪末，建筑师不断参与室内设计，室内照明系统焕然一新。这一点首先体现在 И. 斯塔罗夫和 H. 利沃夫新设计的首都宫廷建筑的照明设备上。彼得堡宫廷建筑中的新吊灯就是由 И. 斯塔罗夫和 H. 利沃夫设计的——金属环状的古典主义吊灯取代了繁复的巴洛克吊灯。这种新式吊灯，从顶部垂下条条玻璃链，灯具的中心通常是一个瓶状物或彩色玻璃球。除了吊灯之外，此时还出现了钟形灯、壁灯和玻璃铜灯。彼得堡是玻璃铜灯的主要产地。

在古典主义的室内照明系统中，照明设备与花瓶、钟表和其他物品作为一个整体来考量。屋内空间的中心是壁炉，壁炉的上面有一面镜子。以壁炉为中心形成的装饰布局包括吊灯、烛台、雕塑摆件以及具有古董属性的壁炉装饰物。青铜雕塑摆件体现了西欧的工艺，但也不乏俄国民族特色。①

来自图拉的金属加工工匠凭借自己的聪明才智制造出了别具风味的

---

① Воронов М. В. О неизвестных работах Гавриила Козлова // ПКНО ник. 1980. Л., 1981. С. 493–504.

金属艺术品。[1] 俄国工匠掌握了钻石切割技术——这是金属装饰工艺中最为复杂且最为精细的一项技术。这种技术被巧妙地用于装饰灯具，如壁灯、烛台、梳妆台等家具。被来自图拉的金属加工工匠加工后的灯具优雅肃穆，抛光后熠熠生辉的表面上点缀着经过精心切割后的钻石，是世界级的艺术杰作。

古典主义时期，银器依旧得到了充分的发展。不过随着陶瓷器的大量使用，在俄国居民的生活中，银器的适用范围总的来说变小了。彼得堡的银匠们仍然遵从古法制作那些用于重大仪式具有礼器性质的银器。银匠 Ю. Н. 路德根据皇后的命令为米塔瓦总督区制作了一系列礼器（1783 年，现藏于俄罗斯国家博物馆），一些礼器具有古典主义外观。从形态上来看，这些银器的外观设计十分流畅，且外部没有任何雕刻装饰，和镀金的铜器有几分相似。

А. 拉特科夫（А. Ратков）是莫斯科一位杰出的银匠，他掌握了高超的压印、铸造、雕刻和镀金技术，创造出了可塑性极强、装饰丰富的古典主义银器（包括制于 1780 年的一个盘子和 1789 年的一个福音书的外壳，现都藏于俄国国家美术博物馆）。古典主义时期，银器的外观变得更加简洁，通常用雕刻、花环图案和奖章纹路进行装饰。然而，部分省级银器制作中心，如大乌斯秋格、托博尔斯克，甚至是莫斯科，剪影装饰的传统延续了很长时间，即以民间传说为主题，结合民间剪影艺术和镀金雕刻技术，对银器进行装饰。[2]

在珠宝装饰艺术中，对形式和谐的古典主义追求体现得尤为明显，宝石能够充分体现出贵金属的特性。镶嵌着宝石或有精美雕刻的银质鼻

---

① Кучумов А. М. Указ. соч. С. 279-284.

② Козлова Ю. А. О чертах и мотивах народного искусства в русском черневом серебре XVIII в. // От Средневековья к Новому времени. Материалы и исследования по русскому искусству XVIII -первой половины XIX в. М. , 1984. С. 141-148.

烟盒是珠宝装饰艺术的典范，彼得堡和省级中心大量生产这类鼻烟盒，还生产那些镶嵌钻石、黄金和珐琅的其他物品。珠宝的黑银装饰与螺纹技术的发展密不可分，彼得堡主要珠宝工匠的作品呈现了珠宝装饰艺术的两种发展趋势：一种是面向瓷器制造业，另一种是面向珠宝加工业。X-П. 阿多尔在鼻烟盒上绘制微型肖像和风景画时会辅以宝石和珐琅进行点缀，画面整体风格接近于古典主义瓷器上的绘画。在 И. Г. 夏尔佛创作的"莉塞特"鼻烟盒（现藏于埃尔米塔日博物馆）中，皇后的爱犬图像外环绕着一圈钻石。

1763 年，帝国钻石制作中心成立，珠宝匠 Л. 菲斯特勒在那里工作了半个世纪。[①] 他的工作为将钻石镶嵌在各种产品上，如发针、发夹、耳环、头花和成套装饰物，与奢华的巴洛克七彩珠宝不同的是，这些首饰外观简洁，颜色明度较低。18 世纪末，俄国最有才华的珠宝商是 Л. -Д. 杜瓦尔（他从 18 世纪 60 年代开始从事珠宝加工事业），在 18 世纪 90 年代建立了杜瓦尔家族企业。杜瓦尔家族企业雇用了各类艺术工作者。Л. -Д. 杜瓦尔在 1795 年接受俄国宫廷委托制作了一系列精美的女性珠宝首饰，其中包括搭钩、项链、蝴蝶结、头带、手镯、耳环（藏于埃尔米塔日博物馆），是俄国古典主义的杰作。[②]

工厂工匠通常接受专业培训，能够迅速制作古典主义风格的各种产品，他们制作的陶器、茶炊和托盘通常形状简约。各主要手工业中心逐渐开始大规模生产古典主义风格工艺品。在乌拉尔地区，除了铜制餐具外，还生产各种托盘、陶器以及印有花卉水果图案的漆画。[③] 图拉的工匠

① Кузнецова Л. К. Ювелир ⅩⅧ в. Леопольд Пфристерер. Архивные поиски и находки// Проблемы развития русского искусства. Вып. IX. Л. , 1977. С. 12–21.

② Кузнецова Л. К. К вопросу об атрибуции группы ювелирных изделий конца ⅩⅧ в в собрании Гос. Эрмитажа// Проблемы развития русского искусства. Вып. ⅩⅠ. Л. , 1979. С. 22–35.

③ Павловский Б. В. Декоративно-прикладное искусство промышленного Ура- ла. М. , 1975. С. 37–41.

们深谙各类茶炊的制造技术——可携带的茶炊和置于家中的茶炊，他们改进了传统乌拉尔茶炊的外观，设计了全新的茶炊。

古典主义美学对陶瓷艺术产生了重大影响。衬有彩绘瓦片的壁炉继续充当室内的视觉主体。随着古典主义的出现，壁炉在整个建筑结构中占有特殊地位，在壁炉的附近通常辅以精致的装饰画。在18世纪70年代和80年代，库斯科沃庄园中的壁炉因瓷砖和谐的画面感脱颖而出。18世纪末，室内装饰中不再流行复杂的彩绘背景，而是以白色为背景板，花瓶成为新的装饰焦点。壁炉的形式也发生了改变，宫廷建筑内的壁炉有着圆顶结构，外部用白色浮雕进行装饰。

瓷器同样从洛可可风格过渡到古典主义风格，这在俄罗斯帝国瓷器厂表现得最为明显。18世纪80年代初，俄国盛行"阿拉伯式"的用餐习惯，这涉及一套完整的餐桌服务，需要各种餐具。在这种用餐习惯下，人们通常还要在桌子上摆放一个名字与鱼相关的装饰物，这象征着俄国对黑海的统治。Ж. Д. 拉谢特早年制作了不少该类装饰物，他使用釉面瓷器进行创作，其作品精致美观，能和环境很好地融为一体。白色瓷面能够很好地衬托主画面精致的色彩，体现着古典主义对装饰艺术新的理解。瓷器中通常环绕着一圈淡金色装饰物，它如镂空花环一样包围着椭圆形的彩绘图案。瓷器中心画面采用的是单色装饰构图法①，其轮廓与瓷器本身的形状相得益彰。

在18世纪的最后十年里，俄罗斯帝国瓷器厂生产了画有风景画且颇具感伤主义的瓷器餐具（卡比内特式餐具、尤苏波夫式餐具）。感伤主义在供一个或两个人使用的小型茶具和咖啡杯具中体现得特别明显——风景图案在花环的簇拥下，与金色的外圈形成了鲜明的对比。

18世纪末，彼得堡的大师们以格奥尔基的版画《俄国人民》中各类

---

① 单色装饰画法是一种模仿浮雕纹路的单色绘画手法。

图 5-6　卡比内特式瓷器餐具套装中的瓶子（18 世纪 90 年代）

民间形象为灵感，制作了一批极具俄国民族特色的艺术品。这些人物从外形上来看完整且独立，恰到好处的绘画笔触赋予了这些民间人物一种微妙的脆弱感和源自俄国民间的"自然气息"。

俄罗斯帝国瓷器厂按照沙皇宫廷指令成立。到了 18 世纪中后期，它也渐渐为一些阔绰且显贵的私人客户制作精致的瓷器。18 世纪 60 年代末，英国商人 Φ. 加德纳在莫斯科附近投资了一家瓷器厂。① 加德纳野心勃勃，企图占领整个俄国消费市场，他不仅要为俄国上层生产商品，还想要让更多的俄国人能够消费得起瓷器制品。加德纳工厂所生产的印花瓷器和早期古典主义瓷器工艺品经久不衰，走进了俄国千家万户。对普

---

① 　Попов В. А. Русский фарфор. Частные заводы. Л.，1980. С. 5-16.

图 5-7 《俄国人民》系列作品中的萨摩耶人形象（18 世纪末期）

通俄国人而言，加德纳工厂所生产的瓷器十分亲切，造型优雅，不落俗套。1777 年，随着加德纳工厂生产工艺不断提高，其产品的质量丝毫不逊于彼得堡瓷器厂。加德纳工厂后来还以圣乔治勋章、安德烈耶夫勋章和亚历山大二世勋章为主题制作了圣骑士勋章瓷器套装。1778～1780 年，加德纳工厂根据画家 Г. 科兹洛夫的画作完成了三大圣骑士勋章瓷器套装的制作工作，后来又制作了弗拉基米尔勋章瓷器套装。[1] 在改编托盘、盘子、水壶和杯子等餐具时，工厂对 Г. 科兹洛夫的画作略做变动，骑士团勋章的五角星外形是画面的主体，周围缠绕着一条骑兵绶带。瓷器的着色也十分讲究，营造出一种庄严感。

加德纳工厂生产的瓷器有助于进一步向俄国普及瓷器艺术。加德纳工厂生产的瓷器一直与俄罗斯帝国瓷器厂生产的瓷器不同，它更简洁且更具有室内性，它对瓷器艺术的特殊理解在某种程度上是本土化的。

---

[1] Вороно в М. В. О неизвестных работах. . .

图 5-8　装饰着安德烈耶夫勋章图案的瓷盘（1771~178）

　　喀山瓷器厂满足了彼得堡地区对日常陶瓷的需求。喀山瓷器厂生产的瓷器销量不佳，但它和加德纳的瓷器厂一样，都是在现有的装饰技术基础上生产印花瓷器制品。

　　18 世纪末期，玻璃艺术和古典主义碰撞出了意想不到的结果。不同于瓷器艺术，俄国的玻璃艺术有着漫长的发展历史。1777 年，俄国玻璃主要产地彼得堡工厂归 Г. 波将金所有，工厂所有权的变更对工厂的生产方向产生了一定影响。除了生产雕花瓷器和用于装饰照明设备的吊坠外，工厂还生产各种英国式的彩色、染色玻璃工艺品。彼得堡的工匠们早在 18 世纪 50年代就吸取了 M. B. 罗蒙诺索夫有关制作彩色玻璃的经验，快速投入彩色玻璃工艺品的生产中。俄国的玻璃艺术迅速向古典主义过渡，在 18 世纪 80年代呈现一种新的流线型、极具体积感的古典主义风格。在 18 世纪的最后

20年里，长颈玻璃瓶、高脚杯、酒杯、玻璃杯、花瓶、糖碗和贮藏罐一直延续了简洁造型。根据当时的审美观，透明玻璃制品上装饰着浅色的雕刻图案和金色的绘画图案，而用蓝色、青色、紫色、红色和深绿色玻璃制成的盘子上则装饰着金色、白色和彩色的珐琅。除了带有各种彩色装饰物的器皿外，当时还流行一种无装饰的玻璃器皿。彩色玻璃器皿丰富了餐桌的色彩，明艳的彩色玻璃进一步衬托了瓷器的白皙。

18世纪80~90年代，牛奶玻璃（"骨瓷"）在俄国风靡一时。[1] 它在外观上其他玻璃瓶、陶瓷、旧银器无异。牛奶玻璃需要黄金和珐琅彩绘技艺，在构图、技术和图案上接近于古典主义瓷器。花环、花束、窄边或带状的装饰物，或是自由流动于画面中，或是缠绕着风景和奖章，乳白色让简单、朴素的器皿具有一种优雅气质。

18世纪末，全俄闻名的玻璃工厂除了Г.波将金工厂（自1792年起改名为俄罗斯帝国玻璃厂）和位于中部地区的私营工厂，还有位于奔萨省尼科尔斯科耶的H.A.巴赫梅特夫工厂（成立于1763年）。18世纪80~90年代，尼科尔斯科耶地区的工匠们掌握了彩色和乳白色玻璃制作技术，其产品毫不逊色于彼得堡地区的产品。18世纪90年代，巴赫梅特夫工厂所生产的玻璃制品与绘画艺术有着特殊的联系。A.维希的玻璃制品是古典主义风格的代表：用两层玻璃制成的玻璃杯上面绘有风景画（其作品现藏于莫斯科国家艺术博物馆、库斯科沃庄园博物馆、尼科尔斯科耶的玻璃艺术博物馆）。在这些封装在玻璃中的微型作品中，维希营造出了一种"视觉错感"，他巧妙地用纸、彩线、稻草和卵石为玻璃制品进行装饰。维希描绘了园林里成群结队的散步者、钓鱼者等风俗场景，细致地展现了俄国城市和乡村景色。19世纪初，古典主义还在石材加工艺术领域站稳了脚跟。由彼得宫、叶卡捷琳堡和科利万琴石材加工工厂的

---

① Долгих Е. Русское молочное стекло// Декоративное искусство СССР. 1981. No 5. С. 47-49.

工匠们创作的装饰性花瓶和桌饰属于典型的古典主义装饰风格。[①] 石材加工工匠在创作时使用了俄国特有的玉石——碧玉、玛瑙、斑岩与红褐色、绿色和灰色角砾岩。18 世纪的古典主义审美将石头也视作一种艺术材料，工匠们竭尽所能突出石头本身的纹理与色泽。18 世纪末，石制花瓶有了更流畅的卵形外观和镀金的青铜框架。在制作花瓶时，需要先绘制一幅草图，确定好所需要的材料。有时还需要仔细考量艺术和技术的各种细节。这样制作出来的花瓶是独立的作品，在形式和材料均展示了古典主义的审美理想和俄国工匠高超的艺术水准。

在古典主义宫廷建筑的内部装饰中，挂毯的作用不再像过去那样显著，壁画、装饰性织物和纸质壁画越来越受欢迎。18 世纪末期，彼得堡的挂毯编织工厂继续生产编织画和肖像画挂毯。要想批量生产产品就需要缩小挂毯的尺寸。因此，挂毯编织艺术呈现一种简单化趋势。挂毯厂生产（编织）的大部分产品是为当时正在建设的巴甫洛夫斯克宫准备的，该庄园从整体上来看有着浓厚的感伤主义情绪。谢苗·什切林绘制的宫廷建筑和园林景色画作被运用到了挂毯作品中。他的不少风景画被运用到了瓶画、陶瓷装饰和挂毯画中。

彼得堡和莫斯科的艺术传统影响了古典主义织物的风格。古典主义织物通常有装饰性的构图，在蓝色、深红色、金黄色背景中是异国鸟类的图像。有时候，俄国的古典主义编织工匠还会参照西欧经验，比如在家具装饰、宫殿内饰和贵族服装的装饰方面工匠们使用丝绸刺绣。18 世纪末，莫斯科附近弗里亚诺沃和库帕瓦工厂生产的丝织品流行起来。工厂能够大规模生产设计简单的廉价丝织品和印花棉织品。伊万诺夫工厂的主要产品是印花布（当地也有少量家庭手工生产的印花布）。

追寻古典主义理想并不是 18 世纪中后期俄国艺术的唯一特征，此时

---

① См.：Ферсман А. Е. Очерки по истории камня. Т. 1–2. М.，1954–1961.

图 5-9　大理石材质的花瓶（18 世纪晚期）

艺术中的感伤主义气息也十分明显。感伤主义关注个体本身，注重抒情，它不仅促进了文学和艺术的发展，还影响了瓷器艺术和玻璃艺术中创作主题的更迭，制作版画所需的原材料也因此有所变化。在保持统一性的同时，各式各样的主题从一个领域渗透到另一个领域。

感伤主义在彼得堡的专供贵族的"文化工艺品"中表现得也很明显。在彼得堡宫廷建筑的室内装饰中，建筑师试图让实用装饰艺术发挥主导作用，家具与装饰物的多样组合充分体现了感伤主义。

莫斯科则截然不同。在城市和周边地区有私人瓷器厂、玻璃厂、铁器厂和纺织厂，其创作更具有本土性。这些工厂服务于莫斯科、各省和地方庄园。莫斯科继续与老手工业中心和新兴工业生产中心保持着密切的联系。

阿尔汉格尔斯克和沃洛格达艺术中心的重要性仍不可撼动，但弗拉基米尔和下诺夫哥罗德的作用却有所增强。伏尔加河的贸易路线刺激了众多工业的蓬勃发展，这条贸易路线同时还处于通往工业化的乌拉尔和西伯利亚的十字路口上。在地方各省的一些主要城镇，逐渐形成了一个独特的艺术环境。省级中心的作用和地位是由其经济关系、原材料资源和材料加工的专业性所决定的。由于与首都学校缺乏直接联系，这些省级艺术中心只能从范例中了解古典主义艺术，因此这些省级艺术中心在很大程度上仍浸润在圣像画和木雕艺术等民间传统中。在一些地区，直到 18 世纪末巴洛克艺术才完全消亡。

***

18 世纪的俄国民间实用装饰艺术有好几个平行的发展方向。总体来说，无论是城市还是农村的民间实用装饰艺术，都是在既有的传统框架内发展的，只不过城市的实用装饰艺术以城市的需求为导向，而农村的实用装饰艺术保留了古老的形式。俄国民间实用装饰艺术最突出的特点是其创作与地域文化以及具体实践有着密切联系，外部环境决定了材料、技术、形式、装饰细节和象征性形象的选择。

城市和农村工匠主要制作供日常使用的手工艺品：家具、木刻版画、陶瓷器皿、餐具、玩具、铁制品和刺绣。这些日用品延续了俄国 17 世纪实用装饰艺术的传统。到了巴洛克时期，民间实用装饰艺术的形式略有改变——流行印刷版画为日用品的装饰带来了新图案。[1]

---

① Уханова И. Н. Книжная иллюстрация ⅩⅧ в. и памятники народного декоративно-прикладного русского Севера // Русское искусство первой четвертил. ⅩⅧ в. М., 1974. С. 210–225.

从阿尔汉格尔斯克到莫斯科的贸易路线上，产自古老手工艺中心的手工木制品不仅畅销俄国各地，还远销海外。镶嵌金属装饰物的木箱、小木匣、枕匣（放在枕头和床头下）声名远扬。这些木制品盖子上的装饰画由来自大乌斯秋格和塞维罗德文斯克的工匠绘制，模仿廉价的流行版画和书籍插图，以神话英雄和半神话生物为主。工匠们也在木制品上绘制连环画。[①] 这些装饰性连环画展示了民间工匠对构图和时尚的理解。农民和城市居民的日常生活物品具有一定的艺术价值，并带有新文化元素的特征。18 世纪初，俄国民间实用装饰画的一大特点便是和民间雕版印刷绘画联系紧密。

除了木盖上的连环画、纺车上的装饰花边、姜饼盒上的雕花、金属器皿上的装饰品和刺绣之外，在 17 世纪末 18 世纪初俄国民间实用装饰艺术中，"美人鸟"是一个十分流行的图案。"美人鸟"声音甜美，是幸福的化身。"美人鸟"为福祉的象征，备受城市居民和农民的喜爱。在木刻的雕版印刷物中，"美人鸟"版画旁边往往附有对其形象的详细解释说明。狮子和独角兽通常具有保护性的象征意义，其寓意与中世纪的纹章学有关，二者的形象在雕版印刷版画、铁制品和瓷器装饰中十分常见，是 17 世纪下半叶至 18 世纪初俄国城市文化的体现。

18 世纪下半叶，在俄国北方一些地方艺术中心，巴洛克民间艺术的视觉传统传承了下来，比如北德维纳河畔的博罗克地区的绘画。18 世纪末，博罗克地区的纺车都带有装饰性绘画。[②] 这些装饰性绘画主题性突出，色彩强烈，这些特征一直延续到 19 世纪初。

整个 18 世纪，尽管城市和贸易不断发展，但俄国北部地区居民仍过着传统的生活。传统形式的家具、木制品和餐具一直占主流地位。18 世

---

① Жегалова С. К. Русская народная живопись. М. , 1984. C. 22-83.

② Жегалова С. К. Новые материалы по истории северодвинской росписи// 1 Русское народное искусство Севера. Л. , 1968. C. 34-46.

图 5-10　木质刮板桶（18 世纪末至 19 世纪上半叶）

纪初，俄国北部的一些手工业中心负责整个地区家庭用品的生产。[1] 沃洛格达地区的大师们以高超的雕刻技艺和出色的绘画产品而出名。托特马和基里洛-贝洛泽斯克制造的小把手、勺子、盐瓶，轮廓简洁流畅、使用方便，备受欢迎。除了餐具和厨具，这里还生产纺锤、压草秆和木柄，留存下来的一些物件上还标注了生产日期。[2] 通过这些日期，我们可以看到木雕装饰技艺的变化。最早的物件是生产于 1711 年和 1720 年的压草秆与木柄（都藏于国家冬宫博物馆），以及 1720 年的压草秆（藏于俄罗斯民族博物馆）。它们表面刻有太阳花环，这是俄国地方日用品装饰的典型图案。在 18 世纪中叶巴洛克艺术的影响下，俄国北方城市民间工匠制作的不少木制器具，在雕刻装饰风格上都有明显的版画的特征。比如产于阿尔汉格尔斯克的一组木柄，表面的雕刻描绘了民间人物和神话人物。

---

[1]　Чекалов А. К. Народная деревянная скульптура Русского Севера. М. , 1974. С. 71-72.

[2]　Уханова И. Деревянные вальки русской резьбы XVIII -первой половины XIX в. // Сообщения ГЭ. 1961. Вып. 20. С. 11-13.

在另一个无名木柄的表面雕刻中（1764年，藏于埃尔米塔日博物馆），双头鹰旁边是手拿小号的飞行天使，在它们下方的是戴着动物面具正在跳舞的人和一只摇着尾巴的蝾螈。马克西姆·沙什尼科夫1786年创作的木柄（藏于扎戈尔斯克自然博物馆）在构图上更严格，更平衡。在它的中央，新娘和新郎站在王冠下，画面底部是成对奖章浮雕图案。民间艺术的木雕和骨雕技术与金属加工工艺中的雕刻技术十分类似，这说明在北方，各民间工艺之间存在各种联系和交流。

　　长期以来，俄国传统工艺品中的木制品，包括城市和农村的各种家庭用品，都装饰了几何图案，其核心是具有象征意义的民间元素。三面雕刻技术——一种最古老的雕刻技艺，一直到20世纪初仍存在于民间艺术中。现存的使用了三面雕刻技术的木制品（压草秆、木柄和木箱），以简洁的雕刻风格展现了太阳花环的象征意义，具有强烈的表现力。在18世纪末，俄国北方的一些三面雕刻木制品具有纯粹的装饰性。比如由阿法纳西耶夫·科雷尔斯基制作的布满了波美拉尼亚式华丽雕刻花环的木柄（1798年，现藏于俄国国家美术博物馆）。①

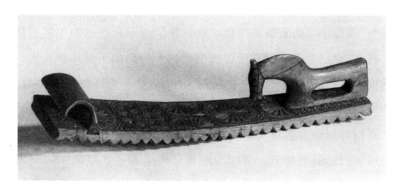

图5-11　木制压草秆（1792）

---

① Василенко В. М. Крестьянская геометрическая резьба XVIII в. // Русское искусство XVIII в. М. , 1973. C. 147−155.

　　俄国北方地区木制品的雕刻中运用了几何图案，充满了民间元素。相比较而言，伏尔加河地区工匠们的木制雕刻品体现的更多是绘画元素。18世纪末，在戈罗德茨地区出现了一种主题突出的雕刻装饰手法，木头表面经过雕刻后轮廓分明，凹陷处镶嵌着贵重金属。① 戈罗德茨地区工匠们在纺锤和梳子底部镶嵌装饰物，这种做法显然借鉴了"镶嵌细工"（用木片装饰家具）古老技术。从情节上和主题上看，戈罗德茨地区木制品上的装饰图案和民间木马玩具上的装饰图案十分接近。运动是最常见的主题，如马车、骑兵和行军的士兵等图案。

　　18世纪俄国的民间实用装饰艺术以手工业为主，带有浓厚的民族性。在对主题的理解和装饰技艺的使用上，民间实用装饰艺术和主产于城市专供贵族的"文化工艺品"在雕刻技术、刺绣技术、花边编织技术以及瓷器制造工艺上都存在密切联系。

　　霍尔莫戈尔斯基骨雕便是二者存在密切联系的一个有趣案例。霍尔莫戈尔斯基工匠们制作的各种匣子、盒子、箱子、梳子和其他物品颇受首都和俄国其他地区人民的喜爱，甚至还远销国外。这些产品因其精致、高超的雕刻技艺和丰富的装饰物而声名大噪。它们与新的艺术追求相协调，成为18世纪室内装饰的一颗明珠。霍尔莫戈尔斯基的工匠通晓绘画语言，在18世纪上半叶就开始在巴洛克艺术的影响下使用新技术，并将新技术投入自己的雕刻实践中。18世纪中叶随着金属加工工艺的发展，尤其是大乌斯秋格地区的金属加工工艺，骨雕工艺制品发生了一些变化。民间工匠们特别喜欢洛可可式的装饰——不仅因为洛可可式的装饰会给人一种精致而脆弱的感觉，更因为洛可可风格和这些民间工匠的审美情趣相一致。对他们来说，镂空的图案和富丽堂皇的繁复感是美的象征。②

① Воронов В. С. Русские прялки// Воронов В, С. Избранные труды. М.，1972. С. 230 - 238.

② Василенко В. М. Северная резная кость// Василенко В. М. Народное искусство. Избранные труды. М.，1974. С. 177~212.

霍尔莫戈尔斯基工匠们制作的骨雕不输城市大师的杰作，尽管细节方面略有不足，但总的来说，作品有着强烈的平面艺术感和概括性特征。此外，画面服务于生动自然的故事情节而不是炫耀自己精湛的技术。

在 18 世纪，除了既有的那些传统手工业中心之外，还出现了一些新的装饰中心，例如生产头饰、鞋饰和其他装饰品的特维尔。商人、工匠和农民身着的俄国传统服饰中保留了一些传统刺绣。在刺绣图案中还可以感受到巴洛克风格和后来的古典主义对俄国传统刺绣的影响，这在 18 世纪末的下诺夫哥罗德尤为明显。

刺绣作为家庭手工业的一个领域，在俄国各个地区都广泛存在，是一种用于装饰"服装和室内织物"的传统技术。[①] 民间刺绣图案以几何图形为主，富有寓意。18 世纪末，一些省份（科斯特罗马、雅罗斯拉夫尔）刺绣的主题性构图和装饰性图案显示了城市文化与民间艺术的相互影响。

俄国的花边编织技术也经历了类似的发展路径。18 世纪上半叶的装饰性巴洛克花边编织艺术常常使用金线和银线，到 18 世纪末，在加利奇和沃洛格达地区出现了螺旋纹花边编织技术。18 世纪俄国的花边编织技术，从最初对西欧的模仿逐渐发展为凸显本民族艺术语言的原创艺术，叙事性图像和装饰性刺绣技术相互结合，并与民间艺术的传统紧密相连。[②]

18 世纪下半叶，旧艺术中心的民间实用装饰艺术有了新的生产形式。格热利的陶瓷制品面向城市居民（在莫斯科拉缅斯科耶区格热利村生产的陶瓷）。整个 18 世纪，莫斯科郊区都在制作传统的黑釉和釉面陶器。18 世纪下半叶，格热利的工匠掌握了生产覆盖着白色珐琅的陶瓷制品的工艺，这些陶瓷制品多为流行的乌釉陶器（涂有不透明釉彩的一种意大

① Ефимова Л. В. , Белогорская Р. М. Русская вышивка и кружево. Собрание ГИМ. М. , 1982. С. . 17-23.

② Там же. С. 152-158；Фалеева А. Е. Русское плетеное кружево. Л. , 1983, С. 29-69.

利陶器）和彩瓷。格热利地区生产的陶瓷产品种类相当丰富，包括餐具、传统器皿以及一些造型艺术品。格热利地区不仅生产陶瓷制品，而且还生产金属器皿——水罐和格瓦斯罐。农民的陶瓷副业可以满足城市和庄园生活的需要，地理位置、原材料产地以及交通发达程度都是影响其发展的重要因素。陶瓷制品上的日期和落款强调了物品的纪念性和礼品性，说明它们往往是按订单的要求制作而成的。18世纪中后期，格热利地区生产的陶瓷经历了一个特殊的风格演变。最初，陶瓷制品中的造型和图画元素继承了巴洛克传统，在形式和装饰上与中世纪的餐具和彩绘瓷砖有类似的地方。到了18世纪90年代，格热利地区生产的陶瓷产品在形式上更加简练，不再以灰泥装饰为特色，而是模仿金属餐具、花边编织和雕刻艺术，强调"结构性"和物体的形状。此外在物体的表面装饰上，神话主题的彩绘或建筑景观画十分流行。以民间人物或动物为主角的瓷娃娃是极富几何感的瓷器制品。格热利地区生产瓷娃娃想比肩专供贵族的"文化工艺品"瓷雕，但二者在形式上有很大的不同，格热利地区生产的陶瓷产品更为简单、传统和怪诞。

民间艺术的最后一个领域是农民家庭手工艺，它积累了几代人的集体经验，并保留了民间文化基本元素：刺绣、木雕和绘画。古代平静祥和但又充满不幸的生活通过三面雕刻木制品、家庭刺绣和编织花边艺术的形式呈现出来。这些工艺品的颜色和形状符合古代象征主义，其创作围绕着农民所处的自然世界，以民间艺术形式为主。农民家庭手工艺的发展极为缓慢，其产品自产自销，仅在当地流通。因此，18世纪的农民家庭手工艺鲜有留存。

俄国民间实用装饰艺术具有较强的实用性，在不同的领域都呈现了多样的发展趋势，受到了其他艺术的影响。例如，17世纪末和18世纪俄国日用品独特的装饰性"图画"，其怪诞性不仅源于独特的雕刻方式，还受到了民族性和本土性的艺术审美理想主义的影响，色彩对比强烈，艺

术风格突出。随着俄国工匠们专业水平的提高和民间实用装饰艺术领域
的扩大，古老的几何感装饰品的象征意义逐渐淡去。反过来，由于新的
元素也流向了民间实用装饰艺术，花边编织艺术、陶瓷艺术、骨雕艺术
等手工艺的发展，玻璃、珠宝和金属加工工艺等工业技术的引入，让民
间实用装饰艺术呈现了全新的面貌。

第六章
贵族庄园

B. C. 德杜赫恩

列夫·托尔斯泰在回忆自己童年的庄园时是这样描述的："倘若没有雅斯纳亚·波良纳，我很难想象俄罗斯以及我对俄罗斯的态度。倘若没有雅斯纳亚·波良纳，我绝不会对祖国爱到如此痴迷的地步。"①

庄园是俄国文化中独特的存在，它激发了不少文人的创作热情。庄园在 A. T. 博洛托夫、A. H. 拉吉舍夫、Д. И. 冯维辛、Н. И. 诺维科夫、A. C. 普希金、C. T. 阿克萨科夫、И. C. 屠格涅夫、A. П. 契诃夫、И. A. 布宁等作家的回忆录和文学作品中都有反映。И. И. 列维津、Б. Э. 鲍里索夫-穆萨托夫、C. Ю. 朱科夫斯基等人在自己的画作中也都描绘了俄国贵族庄园。

庄园文化的艺术性也得到了鉴赏家们的认可，他们形容其"具有奇特的魅力""如童话一般""是一种高级文化""体现了主人精致的品位"

---

① Цит. по кн.：Новиков В. И. Русский Парнас. М.，1986. С. 3.

"是对美精细的理解""是伟大的杰作"。①

　　谈起俄国的庄园文化就必须提到贵族庄园。贵族庄园是18世纪俄国文化中一颗璀璨的明珠，它代表着一种独特的生活方式，在那里，人们一边享受着大自然的魅力，一边闲适地过着家庭生活。贵族庄园体现着贵族的审美情趣和精神追求，是节日庆典和家庭往来的场所。

　　庄园汇聚了各种不同的艺术——建筑艺术、园林艺术、绘画艺术、雕塑艺术、诗歌、音乐和戏剧，形成了一个连贯的合奏。

　　庄园为个人兴趣和能力的发展提供了充足的空间。庄园里的艺术、科学藏品以及私人图书馆是庄园主人精神世界的象征。从藏品来看，不同等级贵族们通常过着不同的家庭生活。庄园文化丰富多样，包括贵族文化、进步贵族和平民知识分子的文化，以及民间文化的元素。

　　庄园的"等级性"使其具有双重性和矛盾性，它也是当时深刻社会矛盾的一个缩影。庄园的繁荣伴随着农奴制的强化和地主权力的增长。对农奴的持续剥削是这个"童话"世界得以存续的经济基础，在这里，看似不相容的现象却能奇迹般地共存。用 H. H. 弗兰格尔的话来说，它是"一个引人注目

---

① 20世纪初，在《艺术世界》《岁月》《收藏家》《首都与庄园》等刊物上刊登了有关俄国庄园的大量资料，此外 Ю. И. 沙穆林于1912年出版了《莫斯科地区的庄园》，这些出版物都有助于激发人们对俄国庄园艺术的兴趣，并促进新的研究——"庄园艺术研究"的兴起。庄园艺术的研究可参考以下著作：Згура В. В. Общество изучения русской усадьбы. М., 1923; Он же. Старые русские архитекторы. М.; Пг., 1923; Он же. Кусковский регулярный сад // Среди коллекционеров. 1924. № 7 – 8. С. 4 – 19; Он же. Кусково// Подмосковные музеи. М.; Л., 1925; Он же. Исчезнувшие павильоны Кускова// Общество изучения русской усадьбы. М., 1927; Торопов С. А. Подмосковные усадьбы. М., 1947; Тихомиров Н. Я. Архитектура подмосковных усадеб. М., 1955; Евангуова О. С. Дворцово-парковые ансамбли Москвы первой половины XVIII в. М., 1969; ... в окрестностях Москвы. Из истории русской усадебной культуры XVII – XIX вв. М., 1979; Ильин М. А. К вопросу о русских усадьбах XVIII в. // Русский город. Вып. 4. М., 1981. С. 157–173; Кириллов В. В. Архитектура п градостроительство Подмосковья (Картина развития с XIV в. до 1917 г.) // Русский город. Вып. 3. М., 1980. С. 120–188; Евангулова О. С. Город и усадьба второй половины XVIII в. в сознании современников// Русский город. Вып. 7. М., 1984. С. 172–188。

的精致混合物——欧洲的先进性和纯粹亚洲专制主义的混合"。[1]

另外，庄园生活与农民生活之间并没有一道坚不可摧的墙壁。庄园里的"开明"贵族接触到了大众文化，他们逐渐对本民族的风俗自发地产生了浓厚的兴趣。无独有偶，此时在进步贵族中，一些人对农民的态度有了变化，他们主张尊重农民的劳动，反对残酷剥削农奴。

***

早在 17 世纪，庄园就已经以其独特的建筑风格、设计规划和生活方式从其他居民区或其他近似庄园形式——封地或堡垒中分离出来了。到了 18 世纪，庄园在俄国各地已经十分普遍。贵族庄园在 19 世纪继续存在和发展，但随着 1861 年农奴制的废除，其面临衰落和清算的命运，这与贵族的普遍贫困化直接相关。

贵族的庄园可以分为皇家庄园、贵族（大、中、小贵族）庄园。这些贵族庄园不仅在规模和造价上有所不同，而且在构思、布局、外部和内部设计以及日常生活方面也有所不同。

早在 17 世纪中叶，莫斯科郊区就出现了沙皇和贵族的宅邸。17 世纪下半叶至 18 世纪初期，伴随着俄国逐渐向贵族国家和绝对君主制转变，这些郊区宅邸从主人的避暑地演变为长期居所。

在整个 18 世纪，为了创建皇家庄园和贵族庄园，俄国和西欧的各主要艺术大师——著名的建筑师、画家和实用装饰艺术家，都被请到了俄国。每一座贵族庄园内都坐拥着数不胜数的艺术收藏品、私人图书馆、私人剧团，以及庞大的农奴和家仆。沙皇和贵族的豪宅多坐落在莫斯科和彼得堡城郊，是乡村住宅、避暑别墅和建筑群的集合。

---

[1]　Врангель Н. Н. Помещичья Россия// Старые годы. 1910. № 7-10. C. 26.

图 6-1　18 世纪初的庄园景色

　　各省大小规模的贵族庄园主要出现在 18 世纪下半叶，这时贵族已经从国家服务中解放了出来。一般来说，这些庄园都远离莫斯科和彼得堡，集中在省城和其他城市附近。这些庄园发展出了一种特殊的"庄园生活"以及与之相应的"庄园文化"，省级庄园没有浮夸的外表，也不举行奢侈的庆典。在省级庄园里，"对舒适的关注超过了对科学文化的渴望"①，比如 Г. Р. 杰尔查文的兹万卡庄园、Н. А. 利沃夫的尼古拉斯科耶-切伦契奇庄园、Н. И. 诺维科夫的阿夫多基诺庄园、А. Т. 博洛托夫的私人庄园等等。А. П. 苏马洛科夫将他的庄园视为帕尔纳斯式（帕尔纳斯派是法国的一个文学流派）的隐居地，为"诗歌和其他著作的创作源源不断地提供灵感"。"我对大庄园不感兴趣"，А. П. 苏马洛科夫在写给叶卡捷琳娜二世的信中这样写道："我需要的是一个小的、靠近莫斯科的地方，以便在夏天平静我的心绪，自由地去感悟和思考。"②

　　上述这类小型庄园的主人财力不足，因此他们不会找著名建筑大师

① Шамурин Ю. И. Москва и подмосковные// Москва в ее прошлом и настоящем. Т. 9. М., 1911. C. 36.

② Письма русских писателей ⅩⅧ века. Л., 1980. C. 118.

来设计建造自己的家园，农民艺术家对于塑造这类庄园的艺术外观发挥了重要作用。在外省的庄园里，庄园主人的文化水平与农民没有太大差别，"美学完全从属于日常生活"。[①]

17 世纪中期，庄园经济从其他经济综合体中分离出来，这与贵族经营的大规模农业发展和农奴制强化有关。[②] 当时，在莫斯科郊区的土地上建立了农场，以满足沙皇家族、老波雅尔家族和居住在莫斯科的众多服役贵族的个人需求。这些农场通常种植蔬菜和水果，挖凿人工池塘养鱼，并饲养一些牛。它们有时也会接收来自其他庄园的食品。随着时间的推移，这些农庄中有不少成了整个区域的经济生活和管理中心，也是该地产主人的娱乐场所。[③]

沙皇庄园和大封建主的庄园通常远离道路，用高高的栅栏与外界隔绝起来。[④] 庄园内部是"主人"院、附属建筑、菜园、果园、人工池塘、小树林、耕地和干草场。大型沙皇庄园（如科洛缅斯基宫和伊兹梅洛沃宫）以及其他庄园（如斯捷潘诺夫斯基庄园、柳别尔齐庄园、普列奥布拉任斯基庄园和阿列克谢夫斯基庄园）则不同，"主人"院在地域上与家庭和行政建筑分开。"主人"院通常由一栋住宅、一座教堂和一些附属建筑组成：一个洗浴间、一个"杂务仆从"屋、一个冰库和地窖。庄园的经济综合体包括一个马厩和牛场，一个家禽房，一个粮仓，一个养蜂场，一个酒厂，一个磨坊，一个铁匠铺和守林人小屋。在 17 世纪，沙皇宫廷最喜欢的娱乐活动是带着猎狗和猎鹰去狩猎，这时守林人小屋就派上了大用处。

---

① Шамурин Ю. И. Указ. соч. С. 36.

② Тихонов Ю. А. Подмосковные имения русской аристократии во второй, половине XVII - начале XVIII в. // Дворянство и крепостной строй России XVI-XVIII вв. М.，1975. С. 158.

③ Заозерский А. И. Царская вотчина XVII в. М.，1937. С. 188 - 189. Тихонов Ю. А. Указ. соч. С. 157.

④ 正如 Н. М. 卡拉姆津对 17 世纪庄园规划特点的描述："在古代，人们热情好客但房门紧闭。"（Карамзин Н. М. Соч. 3-е изд. Т. 9. Спб.，1820. С. 203）

17 世纪下半叶，沙皇庄园里出现了新的"经济活动"——奇异"园林和温室"里种植了不为人知的异域花卉植物，如郁金香。伊兹梅洛沃宫的一座园林被装饰成了"意大利风格"。① 人们还试着在庄园里栽培喜热植物（酿酒用葡萄、桑树），培育了纯种牛和家禽，并建立了玻璃加工厂，如伊兹梅洛沃的玻璃厂和查什尼科沃的羊皮加工厂。伊兹梅洛沃建筑群中包括了各式各样的建筑：主建筑、园林、"阁楼"（亭子）、画廊、"瞭望台"、"巴比伦"（迷宫）和园圃（旧时在笼中豢养野兽的地方）②，它们均是按照俄国文化中新艺术风范和审美趋势——巴洛克风格进行装饰的。③

伊兹梅洛沃宫逐渐成了沙皇的夏日居所。到了夏天，沙皇举家来这里避暑。这里还是沙皇接待外国使节、签署法令的地方，因此该庄园逐渐承担起礼仪功能。除了沙皇庄园，莫斯科周边地区也建立了属于大贵族的庄园。1623～1624 年，И. Б. 切尔卡斯基公爵在奥斯坦基诺建造了一个包括豪宅、教堂、洗衣房、厨房、地窖的大庄园。20 年后，公爵又在庄园内开拓了一座园林，在庄园内工作的人明显增多了，还出现了猎鹰人、园艺师、园丁和若干浸礼派教徒。④

17 世纪下半叶，在贵族庄园中还建造了大型石质教堂，如维什尼亚基教堂（1664）、布拉采沃教堂（1672）、奥斯坦基诺教堂（1683）、杜布罗夫卡教堂（1690～1704）、三一教堂（1698～1701）等等。

---

① Забелин И. Е. Опыты изучения русских древностей и истории. Ч. II . М. , 1878. С. 284, 287, 296.

② Забелин И. Е. Московские сады в XVII столетии// Журнал садоводства. 1856. № 8. С. 9.

③ Д. С. Лихачев считает, что русские сады XVII в. своим устройством близки1 северным садам в стиле голландского барокко（см. : Лихачев Д. С. Поэзия садов. К семантике садово-парковых стилей. Л. , 1982. С. 121）.

④ ЦГИА. Ф. 1088（Шереметевых）. Выписки из писцовых книг по селу Останкино 1623-1624 гг.）（Оп. 9. Д. 19. Л. 8 об. -9 об.）. Списки с переписных книг 1645-1646 гг. на вотчину князя Якова Куденетовича Черкасского в Останкине（Д 89. Л. 1 об, -4）.

在贵族庄园中，新建的两层（有时候是三层）木制的"富丽堂皇的主屋"从外观上来看与礼拜场所一样精美。"富丽堂皇的主屋"的精美程度，从 B. B. 戈利岑公爵对自己在梅德韦科沃区的木制主屋（1689）的描述中[1]，以及同时代描绘公爵生活和房内仆从工作的图像中不难看出。[2]

17 世纪 90 年代，Д. Г. 切尔卡斯基公爵聘请了一位来自荷兰的园丁，这位园丁为公爵的庄园设置了一个荷兰式的园林。[3] 庄园的娱乐属性越来越强，庄园主人也经常来这里消磨休闲时光。

因此，在 17 世纪下半叶，沙皇和大贵族的庄园不仅要满足主人的现实需求，而且也开始符合审美要求。庄园中逐渐形成一种全新的生活方式和特定的艺术环境。但该过程还处于初级阶段，仅限于对建筑群进行外部装饰和展示昂贵的异域珍宝。

庄园的下一个发展阶段是 18 世纪初。这与彼得一世的改革和新艺术文化的出现有关。

凡尔赛宫的前厅是沙皇庄园设计的楷模。俄国君主对凡尔赛宫有着独特兴趣。自 17 世纪末以来，凡尔赛宫一直是各大艺术院校和全欧洲的宫廷礼仪的典范。富丽堂皇的凡尔赛宫、井井有条的生活方式体现了专制主义时代的理想。[4]

彼得宫是彼得一世最喜欢的一个地方。和法国的凡尔赛宫一样，彼

---

① Розыскные дела о Федоре Шакловитом и его сообщниках. Спб 1884–1893. Т. 4. С. 370–371.

② Торопов С. А. Указ. соч. С. 6；Рисунок А. Мейерберга 60 – х гг. XVII в. // ...в окрестностях Москвы. Ил. 5.；Г удзинская А. П. Михайлова Н. Г. Графические материалы по истории архитектуры помещичьей и крестьянской усадеб в России XVII в. // История СССР. 1971. № 5. С. 219.

③ Путешествие Корнелия де Бруина через Московию // ЧОИДР. Т. 1. 1872. С. 67.

④ Алпатов М. В. Архитектура и планировка Версальского парка // Вопросы архитектуры. М.，1935. С. 101–102.

得宫也是俄国伟大胜利的象征——打败了北方强国瑞典，跻身海上强国之列。

图6-2　A. H. 贝斯图热瓦-鲁米纳在彼得堡附近的庄园（18世纪中期）

18世纪上半叶，以建筑师 д. 特雷齐尼根据彼得一世的个人喜好进行的"形象设计"为基础，在俄国首都城郊建设了一批沙皇和贵族的宅邸。这些建筑是主要服务于首都"杰出公民"和"富裕家庭"的临时性"娱乐"场所。它们是"模范"建筑，布局规则，对称分布。庄园里通常包括一个主建筑、一个池塘、一个通向主路的园林、几座园林建筑。大型庄园建筑群一般以主建筑的风格为基准，辅以其他风格，布局复杂多样，和此前的庄园建筑群大为不同。

18世纪，彼得堡郊区建起了规模庞大的庄园建筑群（彼得宫、斯特列利纳、皇村、巴甫洛夫斯克、加特契纳、奥拉宁鲍姆），这里还是众多贵族的避暑地，原先荒芜的彼得堡郊区变得充满活力。到18世纪末，根据一位同代人的说法，"……巴黎郊区——不过是皇家宫殿所在地，完全比不上彼得堡郊区庄园。彼得堡郊区庄园群是纯粹的艺术创作。昔日布满沼泽泥潭的不毛之地上现如今是用财富堆砌出来的、充满了奇思妙想的华丽建筑"。①

莫斯科郊区私人庄园的一个代表是 Я. В. 布鲁斯伯爵的格林卡庄园。1726~1735 年，格林卡庄园里建起了一座两层的石质主屋、一座园林和一些附属建筑。18 世纪 30~40 年代，一些贵族的大庄园进行了重建：波戈罗德斯基 П. Б. 舍列梅捷夫伯爵的库斯科沃庄园，Д. М. 戈利岑公爵的阿琼格尔斯克庄园，以及 А. М. 切尔卡斯基公爵的奥斯坦基诺庄园。② 在 А. М. 切尔卡斯基公爵的奥斯坦基诺庄园里，建造了一座石质教堂（1737~1742）、一座单层住宅和一座用大理石雕塑和各种凉亭装饰的园林。

18 世纪，贵族们对位于莫斯科的历史老庄园越发痴迷。18 世纪下半叶，莫斯科城郊汇集了全俄最庞大和最富有的家族：奥尔洛夫家族、舍列梅捷夫家族、戈利岑家族、沃尔康斯基家族、多尔戈鲁科夫家族和其他出于各种原因离开沙皇宫廷的家族。"对新生活方式持怀疑态度的长者是这里的思想核心"③，他们为莫斯科的生活定下了基调。在莫斯科城郊的庄园里会举行各种庆祝活动，夏天的一些庆典活动，其美轮美奂程度甚至与沙皇在首都举行的庆典活动不相上下。莫斯科郊区的庄园古色古香，外观奢华，其装饰风格充分体现了华丽的巴洛克美学。

18 世纪下半叶，莫斯科城郊的庄园建筑发展到了顶峰。庄园建筑群的中心是主建筑，通常是类似于宫廷建筑的双层住宅。与城市庄园不同，这些乡下庄园的主建筑通常用木头建造而成，外层则砌了一层石砖。房屋第二层通常是主人日常生活的场所（"家庭活动空间"）。一楼基本上是圆形前厅（"主要用于迎接客人"，且"富丽堂皇"，是"大部分俄国

---

① Исторические мемуары об имп. Александре и его дворегр. Шуазель Гуффье. М., 1912. С. 228.

② ГИМ. Отдел письменных источников. Ф. 440. Д. 574. Л 77–84 об 106 об.

③ Карамзин Н. М. Указ. соч. С. 303.

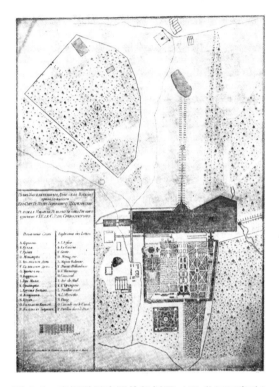

图 6-3 库斯科沃庄园的规划图（18 世纪下半叶）

房屋都具备的一个功能性区域"）。① 前厅铺满了精致的木地板，配置了昂贵的镀金家具，墙壁上挂有毛毯和绘画作品。水晶吊灯、镀金铜器、绘画作品和大理石雕塑让前厅有一种奢华感。在前厅内还有个迎客厅（该区域主色调通常为蓝色、绿色和深红色）、中央大厅、会客餐厅、客房、书房、台球室、牌室、画室等等。

人工园林里有烟花台——18 世纪中期贵族庄园的基本配置，在池座和园林里可以举办聚会，在人工池塘和运河上可以滑冰和戏水玩耍。人工园林的装饰物包括小屋、凉亭、温室、露天剧场、林荫小道、景观园

---

① Дельвиг А. И. Полвека русской жизни. Т. I. М. Л. 1930. С. 36.

林等等。设计师为人工园林注入了寓言和神话元素，园林各个部分都具有隐喻意义并被赋予了文化内涵。圆形的露天剧场和风景如画的园林还体现了巴洛克艺术对奇观和"戏剧"的要求。巴洛克园林艺术的另一个特征是东西方建筑风格的融合，这显示出当时人们对历史和地理日益浓厚的兴趣。[①]"亚洲和欧洲在这里结合为一体，人们从旧世界和新世界中盗取了艺术的火种，在这片小天地里大展手脚，最终建成了一个迷人辉煌的奇特景象。"[②] 荷兰式、中国式、意大利式以及后来的土耳其式和其他式样的小屋自成体系，而随处可见的凉亭则以其异国情调吸引着访客。饲养在园囿里的珍稀动物和温室的南方植被都让人惊叹不已。夏天，花坛里的乔木和灌木经过修剪后，"像服务员一样，仿佛戴着假发和法国手套，站在路的两边"。[③] 树木修剪成了各种别出心裁的样式。库斯科沃庄园人工园林里的树木形态各异，"有的树木被修剪成了人的形态，像园林里劳动的园丁，像背着箩筐的渔夫；还有些树木呈现动物的形状，像猎犬，像天鹅，像猴子；另外一些树木让人联想起古代建筑，如埃及的金字塔"。[④] 这些别致的树木是主人个性的彰显，也深受庄园访客的喜爱。

在任何一本园艺指南中都少不了关于用大理石雕塑装饰人工园林的介绍。人工园林中的雕塑数量由"庄园的特点以及主人的等级、财富"[⑤]所决定。在18世纪中后期，古典主义和与之相关的新艺术运动的发展改变了贵族庄园主人的审美倾向，人们转而偏爱自然之美。"迄今为止，我们的庄园一直在创造辉煌和不朽，但现在我们要努力把人造之物隐藏起来，去

① Лихачев Д. С. Указ. соч. С. 30, 75—76.
② Экономический магазин, или Собрание всяких экономических известий, опытов, открытий... Ч. XXVIII. 2-е изд. М., 1786. С. 374.
③ Герцен А. И. Повести и рассказы. М., 1936. С. 64.
④ ЦГИА. Ф. 1088 (Шереметевых). Оп. 17. Д. 40. Опись фруктовых деревьев в оранжереях и садах в с. Кускове (сентябрь 1761 г.).
⑤ Экономический магазин... Ч. XXVIII. С. 264.

欣赏自然之美。自然才是伟大之美。"① 18世纪末的艺术文化和贵族庄园生活中充满了感伤主义精神，人们将理性与情感进行对比，认为理性在解释世界和控制人的道德属性方面具有特殊作用。贵族庄园生活中感伤主义的特征体现为：呼吁用感性认识世界，体会逃离社交生活后的孤独，渴望归隐山林。

图6-4　橘园和库斯科沃庄园人工园林的部分花坛（18世纪60年代）

感性主义美学对贵族庄园的布局产生了一定影响，贵族庄园"不仅是体现规则性、秩序性和对称性的作品，也具备了娱乐性和休闲性，即简单、轻快、自由、审美和娱乐价值"。② H.M.卡拉姆津呼吁将自然作为精神世界的补充，以自然之美为审美标准，要求人们在成熟的美学体系下培育从自然和艺术中感知美的能力。③ 逐渐地，人工园林被自然园林所取代。Г.P.杰尔查文、B.B.卡普尼斯特、H.M.穆拉维耶夫、H.M.卡拉姆津都是自然园林的推崇者。

---

① Там же. C. 194, 374.
② Там же. C. 194.
③ Валицкая А. П. Русская эстетика XⅧ в. M. , 1983. C. 183.

图 6-5　И. И. 波查斯基设计，彼得罗夫斯克—拉祖莫夫斯基庄园，
水边的凉亭（1818）

　　俄国的自然园林艺术吸收了欧洲经验，尤其是英国园林的建造经验，发展了自己的特点。Н. А. 利沃夫、А. Т. 博洛托夫、Н. П. 奥西波夫、А. Ф. 沃伊科夫都是自然园林艺术的理论家和宣传家。他们指出了俄国园林美学的独特性，认为"俄国的园林在自然和人工装饰方面都不逊于英国、法国或意大利"。①

① Грими Г. Г. Проект парка Безбородко в Москве（Материалы к изучению творчества Н. А. Львова）// Сообщения инта искусств. № 4 - 5. Живопись, скульптура, архитектура. М., 1954; Болотов А. Т. О садах в России// Экономический магазин... Ч. XXVI. М., 1786; Он же. О характеристике местоположений сада// Экономический магазин... Ч. XXVII. М., 1786; Воейков А. Ф. Примечания в книге Ж. Делиля «Сады, или Искусство украшать сельские виды». Сб., 1816; Осипов Н. П. Подробный словарь для сельских и городских охотников и любителей ботанического, увеселительного и хозяйственного садоводства. Спб., 1791; Он же. Новый и совершенный русский садовник, или Подробное наставление российским садовникам, огородникам и наипаче любителям садоводства. Спб., 1790.

图 6-6　自然园林中的一条小巷

实用装饰艺术家参与了自然园林和园林景观的规划设计，他们"为自然之美赋予了艺术性"，实现了"把森林变成园林"的艺术。① 此时，人们还格外喜欢风景艺术家克劳德·洛兰、尼古拉·普桑、萨尔瓦托·罗萨、休伯特·罗伯特等人的作品。И. И. 舒瓦洛夫、Н. В. 雷普宁、А. S. 纳雷什金、Н. Б. 尤素波夫等俄国贵族大量收藏这些风景艺术家的原作和复制品，用以点缀自己的庄园。

建筑师 В. И. 尼洛夫为皇村设计了俄国最早的自然园林，在这之前，他曾特地前往英国考察那里的自然园林。皇村的自然园林成为后来俄国各大庄园内自然园林的典范，比如库斯科沃庄园、纳杰日丁庄园、戈连基庄园、苏哈诺夫庄园、格雷布涅夫庄园、兹万卡庄园、尼

---

① 比如著名的室内装饰家皮特罗·冈萨古受邀参与巴甫洛夫斯克宫和阿尔汉格尔斯克宫的园林设计。

古拉斯科耶-切伦契奇庄园、兹纳缅斯科耶-拉约克庄园、博哥罗季茨克庄园、玛丽亚庄园、索菲伊夫卡庄园等等。巴甫洛夫斯克庄园和加奇纳庄园中美丽的自然园林是 18 世纪和 19 世纪之交俄国园林艺术的杰作。

在庄园内还可以见到各种极具浪漫主义气息的建筑——友谊堂、忠诚堂、爱情堂、忧郁堂、孤独之家、遗址、农家小屋等，这些建筑与自然园林的外观相得益彰。奢华的宫廷建筑给人一种空虚感，在感伤主义浪漫情怀的影响下，庄园主渴望退居到"孤独之家"或"农家小屋"中。例如，П. Б. 舍列梅捷夫的库斯科沃庄园中的"孤独之家"就在远离其他建筑的自然园林里。那是一栋单层的木制建筑，装饰非常简陋。但建筑的布局非常舒适，没有会客或礼仪性的房间。在 З. Г. 车尔尼雪夫的雅罗斯拉夫尔庄园和 Н. Б. 尤苏波夫的阿尔汉格尔斯克庄园里也有类似的地方。

И. В. 洛普欣对位于萨温斯科耶村庄园内的自然园林进行了诗意的描写：

园林被小径隔开，
像一座座孤岛。
乡下的生活平和而宁静，
终于回归本心。
对上帝的信仰越发坚定，
真正的智慧，
如潮水般涌来。
不经意的一瞥，
便是生活的启迪。
随心所欲漫步其中，

如梦如幻，流连忘返。①

И. М. 多尔戈鲁科夫公爵陶醉于自然园林的美丽景色：风景如画的沃利亚河的中央是一个人工岛，岛上有战略家列普宁的纪念碑、思想家卢梭的雕塑、桶中的第欧根尼像、苏格拉底像、小木屋（装饰用）、小渔屋（装饰用）以及东方风情的凉亭……

И. М. 多尔戈鲁科夫公爵触景生情，不禁感叹道：

这么多迷人的物品！
异国情调和本土文化的融合！

人工岛上一系列怪异的"布置"反映了 И. М. 多尔戈鲁科夫公爵对他所处时代流行文化的认知，侧面反映了在当时对"开明贵族生活"的理解。无论人工岛上的"布置"是主人浓厚兴趣的体现，还是仅仅在追逐时尚，都具有一定的历史意义和地理意义。

要怎样才能把事情全部办妥？
或许应当取出整个宇宙的精华。

　　　　　——И. М. 多尔戈鲁科夫公爵致信 И. В. 洛普欣

18 世纪末期，贵族庄园风格受到了来自俄国杰出建筑师 И. Е. 斯塔罗夫、В. И. 巴热诺夫、М. Ф. 卡扎科夫、Н. А. 利沃夫等人的强烈影响。18 世纪 70 年代，斯塔罗夫的古典主义乡下庄园是许多大型建筑群的重要参考，这些建筑群主要有图拉省 А. Г. 波布林斯基的波布利基-波戈罗迪

---

① Долгоруков И. М. Бытие сердца моего. М., 1817. С. 143–153.

茨克庄园、C.C. 加加林在莫斯科郊区的尼科尔斯科-加加林庄园、А.Г. 德米多夫在彼得堡郊区的萨沃里奇-泰齐庄园、Г.А. 波将金的奥泽尔基-奥斯特罗夫基庄园以及 Н.П. 舍列梅捷夫的舍列梅捷夫庄园。

　　Н.А. 利沃夫在庄园建筑群的设计中注入了一种特殊的情感，他创造性地将建筑与周围的景观结合起来，使其具有一定的观赏性。利沃夫发明了一种新庄园建筑形式——用 Г.Р. 杰尔查文的说法就是，这是一种"神庙式"的房子。Н.А. 利沃夫设计的尼古拉斯科耶-切伦契奇庄园、沃罗诺沃庄园、兹纳缅斯科耶-拉约克庄园、兹万卡庄园、维登斯基庄园等是俄国庄园建筑的最高成就。

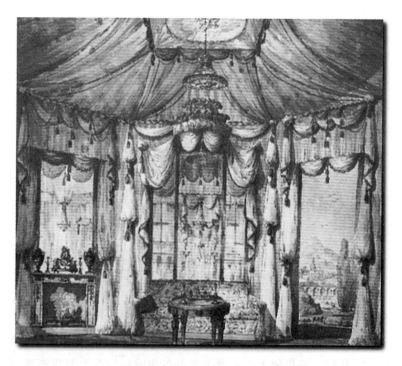

图6-7　H.A. 利沃夫设计，A.A. 别兹博罗德科
庄园的会客厅（18世纪90年代）

18 世纪 80~90 年代，在远离首都的地方，特别是在伏尔加河畔的萨拉托夫省，同样出现了一批美轮美奂的贵族庄园：戈利岑家族的祖布里洛夫卡庄园、奥尔洛瓦-科特利亚列夫斯基家族的奥特拉迪诺庄园、A. B. 纳雷什金的帕迪庄园、拉耶夫斯基家族的罗斯托什庄园、A. Б. 库拉金的纳杰日季诺庄园、A. И. 加加林的乌鲁索沃庄园[①]等等。这些庄园均是仿照莫斯科附近的庄园建造的。

图 6-8　Г. P. 杰尔查文的兹万卡庄园

1762 年后，中小贵族有权自由处理自己的庄园（彼得三世于 1762 年颁布《贵族自由宣言》）。"我在伟大的世界里看到了很多了不起的事情，而且我已经养成了住在敞亮而舒适房子里的习惯，" 1762 年，当 A. T. 博洛托夫返回自己的贵族庄园时这样写道，"回来后，我觉得自己的房子又小又糟糕，而且像座监狱。建筑物都是破旧的，太穷了，太小了，更像

① Ежова И. К. Зубриловка, Надеждино. Дворцово-парковые ансамбли в Поволжье конца ⅩⅧ-начала ⅩⅨ в. Саратов，1979. C. 14-15.

是农民的房子，而不是领主的宅邸，这样的建筑设计简直愚蠢透顶。"[①]"以前我们总是把房子藏起来，不让人看见。大家只关心住宅、马厩、牛场和谷仓，庄园里的其他都觉得无所谓。"[②] 于是，A. T. 博洛托夫把自己的新庄园建在了一座山上，斯克尼加河流过山脚，河对岸是零星的农民小屋和耕地。从窗户望去便可以看到"一大片土地——田地、树林、灌木丛和几座教堂，景色很好"，此外房子后面的山上还有梯田，上面有人工园林和花坛。[③]

几乎所有的贵族庄园都建在景色优美的地方。例如，A. T. 博洛托夫的邻居，坦波夫的地主和"杰出商人"斯特拉顿·萨哈罗夫的庄园，"建在半山腰上，周边风景如画，称得上是一个了不起的庄园。园林通向美丽的梅奇河，河流穿过僻静的山谷，而河外有一座陡峭的山，山林里树木茂盛，郁郁葱葱。庄园内还有一座漂亮的石头教堂"。[④] 花坛、园林、主屋前的小巷，其中主入口的小巷、水池、小桥和凉亭格外引人注目，这些装饰进一步完善了这座省级庄园如画的外观。

由于大型庄园建筑群和自然园林的流行，人工园林逐渐淡出人们的视角。1788 年，A. T. 博洛托夫将他的人工园林改造成了一个"富有自然风情"的园林，他"指定了该在哪里以及在什么地方布置草地和广场，在哪里应当安排灌木丛，以及如何让蜿蜒的通道和小径穿过这些郁郁葱葱的灌木丛"。后来，他在园林里划分出了一片小树林——"类似于宫廷的御园林或具有娱乐性质的小树林"，他还计划在其中建造一座凉亭——"孤独之家"。[⑤]

---

① Болотов А. Т. Жизнь и приключения Андрея Болотова, описанные самимим для своих потомков. Т. 2. Спб. , 1871. С. 304, 308, 400.

② Там же. Т. 1. С. 155.

③ Там же. Т. 2. С. 801–802.

④ Там же. Т. 4. Спб. , 1872. С. 340.

⑤ Там же. С. 324–325, 861.

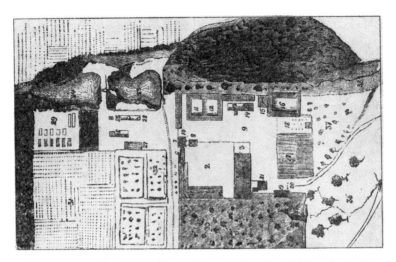

图 6-9　A. T. 博洛托夫在博格罗迪茨基的贵族庄园的平面图（1762）

　　当时发行的一些刊物为省级庄园的建设者提供了很大的帮助，比如自由经济协会的发行物、H. И. 诺维科夫和 A. T. 博洛托夫出版的《经济商店》杂志，以及《经济周刊》的专刊。[①] 对于中型、小型庄园的所有者来说，这些杂志出版物和书提供了关于耕作、庄园建设、园艺、花卉种植等方面的实用指导。最受广大读者欢迎的是《经济商店》杂志，它共发行了 40 期（1780~1789），几乎是一部贵族地产的百科全书，迎合了那些不太富裕的庄园主的品位和需求。《经济商店》杂志并没有刊登 Д. 夸伦吉、Ч. 卡梅隆等大师的作品，也没有刊登巴甫洛夫斯克庄园、皇村、奥斯坦基诺庄园、阿尔汉格尔斯克庄园内的新园林设计。该杂志提供的是规模相对较小的庄园图景，那里没有豪华的珠宝和昂贵的雕刻品，主人最多是在书架上摆上一些实用的手册和报刊，在墙壁上挂着祖辈的

　　① 　Например：Лем И. Опыт городовым и сельским строениям. Спб. , 1788；Он же. Теоретические и практические предложения о гражданской архитектуре. Спб. , 1792－1794；Головин М. Е. Краткое руководство к гражданской архитектуре или зодчеству，изданное для народных училищ Российской империи. Спб. , 1789；Болотов А. Т. О садах// Экономический магазин. . . Ч. XXVI, XXVII；В оейков А. Ф. Указ. Соч.

画像。可以说，M. E. 戈洛文和伊万·莱姆编写的实用手册主要面向的是俄国地方和省城的贵族庄园所有者。对于他们来说，艺术应当是接地气的，他们对很多艺术只懂些皮毛，也无意追逐潮流。①

图 6-10　A. T. 博洛托夫在博格罗迪茨基庄园里的人造洞穴

大部分省级庄园属于古典主义风格。"古典主义随处可见，人们习惯于建造多层且高大的乡下庄园，除此之外，还喜欢建造更多的大窗户，在屋檐下设置窗户，还要用上意大利式的半圆拱门……"② 这些庄园朴实无华，毫不起眼，但它们满足了外省贵族的切实要求：方便、简单和实用性强。18 世纪末，俄国各省的庄园外观都呈现了一些相似特征。M. Д. 布图尔林这样写道："现在的建筑都十分精致，更为舒适宜居。祖父辈的老庄园几乎都是灰蒙蒙的颜色，凿出的衬里和屋顶就像从未翻

① Евсина Н. А. Архитектурная теория в России второй половины XVIII – начала XIX века. М., 1985. С. 177.

② Болотов А. Т. Памятник протекших времен, или Краткие исторические записки о бывших произшествиях и о носившихся в народе слухах. М., 1875. С. 60–61.

新过一样，毫无吸引力。在更精致的乡下庄园中，四根梁柱上面刻有三角形的花纹，和灰色的墙面背景紧密贴合。有钱人家的立柱和柱头处都涂有石膏，而较不富裕小族家的立柱则是用瘦松木做的，压根没有柱头。"[1]

乡下庄园内外风格相一致，强行划分出了前厅和生活区。А. Т. 博洛托夫在博格罗迪茨基的庄园"从布局上来看，不是为城市生活而是为乡村生活服务的。简单的布局中包含了远离浮华和一切不必要的烦琐之愿景"。这所房子有"贵族生活所需的各类房间"：储藏室、大厅、男仆室、带有落地窗的大厅、灶台和自助餐厅、客厅、下沉式卧室、餐厅。从餐厅有一扇门通向主人的书房，另一扇门通向庄园女眷的房间，然后是育儿室和卧室。[2]

巴格罗夫家族庄园和辛比尔斯克的 П. И. 库拉列索夫庄园也有类似的布局。П. И. 库拉列索夫家比较富裕，在客厅后面还设置了一个休息室。在休息室里放置了"一个宽大舒适的沙发，在角落里还有小沙发，沙发外面套了一层鲜艳的红布，看上去就像是从绿色灌木丛中盛开的鲜花"。[3] 18 世纪 70 年代沙发开始在俄国出现，它非常符合上流社会的审美。"阔太太的小客厅和沙发是时髦房子的标配，那里充满了各种女性元素，如歇斯底里、偏头痛、突发痉挛等等。"[4] 在省级庄园里，还有专门的客用沙发室。[5]

省级庄园的内部装修比较统一："大厅里摆放着柳条椅和折叠桌；客厅里有一盏水晶吊灯和两面以桃花心木为底座的镜子；沙发室内的墙壁

①　Бутурлин М. Д. Записки графа М. Д. Бутурлина // Русский архив. 1897. Кн. 2. С. 403 - 404.

②　Болотов А. Т. Жизнь и приключения... Т. 2. С. 797, 799-800.

③　Аксаков С. Т. Собр. соч. Спб., 1913. С. 203.

④　Глинка С. Записки. Модный свет // Русский быт по воспоминаниям современников. XVIII век. Ч. II. Вып. 1. М., 1918. С. 215.

⑤　Соколова Т. М., Орлова К. А. Глазами современника. Л., 1982. С. 118-127.

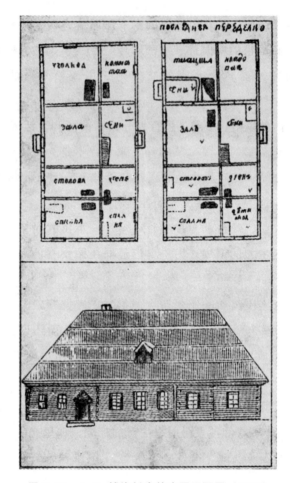

图 6-11　A. T. 博洛托夫的庄园平面图（1764）

简单地粉饰了一下，靠墙壁处摆放了一把木制的长沙发椅，在长沙发椅的两边还放置了两个小沙发，室内中心是扶手椅；至于储藏室，几乎没有设计——既没有想象力，也没有品位，更没有花钱来装饰。"①

---

① Вигель Ф. Ф. Записки// Русский архив. Ч. 1. 1891. С. 217. См. также: Бутурлин М. Д. Указ. соч. С. 404；Полонский Я. П. Старина и мое детство// Русский вестник. Т. 206. 1890. С. 121-124.

***

"贵族和富人十分迷恋宫廷的装饰品位，极力地让自己的庄园向这个方向靠近（Ж-德利）。"这不仅体现在庄园的大型建筑外观和内部装饰方面，也体现在庄园整体的艺术氛围中。贵族和富人对艺术的巨大兴趣是影响贵族庄园发展的重要因素。

一个"开明的"的俄国人在此时被认为是一个能够理解艺术并且能够进行艺术创作的人。[1] 收集和收藏是对前一个时代的致敬，这也反映了部分贵族的知识需求。许多贵族拥有珍贵的艺术收藏品，比如 A. A. 别兹博罗德科、A. C. 斯特罗甘诺夫、H. Б. 尤苏波夫、И. И. 舒瓦洛夫、舍列梅捷夫家族、Д. A. 戈利岑等。一些人与当时活跃的艺术家私交甚好，并将这些艺术家的作品纳入自己的收藏中。比如，A. C. 斯特罗甘诺夫对Ж-Б. 格勒兹、Г. 罗贝尔画作的收藏，H. Б. 尤苏波夫对 Ж. -O. 弗拉戈纳尔、Э. -Л. 维瑞-勒布兰画作的收藏。

Д. A. 戈利岑曾邀请 Э. -M. 法尔科内前往俄国，此外他还将著名欧洲艺术家的传记翻译成了俄语。[2] 一些资深的艺术收藏家还会专门委托艺术大师为其进行创作，如 Ю. И. 科洛格里沃夫[3]、Д. И. 冯维辛[4]、H. A. 利沃夫、И. E. 斯塔罗夫、B И. 巴热诺夫、B. 布伦纳等。舍列梅捷夫家族的农奴艺术家阿古诺夫对于推动舍列梅捷夫成功收藏艺术品功

① Лихачев Д. С. Указ. соч. С. 193.

② Левинсон-Лессинг В. Ф. История картинной галереи Эрмитажа （1764 – 1917）. Л. , 1985. С. 256.

③ Каминская А. Г. Юрий Иванович Кологривов-деятель русской художественной культуры первой половины XⅧ в. Автореф. канд. дис. Л. , 1982.

④ Левиисон-Лессинг В. Ф. , Д. И. Фонвизин и изобразительное искусство // История картинной галереи Эрмитажа. С. 343–386.

不可没。①

　　艺术品收藏是庄园主人的骄傲，也是其"炫耀"的资本。"你定会大
吃一惊"，И. Г. 切尔内绍夫 1762 年于维也纳寄给 И. И. 舒瓦洛夫的信中
这样写道，"我有一整个房间的动物画册，动物种类应有尽有。我的画册
甚至比皇村里的画册还要好，虽然它们的尺寸不一样，但各个都精美绝
伦。总而言之，我可以自豪地说，我有一套独一无二的藏品。"②

图 6-12　庄园内的客厅（18 世纪 20~30 年代）

　　庄园和城市宅邸的大厅内，绘画作品、雕塑和版画随处可见。在室
内，肖像画地位突出（它们又被称为"陈设肖像画"）。除了收藏 17~18

---

① 农奴艺术家阿古诺夫负责在拍卖会上为舍列梅捷夫家族挑选和购买艺术品，联系委托艺
　术家为舍列梅捷夫家族进行创作。1783~1784 年，И. П. 阿古诺夫联系 Ф. И. 舒宾为舍
　列梅捷夫家族制作了大理石半身像（ЦГИА. Ф. 1088. Оп. 3. Д. 513. Л. 8；Д. 514. Л. 6）。
　关于阿古诺夫为舍列梅捷夫家族购买的艺术品，具体可参见 Там же. Д. 545. Л. 9-10；
　Д. 455. Л. 9. 31 об.，34 об。

② Русский архив. 1869. № 11. С. 1819-1821.

世纪欧洲各主要艺术流派的画作外，庄园内还设有肖像画廊。英国庄园内的肖像画廊通常有几十张甚至几百张由一流艺术家绘制的肖像画，但俄国庄园则不同，这里只有由俄国本土艺术家绘制的庄园主人两三代直系亲属的肖像画，或者有一些俄国和欧洲历史政治人物的肖像画。比如建于 1784~1787 年的库斯科沃庄园中的政治家肖像画廊，其中的肖像画多为私人收藏作品，有些从国外进口，还有不少是 M. A. 卡扎科夫的作品。① 在 Г. P. 杰尔查文的兹万卡庄园里也有类似的画廊。

> 那些伟人的光荣事迹。
> 他们的面孔在金色墙壁上闪闪发光。
> 纪念他们的事迹和光辉岁月，
> 点缀我的房间。

在小型庄园里也经常可以看到内容和形式丰富多样的艺术画廊。A. T. 博洛托夫经常用从书上剪下来的彩色版画或买来的廉价流行版画来装饰房间的墙壁。② 外省小贵族喜欢在庄园里挂置雕版印刷版画，他们认为这是"绅士情调"的体现。而一些囊中羞涩的小贵族，通常使用自家农奴艺术家的作品，这些作品在专业性上略显逊色，有时候还和房子的基调不太相称："格里高利画出来的东西都没什么用，花里胡哨的，很笨拙，人物的脸还有些歪，身材很瘦弱，笨手笨脚的。"③

除了收藏艺术品外，许多大中型庄园主收藏了海量的图书，这些图书中有时还包括珍贵的手稿。在阿尔汉格尔斯克庄园的图书馆里有 Д. M. 戈利岑公爵精心挑选出来的各类藏书，体现了他的独特品位和广泛兴趣。

---

① ЦГИА. Ф. 1088. Оп. 3. Д. 525. Л. 8.
② Болотов А. Жизнь и приключения... Т. 2. С. 748.
③ Пимен（Благово А.）. Рассказы бабушки. Из воспоминаний пяти поколе- ний, записанные и собранные ея внуком. Спб. , 1885. С. 255.

图书馆内还收藏了一批外国作家描写俄国的作品，关于波兰历史的书，希罗多德、柏拉图、亚里士多德、西塞罗和恺撒的作品。图书馆内的藏书涉及历史、政治、法学、纹章学、建筑、园艺等各个领域。Д. М. 戈利岑的私人图书馆是 18 世纪上半叶俄国文化史上的一个瞩目现象。[1] К. 拉兹莫夫斯基在波尔塔瓦省的亚戈丁庄园建造了一座别致的私人图书馆，其中有近 4 万册藏书。[2] В. Г. 奥尔洛夫在奥特拉德纳的图书馆藏有 2500 卷书，这些藏书"带有现代科学和当时教育理念的印记"。[3] 舍列梅捷夫家族在奥斯坦基诺庄园的图书馆里收藏了许多关于音乐、乐谱和戏剧的书，此外他们还在沃什查兹尼科夫的伊万诺夫庄园内设置了一个专门的狩猎图书馆，共藏有 3000 册书。[4] 截至 1790 年，А. Т. 博洛托夫的图书馆共藏有 3000 多册书，包括德文、法文书籍和与经济、农业、园艺、建筑、历史和文学相关的书籍。[5]

年轻的 С. Т. 阿克萨科夫在丘拉索沃的 П. И. 库拉列索图书馆内读到了 А. П. 苏马罗科夫、М. М. 赫拉斯科夫的诗作和 Н. М. 卡拉姆津的作品。[6] 当时（1765）最好的小说藏于 А. Т. 博洛托夫之友 И. Г. 波东斯基的私人图书馆，И. Г. 波东斯基"天赋聪颖"，"痴迷于书籍和阅读"。[7]

有一些庄园主很少读书，他们的"图书馆"里只有两三本书，[8] 一些地主"受了些教育"或者"能读能写"，还有一些对"智慧的深渊"充满

---

① Безсонов С. В. Архангельское. Подмосковная усадьба. М. ，1937. С. 20 – 21；Луппов С. П. Книга в России в первой четверти ⅩⅧ в. Л. ，1973. С. 223；Археографический ежегодник. 1978. С. 238-252；1980. С. 139-190.

② Мартынов И. Ф. Частные библиотеки в России// ПКНО. Ежегодник. 1975. М. ，1976. С. 105.

③ Стариков Л. М. Дневная записка А. В. Орлова// ПКНО. Ежегодник. 1983. Л. ，1985. С. 144.

④ Среди коллекционеров. 1924. № 9-12. С. 40.

⑤ Болотов А. Жизнь и приключения...Т. 4. С. 764.

⑥ Аксаков С. Т. Указ. соч. С. 210.

⑦ Болотов А. Жизнь и приключения...Т. 2. С. 605.

⑧ "有一次，我向姨妈要了一些书来读。然而，她的图书馆竟然只有三本书：《歌曲集》、《解梦》和一本关于某种杂耍形式的戏剧作品。"（Аксакв С. Т. Указ. соч. С. 143）

畏惧心理，宁愿远离。有些父亲甚至还会这样和自己的儿子说："你以后将和我一样成为一名贵族，身为一名贵族，你能识字就足够了，那些无用的知识只会害了你，那些书不值得看。"[1]

人们为庄园里的大型图书馆建造了独立建筑，并分配了专门的房间，通常书籍都放在柜子里。庄园主书房的陈设展示了他们的内心世界，也是其价值观的体现：

> 我来到了缪斯女神的神殿，
>
> 并与弗拉库斯、品达、诸神共坐一席，
>
> 敬沙皇，敬友人，敬万能的主，
>
> 或用琴声歌颂乡村的生活，
>
> 或对着时代的镜子摇摇头，
>
> 新时代，在古老的激情和壮举中，
>
> 除了爱，我什么都看不到
>
> 而这正是人为之奋斗的一切。
>
> Г. Р. 杰尔查文《尤金妮和兹万卡庄园的生活》

А. Т. 博洛托夫喜欢在冬季和秋季进行"室内写作"，"因为在那个时候，没什么室外娱乐，我有更多的时间和我的书籍、笔、画板做伴，室内思考和写作的时间也因此变长了，这些室内活动给我带来了巨大的精神满足"。[2] 在闲暇时间，Т. И. 恩加里切夫曾在位于特维尔的洛什切姆勒庄园里进行艺术创作。[3] 许多贵族在他们的庄园里沉溺于文学、绘画和"科学研

① Крылов И. А. Похвальная речь в память моему дедушке, говоренная его другом в присутствии его приятелей за чашкой пуншу（1792）// Русская проза XVIII в. Библиотека всемирной литературы. М.，1971. С. 583.

② Болотов А. Жизнь и приключения...Т. 2. С. 343.

③ Корнилова А. В. Альбом помещика конца XVIII в. // ПКНО. Ежегодник. 1975. С. 318 – 328；Она же. «Плоды праздного времени»// Панорама искусств. №4.

究"。А. Г. 拉兹莫夫斯基在戈伦基建立了一个植物园，这主要是为了满足他个人的学术爱好。在 В. Г. 奥尔洛夫莫斯科城郊奥特拉达庄园的一侧有一个专门学习物理学和研究矿石的场所。В. Г. 奥尔洛夫本人与欧拉、帕拉斯和格梅林等科学家都保持着联系。В. Г. 奥尔洛夫在奥特拉达庄园小儿子房间的墙上挂满了从 Ж-Л. 布冯的《自然史》中剪下来的鱼、鸟和蝴蝶的彩色图片，并附有说明文字。[1]

　　除了恭迎沙皇的特殊招待会外[2]，在18世纪末期，莫斯科附近的贵族庄园里也常常举办公开的庆祝活动。贵族庄园因此具有了一些公共性，是展示庄园主慷慨、开明和高雅品位的地方。[3]

图6-13　Т. И. 恩加利切夫，庄园风光

①　Старикова Л. М. Указ. соч. С. 144.

②　Прием Екатерины Ⅱ в Кускове в 1787 г. обошелся П. Б. Шереметеву в 25 тыс. рублей（см.：Дмитриев С. С. Кусково. Историко-бытовой музей ⅩⅧ века. М.，1934. С. 22）.

③　"我精心装点了心爱的奥斯坦基诺庄园，并让其以迷人的形式呈现在观众面前。我想，在完成最伟大的、最值得惊奇的、最让公众感到愉快的并在其中可以看到我的知识和品位的工作之后，我将能永享安详，欣然离去。"（Завещательное письмо графа Николая Петровича Шереметева. М.，1896. С. 6-7）

图 6-14 Т. И. 恩加利切夫, 庄园内的餐厅 (说明图)

例如, 库斯科沃庄园里每周举行两次庆祝活动, 这些活动 "非常受欢迎, 包括各种丰富的奇观和娱乐活动, 有戏剧、合唱团、管弦乐队、照明和焰火等演出。来自各行各业的莫斯科市民成群结队地赶来参加这些热闹的庆祝活动。参加库斯科沃庄园庆活动的游客人数有时高达 3000 人, 仅马车就多达2800 辆"。[①] 正如游客库斯科夫评论中描绘的那样:

> 在达官贵人富丽堂皇的宫殿里,
> 有莫斯科人心爱的园林,
> 在那里, 生命的每一天都显得更加珍贵。
> 寻欢作乐的一日,
> 比得上在其他法治国家的一年!

---

① Стина А. Музей усадьба Кусково. М., 1930. С. 10.

狂欢的形式日新月异，

就像天空诡谲变化的云层。

库斯科沃庄园应有尽有，

蜜汁般甘甜的饮品触手可及。

而在你触摸不到的地方，

无论是何处，

都会让人心潮荡漾。

И. М. 多尔戈鲁科夫，《漫步于库斯科沃庄园中》①

在各主要贵族庄园的乡村节日庆典中还包括家庭剧团的戏剧表演。
Н. П. 舍列梅捷夫、А. Г. 奥尔洛夫、А. Р. 沃龙佐夫、Е. Р. 达什科娃、
А. К.-拉祖莫夫斯基、А. А. 穆辛-普希金、А. М. 戈利岑、С. С. 阿普拉
克辛、Н. Б. 尤苏波夫等人的家庭剧团，因其高水平的设备、杰出的剧目
和演员高超的演技而声名远扬。Н. П. 舍列梅捷夫、А. Р. 沃龙佐夫剧团
对待戏剧艺术十分认真。他们的剧团采用最苛刻的方式来挑选和培训农
奴音乐家和演员。

经过严苛的训练，农奴们学会了各种戏剧技巧，并且能够用外语流
利地说出他们扮演的角色的台词。他们的老师们都是著名的演员、歌手
和音乐家：С. Н. 桑杜诺夫、И. А. 德米特里夫斯基、П. А. 普拉维什科
夫、Я-Е. 舒舍林、М. С. 辛亚夫斯卡娅、奥林皮、巴巴里诺、舞台设计
师 П. 冈萨戈、芭蕾舞演员 Ф.-Л. 古伦索尔等。

Н. П. 舍列梅捷夫的剧团是当时最大的家庭剧团，创于 1778 年，是
俄国最早的剧院之一。1789 年剧团共有 115 人：19 名演员，26 名舞蹈演
员，声乐表演者 41 人，工匠 23 人，6 名仆人。剧团稳定发展，到 1792

① Долгоруков И. М. Указ. соч. С. 154–155.

· 298 ·

年人数达到了 212 人。①

　　在库斯科沃庄园里有几个用于表演的地方。第一处是位于园林的亭子，它建于 1777 年，又被叫作土耳其亭。1789~1791 年，庄园内还专门建立了一个独立的剧院，但是演出还是在人工园林中的露天剧场进行。1792~1798年，在奥斯坦基诺新建了一个剧院。库斯科沃庄园和奥斯坦基诺庄园里的这两座剧院都配备了当时最先进的戏剧设备，能够演绎更为复杂的戏剧。奥斯坦基诺剧院的礼堂有一个装置，可以让剧场迅速转变为音乐厅。

　　　　А. В. 苏沃洛夫②和 Г. Р. 杰尔查文拥有家庭剧院，

　　　　他们的孩子们天赋异禀；

　　　　孩子们在音乐、舞蹈方面熠熠生辉，

　　　　阿穆尔、哈特佩特或是圆圈舞来助兴，

　　　　扮演游乐女神和歌舞女神；

　　　　牧羊女戴着编织的花环，

　　　　所有这些都让观众流连忘返；

　　　　　　　　Г. Р. 杰尔查文《尤金妮和兹万卡庄园的生活》

　　然而，家庭农奴剧院作为庄园主"自己的剧院"，其艺术意义和历史意义不可否认，但受自身社会性质所限，其无法成为俄国社会进步思想的传播者和表达者。

　　许多省级庄园的私人剧团存续的时间很短，数量少，演员训练不足，剧目有限。供养一个私人剧团往往需要投入大量的时间和金钱。相比较而言，"乐团"，即管弦乐队，则被许多庄园主所保留："除了那些富甲一

---

① Елизарова Н. А. Театры Шереметевых. М. ，1944. С. 258-259.

② Рыбкин Н. Генералиссимус Суворов，жизнь его в своих вотчинах и хозяйственная деятельность，М.，1874. С. 15.

方的大贵族，很多普通的小贵族，也能拥有属于自己的演奏家和歌唱家"。[1] 普斯科夫的地主小贵族 B. C. 苏莫茨基有自己的"乐团"，尽管他"算不上十分富有"。"当时（1752 年 1 月）的音乐并不像现在这样恢宏庞大，'乐团'里有两三个能演奏波兰小夜曲和康康舞曲的小提琴手就足够了……这些音乐家应当能够演奏来客所想要的任何东西——主要是俄国舞曲。"[2] A. T. 博洛托夫也有自己的"乐团"，每当晚餐和"园林散步"时他会要求"乐团"在庄园内奏乐。一些富庶的大贵族还供养了大型管弦乐队，里头甚至还包括号角乐队。H. A. 杜拉索夫曾在辛比尔斯克的尼科尔斯科耶庄园的一次晚宴上让号角乐队奏乐："在我面前坐着许多人，他们拿着我认识的乐器，奏出奇迹般的、令人愉快的、神奇的声音，时而干脆凝练，但接着又会转化为风暴般的咆哮甚至是雷鸣般的巨响。"[3]

乡村庄园里的娱乐生活主要是各类游戏：台球、国际象棋和纸牌游戏。

> 我们在那里下棋、打球或射箭，
>
> 投掷飞镖或是打棒球；
>
> 我对各种游戏都很感兴趣，
>
> 有时，炎炎夏日也无法阻挡我们对游戏的热情；
>
> 我们玩纸牌、埃罗什基、法拉昂，
>
> 一钱一注，有赚有赔。
>
> Г. P. 杰尔查文《尤金妮和兹万卡庄园的生活》

---

① Пимен（Благово A.）. Указ. соч. C. 55.

② Болотов A. Жизнь и приключения... T. 1. C. 204−206.

③ Аксаков C. T. Указ. соч. C. 238.

А. Т. 博洛托夫在他的回忆录中经常提到风靡省级庄园社交生活的纸牌游戏。此外，А. Т. 博洛托夫还请人绘制卡牌。① 庄园里最受欢迎的活动是狩猎。"贵族们在狩猎时拼命追赶野兔，竞争起来不择手段，相当激烈。"② 庄园主十分爱惜自己的猎犬，庄园里精心饲养的猎犬也是该主人的一大骄傲，有时候他们甚至还会用农奴去换自己心仪的爱犬。③ 大贵族的庄园里建造了可容纳 100 只乃至更多猎犬的大型狗舍，狗舍有时候还具有别致的艺术风格。例如，Ф. Г. 奥洛夫于莫斯科的内拉斯坦尼庄园里有一个微型堡垒形状的狗舍。

在库斯科沃庄园里，"猎人小屋"是一座有着三个塔楼的哥特式风格的双层建筑。二楼的房间是为猎人和仆人准备的，而一楼是为猎犬准备的。④

整个贵族圈子里都十分追捧大型"猎人小屋"。有时一个贵族还会因对猎犬的狂热喜爱而入不敷出。"一个贫穷的贵族根本养不起他的狗，他最多能养 50 只猎犬，而在贵族圈子里根本没有谁的狗会少于 40 只。这不就是非要打肿脸充胖子吗？但是这一切又是为了什么呢？只是为了这名贵族在别人面前不失面子——我是一个有着大型'猎人小屋'值得尊敬的绅士。"⑤

庄园的生活"就是在'庆祝、礼仪活动和娱乐'中一天天度过"（А. Т. 博洛托夫）的。在 А. Т. 博洛托夫、С. Т. 阿克萨科夫和 Е. М. 扬

① Болотов А. Жизнь и приключения...Т. 2. С. 661-662.
② 这句评价出自一位旅行者的信件。在信中，他毫不留情地批判了自己长时间以来目睹的贵族庄园内的各种恶习，参见 Сочинение С. фон Ф. 1818. М.，1951. С. 54。
③ 根据 Е. М. 扬科娃的回忆："庄园有一个专门负责照顾猎狗生活的女佣，如果有一只狗出了问题，她便要为此接受主人的质问——为什么她没有照顾好它。"〔Пимен（Благово А.）. Указ. соч. С. 120.〕
④ Воспоминания Павла Войновича Нащокина, написанные в форме письма к А. С. Пушкину // Прометей. Т. 10. М.，1974. С. 287.
⑤ Путешествие критики...С. 54-55.

科娃的回忆和随笔里经常提到，庄园里需要接待不少来访的客人，主人经常出国旅游，还要在命名日、洗礼日、其他节日等场合接待客人。

"在星期天和节假日，客人们纷至沓来，有时甚至超过30人。所有这些客人都拖家带口；有些人一次性要待上好几天——这也渐渐成为一项习俗。"① 饭后人们游戏、唱歌和跳舞。主人家"有着曼妙歌喉的女儿最先登场，之后是庄园里的歌者"。②

庄园的生活比城市生活更容易，也更便宜。即使在冬天，一些贵族仍喜欢待在乡下庄园里。农村生活和城市生活有着很多共通的地方，但总体来说二者之间差别很大。乡下庄园和城市宅邸在满足大贵族的日常生活方面有共通之处。例如，И. Г. 波隆斯基在离开彼得堡后表示，"我在乡下过着体面的生活，那儿的生活方式与其说是农村的，不如说是城市的，只不过更加舒适和体面"。③ 据 Е. М. 扬科娃回忆，Ф. А. 托尔斯泰伯爵身为莫斯科贵族，"他同时建造了两个完全相同的房子：一个在乡村，另一个在莫斯科。两所房子的装修方式完全一样——墙纸也好，家具也好，总之，这两所房子里的一切都一模一样。这样一来，当他从莫斯科的住处搬到乡下庄园时就不会感觉到任何不适"。④

18世纪下半叶，许多莫斯科大贵族在城里的房子也都类似于乡下庄园建筑。叶卡捷琳娜二世注意到了这一现象，写道："莫斯科贵族在城里的房子基本上就是一个小庄园，里头包罗万象，功能齐全，应有尽有。"⑤

庄园占地面积很大，可以容纳下整个建筑群——宫殿、教堂、园林

---

① Пимен（Благово А.）. Указ. соч. С. 26.
② Болотов А. Жизнь и приключения... Т. 1. С. 205-206.
③ Там же. Т. 2. С. 605.
④ Пнмен（Благово А.）. Указ. соч. С. 93.
⑤ Записки императрицы Екатерины II. Спб., 1907. С. 652.

（包括带凉亭的园林）、各种辅助设施、家庭和行政服务机构，甚至还可以容纳下牧场。① 这种贵族庄园让同时代的人羡慕不已，也让他们的子孙后代感到惊讶。比如，19 世纪 40 年代，M. H. 扎戈斯金是这样描述 A. K. 拉祖莫夫斯基庄园的风景的："谁会想到建造一座宫殿——不是房子，而是宫殿！而且这座宫殿还不是用砖头做的，而是用圆木做的，要知道这可是要花上两倍的钱。房子后面还有一座园林，园林面积约占庄园总面积的 1/4。你可以划着小船在清澈的湖面上嬉戏，在亚乌萨河里游泳。园林大得惊人，你甚至会有种错觉，仿佛身在距离莫斯科 100 多公里开外的地方。所有的这一切在今天看来就像是一个童话。"②

莫斯科是"所有俄国贵族的聚集地，他们从各省赶来享受冬日时光"。③ 亲朋好友齐聚于莫斯科——"老头子和老婆子、新婚夫妇，太太和少女，纨绔子弟，赌徒和其他人"，作家兼讽刺作家 H. И. 斯特拉霍夫在当时流行的"口袋书"里这样写道。而对于那些憧憬着莫斯科但又有些犹豫不决的人，他是这样建议的："请尽快抛下你们的村庄，快马加鞭离开你的乡下庄园。那乡下的庄稼汉，黄脸的老太婆有什么稀罕，哪有青春靓丽的姑娘小伙动人。算好自己的家产、资产和税赋，事不宜迟，整装待发。到了莫斯科后，在靠近剧院、俱乐部和女宾厅的大街上租一间房子，价格为 500～1000 卢布；如果你有自己的房子，在你到达的前两周，请提前告知用人去暖暖屋子。去莫斯科的时候别忘了带上足够的干粮——这些东西大约可以填补二三十个人五六个月的肚子。二三十个随从会让你看上去派头十足，有了他们，你的生活

---

① 在整个 18 世纪，由于大型城市庄园的扩大和建设，莫斯科一般地主的数量有所减少。（см.：С ивков К. В. Москва в 1725–1800 гг. // Преподавание истории в школе. 1947. № 1. С. 37.）

② Загоскин М. Н. Москва и москвичи. Записки Богдана Ильича Бельского. Был. Ⅱ. М., 1844. С. 129.

③ Пушкин А. С. Поли. собр. соч.：В 10 т. Т. Ⅶ. М.，1953. С. 272.

也会更好。"①

根据 П. В. 纳什乔金的回忆，在从乡镇前往城市的季节性旅行前需要提前规划，准备相当长一段时间，有时能在路上看到车队："打头阵的是为伯爵（即 П. В. 纳什乔金的父亲）牵马的仆人，在他的身后则是一辆镀金马车，马车里坐着伯爵一家，马车两旁还有骑者护卫。庄园里的下人，如男女用人、外国厨师和脚夫，同主人的行李共同挤在一辆马车上，位于车队的后列。车队最后运送的是主人的爱犬。每次旅程都要耗费数天，受长途旅行的影响，主人的这些爱犬往往显得疲惫不堪。"②

维持一个贵族庄园的正常运营往往耗资巨大，常常入不敷出，即使是像 П. В. 纳什乔金这样富甲一方的贵族也不例外。③

为了能够更好地管理庞大的家庭产业，大型贵族庄园越来越需要一个由经理和文员组成的特殊机构。对于外省的那些小贵族来说——特别是那些长期居住在庄园里的小贵族来说，家务管理占庄园管理的大头。不同的庄园主人对待庄园管理的态度各不相同：既有勤奋好学的主人，也有懒惰和完全没有天赋的主人。有些人认为日常家务是一种沉重而枯燥的负担，另一些人则相反，在这些家务中发现了生活的主要意义。

家仆完成了众多的家务杂事，他们的职责差别很大。大型庄园都安排了专门的工作人员时间表，上面列有每个院子需要的工作种类和维护

---

① Страхов Н. И. Карманная книжка... Ч. I. М., 1791. С. 5–8.

② Воспоминания Павла Войновича Нащокина... С. 289–291.

③ 为了维持库斯科沃庄园的正常运行，庄园的主人特意从名下附近的另一座庄园抽调了 1000 多名农奴过来工作。这些人多负责库斯科沃庄园的园艺、安保和建筑工作，此外他们还需要向庄园主缴纳租赋。农奴缴纳的租赋逐年增长：1767 年为 1000 卢布，1786 年为 2000 卢布。而维持库斯科沃庄园正常运转的维护费用也在增长：1767 年为 8105 卢布 60 戈比，1786 年为 16499 卢布 35 戈比。庄园里的仆人也在逐年增长：1767 年为 118 人，1786 年为 211 人。参见 ЦГИА. Ф. 1088 （Шереметевых）. Оп. 3. Д. 110. Л. 53 об. –72; Оп. 17. Д. 116. Л. 1–29。

图 6-15　特维尔的 **Ф.М.** 科利切夫-佐布尼诺庄园（18 世纪 80 年代）

清单。例如，在库斯科沃庄园，所有住户都被分成若干组（"小组"）。
例如，门卫小组（后来是经理）领导各项行政杂务——每个庄园都必须
配有一定的门卫；园艺工匠小组（画家、圣像画画家、装配工、石匠、
木匠、雕刻家和其他人员）人员最多，事务繁重。另一个小组包括桨手、
马夫、养牛人、牧民、养鸡人和其他服务人员。庄园内还有一个单独的
教育小组，包括由教师亚历山大·伊万诺夫（他负责教授识字、写作和
算术）领导的庄园学校，该学校有 24 名学生。①

　　数量庞大的仆人是 18 世纪下半叶大型贵族庄园生活的显著特征。扬
科娃在她的回忆录中这样描述道："现在很难相信在庄园里竟能有这么多
人，我们当年对此可以说是习以为常，就好像贵族庄园理应需要那么多

---

①　Там же. Оп. 3. Д. 110. Л. 53 об. –72.

人一样。"① 俄国贵族的生活方式让来访的外国人感到尤为惊讶："我经常
会遇到这样的贵族，他有 400 个或 500 个不同年龄段的男女仆人，他认为
自己有责任把他们全部都留下来，尽管他根本没法雇用所有人。"②

农奴的处境最为糟糕也最为屈辱。他们比其他人更需要忍受地主恐
怖的专横脾气。在一个将农奴视作"受过洗礼的财产"的社会里，粗暴
甚至残忍地对待农奴几乎稀松平常，即使是受过教育的贵族也不例外。
比如诗人、律师和奔萨最好的私人印刷厂老板 H. E. 斯特鲁伊斯基，他称
得上满腹经纶，同样经常动用刑具审判自己的农奴。③ H. E. 斯特鲁伊斯
基在审判农奴时，让人不禁联想起伊兹梅洛夫将军④的可怕身影。像
H. E. 斯特鲁伊斯基这样的"开明"贵族不胜其数。他们喜怒无常，有些
好像不听到被殴打厨师的尖叫声就无法进餐。⑤ 另一些则强迫一个个有天
赋的（农奴）艺术家在餐桌上为他们服务。现存的文献资料为我们展示
的不过是农奴所遭受屈辱的一个缩影。

广大贵族进一步对仆人的文化水平提出了新要求。他们在庄园里建
立学校时压根不关心公共教育，庄园内的学校只有一个纯粹的实用目的，
即提供最低限度的知识，仅限于书写、阅读和计算（"教授家计所需要的
知识"）。农民和农奴的孩子在庄园的学校里接受教育，当然教师也是农
奴。完成学业后，学生们被送入世袭管理机构或"那些需要他们的地

---

① Пимен（Благово А.）. Указ. соч. С. 55.

② Русский быт по воспоминаниям современников XVIII в. М.，1912. Вып. 2. С. 9. У графа Г. И. Головкина насчитывалось около 300 человек дворовых，у Каменского – 400，у В. Г. Орлова–500，у Измайлова–800.

③ Лонгинов М. Несколько известий о пензенском помещике Струйском // Русский архив. 1865. С. 964.

④ Словутинский С. Г. Генерал Измайлов и его дворня. Отрывки из воспоминаний. М.；Л.，1937.

⑤ Записки артиллерии майора Михаила Васильевича Данилова，написанные им в 1777 г. М.，1842. С. 42–43.

方"。① 舍列梅捷夫家族、库拉金家族、奥尔洛夫家族、鲁米扬采夫家族、戈利岑家族、沃龙佐夫家族等的庄园内都有大型学校。②

对于一些自耕农来说，在庄园学校获得的职业培训教育对其今后的发展大有裨益。建设一座庄园需要大量的专业人员、工匠、建筑师、建筑商和艺术家。大贵族手下往往养着不少工匠，当别处有需求的时候，他们便会把这些工匠雇出去或承包出去，这部分地解决了庄园建设中人手不足的问题。然而，只有部分富有的庄园主才有财力去雇用这些来自其他庄园的工匠。通常，庄园主会在自己的庄园里雇用各种行业的师傅来训练农奴，以便维持庄园的日常运转。艺术家、建筑师、演员、音乐家的培训通常为 2~5 年，他们多在庄园里或是在庄园附近进行集中培训。有望成为艺术家、建筑师、演员和音乐家的农奴通常会得到更为细致的专门培训。

通过这种方式形成的农奴知识分子在塑造贵族庄园文化的过程中发挥了重要作用。③ 许多农奴虽然拥有某些专业技能，但出于客观原因，他们无法展示自己的才能，只能是表演者。他们通常从事那些不需要太多创造性的应用工作。"我们有自己的画师。他成长于庄园的后院，从小就有绘画的天赋。他的绘画非常写实，画技娴熟，是一位伟大的大师。擅

① ЦГИА. Ф. 1088. Оп. 3. Д. ПО. Л. 42 об，-43.

② Сивков К. В. Крепостная школа и ее ученики в конце ⅩⅧ в. // Голос минувшего. 1922. № 2；Он же. Из истории крепостной школы второй половины ⅩⅧ в. // Исторические записки. 1938. Т. 3；Узунова Н. М. Из истории форми- рования крепостной интеллигенции（по материалам вотчинного архива Голицыных）// Ежегодник ГИМ. М.，1960；Лепская Л. А. Крепостные школы Шереметевых во второй половине ⅩⅧ в. // Проблемы истории СССР. Вып. Ⅹ. М.，1979. С. 86-100.

③ Дедюхин а В. С. К вопросу о роли крепостных мастеров в истории строи- тельства дворянской усадьбы ⅩⅧ в.（на примере Кускова и Останкина）// Вестник М СеР - 8 - История. 1981. № 4. С. 83-94；О на ж е. Создатели кусковского ансамб- ля// Вопросы истории. 1984. № 8. С. 179 - 183；Островский Г. С. Творчество крепостных// Художник. 1978. № 3. С. 48-50.

长绘画的德米特里·亚历山大罗维奇（贵族）甚至还为他画了速写，并且将其制成了雕版印刷作品。"① 不过在大多数情况下，这群农奴艺术家的创作仍不属于个人创作。

然而，一些有天赋的农奴——他们是建筑师、画家和音乐家，经过了严格的职业学校教育后，其创作活动基本上与当时的文化进程保持一致。比如阿古诺夫及其家族成员、B. A. 特罗皮宁、M. C. 谢普金、П. И. 科瓦列娃·热姆楚戈娃、C. A. 德格亚列夫、B. Я. 斯特里扎科夫、И. A. 巴托夫等等，他们都是俄国文化发展中的杰出人物。

根据绝大部分研究者的观点，"他们的作品集学院艺术及大众艺术于一体。其中尽管展现了专业绘画的主题，但都是借来的，或者说是客户强加的，实际上已经被赋予了新的、不同的内容，最终又用民间传说和雕版印刷版画这种独特的语言进行了重塑。由此，我们通常将农奴艺术家的作品视为一种民间艺术现象并具有原始艺术的特征。农奴艺术家的艺术创作是一个复杂而模糊的艺术过程，但它无疑在 18 世纪至 19 世纪上半叶的俄国民主文化中占有一定的地位"。②

农奴知识分子的活动也延伸到艺术和科学的其他领域，超出了庄园文化的范围。③ 值得注意的是，农奴知识分子对当时的社会思想产生了巨大影响。④

该现象的矛盾之处在于，从事创造性工作的自由的艺术家却在法律上和经济上都有人身依赖性，他们的才能只被用来满足庄园主的个人需求。

---

① Пимен（Благово А. ）. Указ. соч. С. 255–256.

② Островский Г. С. Указ. соч. С. 48–50.

③ См. , например: Курмачева М. Д. Крепостная интеллигенция России. Вторая половина XVIII –начало XIX века. М , 1983.

④ Поазнанский В. В. Очерк формирования русской национальной культуры. М. , 1975. С. 31–32.

俄国贵族庄园折射出了 18 世纪俄国复杂多样的社会政治面貌和历史文化环境。贵族庄园独特的文化氛围塑造了几代贵族的精神世界。他们浸润在对自然的热爱中，这种对自然的热爱逐渐演变成对国家的热爱。

俄国文化中不少杰出人物成长于贵族庄园。贵族庄园是 П. Я. 恰达耶夫、未来的十二月党人 Е. П. 奥博连斯基、М. П. ·别斯图热夫-留明和 В. С. 诺罗夫等人的家园。[1] "他们在庄园里长大成人，终其一生都与这种生活方式紧密相连。"[2]

在许多小型庄园里，贵族的孩子与农民的孩子一起长大。就像大家耳熟能详的故事里写的那样，小谢尔盖·阿克萨科夫和农民的孩子一起采集蘑菇，听他们讲述民间歌谣。[3] 小博洛托夫和村里的孩子们一起"游戏和嬉戏"。[4]

"通过对俄国庄园文化的研究，我们进一步丰富了对俄国文化的认知：俄国文化向我们展现了新的一面，它的趣味性和重要性不仅体现在外观上，更源于内在思想、诗歌、哲学、信仰和审美情趣。"[5] 18 世纪的俄国诗人 И. М. 多尔戈鲁科夫敏锐地发现了俄国贵族庄园的本质——"贵族庄园是俄国文化的集大成者"。

---

[1] Декабристы Дмитровского уезда. Музей Дмитровского уезда. Вып. 3. 1925.

[2] Новиков В. И. Указ. соч. С. 3.

[3] Аксаков С. Т. Указ. соч. С. 231−233.

[4] Болотов А. Жизнь и приключения... Т. 1. С. 163−169.

[5] Шамурии Ю. И. Подмосковные. М., 1912. С. 5.

第七章
城市与城市生活

М. Г. 拉宾诺维奇

    18 世纪是俄国社会经济发展的一个重要转变时期，变革为俄国的社会和文化生活带来了许多变化，特别是城市生活。

    劳动分工的深化、全俄内部统一市场的形成，以及工业和贸易的发展，让有利于资本主义发展的各要素在旧封建国家内部不断发展和强化，城市的重要性也与日俱增。

    正如马克思所描述的那样，"城市本身表明了人口、生产、工具、资本、享乐和需求的集中；而在乡村里看到的却是完全相反的情况：孤立和分散"。[①] 在 18 世纪的俄国城镇，这些特征比以前表现得都更为明显。

    城市不仅保留了旧传统（特别是在家庭生活中），在更大程度上它还成了传播与新文化有关的社会文化生活方式的一个媒介，反映了新的世俗主义和理想主义原则。在城市里出现了新的社会文化机构——世俗学校、科学院、大学、图书馆等，它们充当了新文化的中心。

    城市通常是某个农村地区的中心，由于二者之间不断加深的经济联

---

    ① Маркс К. , Энгельс Ф. Соч. Т. 3. С. 50.

系，城市文化不断向农村地区辐射。与此前相比，18 世纪俄国城市文化辐射周边农村的程度已经大幅度提升。

俄国的城市人口在 18 世纪内增加了三倍多。[①] 此外，俄国城市数量也迅速增长，17 世纪末到 18 世纪下半叶，由 250 个（根据一些资料为 202 个）增长到了约 400 个。[②]

城市一般承担着各项功能。城市一般是行政—政治、社会—经济、军事—防御、文化和宗教中心。无论大小，所有城市都承担了一定的功能。地方城市有时候还是整个行政区或经济区的中心（省、地方或首都）。[③] 根据城市中心职能，可将城市分为以下五类：第一类是商业城市，它是地区贸易枢纽；第二类是工业城市，手工业、农业和畜牧业较为发达[④]；第三类是军事城市；第四类是行政城市；第五类是宗教城市。18 世纪，俄国港口城市与一般商业、工业、文化中心城市之间的差异不大，直到 19 世纪才有明显差别。

按照当时的行政区划，俄国城市可以分为首都、省城、县城、非行政中心的县辖城市和边疆区，按照规模可分为大城市、中等城市、小城市。

沙皇政府同样注意到了城市在国家生活中日益增长的作用，并尽可能地实施保护主义政策：为城市发展、城市重建和社会结构变革创造条

① Кафенгауз Б. Б. Город и городская реформа 1785 г. // Очерки истории СССР. Период феодализма. Россия во второй половине XVIII в. М. , 1956. С. 151; Водарский Я. Е. Список городов России с указанием количества посадских дворов// Исторический архив. 1961. № 6. С. 235-236.

② Кафенгауз Б. Б. Купечество. Города// Очерки истории СССР. Период феодализма. Россия в первой четверти XVIII в. М. , 1954. С. 212; Рындзюнский П. Г. Города// Очерки истории СССР. Период феодализма. Россия во второй четверти XVIII в. М. , 1957. С. 179.

③ Рабинович М. Г. К определению понятия «город» в целях этнографического изучения// Советская этнография. 1983. № 3. С. 21-23.

④ См. : Милов Л. В. О так называемых аграрных городах России XVIII в.// Вопросы истории. 1968. № 6. С. 54-64.

件。政府在城市自治领域进行了一些创新（不过这些创新并没有损害专制主义）。18世纪初建立了市政厅和区议会，随后设置了地方行政长官，1782年《公共生活宪章》（Устав благочиния）和1785年《城市条例》（Городовое положение）的出台是城市自治发展过程中的重要一步。沙皇政府在制定新的行政区划时，即"各省划分"（Учреждения о губерниях），发现俄国没有足够的城市去充当地方行政中心。当时许多乡镇被改造成了城市，导致俄国城市数量几乎翻了一番，达到500个。然而，沙皇政府很快就发现一些新建城市的发展状况较差，100多个城市又被降级变成了乡镇。不过，围绕区域中心新建了不少城市。[1]

城市发展的一个指标是工商业人口的集中。18世纪末的俄国城市大多是小城市，其中约一半城市的（44.5%）工商业人口不足500人，只有72个城市的工商业人口超过了3000人。资料显示，除了莫斯科和新首都彼得堡，里加、阿斯特拉罕、雅罗斯拉夫尔也算得上大城市，这些城市都有2.5万~3万工商业人口。此外还有12个俄国城市有近1.2万~3万的工商业人口，有21个城市有1万工商业人口，33个城市有0.3万~0.8万工商业人口。[2]

18世纪，俄国城市人口的社会和职业构成相当复杂。总体而言，工匠和商人仍然是城市人口的基础。

城市居民主要从事商业和工业。资本主义生产方式的工场手工业直到18世纪末才开始在俄国城市迅速发展起来，到19世纪20年代中期才在城市发展中占主导地位。"工场手工业的蓬勃发展只意味着它在城市发

---

① 根据 П. Г. 伦琴斯基的计算，仅在俄国中部的11个省——莫斯科、弗拉基米尔、卡卢加、斯摩棱斯克、科斯特罗马、下诺夫哥罗德、特维尔、雅罗斯拉夫尔、诺夫哥罗德、彼得堡和普斯科夫，就有82个城镇，由于重组，又增加了65个，到1803年，总共有150个城镇。参见 Рындзюнский П. Г. Новые города России конца XVIII в. // Проблемы общественно-политической истории России и славянских стран. М.，1963. С. 359 - 364）。

② Кафенгауз Б. Б. Город и городская реформа... С. 151-152.

展中的作用与日俱增，但不意味着俄国工业发展在国家经济生活中占据了主导地位。"①

18 世纪，工匠在俄国城市生活中发挥了更大的作用。城市工匠的构成反映了工业发展的一般特征。② 工匠多从事与服装、鞋类、奢侈品和食品有关的工作。18 世纪中叶俄国各城市的相关统计资料不仅证明了这一重要史实，而且还进一步表明了不同城市的手工业发展的不平衡性。例如 18 世纪 60 年代，俄国大城市雅罗斯拉夫尔共有 320 名手工业者，他们分属 36 种职业。其中几乎一半的人（分属 12 种职业的 140 名工匠）负责制作服装和鞋子。这些人当中有裁缝、鞋匠、铁匠、制帽匠、金银绦带制造工匠、皮匠和染匠等。人数上第二多的是和食品相关的师傅：分属 8 种职业（面包师、烘焙师、烤饼师、煎饼师、酿酒师以及鱼贩子和屠夫等，这些人在过去被称作工匠）的 56 名师傅。以上这些分类表明了工匠职业内部的专业化。人数上第三多的是金属加工工匠：分属 5 种职业（银匠、铜匠、锡匠和"钟表匠"等）的 51 名工匠。建筑工匠的数量则要少得多：分属 4 种职业（木匠、油漆工、玻璃工和云母窗户制造师，不过云母窗户制造师的人数越来越少）的 22 人。此外城市内还有木匠、陶工、泥瓦工和马鞍工、珠宝商人、绣花师、制烛人和梳子工（每种职业有 3~8 人）。③

1775 年秋明市的手工业者数目和其他地方略有不同，共有分属 28 种职业的 813 名手工业者。大多数人从事交通运输业，有分属 3 种职业的 209 名工匠（雪橇工、车轮工、滑雪用具制造工）。负责制作服装和鞋子的工匠在城市内工匠人数中占第二位，包括分属 9 种职业（裁缝、铁匠、

---

① Рындзюнский П. Г. Городское гражданство в дореформенной России. М，1958. C. 26.

② Подробнее см.：Козлова Н. В.，Кошман Л. В.，Тарловская В. Р. Культура промышленного производства// Очерки русской культуры XVIII в. Ч. 1. М，1985.

③ ［Бакмайстер Л.］Топографические известия，служащие для полного географического описания Российской империи. T. 1. Спб.，1771. C. 292–293.

制鞋师、鞣皮匠、染色师等）的 196 名工匠。占城市工匠总人数第三位的是皮革匠：分属 2 种职业（生皮工匠和熟皮工匠）的 155 名的工匠。还有不少人从事林产品加工业（生产石灰浆和焦油剂的工人和编席工），他们在城市工匠总人数中占第四位。城市内还有 61 位金属加工工艺大师（涉及 4 种职业——铁匠、银匠、铜匠和冶金工），分属 3 种职业（木匠、油漆匠、云母窗户制造师）的 43 名建筑工匠。还有 28 位工匠是木匠和木器工匠——二者区别不大，因为当地大部分木匠都是木器工匠。此外，还有梳子工（6 人）、制皂者（4 人）和炼油工人（2 人）。①

我们可以对比雅罗斯拉夫尔和秋明这两个俄国城市。雅罗斯拉夫尔历史悠久，过去曾是雅罗斯拉夫尔公国的首都。秋明历史较短，是伴随征服西伯利亚发展起来的新兴城市。两座城市在工业结构上有很多共同之处。无论是欧俄地区还是遥远的西伯利亚，服装和鞋的需求量都很大（在俄国中部更大）。西伯利亚城市的特点是，与运输和木材产品加工有关的职业占主导地位，几乎没有什么食品加工工业，这表明当地居民多致力于家庭烹饪。②

还有些资料反映了 18 世纪俄国城市工商业生活的具体信息。例如，卡卢加地区"工匠多制造炉子，烧制砖头"，图拉地区有用围墙围起来，看守严密，规模较大的武器制造工厂，伊兹博尔斯克地区"城市居民基本上都是农民，没什么工匠"。③ 这表明，卡卢加地区的传统建筑材料产业发展较好，④ 图拉成了一个重要的武器生产中心，而古老的边境要塞城

---

① См.: Громыко М. М. Развитие Тюмени как ремесленно-торгового центра в XVIII в. // Города феодальной России. М., 1966. С. 406. Табл. 3.

② 然而，就此推论现在仍缺少确凿的史料依据（См.: Громыко М. М. Указ. соч. С. 404-405）。

③ [Бакмайстер Л.] Указ. соч. С. 293.

④ 早在 1660 年，卡卢加契中就提到了砖匠（см.: Акты Московского государства. Т. III. № 4. С. 6-15）。

市伊兹博尔斯克已经失去了其作为城市的意义，并逐渐降级成了农村。[①]

城市人口的活跃程度直接取决于工业和商业的发展程度。这反映在城市建设和城市居民的生活方式中。在古代，正如考古发掘所显示的那样，大部分城市居民住宅同时也是工匠的工作室：一个师傅带着他的学徒，学徒去师傅家里学习工作。消费的扩大推动了居民建筑布局的变化：工厂甚至整个工作室离住宅大门越来越近，有时从那里还能俯瞰街道。正是这些"工作室"催生了封建时代后期城市街道的发展——当时俄国和西方的街道上都立着一排排房屋。

随着工匠们从面向私人订单转向面向市场，城市里工作室的数量逐渐减少：工匠们往往在商铺出售商品，并直接在市场找活干。这样一来便逐渐形成了独立的个体工匠。工场手工业的发展让生产场所与住宅进一步分离。[②] 在家工作的劳动者变得更少了。然而就 18 世纪而言，生产和生活的分离仍是一种发展趋势，不少手工业者的商店和住宅仍在一起。

在不少工匠和普通商贩的生产经营活动中，生产和生活非但没有分离，反而走向了融合。18 世纪，随着城市贸易的发展，市场不再是唯一的贸易场所。叶卡捷琳娜二世允许商人在自己的房子里经商。[③] 一般认为，家庭商店的形成时间更早。18 世纪初期，商人的住宅就带有仓库和店铺，家里的仆役和工作人员长期住在其中，一楼面朝城市街道，橱窗内陈列着商品。手工业者的生产生活倾向于"离开房子，走上街头"，而商人的生产生活则倾向于"离开街头，拥有店面"。

装卸工人、搬运工人、船工、领港员、看门人等是贸易活动的主体。

---

① 在 16 世纪，伊兹博尔斯克还有一定规模的军事驻军和 16 名神职人员（см.：Чечулин Н. Д. Города Московского государства в XVI в. Спб.，1889. С. 86）。

② Колчии Б. А. Становление ремесла Новгорода // Тезисы докладов советской делегации на III Международном конгрессе Славянской археологии. М.，1975. С. 56.

③ Городовое положение 1785 г. Спб.，1817. Ст. 20. С. 5.

· 315 ·

图 7-1　卖布林饼的小贩

这些职业也许和贸易活动一样古老，在 18 世纪的俄国，由于贸易扩大和营业额的增加，从事这些职业的人也越来越多。通航运河的建设以及连接伏尔加地区和波罗的海的河道的凿成，进一步推进了贸易活动的发展。运河振兴了许多老城区，并为新城区带来了活力。对于靠水路连接的城镇来说，航运和沿河商路至关重要。

18 世纪，陆路运输仍然是运输物资和交通往来的重要手段。长期以来，陆路运输以驿站马车为主，随着商品货币关系的发展，马车夫逐渐成为一个收入不菲的职业，陆路运输的发展也蒸蒸日上。通常情况下，驿站马车的承包商和马车夫都会选择在驿站附近定居。

图 7-2　卖热蜜水的小贩

　　从事运输业特别是水运的城市居民中，存在明显的财产分化。船主的生活水平接近于商人，而普通马车夫、船夫，以及装卸工人和纤夫的生活水准一开始和贫穷的普通市民差不多，到了后来几乎沦为了城市无产阶级。

　　城市（特别是在大城市）中的军事群体不断壮大起来。城市驻扎常备军使俄国城市生活呈现了新的军营生活特征，给城市居民带来了相当大的负担。军事城市通常还住着退役士兵，他们一般从事商贸活动。军官大多是贵族，他们所在的城市除了有营房和训练广场外，一般还会驻扎部队。服役士兵平日必须进行大量的训练。此外，城里还有各种阅兵和游行活动等极具仪式性的军事活动。军事单位通常位于城市的一个特定区域（一般是在郊区），军官们有着自己特殊的生活方式，但仍属于城市人口。

城市里的神职人员（人数也不多）对城市生活的影响力更强。黑袍神父既包括教会上层，也包括该市众多修道院中普通教职人员。根据法规，他们应过着自律严格的生活，但实际上大部分人都忍受不了绝对的禁欲生活。各等级的居民也会加入修道院。对很多人来说，进入修道院后生活也没什么大变化，比如有不少人继续经商，还有不少人依旧十分仰仗教会"长老"的意见。在教会土地世俗化之前，修道院的庭院和农庄在城市庄园中占有特殊的地位，而且它们并不属于当地政府的资产。

白袍神职人员与城市居民的关系更为密切——他们是城市内各教堂的工作人员。他们的生活方式与普通城市居民的生活方式几乎没有区别。牧师、助祭和执事（东正教教会中等级最低的工作人员，做诵经、打钟等事）是城市生活的核心，教会的收入以及他们的个人收入在很大程度上取决于本教区居民的捐款。神职人员和本教区的居民共同接受上级教会的管理，神职人员主要负责本教区的一些日常事务。神职人员与城市居民保持密切关系对沙皇政府来说非常重要，沙皇政府也经常利用二者之间的紧密联系来巩固自己的统治。17世纪，神职人员对城市大众的文化生活产生了不小的影响，特别是在"工匠"的初级识字培训方面。

教区是城市内一个独特的地方，教堂在日常生活和庆典活动中都发挥着重要作用。它是祈祷和忏悔的地方，也是举行婚礼、洗礼、葬礼和追悼会的地方。城市的中心是大教堂，在这里一般会举行最重要的教会活动。一个城市的牧首通常是该城市大教堂教区的领导人（牧首的级别越高说明该城市的规模越大）。在各种庄严的祈祷活动中都可以看到牧首的身影，因此沐浴在荣誉之下的牧首也经常成为当地官员羡慕的对象。

图 7-3　洗礼仪式

　　18 世纪，贵族在俄国城市生活中占主导地位。此时政府颁布了一系列法律来进一步提高贵族的地位，贵族在城市生活中的地位也越来越突出。备受俄国贵族青睐的城市当数首都彼得堡和莫斯科，在中小城市也住着许多贵族，既包括为国家服役也包括不为国家服役的贵族。

　　贵族住在城市的时间甚至比住在庄园的时间还要多。通常来说，贵族想在城市过上一种和在自己庄园里一样的生活，他们对于城市生活的要求甚至更多，这些贵族在城里通常有一栋带有各类服务设施的豪宅。即使是手头不太宽裕的贵族也有两三个仆人。贵族处于"城市社会"的顶层。贵族与其他等级相当疏远，他们不愿意和所谓的"居民"混为一谈，从不参加狂欢节庆典，只与"同类"交流往来。彼得一世时期，贵族的儿子还能与平民一起学习和服役，但很快贵族们便遗忘并抛弃了这项传统，等级的封闭性逐渐形成。

　　18 世纪末，"贵族会议"在俄国大小城市盛行起来。"贵族会议"源于贵族们自己的会议，该会议每三年举行一次，会议选举产生贵族首领、治安警察和其他市政官员，并决定贵族和普通地方事务。"贵族会议"除了日常市政功能外还具有社会文化功能：筹办舞会、招待会，有时还组织剧团进行演出或邀请专业演员上演戏剧。

随着贵族在城市扎根，周边的不少农民也进城务工，他们以工匠、小商贩和服务人员为主。农奴制严重阻碍了农民的自由流动，但是农民为了谋生仍源源不断涌向周边城市。进城农民往往还会经商办厂，在 18 世纪 20 年代的注册工厂中，进城农民几乎占了注册者的一半（46%）。[①]

18 世纪，"城市平民"（Разночинцы）逐渐成形，但该等级内人员构成仍十分混杂。"城市平民"对整个俄国城市和国家公共生活都起着重要作用。从构词角度来看，"城市平民"表明了该群体由来自各等级的人组成。在 18 世纪，"城市平民"中的社会分层也许比 19 世纪还要严重。例如，在 18 世纪 60 年代的秋明市，"城市平民"占人口总数的 1/4，超过800 人仍然从事手工业[②]，当时还有不少人认为西伯利亚的这些"城市平民"实际上就是农民。[③]

城市工厂的大多数工人是农民工（包括国有农奴和缴纳代役租的农民）和"城市平民"。在 18 世纪，就像在彼得一世改革前，不存在社会学概念中的"工人阶级"。统计资料中只包括商人、平民、工匠、神职人员、武官、文官、乡绅、农民和外国人。[④]

随着城市官僚体系的发展，政府内部的官员队伍逐渐成形。正如

---

① Рындзюнский П. Г. Города...С. 180. См. также: Федоров В. А. Крестьянин-отходник в Москве（конец XVIII – первая половина XIX в.）// Русский город. Историко-методологический сборник. М., 1976. С. 167–175.

② Громыко М. М. Указ. соч. С. 405.

③ Программа Русского Географического общества. Научный архив Географического общества СССР（далее-АГО）. Р. 1. Оп. 1. 1846. Д. 4. Л. 60.

④ История Москвы: В 6 т. Т. II. М., 1953. С. 307.

A. C. 普希金指出的那样，"文武官员变得越来越聪明了"。①

在 18 世纪还出现了另一个现象：城市居民（主要是工匠）从小城市向大城市迁徙。例如，1765 年，在填写俄罗斯科学院的调查问卷时，来自楚克洛马市的人这样写道："平民多务农，但不少于 1/9 的人去了各个城市，因为他们中的大多数还从事木匠工作，剩余流出的人口是砖匠和其他工匠。"②

18 世纪城市居民的副业仍以农业为主。在一些城市，农业不仅仅是一项副业，还具备商业性——"农业及其产品逐渐变得商业化"。③ 不同农业分支有着不同的地位：蔬菜种植业、林业和畜牧业在 18 世纪的城市更为流行。大部分城市都有用于耕种和放牧的公共土地，还有用于种植花果蔬菜的私人土地（作为庄园的一部分）。虽然城市居民的耕地都出租出去了，但园林和果园几乎都归私人所有，受主人精心的照料。有时候，公共用地也会被用于种植花果蔬菜，农作物不仅卖给了邻近城市，甚至还销往远方。④ 与此同时，水果和蔬菜的种植出现了专业化趋势，并研发出了备受国内外农民好评的高产、优质品种。例如，1775 年弗拉基米尔地区培育出了著名的"弗拉基米尔"樱桃，这款樱桃深受莫斯科人的喜爱。⑤ 巴甫洛夫斯克地区的黄瓜、甜瓜、西瓜声名远扬。在波兰，一沓来自巴甫洛夫斯克的黄瓜种子售价高达 20~25 卢布。市民培育的这些蔬菜、水果品种推动了俄国农业的发展。

农民进城务工对城市居民生活的影响是多方面的。首先决定了农业

① Пушкин А. С. Заметки по русской истории ⅩⅧ в. // Поли. собр. соч. В 10 т. Т. Ⅷ. М.；Л.，1949. С. 121.
② Архив АН СССР. Ф. 3. Оп. 10. № 47. Л. 2 об.
③ Рындзюнский П. Г. Основные факторы градообразования в России // Русский город. Историко-методологический сборник. С. 107，120-121.
④ Подробнее см.：Милов Л. В.，Вдовина Л. Н. Культура сельскохозяйственного производства// Очерки русской культуры ⅩⅧ в. Ч. 1. С. 117-125.
⑤ АГО. Дела канцелярии. 1851. Д. 16.

活动在城市居民工作时间和家庭内部分工中占有重要地位，其次推动了农业技术的转移和农业人口的流动。就农业活动而言，农产品种植仍然是一项重要的家庭活动，主要用于满足城市居民家庭消费。春耕和秋收在一定程度上造成了城市人口的大量流失。由于还有不少人仍留在工厂中做工或从事和贸易相关的工作，农忙时期农民工回乡造成的城市人口流失并没有产生太大影响。

自古以来，菜园和园林也是城市居民最喜欢的休憩场所，那里通常有秋千和其他用于玩耍和放松的设施。丰富的园林赋予了城市优美的外观，正如 1840 年费奥多尔·格林卡对莫斯科的描述："园林点缀着耕地。"[1]

畜牧业是城市居民的一项常见副业。大部分城市居民都会在自己的院子里养牛、养猪、养几只羊和一匹马。他们通过发展畜牧业获得了奶制品和肉制品、毛皮和皮革。马匹通常用来运输物资，很少用于耕作土地。随着"城市平民"的壮大、长途邮政和公共交通的发展，马匹养殖业在一些规模较大的城市中越来越重要。牧场和草地对城市的生活来说就更重要了。在 18 世纪，随着城市发展、农业商品化和财富分化，人们倾向于将牧场用于其他目的（耕种甚至出租），不少富裕市民会租用草地或购买饲料。1785 年《城市条例》试图压制这些倾向："禁止在城市内建设牧场；如果城市内已经建设了牧场需要将其转为非营利设施，且城市不得占用该牧场，当该城市想要使用牧场时应租用牧场，不可购买新牧场。"[2]

大多数俄国城市位于河流两岸（甚至有不少位于海边），这有利于渔业的发展，在某些情况下，渔业还发展为一种重要的贸易活动。但在许多城市，渔业只是丰富餐桌食物的副业，或是备受人们喜爱的一种消遣方式。

---

① Глинка Ф. Н. Стихотворения. Л.，1951. С. 193.

② Городовое положение 1785 г. Ст. 3. С. 2.

　　城市居民的各类活动塑造了城市的整体形象。在18世纪，城市的形象不仅取决于规模庞大的公共建筑和工业活动，还受到了来自城市近郊渔场、牧场和菜园的影响，从远处可以看到沐浴在绿色中的城市，看到河岸上的船只和渔民，以及伸长的晾网。

　　俄国不少城市建设起初缺少严格规划，与西欧和东方的城市相比，俄国的城市用地较为宽裕，不怎么拥挤，每家每户住房面积相对较大。[①]俄国城市房屋面积比同等规模的西欧或东欧城市大得多，而且很少有多层房屋。在18世纪，俄国大城市基本上不流行大型房屋了，但在中等规模的城市，特别是小城市，单层木制房屋与带有宽敞院子、菜园和园林的房屋结构仍十分流行。在俄国小城市，只有市中心才有几座两到三层的石头建筑，它们起装饰作用，是小城市中一道亮丽的风景线。

　　城市中的旧防御工事（如果一直保留下来的话）在18世纪普遍破旧，由于军事技术的更新换代，它们已经变得毫无用处，所以既没有重建也没有修复。在老城区可以看到防御工事的废墟，而新城区在建设时根本不会考虑设置防御墙。石墙和塔楼经常被拆除以便建造其他公共建筑，城墙和护城河周围通常草木丛生。在周围的城墙上人们开辟出林荫道[②]和城市园林。

　　城市的边界以条形障碍物形式的路障进行标明，附近会有士兵执勤（主要在哨所），检查进入城市者的货物和文件。哨所不再是纯军事性的设施，兼具海关和警察的职责。有时城市仍在城墙的包围下，前哨所把持出行。例如，莫斯科的卡默尔-科尔任斯基环形城墙，它长达37公里，建于1742年。城墙前有一个土堤，一条沟壕，木制路障和18个前哨，但

---

① Рабинович М. Г. Очерки этнографии русского феодального города. Горожане, их общественный и домашний быт. М., 1987. С. 23, 289-290.
② 俄语"бульвар"是林荫道的意思，该词语源自法语"boulevard"，而法语中的这个词最初来自德语中用于表示防御工事的名称"bolwerk"。

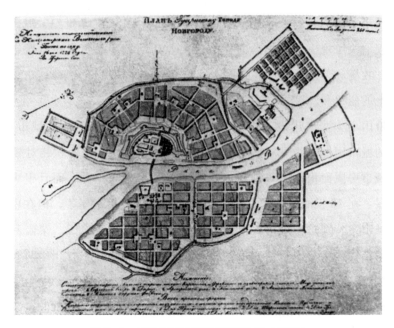

图 7-4　诺夫哥罗德城市平面规划（1773）

这个路障实际上没有任何军事意义，最初是为了防止酒类走私。[1] 防御工事的消失导致了城市布局的巨大变化：防御工事造成的街道系统混乱严重影响了城市正常生活，因此在 18 世纪中期，政府在老城区开展了全面的重建工作。街区布局不再像迷宫一样曲折迂回，而是像"国际象棋"，方方正正。不少大型、中型城市离不开专业建筑师的精心规划，[2] 这些规划方案也得到了政府的批准。然而，这些计划的具体落实面临不少困难，尤其因为需要拆除许多房屋。住户和地方当局往往不愿意改迁旧房屋。例如，在德米特洛夫，尽管有来自莫斯科的车尔尼雪夫伯爵的大力支持，

① Москва. Энциклопедия. М. , 1980. С. 292.

② ПСЗ. Книга чертежей и рисунков. Спб. , 1839. Подробнее см. : Власова И. В. , Шанский Д. Н. Поселения//Очерки русской культуры XⅧ в. Ч. 1. С. 303, 316；Кириллов В. В. Архитектура и градостроительство. // Наст. изд.

旧房屋的改迁工作还是拖了将近 10 年。[①] 迫于沙皇政府的压力，地方城市的改造工作稳步进行。只是在绝大多数城市，"既定的规划"从未彻底贯彻执行。在诺夫哥罗德地区，城市旧房屋的改迁工作只辐射到了商贸区域。

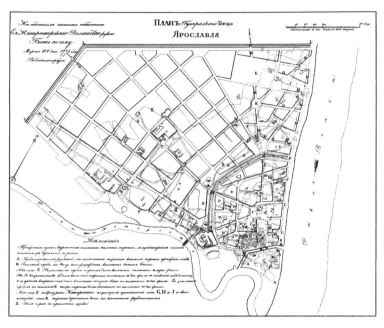

图 7-5　雅罗斯拉夫尔城市平面规划（1778）

在许多俄国城市，18 世纪末 19 世纪初的旧房屋改迁工作终归取得了一些实际成效。即便如此，规划也只是改变了个别街区和街道的发展脉络，城市仍以环形辐射为基础，以前的防御工事路线逐渐成为环形道路，而城市的主要道路仍呈辐射状。城市接近圆形、半圆形或扇形，城外有护城河流过。新的城市中心建筑群与古代或彼得一世时期风格的建筑交

---

① Журнал, или Записка жизни и приключений Ивана Алексеевича Толченова. М., 1974. С. 177，282-285.

织在一起（通常早在 19 世纪这种建筑风貌就已形成），保留至今。城市的有序规划与自由扩展相辅相成。城市贵族和富商的豪宅也点缀了城市风貌。

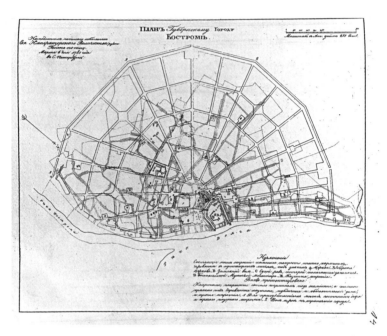

图 7-6　科斯特罗马城市平面规划（1781）

新的城市中心通常位于贸易市场附近，那里坐落着市政要员的居所，比如市行政长官（大城市通常是省长，小城市是市长）的房子，那里也是政府机构（市政府）所在地。随着政府不断建造新的建筑，市中心逐渐形成了新的建筑群。18 世纪，新秩序在新城市的建设中表现得尤为明显。以下是对庆祝村庄升级成为城市过程的描述。1782 年，在托博尔斯克省库尔干市的建成仪式中，托博尔斯克省的行政长官齐聚一堂，在尚未竣工的广场上他们公开宣布了授予库尔干城市称号的决议。省级官员为新城奉上了庄严的祈祷，还洒水祝福。市长、法官、公务员、初级地方法院人员、市民协会人员、城市商人协会人员（包括商人长老）和自治署长的职位都向城市各有志之士开放。两年后，库尔干收到沙皇政府授予的"市徽"，即绿地上点缀着两个银色小丘。随着其城市功能的补充完善，库尔干市逐渐出现了其他机构：地方税务局（1783 年设立）、县法院（1797 年设立并取代初级地方法院）、医院（1816 年设立）、县立学校（1817 年设立）、市图书馆（1824 年设立）。[1]

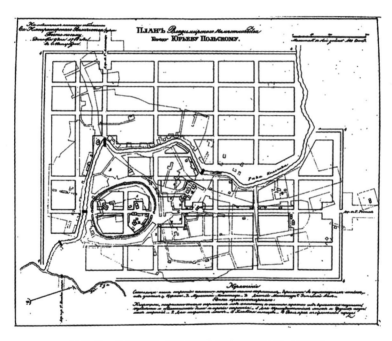

图 7-7　尤里耶夫-波尔斯基城市平面规划（1788）

1785 年《城市条例》允许"城市居民"（Городские обыватели）"建立一个城市协会"并"拥有一个储存市政卷宗和档案的资料室"[2]，每个城市可以拥有一个徽章并刻字。实际上这是对现有秩序的进一步巩

---

① АГО. Р. 61. Оп. 1. № 25.

② Городовое положение 1785 г. Ст. 29，39，41.

固。18 世纪 80 年代，在俄国各个城市内兴建起不少政府大楼，它们庄严肃穆，对公众开放。新当选的德米特洛夫市市长在备忘录中这样写道："应当建造一批与本市相匹配的全新建筑。"为此他特意从莫斯科找来一位建筑专家设计政府大楼——尽管专家名头不大但干事沉稳，这和这座城市的自我定位一致。第二天，市长还邀请来自莫斯科的客人以及贵族领袖和"商业精英"参加在市长办公室举行的招待会。①

18 世纪，俄国的徽章学逐渐成熟。彼得一世非常重视徽章学，并下令在当时的徽章学基础上进一步发展徽章艺术。18 世纪，俄国所有的城市都被授予了相应的城市徽章（绝大多数是在 1775 ~ 1785 年地方行政改革时期，和 1785 年《城市条例》相关）。大多数情况下（新的城市基本上都是这样），城市徽章结合了本地的特点：名门望族的名号以及经济、历史的独特性。例如，大卢基市的徽章就是三个洋葱，梅列诺克市的徽章是一个磨坊，德米特洛夫市的徽章是茶壶——象征着瓷器工业的发展，彼得堡的徽章是交叉的锚。古代城市往往保留着古罗斯时期的徽章。莫斯科的徽章是"骑士"——一个手持长矛的骑手，一般认为他是胜利者乔治，诺夫哥罗德的徽章是市民议会大钟或地方行政长官的权杖，雅罗斯拉夫尔的标志是熊，等等。②

徽章多出现在城市公章、旗帜和一些建筑物上。就古代城市而言，新的城市中心往往不一定就是旧城市中心。封建时代城市的防御中心，现如今失去了在军事防御和政治行政上的重要性。16 ~ 17 世纪的城市生活中心也逐渐向郊区转移。俄罗斯科学院 1759 年和 1760 年收到的来自俄国中部和南部、伏尔加地区和西北部的 70 多个城市的调查结果（由 Л.

① Журнал...И. А. Толченова. С. 185-186.
② См.: Соболева Н. А. Российская городская и областная геральдика XIII - XIX вв. М., 1981. С. 88-104, 254, 255; Демидова Н. Ф. Русские городские печати XIII в. // Города феодальной России. М., 1966.

巴克迈斯特编纂)① 显示，旧的城市中心被不同程度地废弃或毁坏。人们更愿意住在城市的其他地方，不过在旧城市中心（更多时候被称为"镇"或"聚落点"），通常还保留着大教堂和军政长官办公厅、仓库、监狱和居民点——零星分布的一些居民住宅。

在莫扎伊斯克和科洛姆纳等城市中，旧城市中心的废弃或毁坏现象十分显著，18世纪下半叶，城镇昔日建成的强大的石头堡垒已经被严重破坏。除了一些政府建筑，防御工事内的大部分建筑都已被拆除，但是教堂和修道院仍在运作。在卡卢加、阿尔汉格尔斯克等大型城市的旧城市中心，这些现象也十分常见。②

旧首都的中心——莫斯科克里姆林宫的命运十分有趣，它仍然是沙皇的传统住所。但是作为一个堡垒，18世纪初的莫斯科克里姆林宫已经完全不管用了，当瑞典国王卡尔十二世进攻莫斯科——俄国面临真正的威胁时，彼得一世还紧急下令在克里姆林宫周围建造一个由土垒组成的"防御工事"（时至今日，我们仍然可以看到一些当时的遗迹）。新首都彼得堡建成后（1712），莫斯科经历了一段相对平静的时间，只有在宫廷举行加冕仪式（18世纪的加冕仪式可能比其他任何时候都多得多）或其他场合，该地的平静生活才会中断。在加冕仪式结束后，沙皇还会在莫斯科举行奢华的庆祝活动。根据研究人员的计算，宫廷一年中大约有1/4的时间是在莫斯科度过的。③ 当沙皇不在的时候，莫斯科只有一些次要的政府机构和一个次要的教会主教，也就是莫斯科教区的负责人。和其他城市一样，克里姆林宫的重要性被降到和圣地（即教堂和修道院）一样。

---

① ［Бакмайстер Л.］ Указ. соч. См. также：Греков Б. Д. Опыт обследования хозяйственных анкет XVIII в. // Греков Б. Д. Избранные труды. Т. III. М.，1960. С. 263–272.

② ［Бакмайстер Л.］ Указ. соч. С. 15，52，183；АГО. Р. 1. Оп. 1. № 1. Л. 1.

③ История Москвы. Т. II. С. 428.

克里姆林宫中的沙皇宫殿规模较小，是一个临时住所——"为了特殊场合"而建造的地方。当叶卡捷琳娜二世决定按照 B. И. 巴热诺夫的计划建造一座宏伟的宫殿时，克里姆林宫的地位更是岌岌可危。但幸运的是，克里姆林宫作为一种纪念建筑被保留了下来，莫斯科的城市风貌和女皇的想法也发生了变化，甚至当初被拆除的建筑也在一定程度上得到了修复（这在历史上几乎是前所未有的）。

М. Ф. 卡扎科夫为克里姆林宫设计了贵族议事厅，这进一步让克里姆林宫成为贵族生活的中心。然而，贵族议事厅和其他城市机构，包括市长的房子，后来都位于克里姆林宫外，隔着涅格林纳亚河，而 М. Ф. 卡扎科夫在 1776~1790 年建造的精美的参议院建筑，则被用来容纳彼得堡政府机构的莫斯科分部。因此，政府措施对改造莫斯科的旧城市中心并没有起到什么实质性作用，城市中心的旧防御工事虽然保留了下来，但总体上与其他俄国城市中心类似防御工事的命运并无两样。18 世纪末莫斯科的相关资料显示，克里姆林宫在很长时间内都处于一种半空置状态，外围有很多荒地。

18 世纪和 19 世纪初在俄国出现了新城市，它们是工业或商业中心，当然没有古代防御区。但在帝国的边疆西伯利亚，城市外围仍设有防御工事（例如奥伦堡城外的防御工事，它在抵抗哥萨克和普加乔夫农民起义军中发挥了不小的作用）。[1]

新首都彼得堡市中心从一开始就与众不同。彼得保罗要塞位于具有战略意义的兔子岛上，这是一个军事要塞，但根据古老的习俗，这里有沙皇安息地彼得保罗大教堂。彼得保罗要塞里还有一个铸币厂和一个关押政治犯的监狱。但所有的政府建筑和沙皇宫廷，包括彼得一世的私人住宅，都建在防御工事之外。保罗一世试图通过在彼得堡市中心建造圣

---

[1]　См.：Пушкин　А. С. История　Пугачева// Поли. собр. соч. Т. Ⅷ. С. 172 – 176. На городском валу Оренбурга было тогда до 70 орудий.

米迦勒城堡来回归古老的传统，该城堡被川流不息的护城河所包围，河上有吊桥——联系起沙皇本人的命运来说就显得耐人寻味了，众所周知，这一逃生通道并没有帮助沙皇逃出生天。新首都的宗教圣地是亚历山大·涅夫斯基修道院大教堂（自18世纪末起改名为亚历山大·涅夫斯基修道院），在彼得一世时期，由教会册封的亚历山大·涅夫斯基大公的遗物被从弗拉基米尔的古地转移到这里。

这样一来，以前通常整合在城市封建功能中的军事、行政和宗教职能便分散了。不过，（直属东正教最高会议的）修道院、沙皇宫殿、政府大楼（机关各部和总督府，包括后来的海军部、总参谋部等）以及彼得保罗要塞还是有机地融入了城市整体布局中。

18世纪，贸易市场在俄国城市中的重要性大大增加。在省级甚至市级中心，贸易市场人来人往，络绎不绝。随着政府加强对贸易市场的监管，引入城市贸易市场强制性条款，以及进一步建设隶属"城市协会"的区域贸易市场，城市贸易中心的商业价值也在不断增加。1785年《城市条例》规定了"城市协会"有义务确保"本地区的居民"有"适时买卖商品"的自由，并制定了每周的交易日和交易时间，通过"升旗和降旗"发出交易开始和结束的信号，此外协会每年至少安排一次交易会，"或根据具体情况，安排更多场次的交易会"。[①] 18世纪中期，在莫斯科农民可以连续3天在市场上售卖自己的产品；在卡卢加和佩列斯拉夫尔梁赞（现如今梁赞市）也是如此。在图拉，每周有两个贸易日，每年有两次交易会；在扎雷斯克，每年同样有两次交易会。[②] 简而言之，每个城市都有自己的贸易场所，人们在集市上有序交易，讨价还价。这些贸易场所大都是一到两层的建筑，是一种露天广场式的"商场"。驾着马车经过城市的外地游客会在此驻足购物，本地的商人也会在此摆摊做买卖。

①　Городовое положение 1785 г. Ст. 24, 25. С. 6.
②　［Бакмайстер Л.］ Указ. соч. С. 163, 168, 187, 221.

商店的窗户和大门一般是向外打开的，而不是向内打开的（历史上为了抵御敌人攻击，故如此）。商店的主要目标是尽可能地吸引顾客。露天广场式的"商场"在许多城市中直至今日依旧存在。

图 7-8　冬市

市场通常位于城市中心，紧邻河流（或海洋），以便货物运送。在大城市，有几个"贸易行"，或称贸易街（例如，莫斯科在 18 世纪末有 75 个贸易行）。有人在 1766 年这样写道："（莫斯科）一年到头都有各种贸易活动。而且在十字路口也有贸易活动。一周有三天是贸易日——周日、周三和周五，在这三天，来自不同城市的农民带着各种面包和其他食品前往莫斯科进行贸易活动，也有人带来了木材、木柴、干草和其他木制物品。"① 对城市来说，干草和其他饲料的进口特别重要，因为城市经常会饲料短缺，特别是在冬季（19 世纪初，仅彼得堡一年就消耗了 150 万磅干草）。因此，每个城市都有一个或多个干草市场，外地农民驾马车到

————————

① 　Там же. С. 1–3.

那里进行交易。彼得堡干草广场这一名称就和这些农民粮草商贩的交易活动有关。

18 世纪末商店逐渐搬回到室内，即商人自己的房子里。贸易专业化，即每家商铺只能出售特定的商品的惯例如今被打破了。人们可以在一家商店里买到各种各样的商品。例如，在尤里耶夫-波尔斯基市，一家商店就出售肥皂、帽子、靴子、手套、食材、蜡烛等多种物品，"每个商店卖的东西都很杂，不可能只卖一类物品"[1]。

随着城市的发展，商业街的地位显著提升，它也变得更加商业化。例如，在莫斯科，特维尔大街是最重要的商业街。18 世纪末，库兹涅茨克大街上有不少时髦的服装店，商品琳琅满目。

在 18 世纪，俄国街头的小商小贩活跃了起来。他们走街串巷，有卖馅饼的，也有卖廉价的雕版印刷版画的。他们是城市中最贫穷的商人，营业额（或者说利润）无法与拥有门店的商人相比。不过街头小贩是城市市场的重要补充，他们在城市里随处可见。小贩们通常穿得比较朴素，独具特色。

城市的最小行政和财政单位是"院"，即一个包括住宅和附属建筑的城市房屋。1785 年《城市条例》规定在城市拥有房屋的人是"真正的城市人"[2]。

房屋、庭院和外墙多是木制的，人行道、路面和灯柱也以木制为主。在省级城市能有十几座石质建筑，但是在偏远城市或是城市郊区，大概就只有一两座石质建筑。18 世纪（尤其是在外省）石质建筑的建造既昂贵又费劲，只有富豪才有钱建造石质建筑。

1714 年，为了保证新首都彼得堡有足够的建筑材料，政府禁止在其

---

[1]　ЦГАДА，Ф. ВПЧ. Оп. 2. 1790 г. Д. 427. Л. 40 – 42. См. также：Рындзюнский П. Г. Городское гражданство... С. 25.

[2]　Подробнее см.：Кизеветтер А. А. Городовое положение Екатерины II. Опыт исторического комментария. М.，1909.

他城市建造石质建筑。在俄国北方木材丰富的省份，房屋建设通常选择优质的松树和云杉，而在树木稀少的俄国南方地区则没那么讲究，任何木材都可以用来建造房屋。木头建成的房屋一般都很低，只有一到两层。三层和四层住宅主要集中在彼得堡，莫斯科和俄国其他省级城市则比较少。

贵族和富商的大型房屋，包括公共建筑和私人房屋，都是经过设计并在专业建筑师的指导下建造而成的。18世纪，绝大部分普通人住的房屋是参照"模范"①房屋设计的，"模范"房屋对彼得堡的发展影响深远，人们甚至认为今后各城市建设都以这些"模范"房屋为基础。"模范"房屋主要由首都建筑师设计（例如，多梅尼科·特雷齐尼为不少俄国城市居民设计了第一批俄国"模范"房屋）。"模范"房屋的设计通常参考了几个世纪以来俄国城市建设的既定做法，在此基础上引入了一些创新——主要是在外墙设计方面。

然而，"模范"房屋总体来说普及度有限，主要集中在大城市，而在一些小城市，大部分建筑仍由当地木匠制成，延续了俄国传统城市房屋的发展脉络。因此，18世纪"模范"房屋对俄国建筑的影响非常有限。②

18世纪，俄国城市里还出现了一种名为"三扇窗"的房子，它面向街道，每一层都有三扇窗户。"三扇窗"分为两种，都是从古老的城市住宅演变而来的。

第一种源于三室的"连房"，这种住宅在古罗斯很有名，在16~17世纪风靡一时。到18世纪末，"五面墙木房—门厅—五面墙木房"的布局

① Белецкая Е., Крашенинникова Н. и др. «Образцовые» проекты в жилой застройке русских городов XVIII-XIX вв. М., 1961; Ожегов С. С. Типовое и повторное строительство в России в XVIII-XIX вв. М., 1984.

② См.: Байбурова Р. М. Русский усадебный интерьер эпохи классицизма. Планировочные композиции // Памятники русской архитектуры и монументального-искусства. М., 1980.

模式十分盛行。第一间木房面朝街道，有时被称为前屋，有着优越的地理位置；另一间木房则位于前屋对面，正对院子，被称为后屋。门厅在院子里，位于通往大厅的门边。通过门厅可以从街上进入房屋。

第二种是对"五面墙木房—门厅—五面墙木房"布局模式的改良，其设计是从古罗斯时期的五角形房屋中汲取的灵感。第一间木房同样也面向街道，有三扇窗户，其中一面墙将"通畅明亮的一半"（临街的房间，包括"大厅"和"卧室"）与内部建筑（包括厨房和储藏室）隔开。入口门厅可通往大多数房间，通过门廊与街道直接相连，因此人们可以从街上进入房子。

这两种类型的房屋都有一个阁楼，通过屋檐上方的窗户进行采光。

18世纪俄国普通居民住宅生活，既取决于不断增长的家庭需求，也受根深蒂固的租房传统影响。由于没有自己房子的城市居民人数在不断增长，租房成为一种普遍现象。家庭对住房的需求也在扩大。因此，房间的数量增加了，各房间逐渐有了单独的用途。早些时候，一个家庭，用于工作、接待客人、做饭、吃饭和睡觉的房间各一处。但到了18世纪，特别是后半期，人们不仅根据功用划分房间，还划分了厨房、卧室、接待客人的房间（"大厅"），对于更富裕的城市居民和官员来说，家里还划分出了书房、育儿间、客厅和餐厅。

仅仅通过增加木屋的数量根本无法满足城市家庭对房间的多样化需求（或许只有富裕的城市居民才能做到），大部分家庭的做法是划分主屋。

三室一厅的房子比五室一厅的房子更适合出租（五室一厅的房子对家庭来说更方便），它通常有一个前厅，根据租户的需要分成几个小房间，后厅则归房东使用。在草棚里，经常还有一个小房间，专供孤苦伶仃的单身汉使用。

城市住宅的进一步发展还体现在高度上。18世纪，俄国市民的两层楼住宅在每层都有独立的入口，因此有两扇面向街道的前门。这对房屋租赁十分有利，因为楼层之间是完全隔离的，房东可以出租整层楼（通常是上层）。

城市住宅的内部也发生了很大的变化。在18世纪的资料中，几乎不再提及带有加热炉的房间，但是在农村，加热炉直到19世纪末20世纪初才彻底消失。① 房屋规划的日益复杂化导致了炉子数量的增加，"俄式烤火炉"仍是主要取暖设施，在屋内其他房间则有"砖炉"或"戈兰吉炉"。到18世纪末，富人家里，特别是在首都，可能已经开始使用暖气片来调节温度。俄国人还会用彩绘瓦片装饰炉子。

从18世纪相关文献资料来看，俄国普通市民住宅与17世纪的农庄和乡下房屋并没有什么实质性区别。例如，在1750年，手艺人A.莫洛什尼科夫住在一个带院子的"木屋"里——"一室一厅"，这个木屋属于第二类"三扇窗"房屋。前厅包括大厅和卧室。房内共有6扇窗户，一个瓷砖炉子，铺设了木质地板，摆放了一张桌子，可能还有长椅。卧室里有一张床，床上铺设了枕头和睡具，床下是一个衣服收纳盒。卧室既可能住的是家庭成员，也有可能（更可能是）住的是房客。地窖是唯一的外围建筑。在院内的园林里只种了7棵苹果树；主建筑物破旧不堪，没有围墙；所有的东西，连同家具和衣服，价值只为6卢布。② 然而，手艺人A.莫洛什尼科夫的家庭情况在他所属的社会群体中并不是最糟糕的。至少他有自己的房子，大多数工匠都是租住在房屋内的一个角落里。较为富裕的市民，如莫斯科城郊梅恰斯卡娅居民区的纳税市民，他们通常拥有一间传统的三室一厅房子，房子底层是木头地窖（用于堆放杂物）："一个门厅连接着两个木屋"；在他的院子里有两个地窖，一个晾衣房、

---

① Русские. Историко-этнографический атлас. М., 1967. Карты № 31–32.
② История Москвы. Т. II. С. 554–556.

一个马厩和一个浴室。在园林里他种了 50 棵果树。[1]

相对富裕的市民，如第二公会的商人 И. 热列兹诺夫在老库兹涅茨克郊区的亚乌扎河后面有两座半独立的小屋——一个较大，上面另建有一个带吊灯的阁楼；另一个较小，窗户是由玻璃和云母制成的，内置了瓷砖炉子取暖。在他的院子里，还有三个地窖、两个谷仓、一个带烘干室的马厩，果园里种有 35 棵苹果树和梨树。[2]

俄国的富人们喜欢建造多房间的砖石房屋。例如，1734 年，在莫斯科的新巴斯马尼亚大街上，伊万·克罗奇坐拥一座二层砖石房屋，一楼是居室，院子里有一个高门廊，从那里可以进入前厅，然后进入前区的"接待"室，后区有一间卧室和其他两个房间，房屋外部建有围墙。在一楼独立入口处有一个装着锡制餐具的壁橱和其他几个"内嵌"的储藏室——里面放有箱子、猪肉桶和专门装蜂蜜的小桶。在院子里，还有几个石窖和帐篷，用于储存物资，以及一个可容纳两匹马的马厩和一个可容纳四辆马车的马车房。[3]

富有的俄国官员虽然也住在木屋里，但木屋前厅的墙壁通常贴着墙纸，地板上铺着瓷砖，天花板上涂抹了白色石膏，起居室、天花板和地板也都是木制的，此外家里还装有一个瓷砖炉子。[4]

富裕的城市居民和官员的住宅，其特点是有多个房间，职能区分明确，独立性强。主人的办公室、接待室与起居室和仆人的住处分开了，在房屋内还会安排一条小走廊来实现两个区域的连接，通过这条走廊可以将饭菜从院子里的厨房或房子的下层送到上层的餐厅。层层叠叠的室内规划让人感觉很不舒服。叶卡捷琳娜二世这样回忆道，当她还不是沙

[1]　Там же. С. 557-565.

[2]　ЦГАДА. Ф. Московской конторы Канцелярии конфискаций. Д. 194. Л. 20-25 об.

[3]　ЦГАДА. Ф. Сената по Камер-коллегии. Кн. 836. Л. 306 об. -308.

[4]　История Москвы. Т. Ⅱ. С. 574-575.

皇的时候，她和丈夫住在宫廷侧翼，那里"有两排大房间，每排各有五六个房间，面向街道的房间由我住，其他房间由大公（保罗一世）住"。屋内的门一直开开关关。[①] 改进的走廊布局要到18世纪末19世纪初才出现。

18世纪俄国大多数居民的房屋外墙仍然是原木的。在那个时代，木头房子更卫生，但它很干燥。当时以木制房屋为主，即使是非常富有的人也住在木制房屋里。18世纪俄国人十分喜欢砖石房屋，城市居民经常"像建造砖石房屋一样"铺设房屋的墙壁——通过抹灰或"打板条"（用木板覆盖），有时还模仿石砌弄些木头锈迹。在装饰方面，如柱式门廊和其他细节，人们也尽可能地让木制建筑看起来有砖石质感。富有的城市居民，他们会在房屋的外墙装饰精心雕刻的窗花，以巴洛克或古典主义风格为主。后来农民也借用了这种装饰风格，时至今日我们仍然可以在乡村看到类似的窗饰。低层的窗户，特别是面向街道的窗户，都装有百叶窗，有时还辅以雕刻或绘画，拉起百叶窗时能看见。

18世纪，俄国的城市还有一项重要变化。现在首都的许多街道都是用鹅卵石铺成的，还有一些是木板桥道路（主要是古罗斯风格，由木板构成，以及改进的木桥）。[②] 木制的人行道对旅行者来说更方便：晃动更少，更稳定。但鹅卵石路面的耐用性是无可比拟的。

1722年起，人行道的维护工作被委托给了城市居民：每个房屋所有者都有义务修建和维护其房屋附近的人行道，清洁街道，城市还设置了专门的警察监督市民完成这项工作。[③] 在大城市，该举措的作用十分有限，但无论如何，主要街道或多或少都得到了维护。在中小城市，小巷或木制人行道长期以来无人更新，有的木头都腐烂了。此外，一些地方

---

① Байбурова Р. М. Указ. соч. С. 146，159.

② Фальковский Н. И. Москва в истории техники. М.，1950. С. 79.

③ Там же. С. 134.

尚未铺设人行道，道路十分脏乱。

18 世纪末，即使在莫斯科，城内的堤坝仍是木制的，直到 1798 年，人们才开始在市中心的莫斯科河两岸修建石质堤坝。① 此前，只有彼得堡有石质堤坝。

在 18 世纪，俄国在水利工程方面取得了巨大进展。运河不仅在贸易运输中发挥了重要作用，还对于蓄水排水起着调节作用，有助于当时的俄国人更好地进行城市建设。彼得堡运河和为扎莫什科雷奇耶排水的莫斯科运河对首都的贡献自不用说，运河对于俄国其他城市（如维什尼-沃洛切克等地）的规划也起到了决定性作用。水坝和水闸的建设有助于实现对洪涝的调节。

和以前一样，城市的饮用水供应依靠水井，一个水井可以供应若干户家庭的用水，在小城市，天然水体还没有遭受城市生活的严重污染，居民大多是直接从河流中取水饮用。例如，在 19 世纪初的莫斯科，当供水系统开始运作时，水汇集在中心广场和街道的喷泉中，由运水工采集后经桶运送到每个家庭。大部分居民的家庭供水管道仍十分落后，莫斯科的街道上到处都是运水工和卖水的商贩。

对以木制建筑为主的城市来说火灾危害巨大，需要格外重视。沙皇政府采取了一系列措施防范火灾。起先政府在建造房屋时树立了一些严格规范，比如禁止避免建筑物过度拥挤。然而，总有些地区成了漏网之鱼，无视防火规范的自建房屋野蛮生长。这些自建房的建筑原料易燃烧（尤其是用于铺设屋顶的茅草），非常容易诱发火灾。但在小城市，甚至是 19 世纪上半叶，人们仍然可以看到用稻草覆盖的建筑物。

长期以来，消防工作是城市居民的职责。早在 17 世纪，街道相邻的人家就在为彼此应该拿什么来灭火（水桶、斧头、船钩等）而争论不休。

① Там же. С. 100.

18 世纪在俄国大城市，人们开始在大街上安置带泵的特殊水井（在莫斯科，从 1736 年开始），甚至亲自参与测试演练彼得一世时期就用于灭火的灭火管。[1]

专门的消防机构直到 18 世纪末才出现。1792 年，莫斯科城市宪章规定"消防队"隶属警察局管辖。消防队长手下通常有 20 名灭火队长。[2] 莫斯科居民要根据家庭规模分配人员帮助"消防队"开展救火工作。1804 年，俄国消防局成立，消防队长成为消防局局长，灭火队成了消防局的一个专门科。而城市景观中独具特色的消防栓则出现在 19 世纪初。

18 世纪，俄国的一些大城市引入了持续稳定的街道照明系统。早在 17 世纪，俄国的城市街道上偶尔会点有篝火和火把，但市民夜晚出行仍需要手持灯笼或火把。18 世纪初，每逢公共假日，居民会在窗户上放置许多蜡烛，在屋前摆放灯芯瓶。在彼得堡，自城市建设之初就有了路灯，而莫斯科，路灯的出现要到 1730 年，而且只存在在主干街道上。18 世纪下半叶，俄国各城市的路灯数量都有所增加。1782 年在莫斯科光城市路灯的维护费用就高达 424 卢布。[3]

自 17 世纪末开始，俄国居民不仅仅在家里解决个人卫生问题，还常常光顾"商业"（公共）浴室。浴室最初是一种宾馆，你可以在那里洗漱、吃饭，甚至可以付费过夜。[4] 到了 18 世纪，俄国大多数城市居民，比起自家浴室，更喜欢公共浴室。在 18 世纪末，光莫斯科就有多达 70 个公共浴室，Ж. 德拉巴特在自己的画作中描绘过位于亚乌扎河河畔的一个公共浴室。枢密院遵循传统颁布了一项特别法令——禁止男女共浴，城市当局为男人和女人分别指定了使用浴场的日子。1782 年法令则进一步

---

① Путешествие Корнелия де Бруина через Московию// ЧОИДР. 1877. Т. 1. С. 53.

② ПСЗ. Т. XXV . № 1866; Фальковский Н. И. Указ. соч. С. 158.

③ История Москвы. Т. II . С. 462.

④ Рабинович М. Г. Очерки этнографии. . . С. 131.

图 7-9　莫斯科的银色浴室

禁止女性在某些特殊日子里进入浴场。① 公共浴场的常客是普通市民，富人在他们的后院拥有自己的浴场，邀请客人或邻居在家庭浴场洗澡是一种特殊的"礼遇"。②

　　18 世纪俄国城市发展的一个新气象是医院的建立。俄国城市以前就有药店，18 世纪药店的数量有所增加。1681 年，城市医疗系统里只有 35 名医生和药剂师，但到 1780 年，医务人员的数量增加了 25 倍多：医疗委员会有 46 名医生、488 名药剂师和 364 名助产士。③ 莫斯科的第一所军事医院开办于 1707 年。18 世纪下半叶，政府开始为城市居民建造大型医院。一些医院的医学水平十分高超，建筑外观还十分典雅。但就整个俄国来说，医院的数量仍然很少：并不是每个城市都有医院，更不用说乡

①　Фальковский Н. И. Указ. соч. С. 163 - 165. Там же подробно описано устройство общественных бань.

②　Авдеева К. А. Записки о старом и новом русском быте. Спб. , 1842. С. 75-76.

③　Очерки истории СССР. Россия во второй половине ⅩⅧ в. С. 446.

镇医院。富人偏好私人医生，他们宁愿在家里接受治疗。① 而政府本身在与流行病的斗争中似乎更依赖神灵的帮助，并热衷于下达指令。例如，1771 年在科斯特罗马，当时瘟疫肆虐，叶卡捷琳娜二世特别批准了 1730 年关于在整个城市内禁止餐饮和游行的法令。②

服饰对城市居民来说同样重要，无论在功用还是在其他方面。③ 服饰有着突出的社会信息功能，男性和女性的服装都是其身份的象征，表明穿戴者的大致年龄、国籍、社会群体以及居住的社区，也能表明其是单身、已婚还是丧偶，富有还是贫穷，甚至还能表明其是否受到过惩罚或从事过不正当勾当。在城市里，这些"身份标识"比农村更多样化，因为城市是一个容纳了更复杂种族和社会构成的定居点。相应地，服装的设计和穿着方式也体现了穿戴者身份。城市居民的服装最初来源于农民的服装，却逐渐成为农村服装潮流的引领者和范式。城市也能最早接触到来自国外的最新时尚。

当时城市男士的通常着装是短裤（刚好盖过膝盖）——"过膝裤"，配以长袜和高跟鞋或靴子（高于膝盖），以及相当宽的坎肩——"加斯托克"（一种源自法国的男士长衫），并配以狭窄的正装——"马甲"，此外还有一头蓬松蜷曲的假发以及一顶带羽毛的帽子，在俄国寒冷的冬天，还要辅以旧式的宽皮草大衣。妇女服装的变化就更大了。"符合时尚风潮"的妇女服装变化甚至更为巨大。女装多底部蓬松（钟式女裙，有裙撑）、外面套上长袍，并搭配着浅口鞋，还要戴上一顶高顶假发。

在 18 世纪，俄国服装方面的社会反差比以往任何时候都要大。贵族和一般的富人不仅在衣服的成分和剪裁方面，并且在所拥有的衣服数量

① Подробнее см.: Ковригина В. А., Сысоева Е. К, Шанский Д. Н. Медицина и здравоохранение// Очерки русской культуры XVIII в. Ч. 3. М., 1988.
② Костромская старина. Т. 1. Кострома, 1890. С. 46.
③ См.: Белогорская Р. М., Ефимова Л. В. Одежда// Очерки русской культуры XVIII в. Ч. 1. С. 343-368.

上，都远远超过了普通人。有钱人的衣柜里有几百件，甚至几千件衣服，这些衣服都得到了精心的呵护和保养。比如，在 1726 年，А. Д. 缅希科夫的服装清单里包括了 80 多件"套装"——男长衫和坎肩组合、26 件坎肩、10 件大衣、17 件长裤、4 套军装、2 套特殊套装、6 件女用宽斗篷、5 件毛皮大衣、28 件女用小坎肩、9 件紧身外衣（半袍）、4 套化装舞会服装，还有帽子、丝袜、鞋子和行李箱。[①] 即使是那些手头不太宽裕的上流社会人士也把他们所有的财富（不仅是财富）花在购置衣服上（为了维持自己的声望和便于到处拈花惹草）。一来二去，即使是中等贵族，也会通过丰富和时尚的穿着，拼全力来维护家族的威望。另外，贫穷的城市居民则往往为基本的日常衣服需求和保暖而发愁。

18 世纪，俄国的统治阶级急切地追逐最新的西欧时尚。然而，事与愿违，上层人士积极追随最新的时尚，但哪怕是富豪一般也是穿着"昨天的时尚"，在外省就更是如此。至于城市的中下层，即普通商人和城市平民，他们甚至在彼得堡也继续穿着传统服装。"俄国的男女服装"，И. 格奥尔基院士在 18 世纪末这样写道："不仅普通人，而且大多数社会中层也继续穿着传统服饰。无论外国的时尚如何变换，俄国各地的商人依旧穿着差不多样式的衣服。然而，这些商人的穿着多少还是融合了一些外国的元素，相比较而言，普通人的衣服就没有任何外国的东西了。"他注意到，妇女比男人更不重视古代传统，"人们经常能看到，丈夫和儿子们穿的都是俄国的传统服饰，而家里的女人却穿的外国制的和最时髦的衣服"。[②] 然而，这似乎更符合首都中层家庭的特点。在 18 世纪，"地位普通"的大部分俄国妇女，包括商人等级的妇女，穿戴的还是俄国传统

① Моисеенко Е. Ю. Опись гардероба А. Д. Меншикова. К истории мужского костюма первой четверти XVIII в. в России// Культура и искусство петровского времени. Публикации и исследования. Л. ; М. , 1977. С. 88−91.

② Георги И. Г. Описание Российского имперского столичного города Санкт-Петербурга. Спб. , 1794. С. 604−605.

图 7-10　一位穿着萨拉凡连衣裙、戴着盾形女帽的女性

女性服装，头裹纱巾。在西欧时尚的影响下，城市妇女喜欢定做"套装"——用同一材料制成的裙子和上衣（以及女短衫）。后来，"套装"的流行之风也传播到了农村地区。俄国于 1743 年颁布了易服令，即"除神职人员和农民外，俄国上下各等级男子都应穿戴德式服装，留胡须或小胡子，不得穿戴俄国服装或切尔克斯式（高加索地区）的袍褂或其他未指定的服装，不得私下进行服饰交易，否则将受到严厉处罚"，但乡镇的中层和贫民的内心仍然忠实于俄国传统服饰。①

---

① ПСЗ. Т. XI. № 8707. С. 772-773.

一个普通市民至少要有三套"可更换"（套装）的衣服——"最上乘"的外套、"次一点"的外套和平日穿的便服，以便应对不同场合。[①]第一套在聚会时穿，第二套一般是去街上、去教堂、做客时或是在家里穿的，第三套则是在工作中穿的。通常这些服装在构成上并没有什么不同。购置一件新外套是一件具有仪式感的事情，一件好外套还会随着时间的推移传给自己的家庭成员。女孩们在去水边旅行时也会穿上她们最好的衣服，让整个旅程变得极具观赏性。

18世纪，制服的重要性增加了。彼得一世用西欧样式的军服取代了斯特列尔茨的长袍。官员们必须穿着"德式"制服履行职责，在俄国很快出现了同样是西欧剪裁的平民制服。在彼得一世的宴会上，客人们——男宾和女宾，虽然穿着朴素，但全都是欧式服装。在教堂里可以同时看到传统和新式服装。俄国人对西方时尚的理解有时会以意想不到的方式表现出来。例如，彼得一世本人不仅在教堂里脱帽，而且还脱掉了假发[②]，显然他认为这是他头饰的一部分。俄国人尽管在户外总是尽可能地穿戴整齐，但是一到家里则立马脱掉衣服。无论如何，俄国人固执地认为家庭成员在彼此面前多少都要穿点衣服。就男士而言，他在自己家庭成员面前至少要身着一件长衫——衬衫和裤子。已婚女士的话，则至少需要身着一件长袍，长袍可以比较轻薄但一定要遮住头发（例如，可以脱掉女式盾形帽，但必须遮住头发），这与古罗斯认为的已婚妇女的头发不健康的观念有关。[③] 未婚的年轻女子无须遮住自己的秀发。要是家里来了客人们，主人自然要穿着最好的衣服来接待对方。男士一般会身着马甲和无领上衣，外面套上一件长袍，不过到了宴席上，主人和客人

---

① Семевский М. И. Торопец-уездный город Псковской губернии Всемирная иллюстрация. Спб. , 1870. № 157–159. С. 127.

② Покровский М. Н. Русская история с древнейших времен. Т. Ⅱ. М. , 1933. С. 241.

③ Авдеева К. А. Указ. соч. С. 58; Рабинович М. Г., Шмелева М. Н. К изучению этнографии города// Советская этнография. 1981. № 3. С. 46.

都可以脱掉外面这件长袍。И. Г. 格奥尔吉这样写道："只有那些毫不在乎他人目光，独来独往，没什么朋友的人，才能毫无羞耻地按照古老的习俗和他们希望的方式穿着奇怪的服饰到处走动。"[1]

还有一种风俗是给死者穿上他结婚时的服装，为此，婚礼上的衣服会被俄国民众终生珍藏。新娘服装的特点是丰富的装饰和靓丽的色彩。新娘的红色太阳裙和男人的彩色礼服必不可少。

传统服装继续在庆典活动中占主导地位，特别是跳圆圈舞的时候。在18世纪末，大多数城市居民并不强制要求穿德式服装。18世纪传统和新式服装的混合使得俄国城市风貌更为多样了。

18世纪的俄国城市生活中，居民饮食变化远远少于服装或住宅变化。城市居民日常营养摄取离不开周边村庄的供应，国家的农业性质以及传统都在城市居民的日常饮食生活中发挥了作用。城市居民的食物和农民的食物一样，以果蔬和肉奶蛋白为主。农业种植的食用导向表明人们的饮食以蔬菜产品为基础——谷类和蔬菜；肉类和奶制品也很重要，但食用的频率和数量都相对较低。这种饮食习惯也受宗教禁令影响：教会宣布每年有200多天为大斋节，在这些日子里禁止吃肉和乳制品。但允许吃鱼，因此俄国菜肴中有大量的鱼肉。

B. 列夫申的《俄国烹饪大全》[2] 约莫在1793年首次出版，其中包括了17世纪至18世纪末俄国常见的70多道菜。大多数菜肴与《治家格言》[3] 中提到的古代菜肴差不多。肉菜包括火腿、烤猪肉、牛肉粒、香肠、鸡肉、乳猪、牛肉冻、羊肉、火鸡；素菜包括萝卜、白菜、黄瓜、

---

[1] Георги И. Г. Указ. соч. С. 605.

[2] Левшин В. Русская поварня. Наставление о приготовлении всякого рода настоящих русских кушаний и заготовленных впрок всяких запасов. М. ， 1816. См. также：Ковалев Н. И. Рассказы о русской кухне. М. ， 1984. С. 32—36.

[3] 俄国16世纪一部要求家庭生活无条件服从家长的法典性作品，后来它成为家庭生活中恪守陈规陋习的代名词。

甜菜、豌豆；此外还有各种鱼类小吃，如咸鱼、干鱼和腌鱼、糖醋鱼；两道冷炖汤，包括冷杂拌汤和波特文尼亚汤；6 道热汤，包括白菜汤、罗宋汤、肉汤、鱼汤（《俄国烹饪大全》里在记述"汤"的时候没有区分德语的汤和法语的肉汤）以及 19 道"第二道"菜（煎和煮的菜肴）和热前菜。

俄国的城市和农村一样，格瓦斯（主要是面包配格瓦斯），仍然是最受欢迎的饮料。走遍世界的 J. 卡萨诺瓦（J. Casanova）这样写道，俄国人"有一种令人愉快的饮料，它远比君士坦丁堡的冷饮要好。俄国家庭里的仆人们——尽管他们人数众多，但主人并不让他们喝水，而是喝这种简单、口感好、有营养的饮料。它相当便宜，一个卢布就能买一大罐"。[1] 在城市里，格瓦斯不仅可以随买随喝，而且还可以打包出售，就像热蜜水那样。

18 世纪，一些来自外国甚至大洋彼岸的新产品进入了俄国。比如土豆和葵花子，后来，这些农作物成了城市居民和农村居民的主食。18 世纪，这些农作物的传播才刚刚开始。到了 18 世纪下半叶和 19 世纪初，土豆和葵花子已经成为俄国城市主要农作物。

此时，与社会分层有关的食物分化过程不断推进。富人和穷人在饮食方面的差别很大，富人家庭享有丰盛的食物。在城市上层的饮食中，西欧菜肴也更为普遍，因为有越来越多的外国人在俄国长期居住，特别是在首都。然而，饮食的交流和融合是一个相互过程：许多外国人也热衷于接受俄国美食。

此时俄国人每天吃饭的次数与古时候相同：通常一天有四顿饭——早餐、午餐、下午茶和晚餐。正餐通常是午餐（通常在 12~13 时）和晚餐（晚上 8 时以后），这两顿饭在时间和膳食构成上都有讲究。例如，在

---

① Mémoires des J. Kasanove de Seingalt. T. 10. Paris, 1931. P. 118.

早晨，每个人都要赶着去做自己的事情，大部分人通常只吃面包配格瓦斯，甚至根本不吃早餐（毕竟有一种观念是"不劳动者不得食"）。午餐也是清淡、可有可无的，通常在下午睡醒后才吃。[①] 从19世纪上半叶流传下来的欧俄约40个小城市的膳食记录，我们可以一睹18世纪俄国普通市民的饮食情况。该手册的作者明确区分了禁食日和开斋日，两类日子都覆盖了普通日子和节假日。从描述中可以看出，古罗斯时期俄国人已经形成流食和稠食交替的习惯，这种习惯在19世纪仍然存在。

比较研究俄国不同省份的午餐和晚餐构成不难看出，普通城市居民的饮食习惯与居住地的自然环境和农业专业化程度有关，毕竟只有富裕的城市居民才能吃得起进口食品。一些常见的菜肴在不同的省份有不同的制作方法，甚至使用的原材料也不同。例如，在白菜产量低的北方城市，白菜汤几乎闻所未闻，取而代之的是谷物粥或萝卜汤。[②] 在中部省份，白菜汤盛行，而在伏尔加河中下游地区和欧俄南部，红菜汤和白菜汤更为普遍。南方城市比北方城市消费的蔬菜和猪肉更多。在东北部省份饺子很常见，这显然是与奥比乌格里人相互融合的结果；在南部省份，乌克兰菜的影响力很大。俄国的粥（多达20种）也是用不同的谷物制成的，在北方鱼类资源丰富的地区，甚至还有鱼粥。

普通市民的午餐主要是"白菜汤"，并根据情况进行一些变化和补充。平时，人们多食用白菜汤加牛肉和粥（有时只吃白菜汤）；在禁食日，人们食用"寡淡"白菜汤（无调料）搭配格瓦斯；在大斋期的第一周，人们吃面包干加格瓦斯、燕麦汤面、腌萝卜或蛋糕加粥；在禁食日，人们通常用鱼来代替肉。

较为富裕的市民在工作日和公共假日也同样享用着丰盛的午餐。平时，他们吃鸡蛋牛肉饼、醋拌黄瓜、用牛肉和酸奶油熬制的"白"汤和

---

① «Спасибо за полуден, -гласила поговорка, -не сыт и не голоден».
② ДАИ. Т. 1. № 135.

珍珠小米鸡汤、用"撒拉逊小米"（当时叫大米）做的油炸玫瑰饼、烤鹅肉、黄油、加蜂蜜或糖的牛奶（和土豆一样，这在当时是一种新食物）。在斋戒日，人们通常吃维阿兹加馅饼、白菜汤、醋泡辣根、冷梭鱼、鲟鱼、鱼汤、炸鱼、覆盆子或果酱馅饼。在最严格的禁食期间，人们则吃面包配格瓦斯、香梨和酸黄瓜、煮的蘑菇汤、用白面包搭配黄油或蓝莓配法国梅子。[①]

城市上层——贵族、官员和富商，非常熟悉欧洲各类美食（18世纪末，主要是法国佳肴）。他们雇用外国厨师，但最爱的还是格瓦斯、水果和浆果小食。新来的外国厨师既要适应俄国的传统，又要满足主人的个人需求。据说，斯特罗甘诺夫公爵的厨师"为了照顾主人细碎的牙齿"，专门为他发明了一种用细碎的肉和辣酱混合的佳肴——"斯特罗甘诺夫牛肉"。城市上层，特别是首都上层，已经开始品尝咖啡和茶。尽管早在17世纪，咖啡和茶叶就已经出现在了沙皇宫廷里，但直到19世纪，俄国城市中层和贫民才意识到"上层世界的这种消费有多么奢侈"。尽管茶叶来自中国，但泡茶和喝茶的习俗似乎来自西欧，因此俄国人的喝茶仪式总体上是欧洲式的。[②]

市民们还对俄国传统的节日食物进行了创新。在古代，圣诞节和葬礼上喝的是由小麦和蜂蜜制成的饮品，现在则由进口产品——大米和葡萄酿制而成。三角形的逾越节奶酪也是市民们的新发明。然而，大多数节日食物仍然保留了传统形式：婚礼上的面包、姜饼、鸡肉、粥，洗礼晚宴上的"巴比粥"，命名日的馅饼，葬礼上的果子冻和煎饼，复活节的彩蛋，当然还有谢肉节的煎饼。一些人喜爱的节日食物也被当作普通饭菜来食用：人们早餐喜欢吃煎饼。

---

① Об употреблении пищи между обитателями Торжка // АГО. Р. 41. Оп. 1. № 45.
② См.: Щукин Н. С. Чай и чайная торговля в России // Журнал Министерства внутренних дел. 1850. Ч. 30. Кн. 4. С. 69-91, 194-211.

　　俄国的就餐习俗也逐渐发生了变化。在上流社会，彼得一世最早在宴会上引入了男女共同进餐的做法。在18世纪，男女共同进餐的习惯在富裕的城市居民中也流行开来。分餐取代了合餐，每个人有着自己的餐具——叉子、刀具和勺子（到18世纪才有了作为餐具的叉子）。①

　　因工作和社交需要，城市居民在家的时间并不多，甚至长时间离家外出。市场一直都会出售现成的食物——面包、馅饼、粥、格瓦斯等，以便人们外出就餐或打包带走。城市里还出现了各种聚会场所，比如酒馆和酒吧（早在17世纪就存在）。② 在18世纪，酒馆、咖啡馆、餐馆和小酒馆的数量大大增加，就连街道两侧也都是餐饮店。这些地方通常是商务、休闲和娱乐的好去处。

　　旅店和餐饮场所的区别并不大。旅店实际上是一个临时住宿和吃饭的地方，主要服务途经城市的商人。大城市的旅店主要为农民马车夫提供食宿，旅店内有大量的马厩和马车棚，但旅店提供的伙食比较差，因此只能算作"二流餐厅"。首都自然也有不少旅店，为贵族及其家眷提供住所。首都旅店的主要客户是贵族和富商，他们通常在咖啡店和蛋糕店会面交谈，比起食物风味他们更关注环境体验。小饭馆有一个固定客户圈子，大多数是穷人。城市居民出于各种原因无法在家里做饭，通常从酒馆和餐馆打包熟食回去吃。另外，租房的普及促使租客之间结成饭搭子，租客也是"一起进餐"③的食客。家庭生活的封闭性由此大幅降低。

　　与古代一样，城市家庭仍奉行家长制。一家之长通常是父亲，他负责管理整个房子和家庭成员。一家之长去世后，家里的长子或次长的兄弟继承家庭，有时候寡妇也能当家做主。18世纪初，在一个普通的俄国

① В XVII в. они упоминаются в описании иноземных обычаев（см.：Словарь русского языка XI-XVII вв. Вып. 2. М.，1975. С. 178）.
② Рабинович М. Г. Очерки этнографии... С. 130.
③ Даль В. И. Толковый словарь живого великорусского языка. Т. I. М.，1935. С. 505-506.

城市中，每五个家庭中就有一个家主是寡妇母亲（即使她有一个已婚儿子）。[①]

大部分普通城市居民的家庭规模适中，即 5~8 人，包括父母、子女，有时还有孙子女。然而，也有不分家的大家庭，由 3~4 代人组成，已婚兄弟带着子女——最多 15~20 人。但是这样的大家庭不多，有时占比不足 1%，通常是农民和商人家庭，不分家主要是因为不愿意分家产。[②] 贵族的家庭规模比较小，但家里养着多达几十人的管家、家仆、家庭教师。贵族的家庭单位——"同伴和家庭成员"，类似于古代的家庭。城市工匠的家庭规模最小。一些来城市经商的人把家眷留在了村里。不过哪怕是农村人，也不是每家每户都是儿女成群。[③] 在普通城市居民家里，男主外，负责养家糊口，女主内，负责做饭、保持房屋清洁、缝纫等家务事，在耕种和园艺方面，根据工作性质男女各有分工。雇佣劳动在城市比在农村更普遍。

抚养孩子也是城市家庭生活的重要组成部分。男孩一般在 7 岁时就要开始学习阅读和写作，通常是向"先生"或"女士"（私人教师的称呼）学习。此外他还要学一门手艺，要是不去学做工就得帮家里做家务，学着继承家业。商人的儿子在商店里帮忙，准备日后接替家里的生意（例如，И. А. 托尔钦诺夫从小便帮助他的父亲运输和销售粮食）。女孩则需要帮助她们的母亲照顾家庭，她们需要学会管理家庭，并为自己准备嫁妆。

1775 年改革后，规定在地方建立归"公益慈善处"管理的公共学校，学校章程是在 10 多年后才制定的。18 世纪末，许多县城仍然没有学校；

① Рабинович М. Г. Русская городская семья в начале ⅩⅧ в. (по переписнои книге Устюжны Железнопольской 1713 г.) // Советская этнография. 1978. № 5.

② См. : Рабиович М. Г. Очерки этнографии. . . С. 189-190.

③ Семенова Л. Н. О семьях мастеровых Петербурга в ⅩⅧ в. // Этногра-фические исследования Северо-Запада СССР. Л. , 1977. С. 177, 191.

省城的学校有时是整个省唯一的学校。[1]

城市的街头活动很早就开始了。军人一大早就要上街操练，军官（绝大部分是贵族）必须在早上 6 时前到达他们的军营。常备军制度引入后，士兵们每天都需要进行长时间的操练。市政机构的"开工"时间稍晚一些，但也挺早——早上 8 时。不过军官最早收工，公务员其次。受此影响，晚餐时间提前了近一个小时。彼得一世时期通常在下午 4~5 时举办晚宴。但在 19 世纪初，俄国人通常在下午 3 时参加晚宴，到了晚上 7 时还有晚会，客人们一般在午夜之后就离场了。[2] 至于体力劳动者，他们天刚蒙蒙亮就要出去做工了。

18 世纪，俄国城市里出现了新的休闲和社交形式——集会、剧院、贵族会议、图书馆等，但这些都集中在首都。在省城，主要的社交模式还是去对方家做客。俄国传统的热情好客精神被人们津津乐道。每个家庭都会尽可能地去招待客人，为客人提前准备好最好的菜肴和饮料。

在节日接待客人和去做客是俄国人的一种习惯。即便是普通的星期天也算节日，但最受欢迎的节日仍是教会节日，如"教堂日"（教区教堂的圣人守护者纪念日）、谢肉节、复活节、五旬节、代祷节等，以及官方的"皇家日"——沙皇和一些皇室成员的命名日，在中小城市，还有以城市行政首长命名的节日，如"总督日"。在每个家庭内部也都会庆祝家主和家庭成员的命名日、洗礼日和婚礼。

到了 18 世纪，做客变得更加频繁，性质也更加多样。由彼得一世引入的宴会是西欧式的娱乐性社交聚会。彼得一世希望不同等级的人都能参加聚会：贵族和商人能够齐聚一堂，相互交谈。宴会通常开始于冬季假期，

---

① Очерки истории СССР. Россия во второй половине XVIII в. С. 295, 423-425；Белявский М. Т. Школа и просвещение// Очерки русской культуры XVIII века. Ч. 2. М. , 1987.

② Семенов а Л. Н. Очерки истории быта и культурной жизни России. Первая половина XVIII в. М. , 1982. С. 199；Лотман Ю. М. Роман А. С. Пушкина «Евгении Онегин». Комментарий. Л. , 1983. С. 74-79.

客人在下午 4~5 时到达。宴会最吸引人的环节是舞会，但也有游戏（如赌钱）和商业会谈。彼得一世去世后，首都的宴会成了贵族的舞会。①

不过，很快就出现了一种新的做客形式，它很受普通市民的欢迎，尤其是老年人。他们就见面聊天，甚至都不用进屋，就在门边的长椅或墙边坐下交谈，也不需要准备什么茶点。家庭条件不错的市民还会邀请对方进门"坐坐"。

И. А. 托尔钦诺夫在日记里记录了大量社交场合，我们由此可以一探富商们的做客频率和做客性质。他"发迹"的时候是市长，是德米特洛夫市的荣誉公民。16 年里（从 1780 年到 1796 年），托尔钦诺夫做客了 905 次，平均每 6 天或 7 天做客一次。他在家的时候，几乎每天都有人和他"坐着交谈"。他经常安排宴会，参加宴会的有贵族、官员和"荣誉商人"（几乎有"30 多号人"），托尔钦诺夫还与大牧首喝茶，与来自莫斯科的贵族 З. Г. 车尔尼雪夫交谈。当然，即使是再富有的商人也不会像他这样举行宴会：托尔钦诺夫因其地位不得不保持"房屋开放"，他自己也是各地的贵宾。正如他所写的那样，宴会（尤其是牌局）相当缠人。这样的生活最终让托尔钦诺夫破产了，他被迫离开德米特洛夫前往莫斯科定居，过着按当时标准来说的俭朴生活。14 年里（从 1797 年到 1811 年），他的做客次数为 457 次，即每 11 天或 12 天一次——缩减到几乎以前的一半，但仍然相当频繁，每天仍几乎有一个家庭成员或熟人与之"坐着交谈"②。考虑到托尔钦诺夫活泼好动的性格，我们可以推测在 18 世纪末 19 世纪初，一个富裕的市民每两周做客一次，他们会经常在自己家里接待客人。贵族们，尤其是年轻人，几乎每天都在走亲访友。

宴会的形式各不相同：有时只有几个亲密的朋友小聚片刻，有时是牌友的牌局，有时是为孩子安排的聚会，等等。习惯上不鼓励在斋日、

---

① См.：Семенова Л. Н. Очерки истории быта... С. 199-206.
② Журнал... И. А. Толченова. С. 434-437 и др.

哀悼日等举行节日聚会，但变通办法不是没有。还记得格里博耶多夫的索菲娅是如何邀请斯卡洛祖布参加晚会的吗？

> 稍等片刻，友人们马上就到，
>
> 我们只是随着钢琴翩翩起舞，
>
> 不能举行舞会，
>
> 因为我们在哀悼。

　　上述诗句描述的是19世纪初期的场景，但贵族早在18世纪就开始了类似做法。

　　富裕的城市居民的待客方式更为传统。18世纪初，彼得一世改革对城市居民做客方式的最大影响体现在男性女性共同出席宴会，早些时候只有在婚礼上才允许男女共同出席。在各省，最受欢迎的做客形式是晚宴。主人如果不亲自邀请客人，也会专门派仆人或"使者"邀请。立马接受主人的第一次邀请是不妥的行为，毕竟"一个人不会在第一次邀约时就立即动身做客"。① 有时宴会长达一天——客人们在教堂礼拜后立马奔赴宴会，享用点心和正餐（冷菜、热菜和甜品都有），品尝各种果酱，晚宴结束已经很晚了。在巴甫洛夫斯克，人们习惯于在两餐之间邀请客人去骑马（在冬天，还会让客人乘坐雪橇）。晚饭在晚上7~8时开始，客人们吃完并不会直接离去，因为一刻钟后还会有歌唱活动。②

　　18世纪的晚宴流程和以前还是有所区别的。例如，男人和女人会一起到达或共同做客，但一般都在不同的房间做不同的事。女士们在舞会结束后会提前离开，而男人们则会留下来喝酒打牌。来宾们还有丰富的音乐活动。有时客人们也会表演一些戏剧桥段（例如，根据《沿着母亲

① Даль В. И. Пословицы русского народа. М.，1957. С. 787.
② АГО. Р. 24. Оп. 1. Д. 25. Л. 52.

伏尔加河往下走》的曲调表演的古老民间戏剧《船》），在 П. И. 梅尔尼科夫 18 世纪末的小说中就提到过类似情景。①

在城市居民的家庭生活和社交活动中，未婚男女的婚嫁问题和相亲活动格外重要。贵族们特别喜欢舞会，在贵族大会上也会举行舞会和宴会。适婚的女孩通常在家里长辈的陪同下，被专门"带出去"参加舞会。对普通城市居民来说，在春天和夏天，圆圈舞是主要的社交活动；而在秋天和冬天，则是盛大的宴会。"互助会"也是青年男女社交的一种方式，小伙子们通常会和女孩们一起去纺麻或纺纱，心仪的女孩要提前一两个星期邀请。青年男女围着纺车边劳动边聊天，聚上一整天。到了晚上，家里长辈，"甚至仆人"也可以一起加入活动。② 采摘卷心菜也是青年男女社交的一种方式，人们会一起采摘卷心菜，然后晚上用它做晚宴。晚宴后是舞会，长辈们会进入另一个房间，留下年轻人载歌载舞。舞会上通常不谈工作，只有歌曲和游戏。

图 7-11　相亲

---

① Мельников П. И. Собр. соч. : В 6 т. Т. 1. М. , 1963. С. 108.
② АГО. Р. 32. 0п. 1. Д. 17. Л. 4-4 об.

在三一节，自 1770 年开始就有"周六宴会"的传统——在节后的第一天举行宴会。女孩们"一个接着一个坐在露天戏台上"，每一个人面前都点燃了一根蜡烛，她们唱着"供奉给古代斯拉夫神灵的歌曲"。一整夜里，这些年轻人从一个"安息日"宴会到另一个，听完歌曲后他们还会给唱歌的女孩们一些钱[1]，也许其中保留了一些前基督教时代的传统。不过到了 18 世纪，女孩们唱的是"简单的俄国歌曲"和 H. M. 卡拉姆津的民谣"赖萨"，而不是古老的"异教"歌曲。

温暖明亮的夏天最适合跳圆圈舞了。周日和节假日在街角和草地上，时常能见到男男女女跳圆圈舞。圆圈舞贯穿了整个夏夜，冬季也可以举行圆圈舞舞会。B. И. 达尔这样写道："圆圈舞节奏很慢，人人都能够跟着音乐起舞，舞者还会跟着曲子哼唱歌词。"[2] 无论是歌曲还是 19 世纪的文学作品都提到了圆圈舞中的快舞，这表明慢节奏的圆圈舞逐渐被快舞所取代。

城市舞会的一个创新是"按照城市规划"安排圆圈舞场地，即面向街道和房屋外墙布置会场。城市舞会发展的另一个特征是，根据社会地位和衣着差异，圆圈舞可以扩为好几个圆圈。在更开阔的地区举办舞会，人流量通常也会更多（比如在草地上举行的舞会规模肯定比在十字路口举行的舞会规模大），参加舞会的女孩穿着不同，"穿锦缎衣服的""穿塔夫绸制衣服的""穿传统服饰的""穿染色土布的"都有。开舞的通常是适龄的年轻姑娘，她们的舞伴则是在场的年轻的男性。[3] 有这么一句耳熟能详的谚语——"好妻子在农田里而不在舞会上"（相应地，一个好男人也应当在农田里干活，而不是像个花花公子无所事事陪着舞女嬉闹），不过和这句谚语描述的状况恰好相反，在圆圈舞或宴会中，非常容易找到

---

[1] Там же.

[2] Даль В. И. Толковый словарь живого великорусского языка. Т. IV. С. 577.

[3] Подробнее см.: Рабинович М. Г. Очерки этнографии. . . С. 157–160.

准新娘。不仅新郎本人在圆圈舞中"四处打量，寻寻觅觅"，他的父母和专业的媒人也可以帮着一起"物色"新娘子。

　　教堂礼拜也是男女相识的一个重要场所。在 18 世纪，教区教堂在城市居民的生活中发挥着重要作用。每个受人尊敬的公民都必须定期去教堂做礼拜。1722 年，彼得一世禁止"贵族"拥有家庭教会。每天各个教堂都会按时敲钟，发出召集教友们进行礼拜的信号。久而久之，市民们的礼拜活动延伸出一些新东西——新的商机和娱乐机会，甚至还出现了一些敲钟和唱诗班爱好者与鉴赏家。再者，参加教堂礼拜活动本身就是一种社交手段：教堂也是另一种形式的俱乐部。到了节假日，上街的人会特别多。在主要的公共节日和教会节日都会举行盛大的游行，每年多达十次，哪怕城市遭遇了困境，如暴发了流行病，也会照旧举行。

　　18 世纪的教会节日失去了一些神圣感，其中的世俗因素变得更加强烈。17 世纪那些古老而神秘的仪式已经无人问津。每年一次的"水被净"仪式或许是为数不多留存下来的古老仪式。18 世纪，俄国境内最宏伟的"约旦"（旧时某些宗教节日在河湖等岸边举行"水被净"仪式的地方）与沙皇的宫廷一起被转移到了新的首都彼得堡，人们进一步丰富了仪式的细节，加强了习俗的公民特征和国家元素。在 1740~1741 年的宫廷编年史中，在主显节，当冬宫前涅瓦河上的教堂仪式结束时，水面上响起了来自要塞（彼得保罗要塞）和海军部的炮火祝福，"约旦"河岸附近的阅兵部队也在此起彼伏地鸣枪致意。女皇陛下则从她宫殿的窗口欣赏整个仪式。[①] 请注意，这段叙述中的重点发生了微妙的转移：记述中主要描述的是部队的敬礼，顺带提起了仪式中的教堂部分，但在这部分之前是重点。不过在俄国各省，甚至在大城市（如喀山），数百名城市居民在节

---

① Внутренний быт русского государства... по документам, хранящимся в Московском архиве Министерства юстиции. Кн. 1. Верховная власть и императорский дом. М., 1880. С. 283.

日期间还是会在"约旦"处的冰窟窿里沐浴。[1]

在冬季庆祝新年活动是18世纪俄国城市生活独有的创新。1700年，彼得一世下令将新年开始的时间从9月1日改为1月1日。在1月1日，城市居民必须庆祝新年，用松针装饰房屋，并在除夕夜于家附近点燃一个火盆，燃放烟花。庆祝活动变得更加平民化，但除夕夜的仪式还是在各教堂内举行，不过中央广场上不再有沙皇和牧首出席的庄严游行了。

在一些城市，特别是在欧俄地区和乌克兰边境，冬季假期的农业特征更突出，比如说新年假期。在古老的拉多戈斯特，18世纪这里被称为波加尔（切尔尼戈夫州），新年的时候需要举行一个名为"慷慨"的仪式。除夕夜前一天晚上被称为"慷慨之夜"。男孩和女孩在窗外唱着《慷慨之歌》。在除夕夜，男孩和女孩拿着"缠扎"——一个装满黑麦的袋子，挨家挨户地边撒谷物边说："万能的主，请赐予我们肉类和小麦……而你们，请同我们一起欢度节日。"[2] 大家都是被上帝施舍的一方。

冬天的节日——圣诞节、新年、主显节和什罗维德节，总是离不开表演。传统活动"结对子"（пара）——一只熊和一只山羊，不断地被"杀死"和"复活"（古代农业崇拜的遗物）。

除此之外，男女反串表演是更常见的"结对子"，且有着悠久的历史。[3] 18世纪一些"结对子"出现了某些稳定的人物和情节。"熊、母山羊和车夫"可以追溯到古代流浪艺人的节目，而诸如《医生的治疗》《巫医》《巫师》《占卜者》《强盗山贼》《裁缝》《新娘和新郎》《父亲和孩子》《酒鬼》《心直口快的人》《斯滕卡·拉金拜访伏尔加河畔的地主》等节目则出现于18世纪。彼得一世最爱的节目名为《医生的治疗》。18世纪还出现了让妇女穿上军装的表演。女扮男装不再是一种纯粹的流行

---

[1]　АГО. Р. 14. Оп. I. Д. 55. Л. 38 об. –39.

[2]　АГО. Р. 46. Оп. 1. Л. 53 об.

[3]　См.: Рыбаков Б. А. Древности Чернигова// МИА СССР. 1949. № 6. С. 48.

消遣。在不少显贵的贵族家里，甚至是宫廷里，都组织过变装派对和舞会，比如安娜·伊万诺夫娜女皇在彼得堡宫廷内举办的冬季宴会。在И. И. 拉热奇尼科夫的小说《倾斜的房子》中也描述过这次冬季宴会。但宴会上举行的或许并不是真正的化装舞会，而是按照沙皇的喜好上演了既定的小丑婚礼剧本，它更像是一场狂欢，从各地找来的小丑也成双成对，穿着民族服装。

　　最盛大的冬季节日仍然是谢肉节——向冬天告别。节日的高潮是骑马穿过城市。在大城市里，有几条街道是节日赛马的必经之地。人们穿着最好的服装，用纸花和彩带装饰马匹，拖着雪橇驰骋。赛马是一项极具观赏性的体育竞技活动：看谁有更丰富的装备、更快的马匹，以及谁是更好的骑手。18 世纪末 19 世纪初的文献中多次提到了谢肉节的赛马，以及在彼得堡、莫斯科、特维尔、德米特洛夫和其他城市举行赛马的盛况。①

图 7-12　冬日赛马

---

① 　См. , например：Журнал...И. А. Толченова. С. 72，82，ПО，169，249.

　　像"夺取雪堡"这样独具俄国风情的游戏（骑手需要越过障碍物前往雪堡），18 世纪只有在西伯利亚地区还继续举行。在欧俄地区，它逐渐和其他比赛融为一体，如爬竿和拉力赛。① 赤膊战在俄国都很流行。主教公会因此特地向枢密院请愿，要求禁止"赛马、聚会、圆圈舞、赤膊战和其他疯狂行为"，1743 年俄国通过一项决定，认定"这种在公共假日发生的一般性斗殴行为……这是一种民间习俗，并非施暴行为"。在 18 世纪，赤膊战的常见模式是以街道为单位组成"人墙"，对垒双方"人墙对人墙"（"沿着城市的街道建立起一堵人墙，斗士则力图推倒对面的人墙"，一位不知名的诗人这样写道）。赤膊战十分考验参与者的勇气、力量和技巧，此外还要求参与者"不可以大欺小，不可恃强凌弱"。对垒双方应遵守以下道德准则：应"诚实守信""保护伤员"。禁止攻击腰部以下要害部位，禁止在"自己"的领土对投降的对手穷追不舍。严禁使用任何种类的重兵器或佩戴铁拳套，在手套里放硬币都不行。除了人墙对垒，还有单打独斗。②

图 7-13　在莫斯科山坡上滑雪

① АГО. Р. 61. Оп. 1. Д. 25. Л. 8.

② Подробнее см.: Смирнов Д. Н. Очерки жизни и быта нижегородцев XVII – XVIII вв. Горький, 1971. С. 210-211; Рабинович М. Г. Очерки этнографии... С. 160-167.

除了节假日，其他时候俄国人也热爱游戏。比如婚礼上的雪橇游戏、日常的摔跤游戏，但赤膊战基本只在冬季进行。雪橇下坡是冬季游戏的一个重要组成部分。俄国的城市大多坐落于陡峭的河岸上，外围有古老的城墙，因此大部分俄国城市都不乏天然的滑道。到了 18 世纪，天然的滑道已经不能满足俄国人对冬季娱乐的需求了，各个城市都建起高耸的垂直梯子和带有倾斜滑坡的人工滑道。有时人们还会加高滑梯的高度。一般来说，滑梯建在节日场地上。人们用旗帜和雕刻来装饰滑梯。奥拉宁鲍姆的滑梯是一座优美的石头建筑，一直留存至今。据说叶卡捷琳娜二世本人也沉迷于这种俄式消遣，她和侍女们喜欢冲下山坡，奥拉宁鲍姆的滑梯因此而建成。维护滑道是城市当局的责任，它们必须采取相应措施以保证滑道的安全。例如，1752 年俄国的一项特别法律规定，滑雪场的顶部平台必须用栏杆围起来。[①]

俄国贵族经常在谢肉节于首都举办舞会。在彼得堡，整个节日期间宫廷有时甚至一天举办两场舞会：早上和晚上各一场。

在春天的复活节里，俄国人多举办庄严的黎明仪式和游行，在长期禁食之后，人们在节日宴会上享用复活节面包、帕斯卡奶酪、彩蛋和其他美味佳肴。此外，在复活节期间人们会走亲访友，向受人尊敬的人献上简短的节日祝福。大街小巷充满了欢乐的节日气氛（悬挂着染色了的鸡蛋等），跳圆圈舞，以及前往教堂进行洗礼。

夏季的主要节日是三一节。这是一个赞美大自然绚烂色彩的节日。人们用绿色植物装饰房屋，其中白桦树发挥了特殊的作用。与圣诞节一样，三一节也是纪念"先祖"——已故亲属的日子。人们将一束束鲜花放在逝者的坟墓上，在已故亲属的墓碑前泪流不止（通常是在教堂）。[②]

---

① ПСЗ. Т. XIII . № 9938. C. 606.

② См.：Толстой Н. И. «Плакать на цветы» （этнолингвистическая заметка） // Русская речь. 1976. № 4. С.

图 7-14　全民嬉戏

　　一般来说，古老的农业仪式多包含生育崇拜，这些农业仪式看起来很奇怪，教会也会参与。在 17~19 世纪的俄国城市中，与三一节有关的农业仪式是"亚里拉仪式"。在 18 世纪的俄国城市，人们还会在三一节唱歌、跳舞和摔跤。Б. A. 雷巴科夫认为"亚里拉仪式"在沃罗涅日等地区依旧存续着。[①] 例如，6 月 4 日在沃罗涅日地区，村民和当地农民会穿着最好的衣服聚集在城市广场，大家推选出一名"亚里拉"，给他戴上特殊的帽子，穿上特殊的鞋子（"铃铛鞋"），为其指定随行人员，"亚里拉"会用舞蹈、演奏和其他表演来为参加盛宴的人助兴。人们最早称"亚里拉仪式"为"亚里洛夫卡"，从该仪式 19 世纪在加利奇、科斯特罗马和卡卢加的不同变体来看，早在 18 世纪它就在这些地区广泛传播了。该仪式有时在复活节时期内举行，有时在三一节后的第一天举行，持续时间长达 4 天，而且到了仪式的后半程（通常为最后一天），人们相互泼

①　Рыбаков Б. A. Язычество древних славян. M，1981. C. 434-436.

水，或举行有趣的水上活动。[①]

　　所有这些仪式旨在祈祷作物在生长季节能够风调雨顺，带有古老的巫术性质。这些仪式能够在城市中存续是因为即便是城市居民也会从事农业活动。

　　除了各类仪式、游戏、圆圈舞、摔跤外，夏季节日中最受欢迎的消遣方式是荡秋千。[②]

　　俄国城市的狂欢节文化在 18 世纪比以前任何时期都更加明显。狂欢节，就像在古代一样，与所有伟大的宗教节日相伴相生（连同上面提到的冬季和春季节日），和交易会息息相关。

　　18 世纪，狂欢节庆祝活动中的非宗教活动（街头游行、舞蹈、民间表演）进一步增多，这些都是在古代流浪艺人游戏的基础上发展起来的，此外还出现不少西欧狂欢文化的印记，如礼炮、焰火等。除了宗教节日和"沙皇日"，俄国早在 17 世纪就开始为重大事件举行庆祝活动——取得战事胜利或者签订和平协议，等等。彼得一世喜欢，也熟知如何在莫斯科和彼得堡组织盛大的庆祝活动。1696 年彼得一世攻克亚速后，为了庆祝胜利进军举办了盛大的庆祝活动。[③] 凯旋门便是为此而建，其装饰以当时欧洲流行的古代元素为主。胜利游行再现了胜利场景：一支海军舰队缓缓驶入涅瓦河，船上和堡垒上炮声如雷贯耳。缴获的敌军旗帜被沿地面拖动。夜晚则举办了绚丽的烟花展。

　　研究人员认为，街头假面狂欢节先后出现在彼得堡（1721 年 9 月）和莫斯科（1722 年 1 月），主要是为了庆祝《尼施塔特条约》的签订。[④]

① Моллер О. К. Сведения о городе Галиче// Костромская старина. Т. Ⅲ. Кострома，1894.
② Подробнее см.：Рабинович М. Г. Очерки этнографии... С. 169-171.
③ См.：Семенова Л. Н. Очерки истории быта... С. 20，211.
④ См.：Некрылова А. Ф. Русские народные городские праздники，увеселения и зрелища. Конец ⅩⅧ-начало ⅩⅩ в. Л.，1984. С. 7.

但在这之前，在庆祝夺取亚速的活动中，也有类似的狂欢节。[1]

几乎每个俄国城市都有自己的城市节日，这些节日集中在夏季。例如，在沃罗涅日，自18世纪以来要这样来庆祝8月1日——"一些商人聚集在沃罗涅日河岸及其岛屿上（特别是彼得一世时期海军部所在的岛上）"。这个节日可能与沃罗涅日在建造彼得一世海军舰队期间所发挥的重要作用有关。[2] 节日的庆祝场地通常是城市中的一大片空地或城市郊区。在彼得堡，人们通常在森纳亚广场、沙里奇尼草地或叶卡捷琳霍夫举行节日盛典，在莫斯科，人们一般在玛丽娜园林或诺文斯基修道院附近举行节日庆典（如著名的波德诺文斯基庆典就是在这里举行的）。[3]

> 古老的广场上。
>
> 一百万顶压头帽和软帽！
>
> 多么令人高兴啊！
>
> 一切都是这样的欣欣向荣。
>
> 所有的人都在跳舞，唱歌。
>
> 在街道上，所有的一切都在不断地进行着，
>
> 尖叫，大笑，吃喝。
>
> ——Г. Р. 杰尔查文

广场上有卖糖果和玩具的，小贩们走来走去，叫卖着他们的商品，音乐响起，人们跟随音乐开始跳舞，此外还有杂技演员和魔术师的表演

---

① История Москвы. Т. II. С. 96-97.

② АГО. Р. 9. Оп. 1. Д. 1. Л. 73.

③ Комелова Г. Н. Сцены русской народной жизни конца XVIII – начала XIX в. по гравюрам из собраний Государственного Эрмитажа. Л. , 1961；История Москвы：В 6 т. Т. III. М. , 1954. С. 640-646.

和小丑的木偶戏①，等等。然而，最引人注目的当数法兰德斯人和维特普人的演出——狂欢文化的具体体现。这些节目从古代流浪艺人的节目，特别是木偶剧演变而来，但也包括了一些西欧戏剧的新元素。② 流动摊位从一个集市搬到另一个集市，从一个节日移到另一个节日。在售卖玩具中，"老爷爷"魅力十足，他类似于古代的流浪艺人，深受人们的喜欢。木偶剧——"韦尔泰普"（17～19世纪乌克兰民间木偶剧），主角通常是彼得鲁什卡和成对的娃娃，他们装扮成不同的社会群体，其剧目几乎与古代流浪艺人表演的剧目相同（喜剧《蛇》《吉卜赛人和马》《醉汉》等），木偶剧往往是节日庆典上的重头戏。

然而，古代街头流浪艺人的表演，特别是传统的棕熊与羊共舞表演，到18世纪也很常见，在当时的廉价流行版画上也有所体现。小丑在庆典现场走来走去，做一些滑稽的动作来娱乐观众。

丰富的城市生活也体现在城市家庭和节日庆祝活动中，这些活动标志着公民生活迈入了一个重要阶段。这些庆祝活动植根于古代传统，在18世纪仍延续了下来。相比较而言，分娩和洗礼仪式的变化最小。分娩需要"嬷嬷"或"产婆"的帮助，通常在家里的浴室内进行，人们认为那里是最适合分娩的地方，产婆也会在那里清洗新生儿。在18世纪，按照惯例，丈夫在妻子分娩时会往浴缸里扔几个银币——人们称其为"用银子洗脸"，并将其视作幸福的预兆。孩子的洗礼则需由教父来主持，之后是庆祝晚宴。晚宴的高潮是仪式性的"持托盘分餐的妇女"：产婆会端着粥围在客人身边，客人会把钱放在她的托盘上（这是对她们帮助分娩的一种变相报酬）。孩子的教父会拿一点粥，往粥里面加点盐和胡椒，再

① Рабинович М. Г. К истории скоморошьих игр на Руси. Реквизит вертепа // Культура средневековой Руси. Л. , 1968. С. 53–56.
② Некрылова А. Ф. Указ. соч. С. 159；Левинсон А. Ю. Неклассическая красота карусели// Декоративное искусство СССР. 1980. № 9. С. 31–35；Белкин А. А. Русские скоморохи. М. , 1975. С. 53–109.

倒上格瓦斯或啤酒——总之，把粥弄得面目全非，然后他再把这样的粥交给孩子的父亲，说："吃了它，看看你的妻子在分娩时遭遇了什么。"研究人员认为这是一种非常古老的"库瓦达"习俗的遗留物，仿佛是在向丈夫介绍出生本身。妻子分娩后，还会为她举办一个专门的庆祝活动（只有男人最亲近的亲属才可以出席）。

教堂里的洗礼仪式则象征着新生儿正式皈依东正教。"理发"仪式在18世纪还存在，象征着新生儿正式成为家族的一员。"理发"仪式通常在孩子一岁时举行。在古代，在这一天人们会将男孩放在马背上。在18世纪至19世纪上半叶，仪式已经有变化了，教父会给教子穿上毛皮镶边的大衣（象征着富足）并剪下一绺头发，之后是赠送礼物环节：教父给他一个卢布，教母给他一件衬衫或袍子，其他人则随点份子。最后是为孩子举办一场盛宴。根据古代习俗，教父、教母在教子的生活中扮演着重要的角色，例如呵护其长大成人，参与筹办他的婚姻大事。因此，城市居民们常常会邀请更富有、更高贵的人做自己孩子的教父教母。"洗礼"之后，每年都要庆祝孩子的命名日。在18世纪，俄国父母可以自主为新生儿命名，不用完全按照教堂日历（按日期列有著名圣徒、教会纪念日的日历）中的名字来为孩子选名字，因此命名日成了除"生日"和"洗礼日"之外新的纪念日。

在莫斯科，一个备受欢迎的公共假日是1755年1月12日莫斯科大学的开学日，这一天正好是大学理事长舒瓦洛夫妻子塔齐扬娜的命名日。从那时起，莫斯科大学的在校生和毕业生每年庆祝"塔齐扬娜日"逐渐成为一种惯例，会举办一场喧闹的、欢乐的城市庆典活动。

18世纪，俄国人的婚礼习俗发生了一些变化。个人终身大事——婚姻仍然通过媒人缔结，除了偶尔男方的亲属帮忙介绍外，大部分情况下需要找专业媒人牵线搭桥，他们负责保存新娘和她们的嫁妆，参谋相亲对象，尽可能满足男方家长的要求。订婚之后，无论是男方还是女方都可以悔婚。城市居民的适婚年龄在 18 世纪提高了。12~13 岁结婚的人变少了，很少有女孩在 15~18 岁就结婚，一般来说女孩的适婚年龄为 18~20 岁。年轻男子基本不会在 19~20 岁时就结婚，他们通常在 20 岁以后才结婚。文献资料显示，大约 1/3 的婚姻中新娘和新郎是同龄人，大多数情况下，男方比女方大 3~5 岁，有时甚至大 10 岁。这种非常规的年龄差通常涉及财产关系。① 早些时候，婚礼严格划分为民间婚礼和教堂婚礼两种，但在 18 世纪，二者之间严格的界限被打破了：在教堂举办完婚礼之后，新人没有回到新娘的父母家，而是去新郎家（大约 3/4 的婚礼是这样举行的）。婚礼作为两个家族的联合，保留了一些部族时代原始"婚礼仪式"特征。在俄国，婚礼上的花车游行必不可少，因此，"皇太子"的婚礼通常还是一个城市节日。②

墓地选址对城市发展来说至关重要。它不仅与宗教和美学有关，还涉及卫生、健康问题。在 18 世纪，各教区教堂的"圣地"是人们埋葬亲人的地方。18 世纪下半叶流行病的肆虐迫使人们将公墓迁至城市外围。当时，如果想要在城市内的教堂里埋葬亲属，必须为该墓葬建造一个砖砌拱顶，但是只有极少数人能够负担得起高昂的造价。城市外围建有大型公墓，在大城市，这样的公墓不止一处。18 世纪末，在彼得堡的"沃尔科瓦亚附近"建立了一个公墓。19 世纪初在莫斯科奥赫塔附近有 13 个公墓，如多罗戈米洛夫斯克、瓦甘科夫斯克、普罗布拉任斯克等，在城市远郊，卡梅尔-科勒日斯基山谷也是一处公墓。③

葬礼本身并没有什么变化，不过此时的俄国军官开始穿着制服、佩

---

① Семенова Л. Н. Очерки истории быта... С. 24 – 25；Рабинович М. Г. Русская городская семья нач. XVIII в. С. 106–108.

② Рабинович М. Г. Очерки этнографии... С. 238 – 239；Чистов К. В. Типологические проблемы изучения восточнославянского свадебного обряда// Проблемы типологии в этнографии. М.，1979. С. 227.

③ Георги И. Г. Указ. соч. С. 274；Фальковский Н. И. Указ. соч. С. 169.

戴徽章出席葬礼，这些制服和徽章上布满精美刺绣，代表其受命于国家。人们为逝者竖起石头墓碑，这是家族兴旺的象征。贫穷的家庭有时候要攒好几年的钱才能勉强支付得起一座石头墓碑，甚至攒了一辈子钱也只够买一个简单的十字架。墓园里普通墓地和艺术性墓碑均有，都具有重要的美学意义，即使不是为了缅怀死者，人们也愿意在墓地附近散步。

在18世纪，俄国城市里出现了不少新的文化机构。俄国的专业戏剧正在蓬勃发展。

经常光顾剧院的不仅仅有贵族。例如，富商 И. А. 托尔钦诺夫多次光顾彼得堡和莫斯科的剧院。他在笔记中提到了在梅多克剧院的歌剧或芭蕾舞，他还在亚古津斯基伯爵家欣赏了海曼的表演，称赞他"无与伦比，光彩夺目"。[①] 上剧院逐渐成为城市上层的一种主要消遣方式，剧院是他们最喜欢的一个社交场所。

城市当局也十分重视对戏剧演出的管理。1750年地方政府条例里面特别提到"在俄国的喜剧中，演员不应当身着宗教性和教士衣服"，而且"演员不应该身着戏服在街上游荡"。[②] 有时，城市警察署也会为市民组织戏剧表演。比如，范卡·凯恩是当时莫斯科臭名昭著的小偷头子，他在18世纪中期和城市警察署关系紧密，在谢肉节期间组织过一场戏剧演出。他和30名"喜剧演员"表演了戏剧《摩洛门王》[③]（指《圣经》中有关所罗门王的故事）。

1765年，彼得堡和莫斯科的警察出资建立了免费的剧院，"为市民上演喜剧和歌剧"，这些剧院主要由警察局局长进行管理。[④]

---

① Журнал. . . И. А. Толченова. С. 124，133，183.

② ПСЗ. Т. ⅩⅢ. № 9824. С. 372.

③ История славного вора и разбойника и бывшего московского сыщика Ваньки Каина со всеми его обстоятельствами, разными любимыми песнями и портретом, писаная им самим. . . в 1764 г. М. , 1782. С. 57-58.

④ История Москвы. Т. Ⅱ. С. 594-595.

18 世纪俄国的城市公共博物馆丰富了广大市民的文化生活。早在 17 世纪俄国就出现了博物馆，起初它用来直接向市民展示各种"奇珍异宝"，如异国动物。富商 И. А. 托尔钦诺夫不仅在莫斯科观看了一头来自布哈拉的大象，而且还参观了彼得堡的艺术博物馆。[①] 克雷洛夫的一个流行寓言故事《好奇的人》[②] 展现了 18 世纪末 19 世纪初艺术博物馆在俄国人当中的受欢迎程度。俄国最古老的博物馆理应是莫斯科克里姆林宫的军械库，其还是沙皇宝藏的存放地，但那里只有少数人才可以进入。因此，彼得一世在 1719 年建立的俄罗斯人类学民族学博物馆（Кунсткамера）才是俄国真正的公共博物馆。俄罗斯人类学民族学博物馆从建立之初就致力于教育民众并支持年轻的俄国科学进一步发展。博物馆中的收藏品自成体系，随着时间的推移越来越丰富。[③] 彼得堡的冬宫博物馆在类型上更接近莫斯科克里姆林宫的军械库。最初，冬宫博物馆中的物品是叶卡捷琳娜二世的私人收藏品，直到 19 世纪中期才对公众开放。在当时的俄国，以西欧方式（从古代到现代）收集艺术品盛行一时，18 世纪富裕贵族的收藏成为日后俄国许多博物馆的馆藏基础。从 1769 年起，每年在帝国艺术学院开始举行艺术展览。

18 世纪，一个富裕的俄国城市居民（不仅是贵族，也包括商人，特别是来自首都的商人）的家里，通常都有一个书柜，里面装有十几本书。我们对 1739 年 14 个莫斯科商人的财产进行了清点，发现其中只有 4 个商人没有书，10 个商人有 70 本左右人文书和世俗读物。在关于贵族图书馆的文献中有提到，贵族的私人藏书数以万计，其中收藏的不少是和宗教相关的书。教区教堂在某种意义上也是图书馆，教堂还会将一些书借给

①　Журнал... И. А. Толченова. С. 314，365.

②　Крылов И. А. Басни. М.；Л.，1956. С. 114.

③　Станюкович'Г. В. Этнографическая наука и музеи. Л.，1978. С. 32-33.

本教区居民。18 世纪初，莫斯科建成了一个公共图书馆。① 1708 年，彼得一世授予库普里亚诺夫"图书管理员"的称号，并在印刷厂给他划拨了一块区域，该区域用于收藏印刷图书。B. A. 基普良诺夫在斯帕斯基桥附近的红场上建造了一座两层楼的建筑，楼上有一个画廊，长期以来不少书商就在里头"摆摊卖书"。那里既可以阅读书，也可以委托别人出售书。俄国第一个图书管理员的业务范畴远远超过现在的图书管理员。B. A. 基普良诺夫不仅收集、储存书，向别人借书，而且还出售书。他的儿子 B. B. 基普良诺夫继承父业，但 B. B. 基普良诺夫创建免费公共图书馆的计划并没有获得主教团和参议院的支持。

图书馆是每个教育机构的重要组成部分。莫斯科大学的图书馆甚至在建成前就开始源源不断地储备书了。大学图书馆不仅向本校学生开放，1756 年，在《莫斯科公报》上有一个公告，称它"对所有阅读爱好者开放"。但在当时，只有男性才可以算作"阅读爱好者"。②

中等和高等教育机构、俄罗斯科学院和帝国艺术学院的建立，促进了俄国知识分子的形成——他们在首都城市占有相当大的比例。

就城市生活而言，年轻人的学习生活也十分重要。在城市学校、大学和贵族院校学习的不仅有本地人，还有外地人，这些外地人包括外省贵族的孩子、其他城市的居民等，这也成为城市"在知识上影响"③ 附近地区的方式之一。在城市中也有封闭的神学学校（18 世纪在基辅建立了俄国第一所宗教寄宿学校）。位于基辅的俄国第一所宗教寄宿学校对城市生活的商贸、租赁等活动产生了巨大影响。

教师和学生的活动试图突破校园本身。学术团体逐渐出现，他们有

---

① См.：Рабинович М. Г. Очерки этнографии... С. 278 – 279；История Москвы. Т. Ⅱ. С. 153–156.

② Летопись Московского университета. М.，1979. С. 20.

③ См.：Ленин В. И. Поли. собр. соч. Т. 2. С. 223.

自己的学术会议和辩论赛，公开阅读活动和出版物。培训机构和寄宿学校也应运而生。学生和市民之间交流的形式是多方面的。

18 世纪，期刊的出现和发展，是城市文化发展中的一个重要元素。[①]

俄罗斯科学院和莫斯科大学是俄国传媒事业的主要阵地。在彼得堡和莫斯科，18 世纪出版了各种期刊。在 18 世纪的最后几十年，在俄国还出现了第一批省级期刊。

在俄国不少省会城市，人们还订阅杂志，尽管从《自由报》的出现到报刊成为每个俄国公民日常生活中不可或缺的一部分还有很长的路要走，但总体而言，期刊对 18 世纪俄国城市居民的重要性是毋庸置疑的。

***

通过全面考察 18 世纪俄国城市、城市生活和文化发展的主要特征，我们不难发现 18 世纪俄国城市文化继承了部分传统并延伸出一些全新特征。城市文化发展的一些新元素肉眼可见，一些则见微知著。但总的来说，18 世纪的俄国城市生活多姿多彩，为日后的俄国城市及城市文化发展奠定了重要基础。

在俄国城市出现了资本主义文化的萌芽。此时是俄国国家建设的过程：资产阶级、民族文化、语言、文学、艺术逐渐形成，它们共同构成了俄国家庭和社会生活的共同特征。无论是农村还是城市人口都参与了这个过程。俄国的一些城市也是与世界各国以及远方人民进行文化交流的重要枢纽。城市成了一个社会差别和矛盾的中心。

总体而言，18 世纪的俄国城市积极拥抱新元素，继续汲取民间流行文化的优秀传统，并在此基础上创造新的传统。

---

① См. подробнее: Дмитриев С. С. Периодика// Очерки русской культуры ⅩⅧ в. Ч. 2. М., 1987.

第八章
农民的精神文化

M.M. 葛罗米柯

　　18 世纪的俄国农民有着丰富的精神生活，涉及文化生活的各个方面，他们接受的教育从自然知识、宗教伦理到艺术创作，十分全面。[①]

　　农民的精神世界与自然紧密相连。他们全身心投入农业活动中，尽可能地根据当地的景观、气候、季节性变化，甚至每天的天气变化来进行创作。他们的整个生活方式有机地融入了当地自然和经济体系中。农民家庭生活是否幸福在很大程度上取决于是否具备仔细观察自然条件的能力，是否能够注意到并思考其日常生活所揭示的普遍现象中的各项具体联系。农民对日常生活观察仔细，并根据自身观察指导农业生产。但由于自身知识的局限性，他们无法将基于自身实践经验而形成的知识升华为成体系的科学知识。

[①] 本章主要讨论的是在农民群体中产生和发展的那部分俄国文化，或者虽然来自农民生活之外，但被农民接受并发展的那部分文化。这里不考虑小众农民群体的活动——这些农民本身就成了职业文化的一部分（他们是艺术家、诗人、工匠、演员等）。在农民大众文化中，有一些直接进入了公众意识和公共生活中。民间文学、农民文学和实用艺术作品也属于本章的研究范畴。

　　农民的知识来源有两个：集体生活和前几代人的经验积累。与自然环境的长期融合让俄国农民十分了解当地的自然地理环境。

　　经济连续性、经验积累和代际传承对农民社会群体意识中传统主义的形成影响深远。受此影响，农民习惯于信赖经验主义和长者权威，农民文化具有稳定性和保守性。循规蹈矩，按照先辈经验行事基本上是俄国农民根深蒂固的文化烙印。

　　等级壁垒阻碍了职业文化在农民中的渗透，但农民群体的业余创作活动仍表明了其丰富的精神追求。农民自身就是民间文化的一部分：圆圈舞、哀歌、颂歌等传统活动是他们的日常生活，农民对各节日和庆典的季节性、游戏性和宗教性特征了如指掌。就像农民自然而然地熟悉了各作物或牛种的差异和饲养方法，辨别出土壤、天气等的多样性，他们在不知不觉中也掌握了与之相关的各类习俗。农民的审美观念与他们的日常生活交织在一起：一个女孩需要亲手准备自己的嫁妆（或部分嫁妆），她从长辈那里学习编织、刺绣、花边技术，她盼着自己的手艺在下一次节日聚会或婚礼上得到同村人的赏识。农民大众文化是外向型艺术，关注的是表演的感染力而非思考的深度。

　　即使是最有创造力的农民——说书人、歌手、主婚人、版画师等等，他们仍然是农民，大部分时间仍要和同村人共同劳动。农民的艺术创作，就像他们所掌握的自然知识一样，主要是实用性的。民间传说、音乐和戏剧与每个农民家庭和村社的日常生活和节庆活动紧密结合。

　　农民的社会地位以及在艺术方面的业余性决定了农民精神文化的另一个基本特征：创作的专业化程度很低，不同领域的知识杂糅在一起，难以剖析具体要素。比如，圆圈舞是音乐、舞蹈和戏剧的有机融合，其中还有游戏元素，跳舞时人们的社交模式遵循了宗教规范，此外圆圈舞会还是一个可以表达意见的场所（社会或个人）；传统歌曲在满足音乐和文学审美需要的同时，还承载了社会现实、民间记忆等内容。

图 8-1　圆圈舞

　　与自然界的深刻联系、对道德价值和艺术价值稳定性的关注，以及个人创造力和集体生活方式的结合，决定了农民精神文化具有独特性，这成为农民职业文化的底色。

　　18世纪俄国的社会、经济、政治和文化发展为俄国农民精神文化打下了新的烙印，这些烙印直接或间接地体现在农民精神生活的各个领域。

一　农民的自然知识

　　自然知识是俄国农民精神文化的重要组成部分。农民的劳动绝非简单的重复性机械劳动，而是伴随着思考、比较和总结的深度劳动。农业周期的多变性、自然条件的复杂性、农业生产的区域性迫使农民了解有关种植粮食、驯养野生动植物的各类知识，因地制宜地发展农业生产。农民对生活观察细致入微，最重要的是他们能够积极和灵活地使用这些知识。

　　农民耕作方式的共同特点是因地制宜，关注土地耕种、作物护理、收获等细枝末节。[1] 所有这些都建立在对自然现象的细致观察和对自然关系的理解吸收之基础上。例如，18 世纪的俄国农民能够通过草木特征来判断土壤质量。在俄国中部，当地农民对多达十余种宜耕土地进行了区分，根据天气状况变化，在不同的耕种阶段土地质量也不同。

　　再比如说，农民凭经验知晓在雨后应当松土，让土层保持在一个相对干燥的状态（在干燥的季节土层或许更厚）；俄国农民会在秋天犁地，这样冬天下霜后土地会结成块，化水时渐渐润湿土壤，哪怕是黏土也会变得紧实。潮湿的天气里要犁开沙地，将沟壑挖得更宽些；如果田地有坡度，犁过后的土壤有助于保持水分；等等。此外，俄国农民还知道根据种植的农作物性质适当调整耕作方式。[2]

　　在确定播种日期时，俄国农民不仅要了解土壤对特定作物升温的反应程度，还要自主调控土壤温度（特别是能通过个别植物的成长周期来推断其他作物的播种时机，例如，当桦树开始开花时就应当播种小米），而且他们在播种的时候还应当考虑到杂草的生长周期。比如潮湿天气播种，杂草会在谷物之前发芽，而干燥天气播种，作物的生长速度会超过杂草。

　　在确定收割时间时，俄国农民明白天气与谷物生长之间存在复杂关系。收获带有"胶质"或"黏性"的未成熟谷物是绝对的禁忌。俄国农民们还知道，所播种植物的各个部分对天气条件的反应存在差异。比如，18 世纪的俄国农民知道，延迟收割大麻可能造成油分损失，大麻在霜冻和降雪的情况下却依旧不会枯萎。在地方小贵族上报给省长的咨文中提

---

[1]　См. об этом подробнее: Милов Л. В. , Вдовина Л. Н. Культура сельско-хозяйственного производства. Очерки русской культуры ⅩⅧ в. Ч. 1. М. , 1987. С. 45—77.

[2]　Индова Е. И. Земледельческая практика в Центральной России ⅩⅧ в. // Из исторического опыта сельского хозяйства СССР. М. , 1969. С. 36 - 38; Булыгин И. А. Из истории земледелия Пензенской губернии в конце ⅩⅧ в. // Т ам же. С. 47.

到"凡事应当按农民种植作物的习惯来进行"[1]，农民经验的重要性由此可见一斑。

新领土的农业发展对 18 世纪俄国的社会经济发展影响巨大，它极大地丰富了俄国农民的经验知识。欧俄南部、乌拉尔南部、西西伯利亚和东西伯利亚的土地条件不尽相同，在这些地区，俄国农民需要重新考虑土地的耕作方式，在因地制宜地发展农业生产时他们也积累了不少新的经验知识。此外，俄国农民对新领土的"殖民化"有助于引入新谷物品种。在处女地，"试种"十分普遍。农民会在新土地上持续关注作物的成熟周期（发芽、出苗、抽穗、开花、谷物成熟），与此同时还会记录同一天气现象对不同作物的影响程度。[2]

对俄国农民来说，农业与畜牧业密切相关。农民认为养牛的"主要好处"是可以获得粪便以便肥田。[3]

在 18 世纪，农民在耕种时经常施肥。农民还会结合季节特点施肥，保证土壤肥力适宜。俄国中部的农民会用灰烬（灰烬对于提高黏土肥力效果显著）、沼泽淤泥和森林腐殖质给土地增肥。在欧俄北部，当地农民用粪便、苔藓、泥炭和稻草为土地施肥。[4] 俄国农民在制定最佳耕作方案时会不断地考虑自然条件，比如西伯利亚垦荒的农民是这样施肥的：在

---

[1] Индова Е. И. Указ. соч. С. 41-43；Мордвинова А. И. К истории культурыовса в СССР//Материалы по истории сельского хозяйства и крестьянства СССР. С6. IV. М.，1960. С. 330；Громыко М. М. Трудовые традиции русских крестьян Сибири（XVIII-первая половина XIX в.）. Новосибирск，1975. С. 67.

[2] Пушкаренко А. А. Начальный этап русского земледелия в Северо-Восточном Приазовье// Ежегодник по аграрной истории Восточной Европы，1962. Минск，1964. С. 300；Шерстобоев В. Н. Оценка крестьянами видов на урожай// Илимская пашня. Т. II. Иркутск，1957. С. 273-279.

[3] Разгон А. М. Сельское хозяйство крестьян Ивановской вотчины в XVIII в. // Материалы по истории сельского хозяйства и крестьянства СССР. С6. III. М.，1959. С. 202.

[4] Индова Е. И. Указ. соч. С. 35-36；Власова И. В. Традиции крестьянского землепользования в Поморье и Западной Сибири в XVII-XVIII вв. М.，1984. С. 29.

黑土和粪便长时间难以分解的冻土区，农民们不会使用肥料，而是采取休耕制；在黏土区需要一边施肥一边翻土。[①]

根据物种、属种和年龄的不同，饲养牲畜的方式也有所不同。俄国农民有着丰富的动物饲养知识。例如，在霍尔果戈里牛的培育过程中，俄国农民结合了特定的自然条件，使用了先进的育种、饲养和护理技术。此外，俄国农民还会精心挑选若干小牛进行繁殖，并通过"哺乳"（大约从18世纪中叶开始）照顾小牛——断奶和长时间、大量的牛奶喂养。成年牛的饲料主要为干草，农民用盐和"蒸"的手法（甚至在农民房子的下部有一个专门的房间用以准备温暖的牛饲料）来制作牛饲料。到了冬天，俄国农民会把牛放在温暖的马厩里，并定期照顾它。[②]

俄国农民有关野生动物、禽类、鱼类和海洋生物的知识则具有地方性，他们对一些商业价值较高的动物尤为了解。例如，为了成功捕获黑貂，农民必须了解它的地理位置和生活方式（巢穴和窝的位置，日常习性，季节性捕食习惯，着床期和发情期，幼崽的出生期和哺乳期，等等）。民间经验表明，黑貂皮的质量与黑貂栖居的树木种类之间存在某种联系。至于如何捕获黑貂，则需要依靠经验具体情况具体分析。这些知识和狩猎直接相关，但超越了日常狩猎的范畴，丰富了农民的动物知识。[③]

无论何种类型的狩猎，都需要熟知当地的自然环境。例如，人们通过一些痕迹能够找到熊的洞穴；在捕捉松鼠时要结合它们的交配时间和栖息地属性。草原居民十分了解狼和狐狸的习性，而山民则十分了解狍

---

① Крестьянство Сибири в эпоху феодализма. Новосибирск, 1982. C. 182-184.

② Резников Ф. И. Скотоводство в низовьях Северной Двины в XVII-XVIII вв. // Материалы по истории сельского хозяйства и крестьянства СССР. C6. IV. C. 127-137.

③ Громыко М. М. Трудовые традиции русских крестьян... C. 158-163.

和麝香鹿的习性，等等。①

在广泛收集浆果、蘑菇、根茎和草药的过程中，俄国农民仔细观察各类植物，积累了与野生植物有关的各种信息。从 1735～1737 年 В. Н. 塔季谢夫收到的各省调查问卷答复中我们可以大致推算出 18 世纪俄国常见的农业作物和森林植物。当时俄国农民熟知的浆果包括红醋栗、黑醋栗、草莓、覆盆子、鸟樱桃、荆条、云莓、小红莓、蓝莓、黑莓、罗汉果、蔓越莓、玫瑰果。② 俄国农民频繁采集浆果意味着他们积累了大量有关植物成熟的信息，因为果实在成熟的时候通常会呈现一定特征，他们对各浆果的分布范围、周围景观，以及湿度和其他因素对浆果和蘑菇质量的影响也有一定的了解。农民的孩子从小耳濡目染了这些信息，他们的精神世界因对动物、鸟类和植物生活细致入微的观察而变得丰富起来。

农民的自然知识还包括地理知识，随着移民、迁徙、贸易和朝圣，其重要性不断上升，传播范围不断扩大。人们用马车运送粮食和其他货物，沿着河流长途跋涉到邻近的县和省，这拓展了商人、渔民和农民的地理知识（当然不仅仅是地理知识）。③ 旅行结束后，这些农民还会向自己村子里的人讲述遥远的城市和其他土地上的故事。这些旅程在他们回村讲述的关于遥远城市和村落的故事中画上了圆满的句号。还有一些农民是经过沙皇宫廷管理部门"专门认可""善良而富裕的农民，他们在驯鹿贸易方面经验丰富"，擅长捕鱼。④ 奥洛涅茨地区的人不仅前往俄国其

---

① Там же. С. 164 - 166, 171, 188; Паллас П. С. Путешествие по разным местам Российского государства. Ч. Ⅱ. Кн. 2. Спб., 1786. С. 297, 442, 490.

② ААН СССР. Ф. 21. Оп. 5. Д. 150. Л. 63 об, -64; Д. 152. Л. 161 об.

③ Ковальченко И. Д. Сельскохозяйственное производство в Рязанской и Тамбовской губерниях ⅩⅧ - ⅩⅨ вв. // Материалы по истории сельского хозяйства и крестьянства СССР. Сб. Ⅲ. С. 273-276; Индова Е. И. Льноводство в псковских дворцовых вотчинах в ⅩⅧ в. // Там же. Сб. Ⅳ. С. 508-509.

④ Иидова Е. И. Льноводство в псковских дворцовых вотчинах. С. 508-509.

他城市，还前往国外工作，他们从国外带回了"许多能够提升自身认知水准的知识"①，这一点在 18 世纪下半叶的相关资料中也有所体现。

在新领土地区定居的农民，他们的亲戚和同乡源源不断地投奔过来——因为有关新领土的信息传到了这些农民的原籍地。这些信息在数百乃至数千英里（1 英里＝1609.344 米）的区域来回传递。② 在库班和北高加索地区定居的农民为新领土带来了源自他们的出生地——坦波夫、沃罗涅日以及其他省份的农业知识，并向他们的家乡通报了定居地的新情况。当农业发展遇到问题时，新领土上的移民通常会拿他们离开的地方和他们正在"殖民"地区的地理条件进行比较。③

在沿河或临海地区，农民的自然经验知识还包括和航海（与实用天文学相结合）或航运相关的基础知识。④

每个农民多少都认识一些草药，了解部分植物的药用价值。植物的药用价值一般集中在叶子、种子、根和茎上，农民们常常用这些部位制作煎剂、酊剂和调制果汁。有时，农民们会将植物的叶子或晒干后的枝叶添加到食物中。例如，地理学家 И. 希什科夫在 1739~1741 年编撰的托木斯克地方志中写道，农民在发烧的时候"会将干的圣约翰草叶泡在温水中，或是食用鱼饼，以此进行治疗"。⑤ 新鲜的蓝色圣约翰草则被用来泡茶，以治疗咳嗽和胸痛；晾干的圣约翰草与蜂蜜通常一起用于治疗咳嗽、肠道疾病和其他疾病。П. С. 帕拉斯是这样描述圣约翰草的："它在

---

① Семевский В. И. Домашний быт и нравы крестьян во второй половине XVIII в. // Устои. 1882. № 2. С. 78.

② Колесников А. Д. Географические знания и землепроходческая роль сибирских крестьян XVIII в. // Крестьянство Сибири XVIII – начала XX в. Классовая борьба, общественное сознание и культура. Новосибирск, 1975. С. 50–63.

③ Государственный архив Краснодарского края. Ф. 162. Оп. 1. Д. 3.

④ Коньков Н. Л. Промысловая деятельность Ломоносовых // История СССР. 1980. № 2. С. 157–161.

⑤ Миненко Н. А. История культуры русского крестьянства Сибири в период феодализма. Новосибирск, 1986. С. 53.

农民中非常有名，他们说这种草药的水煎剂对治疗小孩子的痉挛很管用。"① 农村的巫医们知晓各种独特的自然疗法。他们通常将草药治疗与祈祷、咒语、魔法仪式结合起来。记载着民间医学合理和不合理建议的医学手抄本在 18 世纪的农民中也很受欢迎。②

总而言之，农民自然知识是集体经验与个人观察相结合的产物。俄国农民成长于自然之中，和大自然打了一辈子交道。18 世纪，新领土的开垦促进了俄国农民自然知识新的积累。

二 农民的社会知识

农民在日常生活中需要不断解决各种关系问题（地方与国家的关系，个人与家庭的关系，家庭和村社的关系，本村社和邻近村庄的关系，等等），这成为他们社会知识的主要来源。在处理这些社会关系的过程中，在农民群体中自发地形成了习惯法——在日常生活、冲突以及村社集会颁布决定时使用的不成文法律。在这种诞生于特定社会经济和政治条件的社会知识中，还包括了与集体、家庭和个人相关的传统价值观。

在 18 世纪俄国农民的社会观念中，村社（世界）的存在意义、功能以及个人在村社中的权利与义务占据了突出位置。农民的生活围绕村社展开，村社事务是大多数俄国农民参与社会活动和表达公民情感的唯一场所。

这种对集体意识的重视在俄国农民社会生活的方方面面都有所体现：

---

① Там же; Паллас П. С. Указ. соч. С. 24-25.
② Миненко Н. А. Указ. соч. С. 51 – 52. См. также: Ковригина В. А. Сысоева Е. К., Шанский Д. Н. Медицина и здравоохранение // Очерки русской культуры XVIII века. Ч. 3. М., 1988.

请愿书、公开判决书、委托书等等。基本上所有俄国农民都认为可以通过村社向最高当局提起申诉。俄国农民完全了解村社在日常经济、社会规范事务以及在与统治阶级的矛盾激化时能够发挥的作用。①

由于村社在俄国农民生活中占据重要地位，俄国农民对村社代表即呈诉者（челобитчик），抱有一种特殊的态度，俄国农民要求呈诉者必须是能够捍卫世俗价值且值得尊敬的人。在推选呈诉者或其他请愿者的活动中，俄国农民充分利用了现有的社会政治体系。

俄国农民对呈诉者的信任态度主要体现在 18 世纪的两类农民文书中：村社"选举"记录——村社就特定问题推举产生官员或调解人的法律文书，以及"呈诉者"工作日志。这两类文书反映了村社对该呈诉者处理特定案件时的信任程度。俄国农民坚持认为，呈诉者应能代表一个村庄或整个教区所有农民的意愿，他需要顾及"村社的真实需求"②。

当农民的抗议有可能被当局上升为叛乱时，担任呈诉者便充满了巨大的风险。因此在村社的"选举"活动中，每个人都要牢记誓言，即"不泄密，不诽谤，不撒谎，尊重呈诉者"③。当局判定呈诉者提呈的请愿书合法的标志是在最终决定中重复呈诉者使用的落款："代表村社的农民

① Шерстобоев В. Н. Указ. соч. С. 142 – 152；Алефиренко П. К. Крестьянское движение и крестьянский вопрос в России в 30-50-х гг. XVIII века. М. , 1958. С. 139, 141, 147-148, 157, 170, 266 – 270, 296；М а в р один В. В. Классовая борьба и общественно-политическая мысль в России в XVIII в. （1725-1773 гг. ）. Л. , 1964. С. 35, 43, 177-178；Раскин Д. И. Мирские челобитные монастырских крестьян первой половины XVIII в. // Вспомогательные исторические дисциплины. Т. VI. Л. , 1974；Громыко М. М. Трудовые традиции русских крестьян... С. 294 – 322；Александров В. А. Сельская община в России （XVII – начало XIX вв. ）. М. , 1976；Пихоя Р. Г. Общественно-политическая мысль трудящихся Урала （ко- нец XVII-XVIII вв. ）. Свердловск, 1987. С. 33, 130；Прокофьева Л. С. Крестьянская община в России во второй половине XVIII – первой половине XIX в. Л, 1981. С. 195-197.
② Раскин Д. И. Указ. соч. С. 182 – 183；Громыко М. М. Территориальная крестьянская община Сибири （30-е гг. XVIII-60-е гг. XIX в. ） // Крестьянская об- щина в Сибири XVII – начала XX в. Новосибирск, 1977. С. 35-38, 78.
③ Раскин Д. И. Указ. соч. С. 182.

请愿者。"①

在18世纪的俄国农村，当选为呈诉者是一项古老而又光荣的事业。如果问题成功得到解决，他还能在村社里树立一定的威望。②

在土地关系方面，俄国农民尊重村社的权威地位，主张保护土地的私人占有。他们理所应当地将"从祖父和父亲传下来的耕地"或"其父母和祖辈耕作的耕地"视为"他自己的土地"。大地主反对瓜分他们名下田产，认为这种土地再分配政策是在侵占他的私人土地。村社内因土地问题而爆发的农民对立事件的数量取决于具体的历史情境和当地的实际情况。一般来说，国有农民通常认为，他们可以"永远拥有自己的土地，或是把它们卖给别人，或是把它们抵押出去，或是把它们加固成各种堡垒"。大地主也以同样的方式对他们名下的大部分土地进行估值。这种对待土地如同对待股票的态度源于俄国农民实质上是土地"商人"的这一历史事实。在18世纪，尽管俄国农民的这种土地购买行为并没有得到当时法律的认可（只有1800年和1848年的民法典中才允许自耕农和大地主可以以土地所有者的名义购买他人土地），但他们的后代在19世纪中期解决土地索赔问题时仍然参考了祖辈们的这些旧交易原则和相关契约文件。③

俄国农民在处理社会事务中需要遵守约定俗成的规定。在各类的商业文书中经常会出现这样的情况：农民提到他们的祖先、祖父、父亲的

---

① Громыко М. М. Территориальная крестьянская община Сибири... С. 80.

② Мамсик Т. С. Общинное самоуправление и взгляд крестьян на «мирскую» должность (по материалам приписной деревни Западной Сибири второй половины XVIII в.) // Крестьянская община в Сибири... С. 164—165.

③ Дружинин Н. М. Купчие земли крепостных крестьян (по данным Главного комитета об устройстве сельского состояния) // Вопросы социально-экономической истории и источниковедения периода феодализма в России. М., 1961; Громыко М. М. Западная Сибирь в XVIII в. Русское население и земледельческое освоение. Новосибирск, 1965. С. 195—197; Александров В. А. Обычное право крепостной деревни России (XVIII—начало XIX в.). М., 1984. С. 110—164.

行为或权利，以证明他们自己的行为或权利的合理性。这些旧习俗既适用于村社，也适用于个人。在俄国农民的观念中离不开自己的祖祖辈辈，这种对父辈的怀念是俄国农民劳苦生活的一种精神慰藉："他们是我们的曾祖父和祖父，而我们现在却是你们村里的奴隶"，或"在过去，我们的曾祖父和父亲如何如何"，或"我们的祖先，祖父和父亲，曾如何如何"，等等。但这并非完全是在维护传统，俄国农民也会经常要求废除约定俗成的奴役性条例，并取得了胜利，提交与村社既定秩序相抵触的个人请愿书，所有这些社会抗议行为从本质上来说都是与传统相对立的。

俄国农民社会知识的一个重要组成部分是法律知识。整个 18 世纪，随着习惯法在处理土地关系上的广泛运用，农民的法律观念也不断提升。俄国农民使用法律的频次取决于当地的社会经济状况和具体土地政策。总体而言，普通农民使用习惯法的频次肯定高于大地主。①

习惯法主要通过调节农民的土地私人占有来解决土地问题：在复杂村社（由几个村庄组成的）内的各个村庄中分配土地；当村庄数量或税收政策发生变化时，就需要进一步考虑到所分配土地的质量，并重新分配部分土地；让当地村社临时交出土地，并赋予其经济因素转让给其他村社；开垦荒地和其他土地；将土地分配给从其他村庄迁入新村庄的农民。

通常每个成年俄国农民都会遵循某一习惯性，以便维护个人以及家

---

① Бакланова Е. Н. Крестьянский двор и община на русском Севере. Конец XVII - начало XVIII в. М. , 1976. С. 130 - 191；Громыко М. М. Территориальная крестьянская община... С. 33 - 103；Миненко Н. А. Община и русская крестьянская семья в Юго-Западной Сибири (XVII-первая половина XIX в.) // Крестьянская община в Сибири... С. 104-125；Она же. Традиционные формы расследования и суда у русских крестьян Западной Сибири в XVII-первой половине XIX в. // Советская этнография. 1980. № 5；Пушкаренко А. А. Обычное право позднефеодальной эпохи // Социально-политическое и правовое положение крестьянства в дореволюционной России. Воронеж，1983；Александров В. А. Обычное право...

庭的社会经济权益。在俄国农民家庭中，世袭遗产会在每个男性成员之间平均分配。宅基地作为一个家庭单位，所有权问题复杂，涉及各种动产和不动产（包括因外出闯荡和创业活动而获得的新财产），遗产分配时常是一件棘手的事情。一般来说，农民分家时不会因土地分配而爆发激烈冲突，因为此时的土地分配主要依据的是习惯法和传统的道德观念。家长即父亲，有最后的决定权。然而，村社有时不得不亲自出面以便保护非直系亲属或孤儿的利益。这种保护性措施根据习惯法和集体社会经验来执行。此外，分配完土地，即便非直系亲属拒绝接受分配方案，直系亲属仍保留对所分土地的优先处置权。

农民习惯法中对寡妇、未婚姊妹和其他亲属的权利也进行了详细规定。例如，作为一家之主的寡妇在分家产的时候拥有绝对话语权。即便丧偶母亲的儿子为一家之主，她们也仍拥有对重要事务的投票权。[①]

在抵制贵族对其权利的侵犯方面，俄国农民尽可能地调动了他们所掌握的法律知识。俄国农民有时会对 1649 年教会法典、彼得一世的法典和后来出台的新立法做出自己的解释。在村社日常生活中，农民在起草请愿书、非专业判决书和委托书时，经常会参考成文法的各种规定。

П. К. 阿列菲连科利用欧俄中部省份的请愿书对 18 世纪 30~50 年代俄国农民的社会政治态度进行了研究，他的结论是：在许多请愿书中，俄国农民的申诉行为体现的是农民经济下的一种抗议态度，但这种抗议并非对俄国国体的反抗——当时的俄国农民在申诉时经常会提起彼得一世的法令。相应地，代表农民的呈诉者也会将彼得一世的法令解释为对人民的关心，是为"消除不公正势力"的努力，因为"许多人，特别是农民，因此（"此"指的是不公正势力）陷入了毁灭和贫困"。当时的俄国农民常常抱怨地主和修道院妨碍人们自由寻找工作，为此他们特意找

---

① Александро в В. А. Обычное право... С. 110–223.

出了彼得一世的法令，称其曾下令"所有希望工作的农民都应得到毫无保留的保护"。请愿书里还提到了 1728 年彼得二世的法令，根据农民的说法，该法令"不允许当局增加或减少税收或关税，违者需要接受相应惩罚"[1]。

Н. Н. 波克罗夫斯基从乌拉尔和西伯利亚的农民请愿书中得出了类似的结论："农民在他们的请愿书中不止一次体现出其对俄罗斯帝国法律的良好了解，他们还能清楚地表达自己对这些法律的理解并利用法律来保护自身利益，希望'好'沙皇不受各级官员和宗教势力的蛊惑。"[2] 从 1790 年乌拉尔工场的农民联名请愿书中我们能一探整个 18 世纪俄国农民上访问题的法律性。农民称地方当局的行动甚至参议院的一些法令都是非法的，是对沙皇意志的歪曲。沙皇的法令保护农民的利益，是绝对的金科玉律。[3]

在 Д. И. 拉斯金发现的俄国中部和西北部地区（18 世纪 20 年代至 60 年代初）298 份修道院农民请愿书中，有 52 份提到了 55 项国家法令；而在 27 份地主的请愿书中，有 6 份提到了 9 项法令。[4]

值得一提的是，农民可能是在参与起草请愿书的文员或官员的帮助下才强化了自身的法律意识。然而，我们也不应当过分夸大这些文员和官员的作用。根据 Д. И. 拉斯金的说法，"在其他人帮助下起草的以及由农民自己起草和签署的请愿书中都提到了各项法律。而在许多由法警、

---

① Алефиренко П. К. Указ. соч. С. 296-297.

② Покровский Н. Н. Общественное сознание крестьян// Крестьянство Сибири в эпоху феодализма. Новосибирск. 1982. С. 454.

③ Покровский Н. Н. Жалоба уральских заводских крестьян 1790г. // Сибирская археография и источниковедение. Новосибирск, 1979. С. 155-183.

④ Раскин Д. И. Использование законодательных актов в крестьянских челобитных середины ⅩⅧ в. (Материалы к изучению общественного сознания русского крестьянства) // История СССР. 1979. № 4. С. 180.

书记员和其他官员帮助下撰写的请愿书中却压根没有提到相关法律"。①

农民获得法律知识、知晓法律文本的方式各不相同。许多法令被印成小册子，供农民查阅；一些法令则由农民自己抄写学习；一些关于立法的信息是农民有意从文员和书记员那里咨询得来的；其他信息则来自交谈和道听途说，因此在农民的请愿书中有许多不准确的法律文本和错误的日期。法律条文在以这样或那样的方式传达给农民后，如果农民还对它保持兴趣（对它延伸出了自己的解释或想要进一步了解它的真实含义），它就会最终成为农民社会知识的一部分。农民请愿书中所列的法律摘录或参考资料，在第二次提呈时不仅被改写了（主要文本已经改变），而且开始在其他地区，甚至在那些并不适用这些法律的农民间广泛传播。②

无论出于何种原因当选为村社呈诉者，他通常都精通与土地关系、义务等相关问题的法律。有一些农民甚至是法律问题专家。研究人员在整理修道院农民 П. 布蒂林的财产时共发现了 116 份文件，其中包括 1714 年、1723 年和 1724 年法令的印刷及手抄副本；许多法典的摘录；财政部的法令副本，各类请愿书副本（П. 布蒂林本人也识字，还与另一个修道院的农民保持通信）。研究人员在地主兼农民呈诉者 M. 日利雅科夫遗稿中也发现了法律文件副本，以及由国有农民 M. H. 普戈夫金负责起草的法律文件副本。③ 国有农民安德烈·科科林是一名当选的农民呈诉者，"村社让他负责向伊利姆斯克省省长办公室提呈当地农民的各项诉求"。20 年里，他还负责管理村社内各个农民家的粮食，因此留存了各项收据的副本。安德烈·科科林共提交了 868 份收据副本以及大约 10 份收据原

---

① Там же.

② Там же. С. 181–182；Пихоя Р. Г. Указ. соч. С. 126–131.

③ Раскин Д. И. Использование законодательных актов... С. 181.

件，文件目录总计 112 页。①

当需要对大批农民重新进行安置时，农民呈诉者的法律意识就显得尤为重要。18 世纪的相关资料展现了农民呈诉者在行政系统（地方和中央）中的重要性，他们熟知各类法律规定，不仅涉及农民在新地方的定居问题，而且还涉及新迁入农民与当地法律的关系问题（不仅是习惯法）。②

18 世纪沙皇当局鼓励增强农民的维权意识，在受到地方官员不公正待遇时他们有权向中央提起申诉。沙皇对农民一些请愿的公正处理，鼓励了地方农民向远在莫斯科的沙皇请愿，沙皇通过呈诉者向地方当局返回对农民请愿的答复，偶尔还会惩治邪恶商人。农民的社会知识由此得到了进一步补充。农民会为君主的健康在教堂里唱祈祷歌——这也成了农民从小到大对周围世界认知的一部分。沙皇有时会在节日里免除俄国农民拖欠的税款，经常向俄国农民们提供免费的"酿造酒"。沙皇政府在国家或王朝秩序遭遇重大事件时还能够熟练地使用大赦——对那些已经被判处死刑的农民来说，大赦能够让他们在最后一刻捡回一命。③

当我们比较俄国 1767 年立法委员会所颁发的正式法令与反映法令编纂过程的地方文件时不难发现，国有农民对许多法律有着一定的了解。在欧俄北部的农民请愿书中，有 70 份引用了法律条例，即大约每三份请愿书中就有一项条例，其中有些引用了 2~4 部法律。在大乌斯秋格拉库尔村的农民请愿书中共援引了 10 项法律条文。④ 当地农民甚至还援引了

---

① Шерстобоев В. Н. Указ. соч. С. 149.

② Преображенский А. А. Урал и Западная Сибирь в конце XVI – начале XVIII в. М. , 1972. С. 354–360； К олесников А. Д. Указ. соч. С. 50–63； Громыко М. М. Территориальная крестьянская община... С. 45–46, 54–55.

③ Преображенский А. А. Урал и Западная Сибирь в конце XVI –начале XVIII в. С. 351.

④ Камкин А. В. Некоторые черты правосознания государственных крестьян в XVIII в. // Социально-политическое и правовое положение крестьянства в дорево-люционной России. Воронеж, 1983. С. 96–103.

1649~1766 年法律文献，但主要援引的法律还是 18 世纪 40~60 年代的俄国法律。这些法律与农民的财产权和商贸活动有关。①

普通俄国农民为了保护个人利益诉诸法律，国有农民则略有不同。国有农民更多的是为了表达其对法律的批判态度。二者对法律的区别态度源于他们提呈请愿书的目的本就不同。国有农民可以合法地表达他们的需求，他们在请愿书中强调的是他们对法律合法性的理解。这种理解与他们对农民的社会理想、对"集体利益"、"国家利益"和"互利"等概念的理解密切相关（这些术语频繁出现在各法律条例中）。从农民的角度来看，只有那些不违反自然权利的法律才能让"每个人都能享受做自己的快乐"，也就是说，法律必须保证每个人都能享受自己的劳动成果，只有满足这一要求的法律才是合法的法律。②

三　社会乌托邦的构想和实践

18 世纪俄国农民社会乌托邦的构想和实践体现在关于"应许之地"的各种传说、对这片土地的寻找和农民村社的创建中，他们也为实现社会乌托邦理想付出了努力。这些构想和实践反过来又丰富了农民对理想社会秩序和富庶生活的想象。

俄国农民垦殖新土地的过程是有关新土地丰富多彩且富含社会哲理故事的现实基础。农民传说中的应许之地"白水国"（Беловодье）经过历史学家的现代考证是真实存在的，是 18 世纪阿尔泰山下的布赫塔尔马河、乌门草原和其他河流流域之间的农民定居点。官方对"白水国"有书面记载，但民间仍流传起关于它的新传说。布赫塔尔马河和乌门草原的"石头村"（当地农民称呼定居在阿尔泰山和其他许多山区的逃亡者为

---

① Там же. C. 97-99.
② Там же. C. 99-102.

"石匠")既是应许之地民间传说的原型，也是农民社会乌托邦的构想与实践。[1]

18 世纪 40 年代至 90 年代初，阿尔泰山谷里的逃亡者定居点脱离了国家管控（直到 1791 年 9 月叶卡捷琳娜二世颁发了新法令，次年 7 月她宣布她是"白水国"的保护者，愿意原谅这些居民的"罪过"并接纳他们成为俄国公民）。几十年来，农民自治体一直在"白水国"村社中发挥作用。布赫塔尔马河和乌门草原的自由村社以农民（很大一部分是旧礼仪派信徒）和逃亡的工场工人（他们多是农民工）为主；他们从事农业和采矿业，与邻近地区的农民保持秘密来往，存在一定的经济联系。C. M. 古利亚耶夫从《石头村口述资料研究》和其他档案文件中整理了有关"白水国"的信息。这些人属于社会边缘人群，尽管信仰不同（信仰旧礼仪派和正教新），但彼此之间还是形成了一种兄弟关系。他们身上有着俄国人民的许多优良品质：踏实可靠，互帮互助，乐善好施，甚至无私地向邻人捐助物资、播种的种子、农具、衣服。[2]

全体自由村民大会主要用来商讨村社内最重要的问题，最后的决定权在"长老"手中。"费奥多尔·西齐科夫参与了 1790 年的全体自由村民大会。在'石头村'生活了 8 年后的人才有权参与大会。有一次，某人偷偷潜入巴尔瑙尔，向工场主请求宽恕自己和同村人的罪行，希望工

---

① Чистов К. В. Легенда о «Беловодье» // Труды Карельского филиала АН СССР. Т. 35. Петрозаводск，1962. С. 116 - 181；Он же. Русские народные социально-утопические легенды XVII-XIX вв. М. ，1967. С. 239-277；Покровский Н. Н. Антифеодальный протест уралосибирских крестьян-старообрядцев в XVIII в. Новосибирск，1974. С. 323 - 337；Мамсик Т. С. Община и быт алтайских беглецов-«каменщиков»// Из истории семьи и быта сибирского крестьянства XVII-начала XX в. Новосибирск，1975；Она же. Побеги как социальное явление. Новосибирск，1978. С. 85 - 115；Она же. Новые материалы об алтайских « каменщиках » // Древнерусская рукописная книга и ее бытование в Сибири. Новосибирск，1982.
② Гуляев С. И. Алтайские каменщики // Санкт-Петербургские ведомости. 1845. № 20. С. 118. О работе С. И. Гуляева см. : Мамсик Т. С. Община и быт. . . С. 33-40.

场不要开除他和其他农民工，并承诺会给工场赔偿。但村社长老们一致认为，这样做或许能够获得工场主的谅解，但他们在工场的处境不会得到改善，因此不可取。"①

此外，"石头村"的农民们还会根据需要召开个别村庄小组会议。这是他们进行社会乌托邦实践的体现。"如果有人被认定有罪，那么原告可以在家里召集若干'评议人'，他们来自不同村庄。在充分听取被告的罪行之后才能宣告对被告的具体惩罚"（摘自审讯条例），最严重的惩罚是勒令其离开村社。②

从布赫塔尔马河和乌门草原自由定居点居民的描述中可以看出，"石头村"接纳外人并不具有经营性质。抵达"石头村"的新居民能够获得老居民的支持：他们可以借住在充当"帮助者"的村民的房子里；第二年夏天，新居民跟着"帮助者"一起播种粮食，渐渐学着自力更生；到了第四年夏天，新定居者通常就能够独当一面了，并反过来成为新的帮助者，为新定居者提供种子，以此循环往复。村内最流行的是一种叫作"合伙人"的合作模式——由两个或更多强健小伙组成团体，以股份形式从事农耕或经营生意。有时"合伙人"还会一起盖房子。③

"石头村"内新的社会关系本着自由自愿原则，主要包括家庭关系、商业关系和宗教关系。"石头村"内居民远离世俗政权，他们对边境土地的开发仍处于村社土地社会经济发展的初级阶段，但村社在其居民心目中逐渐成为某种绝对理想的化身。该村社规模不大，却在农民的公共意识中留下了深刻的印记，他们创造的理想世界慢慢演变成了移民团体口口相传的理想国"白水国"，他们的实践是农民乌托邦运动的基础。

---

① Мамсик Т. С. Побеги... С. 106.
② Там же. С. 105-106.
③ Там же. С. 98-99, 100-102, 108.

农民社会、宗教和道德理想的基础是基督教意识形态，17 世纪末奥洛涅茨省的维戈雷茨基村社的发展历程便是一个证明。维加的村社继承了国有村社和"世俗"农民修道院的传统，在 18 世纪制定了自己的宪章，通过了涉及各法律条款的理事会决议（超过 60 份文件），试图将自治、经济和宗教职能结合起来。村社成员可以保留自己的衣服作为私有财产；村社中的一些人还保留了其他东西，但这些东西所属权归村社。维加村社内和周边土地上开展的各项经济活动得益于成员的集体劳动，所有经济和行政管理组织都要经选举产生，最重要的事项要通过理事会讨论。维加村社居民的自由村社意识和组织形式不断发展演变，逐渐脱离了末世论的宗教救赎主题，不再强制日常生活中的禁欲主义，脱离了修道院般的居住形式。维加的村社逐渐被纳入俄国国家财政体系，并逐渐融入地区正常社会经济关系中。①

在旧礼仪派信徒隐居地定居的俄国农民经历了类似的发展道路，但二者之间有一定的区别。旧礼仪派信徒隐居地有两种类型：家庭共居隐居地和男女分居集体隐居地。隐居运动的领导人和思想家对普通的旧礼仪派信徒农民提出了严格的禁欲要求（见《沙漠虔诚的公告》，1737 年）。农民广泛认同公告中和不侵犯农民家庭利益相关的内容。作为对隐修院世俗化的回应，隐居运动的领导者又提出了一个新的激进"公告"，即《菲利波夫协议》，它一度恢复了早期维加式的社会乌托邦宗教理想。②

① Абрамов Я. Выговские пионеры（к вопросу о роли раскола в делеколонизации России）// Отечественные записки. 1884. № 4. С. 366-378；Любомиров П. Г. Выговское общежительство. М. ；Саратов，1924；К уандыков Л. К. Старообрядцы-беспоповцы на русском Севере в XVIII-первой половине XIX в. Орга низационно-уставные вопросы（по старообрядческим памятникам）：Автореф. канд. дис. Новосибирск，1983；Он же. Развитие общежительного устава в Выговской старообрядческой общине в первой трети XVIII в. // Исследования по истории общественного сознания эпохи феодализма в России. Новосибирск，1984. С. 51-63.

② Куандыков Л. К. Старообрядцы-беспоповцы на русском Севере...

从18世纪初维霍夫茨和费多谢夫斯基村社代表之间的论战信件中我们可以看出，双方都十分认同庄园制村社和集体劳动的原则。[1]

在俄国其他地区（雅罗斯拉夫尔、普斯科夫、科斯特罗马、萨拉托夫和其他省份）也出现了有不同信仰的旧礼仪派信徒在其隐居地宣扬并实践其部分社会理想的行为。[2] 有关这些实践的传言在旧礼仪派信徒中广泛传播。最近的研究证实了什卡波夫的观点，即旧礼仪派信徒的各项运动体现了古老的农民意识和农民日常生活中的许多特征。[3] 农民与农民的相似性是旧礼仪派信徒社会乌托邦思想能够流行的基础，它具体体现在农民的传说和农民运动的实践方案中。[4]

18世纪，在旧礼仪派信徒隐居地发展的最初阶段，出现了一些教派团体（反仪式派、莫洛坎派、鞭挞派、斯科普佐夫派）与农民的社会道德理想有关。[5] 然而，神秘主义、狂热主义和隐居主义实质上否定了旧礼仪派意识形态中的积极因素。

俄国农民社会乌托邦构想中的一个重要理念是公正的君主能够推动

---

① Клибанов А. И. Народная социальная утопия в России. Период феодализма. М. , 1977. С. 180.

② Щапов А. П. Земство и раскол. Т. I. Спб. , 1862. С. 77, 119, 120; Мельников П. И. Поли. собр. соч. Т. 13. Спб. 1898. С. 210, 240−241.

③ Покровский Н. Н. Организация учета старообрядцев в Сибири в XVIII в. // Русское население Поморья и Сибири. М. , 1973. С. 393 − 406; К л Иванов А. И. Указ. соч. С. 212.

④ Сивков К. В. Самозванчество в России в последней трети XVIII в. // Исторические записки. Т. 31. М. , 1950. С. 88 − 135; Чистов К. В. Русские народные социально-утопические легенды. С. 91 − 236; Курмачев а М. Д. Отклики крестьян- ской войны 1773-1775 гг. в центральных губерниях России// Вопросы аграрной истории центра и северо-запада РСФСР. Смоленск, 1972. С. 114, 193; Покровский Н. Н. Социально-политические взгляды крестьян // Крестьянство Сибири в эпоху феодализма. Новосибирск, 1982. С. 444−452.

⑤ Рындзюнекий П. Г. Антицерковное движение в Тамбовском крае в 60 − х гг. XVIII в. // Вопросы истории религии и атеизма. Вып. 2. М. , 1954; Корецкий В. И. Очерк истории религиозного сектантства на Тамбовщине (вторая половина XVIII−начало XX в.) // Там же. Вып. 9. М. , 1961; Клибанов А. И. Указ, соч. С. 199-201, 262-284.

土地秩序符合神圣真理。就像俄国农民对于财产分配和劳动义务的公正理想体现在其在远离人群的地方建设农民自由村社一样，他们关于"好沙皇"的理想投射到现实生活后同样发生了微妙的畸变。这是因为俄国农民理想中的"好沙皇"（或者统治者）是一个遭遇了不公正对待、被逐离王位的人，他具有正统的统治者血统，但又心系人民的利益。因此"假沙皇"不仅频繁出现于农民战争期间，在其他时期也层出不穷（例如在 19 世纪 30～50 年代有不少"假沙皇"），他们取得了不少农民的信任。[①]

在 18 世纪 30～50 年代，彼得二世和伊凡六世都是农民心目中的"好沙皇"。后来的彼得三世同样如此，甚至风头更盛，并在 Е. И. 普加乔夫领导的农民起义中达到高潮。俄国农民对真正的彼得三世一无所知，毕竟他只统治了 6 个月。但是他们了解一些国家法律，他们通过法案来了解彼得三世。一般认为 1762 年 2 月 18 日的《贵族自由宣言》是法案的第一部分，后续是从地主那里解放农民的法案。彼得三世还颁布了一项法令，允许逃往波兰或外国的旧礼仪派信徒返回俄国，并分配给他们土地以便定居；根据法令，地方当局不得"参照旧法规执行法律"。此外，叶卡捷琳娜二世废除秘密办公室的行为引发了农民对彼得三世的同情。所有这些，加上彼得三世扑朔迷离的死亡结局，共同促成了他在农民公众意识中积极形象的形成。[②]

因此，除了应对日常生活和社会交往所需的社会知识，18 世纪的俄国农民还有一套与宗教信仰紧密相连的社会乌托邦思想体系：一些自由

---

① Сивков К. В. Самозванчество в России в последней трети XVIII в. // Исторические записки. Т. 31. М. , 1950. С. 88 - 135; Чистов К. В. Русские народные социально-утопические легенды. С. 91 - 236; Курмачев а М. Д. Отклики крестьянской войны 1773 - 1775 гг. в центральных губерниях России // Вопросы аграрной истории центра и северо-запада РСФСР. Смоленск, 1972. С. 114, 193; Покровский Н. Н. Социально-политические взгляды крестьян // Крестьянство Сибири в эпоху феодализма. Новосибирск, 1982. С. 444-452.

② Сивков К. В. Указ. соч. С. 89-90.

的俄国农民按照神圣的准则践行着理想，希望沙皇按照更高的正义与法律来行事。

四　对国家大事的关注

18 世纪俄国人民关于国家大事的民间传言有助于我们了解其世界观。这些民间传言的可信度，或者说它们与官方版本的一致性实际上差别很大，从一般描述、包含细节的复述到绘声绘色、添油加醋的事实捏造，什么说法都有。对大多数俄国农民来说，谣言是了解国内外政策、君主更迭、阴谋、政变的主要信息来源。在谣言的口头传播过程中，事情原貌逐渐模糊，根据传播者的个人观点、道德素养和愿望的不同，核心内容不可避免地会被歪曲。

有关对外战争、重大战役和农民起义的故事通常可信度较高，因为信源是归国士兵或事情的直接目击者，如流浪者和朝圣者。官方会在乡村教堂内宣布有关王位继承人和相关战斗的结果，毕竟这里是农民日常祷告的场所。但是除了官方版本，农民之间还流传着虚构的传奇故事，在时间、地点和人物上都和官方版本有所出入。一般来说，农民间口耳相传的谣言都和国家、社会中实际发生的事件有着明显联系。

18 世纪初，俄国农民中津津乐道的是有关彼得一世的个人形象、沙皇各方面活动、皇室成员之间的关系以及宫廷生活的情况。早在皇太子阿列克谢被处决之前，沙皇与之不和的谣言便流传开来了。农民主要站在皇太子阿列克谢一边。早在 1708 年，莫斯科城郊的一个名为谢尔盖·波特诺的农民遇人就说，皇太子阿列克谢被顿河哥萨克包围了，与之相关的波雅尔也遭受了牵连。谢尔盖·波特诺不承认现任沙皇，说他不是真正的沙皇。1712 年，一个自称是皇太子阿列克谢的人被迎进了下诺夫哥罗德农民萨维利耶夫家；农民们藏了他大约三年。关于皇太子阿列克谢正在躲避其父亲彼得一世的传言甚至从下诺夫哥罗德传到了喀山。[①] 这是一个罕见的案例——一个冒名顶替者在他所声称的真实人物身份中存活了一辈子。[②]

当阿列克谢逃往奥地利并被强行遣返后,第一种说法是他在去国外躲避父亲的路上失踪了;第二种说法是他在格但斯克附近的路上被抓并被送到一个遥远的修道院;第三种说法是他躲在凯撒兰,但很快就能回到母亲家里去。还有人说,国外的士兵发生了叛乱,他们杀死了皇太子阿列克谢;另有一种说法是,一些贵族要把叶卡捷琳娜和她的孩子关进修道院,而皇后叶夫多吉娅·洛普欣娜将被释放,皇太子阿列克谢即将登基。[③]

1702 年在北方的沼泽地和茂密的森林中修建道路的传奇故事是直接从参与者和目击者那里流传下来的。"沙皇之路"穿过北方的沼泽地、湿地和茂密的森林,一支 4000 人的军队正沿着这条道路行进并攻占了诺特堡。彼得一世与当地农民会面的情景记载如下:沙皇为农民的孩子洗礼,赠予农民食物,还给一位农民送去了一件短上衣,等等;沙皇赞美了当地农民的勤劳和勇气,惩罚了当地那些游手好闲的人。[④] 对比这两个传奇故事——彼得一世和皇太子阿列克谢之间不和的传言及彼得一世与当地农民会面的场景,农民对彼得一世的不满情绪主要集中在内政而非个人。1702 年与沙皇会面的故事表现了俄国农民对彼得一世个人人格魅力的赞赏,彼得一世光明磊落的个性,他的行为举止,他的勤奋与机智,都给当地农民留下了深刻印象,俄国农民认为彼得一世符合他们心中理想的俄国沙皇形象。

---

① Голикова Н. Б. Политические процессы при Петре I по материалам Преображенского приказа. М. , 1957. С. 176, 177.

② Чистов К. В. Русские народные социально-утопические легенды. С. 119.

③ Костомаров Н. Царевич Алексей Петрович// Древняя и новая Россия. 1875. Кн. 2. С. 137.

④ Некрылова А. Ф. Предания и легенды, отразившие военные события петровского времени// Русский фольклор. Вып. XIII. Л. , 1972. С. 103-104.

彼得一世去世后，俄国进入宫廷政变时期，传奇故事与谣言并行，这表明俄国农民对王位斗争充满了兴趣。值得注意的是，一些积极参与宫廷斗争且有影响力的贵族名字也迅速出现在了人们津津乐道的传奇故事里。例如，在 1730 年，有传言说"彼得二世"是被多尔戈鲁基和其他八个男爵毒死的，不过万幸的是皇太子阿列克谢逃过一劫，藏到了山里。[①]

18 世纪 40~60 年代，俄国农民当中盛传许多关于伊凡六世不寻常命运的谣言和猜测——他被监禁，以他之名进行了多次王位之争。[②] 皇太子阿列克谢的名字在旧礼仪派教徒农民中特别受欢迎，他们认为皇太子阿列克谢"推崇旧礼仪派信仰"。经过 18 世纪 50 年代中期维特卡-斯塔罗杜布旧礼仪派教徒的口耳相传，这种谣言甚至得到了来自普鲁士方面的支持。[③]

俄国农民们经常对谣言添油加醋，以表达他们对当局的不满，发表对某些社会问题的看法。这样一来，谣言变成了"一种最容易为大众所接受的口头新闻"。[④] 结合了农民个人观点的谣言在安娜·伊万诺夫娜女皇统治时期变得尤为严重。[⑤]

法庭记录显示，在整个 18 世纪，沙皇和其随行人员，以及国内、国外政策都是农民谈论的话题。[⑥] 当然，农民间的这些谈话中只有一小部分

---

① Соловьев С. М. История России с древнейших времен. Кн. X. М. ，1963. С. 661.

② Бильбасов В. А. Иоанн Антонович и Мирович// Русская быль. 1908. Вып. X. С. 5 – 6, 22 – 24，73 – 74；Ч истов К. В. Русские народные социально-утопические легенды. С. 132–135.

③ Громыко М. М. Тобольский купец Иван Зубарев // Материалы научной конференции, посвященной 100 – летию Тобольского историко-архитектурного музея-заповедника. Свердловск，1975. С. 63 – 64. При дворе прусского короля находилсяпринц-дядя Ивана Антоновича，брат его отца Антона Ульриха.

④ Русская литература и фольклор（XI –XVIII вв.）. Л.，1970. С. 258.

⑤ Соловьев С. М. Указ. соч. Кн. X. С. 661；Алефиренко П. К. Указ，соч. С. 300–308.

⑥ Есипов Г. Раскольничьи дела XVIII столетия，извлеченные из дел Преображенского приказа и Тайной розыскных дел канцелярии. Т. I – II .Спб.，1861–1863；Голикова Н. Б. Указ，соч. ；Алефиренко П. К. Указ. соч. С. 294–327.

保存在档案中——那些关键的、被告密者听到的谈话。

1773~1775 年的农民起义为农民制造了大量谣言素材，从这些谣言来看，当时农民对时政已经有相对较高的认识水平。在一些地方，如一些远离普加乔夫起义的村庄里，在 1774 年春天，农民传言新的"沙皇"将"清除所有的爵爷"，"我们农民的意愿"将得以实现。谣言通过往来于各区域的商贸人员越传越远。尽管当局严厉追责并惩处了"传播"谣言的人士，但谣言还是传开了。普加乔夫起义军的"信使"对此功不可没。此外，起义军的法令和宣言开始传到中央，这让古老的口头信息直至今日对研究人员来说有迹可循——口述信息以文字形式被人所阅读并改写了。[1]

五　历史观

谣言、目击者的描述以及官方的书面公文和口谕都是俄国农民了解国家重要事件的信息来源，他们通过各种口头艺术加工处理这些信息。我们通过歌曲、传说、传奇和勇士赞歌可以了解 18 世纪俄国农民的历史观。

历史歌曲相对准确地反映了现实，因为歌曲的创作需要遵守若干规则——不能添油加醋，应当选择最重要的事件，重点描绘并展示历史人物在其生命中最辉煌的时刻。[2] 按照民俗学家的说法，就反映历史事件和俄国人民生活转变的广度而言，18 世纪是"传统民歌文化真正开花结果"的时期。[3]

从 М. Д. 丘尔科夫、И. И. 德米特里耶夫的出版物，基尔沙·达尼洛

---

① Курмачева М. Д. Указ. соч. С. 103–114.

② Соколова В. К. Русские исторические предания. М. , 1970. С. 230–232.

③ Сойионов А. Д. Песни, записанные Языковым, в собрании ｜ П. В. Киреевского// Собрание народных песен П. В. Киреевского. Т. I. Л. , 1977. С. И.

夫的收藏，以及 18 世纪的手稿歌本中，我们可以清楚地看到诞生于 18 世纪的 М. Д. 丘尔科夫等人的作品和 19 世纪的历史歌谣大不相同，前者涉及了上一个时代的主题，许多歌曲的版本基本没有什么变化。18 世纪手稿歌本中的变化表明，歌唱在前，记录在后。[①]

历史歌曲在俄国农民日常生活中十分常见（这些歌曲有时候甚至不是农民的歌谣，而是军事歌曲、哥萨克歌曲或城市歌曲），这些歌曲既是对近期事件的一种反应形式，也是对过去时代记忆的一种保存方式。

民俗学家将彼得一世时期军事主题的历史歌曲归入彼得一世时期歌曲里，但它们实际上在整个 18 世纪及以后仍继续传唱，这些歌曲中有对俄国外交政策的评价，包含了对俄国军事胜利的自豪感，还触及了不少社会问题：士兵的地位问题，以及对军事指挥官和"波雅尔贵族"的批评——这些人在响应沙皇号召方面不够积极。许多歌曲都提到了夺取亚速海事件，不少歌曲提到了军舰——这是彼得一世时期特有的时代气息。北方战争也是军事历史歌曲中一个广受欢迎的主题。[②] 从民间歌曲中的战役名称可以看出彼得一世时期各军事活动的影响力：克拉斯纳亚－米扎战役、维堡战役、奥雷舍克（现在叫作斯利塞尔堡）战役、里加战役、科利万（现在叫作"光荣的雷维尔市"）战役，当然还有波尔塔瓦战役。通常情况下，只要地理位置足够清晰，指挥官的名字准确，便能准确地叙述当时的战略形势和实际的历史人物关系。例如，在关于克拉斯纳亚－米扎战役的歌曲中，Б. П. 舍列梅捷夫从普斯科夫出发，战役发生在克拉斯纳亚－米扎附近，敌人被"一直追赶到了多帕特"。歌曲中不仅提到了

---

① Собрание разных песен М. Д. Чулкова（Ч. I，II и III с «Прибавлением». Спб. ， 1770-1773）. Спб. ， 1913；Д митриев И. И. Карманный песенник, или Собрание лучших светских и простонародных песен. 1796；Был ов В. М. Русские исторические песни, сказки и предания петровской эпохи. Канддне. М. ， 1952；Соколова В. К. Русские исторические песни XVI-XVIII вв. М. ， 1960. С. 201.

② Соколова В. К. Русские исторические песни... С. 202 – 203；Исторические песни XVIII в. Л. ， 1971. № 51-112.

舍列梅捷夫（使用了他的名字和父称），而且还提到了瑞典的施利彭巴赫军团。关于波尔塔瓦战役的歌曲则提到了马泽帕的背叛行为，并概述了战役的过程。[①]

著名的《基尔沙·达尼洛夫历史歌曲集》十分有趣，这些歌曲的传唱者主要是农民，创作时间大概是 18 世纪 40~60 年代。歌曲集反映了历史歌曲发展的不同阶段，涵盖了丰富的历史层次。它反映了俄国人民对本国各大历史事件的浓厚兴趣：夺取喀山、叶尔马克的远征、混乱时代、拉辛叛乱等等。[②] 最古老的一首历史歌曲《谢尔坎·杜登特维奇》描述的是 1327 年特维尔起义反抗鞑靼人乔尔汗（也就是谢尔坎）暴政的故事（根据俄国编年史《谢尔坎篇》）。《基尔沙·达尼洛夫历史歌曲集》中歌曲的文本性很强，歌词讲述了谢尔坎对特维尔人施加的羞辱以及镇民对他统治的反抗。这首歌曲和其他历史民俗作品一样，反映了人民的记忆深度（在这部作品中人民的记忆深度横跨了四个世纪），并诗意地总结了一些历史观点——鞑靼人是强奸犯的认知，关于建立怎样的部落秩序的想法，以及关于俄国人为解放自己的土地而战的决心。[③]

在 18 世纪，叶尔马克·季莫菲耶维奇很受俄国农民的欢迎。《基尔沙·达尼洛夫历史歌曲集》和其他 18 世纪的歌曲，以及后来一些旅行者有关当时俄国农民歌唱这些歌曲的书面记录，都证明了叶尔马克·季莫菲耶维奇的受欢迎程度。歌曲中，叶尔马克的西伯利亚远征变成了一小群自由哥萨克的传奇故事。在农民起义中，农民们反复传唱和叶尔马克

---

① Соколова В. К. Русские исторические песни... С. 205-220.

② Гуляев С. И. О' сибирских круговых песнях // Отечественные записки. 1839. Т. Ⅲ. № 5. С. 55 - 56; Былины и исторические песни из Южной Сибири. Записи С. И. Гуляева. Новосибирск, 1939; Путилов Б. Н. «Сборник Кирши Данилова» и его место в русской фольклористике // Древние российские стихотворения, соб- ранные Киршей Даниловым. М., 1977. С. 377-387, 395; Древние российские стихотворения... № 4, 12-14, 29-35, 39-45. 71.

③ Древние российские стихотворения... С. 24-27, 235-236, 431-432.

有关的歌谣，将叶尔马克视作民族领袖和自由的象征，因此他在俄国农民历史观的塑造过程中有着特殊地位。①

在 18 世纪的历史传说流传过程中，俄国农民对某些人物和事件评价存在明显的地区差异。比如，在诺夫哥罗德地区流传的许多故事中，人们对伊凡雷帝多持负面态度（譬如，他的残酷行为招致了更大力量的干预：受惊的沙皇忏悔并建立了胡廷修道院）②，而在其他地区，特别是在伏尔加河流域，伊凡雷帝则是一个公正而强大的祖国保卫者。这里的历史传说主要描述了伊凡雷帝攻占喀山的故事，根据 B. K. 索科洛娃的说法，攻占喀山"作为一项重要历史事件永远存留在人们的记忆中；翔实的《喀山王国史》和当时的一首流行歌曲证明了这一点"。③ 历史传说中提到，攻破堡垒墙是围攻的高潮，这确实是历史事实；然而，在流传的历史传说中则充满了各种奇妙的细节，该特征往往源自其他更古老的历史传说。

伊凡雷帝的军队向喀山和阿斯特拉罕的进军过程影响了伏尔加河流域农民居住地的地名传说构建。根据传说，沙皇促进了东正教的传播：他赠予了当地民众圣像，命令人们建造教堂，并向修道院和教堂授予土地。当地的一些历史传说甚至有迹可循，关于一些具体事件的记录保存在自伊凡雷帝时代以来就一直居住在同一地方的农民家庭中。П. И. 梅尔尼科夫-佩切尔斯基在 19 世纪 40 年代至 50 年代初重走了 1552 年伊凡雷帝的行军之路，他一路上专门收集了各种民间传说，他这样写道："在夏天，伊凡雷帝从穆罗姆到喀山一路走来。而我沿途收集了各种传说、信

---

① Там же. C. 64 – 71, 437 – 438; Горелов А. А. Трилогия о Ермаке из Сборника Кирши Данилова// Русский фольклор. Вып. Ⅵ. М.; Л., 1961. C. 359 – 374; Он же. Исторические песни о Ермаке-поэтический пролог и спутник первой кресть- янской войны в России// Русская литература. 1961. № 1.

② Якушкин П. И. Путевые письма из Новгородской и Псковской губерний. Спб., 1860. C. 90, 97-98, 105, 120-122, 157-161, 181-182.

③ Соколова В. К. Русские исторические предания. C. 51.

仰、关于喀山战役的歌曲，观摩了伊凡雷帝建造的教堂，在农民家庭中看到了沙皇麾下军事领袖的后代，沙皇赠予的圣像和留下的信件副本。"[1]

П. И. 梅尔尼科夫指出，直到 19 世纪中叶，在下诺夫哥罗德、喀山和辛比尔斯克的许多地区，人们还保留着对伊凡雷帝的记忆。"这里的一切都向你讲述着伊凡的事迹——发生在 300 多年前的事件在人们的记忆中甚至比后来的事件更清晰，甚至比 1812 年的卫国战争更亲切。这也难怪，拿破仑的铁蹄没有踏入这片土地，而伊凡雷帝对喀山的进军使遭受喀山汗国突袭后破坏殆尽的整个尼佐夫地区重新恢复了生机。"П. И. 梅尔尼科夫甚至设法考察了伊凡雷帝进行军事战役的地方和与之相关歌曲、传说密集出现的地区之间的联系。比如，在伊凡军队第二营地所在的地区（特舒河下游的希洛克沙河地区），有一首关于沙皇的向导（一个叫作卡列卡的男人）的歌曲；传说中，伊凡雷帝赠予了卡列卡数百亩森林以奖赏他的服务。在这里，关于伊凡雷帝的民间传说与莫尔多夫人和马里人的民间传说有着高度重合，具有相同的价值取向：歌颂理想化的沙皇形象与普通人对自己能够决定战役胜负的美好愿望。19 世纪 40 年代，伏尔加河流域的另一位民间传说收集者 Н. К. 米罗柳博夫也记录了类似的故事。[2] 由于这两位研究人员的研究基于村里老人口述资料（根据 Н. К. 米罗柳博夫的说法，他是"一字不差地将歌曲和传说记了下来"），所以通过他们的记录我们可以推断出 18 世纪俄国农民的历史观。

俄国农民对伊凡雷帝的态度差异不仅和区域有关，也与某些地区特殊的历史发展有关。如上文所述，16～18 世纪俄国民众对沙皇的评价发生了某种变化。在 16 世纪 60 年代末至 70 年代，人们认为伊凡雷帝是对抗波雅尔叛国行径的斗士（当时俄国国内各类无法无天的事情被归咎为

---

① Цит. по: Власова З. И. Фольклор о Грозном у П. И. Мельникова и Н. К. Миролюбова// Русский фольклор. Вып. XX . Л. , 1981. С. ИЗ.

② Там же. С. 124-157.

沙皇宫廷内充斥着奸臣、告密者和巫师），这种看法盖过了对沙皇本人的批评：他自己就对罗斯犯了叛国行为（他欺骗了上帝在人间的化身），这段叛国记忆无法磨灭，例如在故事《为什么在罗斯发生了叛国行为》中就记述了这件事。在 17 世纪，尽管国内多灾多难，伊凡雷帝的时代仍被俄国农民视为"幸福的日子"，他本人也被描绘成疾恶如仇的卫道士。伊凡雷帝的斗士形象在 17 世纪深入人心，在随后的 18 世纪也是如此。在 18 世纪上半叶，正在进行反对统治阶级斗争的俄国农民们再一次想到了伊凡雷帝，俄国农民在他身上找到了他们想要的历史类比：现在，"波雅尔们的好日子要到头了"，农民们将"用公羊棒审判他们，在他们的腿上捅一刀，就像他们在沙皇伊万·瓦西里耶维奇（即伊凡雷帝）手下那样"。①

　　1667~1671 年农民战争对 18 世纪俄国民间记忆的影响反映在歌曲和口头诗歌中，它们大多与领导人斯捷潘·拉辛有关。② 根据民俗学者的观点，"拉辛形象的创作借鉴了一些'绿林好汉'传说，在流传过程中，拉辛在民众心目中的形象与这些'绿林好汉'越来越相似"。拉辛的形象在俄国农民喜闻乐见的民俗作品中经久不衰。传说中，拉辛和其他"绿林好汉"一样拥有超自然的力量：他一挥手就能让船停下来，弓箭会从他身上弹开，监狱的墙壁无法束缚住他，他身上的镣铐也会自动脱落，等等。③ 直接反映拉辛人物特性的主题是"拉辛还活着"。不过，这一主题

---

① Окрупп А. А. Предания о времени Ивана Грозного// Русский фольклор. Вып. XVI . Л. , 1976. С. 208 - 213；Есипов Г. В. Люди старого века. Рассказы из дел Преображенского приказа и Тайной канцелярии. Спб. , 1880. С. 428；Аристов Н. Я. Русские народные предания об исторических лицах и событиях// Труды Третьего. Археологического съезда. Киев, 1878. T. I. C. 339-340.

② Лозанова А. Н. Песни и сказания о Разине и Пугачеве. М. ；Л. , 1935；Шептаев Л. С. Народные песни и повествования о Степане Разине в их историческом развитии: Автореф. докт. дис. Л. , 1969.

③ Соколова В. К. Русские исторические предания. С. 114, 122, 125.

延伸出了两个故事发展方向，分别反映了人们对农民运动领袖的不同态度：拉辛为所犯的恶行而受苦；拉辛再次归来，为所受的不公正复仇。

在伏尔加河流域，"拉辛还活着"的主题特别普遍："伏尔加河母亲和大地母亲都没有带走他。他不会死亡，一定还活着。有人说他在山区和森林中游荡，有时会帮助离家出走和流离失所的人。但更多的说法则是，他深陷悲痛中，饱受折磨。"① 最广为流传的一个说法来自一个目击者的回忆，他声称自己遇到了一个老人（其实是拉辛），老人遭受了将持续到最后审判般悲惨的折磨。拉辛受折磨的故事符合俄国农民的宗教信仰，即大罪人得不到宽恕，甚至不被大地所接受。教会对拉辛的诅咒无疑在对相关传说的形成和其在农民中的流传发挥了一定作用（在一些故事版本中，拉辛本人告诉那些见到他的人，他之所以受苦是因为他受到了诅咒）。②

在 18 世纪末，拉辛在故事中多为回归的复仇者和保护者，在和他相关的故事中甚至还出现了他与新领导人普加乔夫形象交融的主题。例如19 世纪中叶，Н. И. 科斯托马罗夫记录了一个 110 岁老人的故事，这位老人称自己亲眼看到了普加乔夫："当时有些人认为普加乔夫是斯捷潘·拉辛；100 年过去了，他终于出山了。"但 Н. И. 科斯托马罗夫本人并不这么认为，他相信拉辛的回归是一种笼统的神秘主义形象："斯捷潘·拉辛是世俗苦行的象征。遭受了神的惩罚。他将会回归，完成自己的复仇。"颇具趣味的是，根据传说普加乔夫还能通过手来辨认乔装成农民的波雅尔。③

同时，拉辛主题的歌曲、诗歌和民间传说承载了大量具体和相对可靠的历史信息。在故事中经常会提及攻占阿斯特拉罕，俄国农民认为这

---

① Костомаровы. И. Бунт Стеньки Разина. М.，1863. С. 379.

② Соколова В. К. Русские исторические предания. С. 126-127.

③ Костомаров Н. И. Бунт Стеньки Разина. С. 380；Соколова В. К. Русские исторические предания. С. 127-128.

是起义最重要的时刻。镇民们自己向叛军打开了大门；拉辛殴打了省长，"但他没有伤害基督徒"。夺取亚伊茨基-戈罗多克、在辛比尔斯克附近击败拉津人、攻击商船等事件在传说中保留了下来。① 彼得一世的人格形象在俄国农民的历史观中具有突出地位。但在18世纪，俄国农民对他的态度忽然发生了变化。彼得一世的不少政策招致了当时俄国农民不满——因此诞生了"假沙皇"（"真正的彼得一世实际上被一个德国人顶替了"）和"反基督沙皇"的传说。然而，俄国农民对彼得一世的看法远远不止这种强烈的负面情绪。除了消极评价，在俄国农民中也存在一种观点，他们认为彼得一世是一位伟大的指挥官和君主，认为不应当带着偏见去评价他的功过。当然从时间上来看，与彼得一世历史功绩相关的实际事件，其发生的时间要比俄国农民生活的时代遥远得多，因此他们对彼得一世税收政策和其他"压迫"的反应更为直接。

后世俄国农民对彼得一世的评价证实了彼得一世身上的确具备不少积极品质，这些积极评价逐渐取代了"假沙皇"的故事，尽管在旧礼仪派信徒中，直到19世纪还盛传着某些关于彼得一世是反基督者的著作。②

在有关彼得一世的故事中，彼得一世经常是积极形象，这显然是基于目击者的直观印象。这些目击者的直观印象后来逐渐演变成传说故事，代代相传。彼得一世传说以这样或那样的形式存在于俄国农民之中：人物、时间、地点、故事情节的细节都被描绘得一清二楚。对于18世纪的俄国农民来说，伊凡雷帝是一个相当抽象化的严厉君主，而彼得一世，其形象虽然同样具有理想化倾向，但更富有人情味。彼得一世向索洛夫

---

① Костомаров Н. И. Бунт Стеньки Разина. С. 378；Якушкин П. И. Соч. Спб.，1884. С. 410；Соколова В. К. Русские исторические предания. С. 114–120.

② Баснин П. П. Раскольничьи легенды о Петре Великом// Исторический вестник. 1903. № 5. С. 517–534；Чистов К. В. Русские народные социально-утопические легенды. С. 80–141；Гурьянова Н. С. Старообрядческие сочинения XIX в. «О Петре I антихристе» // Сибирское источниковедение и археография. Новосибирск，1980.

基的僧侣证明枪比钟更重要，他与强大的铁匠比拼，他击败尼基塔·杰米多夫，只因后者不承认"外国"枪更好，他奖励他喜欢的臣子，他甚至还想收养一个农民当自己的侄子。①

彼得一世的传说创作于新时代，文化环境与从前大为不同，而18世纪伊凡雷帝民间传说的版本还停留在上个时代。二者之间最大的区别在于，在有关彼得一世的故事传说中，故事人物来自不同等级，有着不同社会地位：工匠和农民、僧侣和士兵、商人和贵族。故事体裁的发展也和前一时期不同：18世纪，口述传统和文学作品一样，都更关注人。

总的来说，俄国农民的历史观具有高度的选择性：在他们的精神世界里，一些事件、人物在集体记忆中保留了几个世纪，而与他们同时代的一些事件和人物则消失得无影无踪。通常情况下，农民记得住重大历史事件。历史故事围绕特定人物展开，如君主、大贵族和农民起义领袖。俄国农民的历史观还存在着区域差异——在一些地区对某个特定事件的历史印象更为深刻，格外关注当地的历史人物及其事迹。②

几个世纪以来，俄国人民的记忆深度一直在拓展。例如在普斯科夫，奥尔加王子的传说在18世纪（以及后来）都一直流传着。值得注意的是，来自城市的编年史和文学作品，以及农村里的神职人员、教师、小公务员以及识字农民的历史观可以渗透到其他普通农民的生活中，并成为一些历史传说的创作源泉。但农民叙述者经常会提到他们祖母和祖父的具体信息，这表明口头历史信息是代际传递的。

尽管农民的历史知识参差不齐且具有选择性，但他们对历史人物及其周围环境的看法具有统一性。由于《圣经》时代上的模糊性，俄国农民在讲述故事的时候通常会把弗拉基米尔大公放到一个最近的时代。历

---

①　Соколова　В. К. Русские　исторические　предания. С. 64 – 96；Некрылова　А. Ф. Указ.
　　соч. С. 103–110.

②　Бугаиов А. В. Исторические　представления крестьян ⅩⅨ в. и развитие яационального
　　самосознания：Автореф. канд. дис. М. ，1988.

史时间对18世纪的俄国农民来说是相当模糊的概念，鞑靼人的入侵早于伊凡雷帝时期，而普加乔夫出现在拉辛起义的100年后。

在民间历史传说中，人们只能区分某些时代的层次关系和先后关系。例如，叶尔马克与伊凡雷帝和斯特罗甘诺夫家族有关，而关于彼得一世和那些战役的故事则以舍列梅捷夫、缅希科夫和杰米多夫为主角，每个人，无论是讲故事的人还是听众，他们都知道前者比后者生活在更古老的时代。

六　道德观念和行为准则

道德观念是一个民族价值观的集大成者。在劳动人民中，道德观念和相应的行为准则实际上渗透到其精神生活的各个领域。它们存在于习惯法的许多规定中，存在于乌托邦构想以及历史人物的特征中，存在于家庭和邻里关系中，存在于对勤劳的崇敬中，存在于口头作品和民间文学中。

18世纪的俄国农民认为最重要的道德品质是尊重父母和长辈。从历史资料中我们能够看到，尽管长老的权威在一些地方与前一时期相比有一定程度的削弱，但在各个俄国农民定居点上基本上都会强调对父母和长辈的尊重。观察员在谈到图拉省时这样写道："这里的农民，父慈子孝，相亲相爱。基本上不存在子女遗弃父母的现象。"[1] 周围人会严厉谴责那些不尊重长辈的人。[2] 18世纪俄国流行谚语中也充满了尊老敬老的道德观念。

1797年，塞米巴拉金斯克地区的农民胡迪亚科夫在一封私人信件中

---

[1]　ЦГИА. Ф. 91. Оп. 1. Д. 285. Л. 180 об.

[2]　Семевский В. И. Указ. соч. С. 71–72；Миненко Н. А. Старики в русской крестьянской общине Западной Сибири XVIII –первой половины XIX в. // Культурно-бытовые процессы у русских Сибири：XVIII –начало XX в. Новосибирск，1985. С. 89–104.

这样写道："我亲爱的儿女们，你们要尊敬自己的母亲，凡事听从她，行动前要获得她的祝福，这样你们才会得到上帝的荣耀和人们的赞美。"①

　　大多数俄国农民认为遵守道德观念是为人准则，关键则在于是否拥有虔诚的宗教信仰。他们判断一个人宗教信仰虔诚程度的标准是：是否认真参加教堂活动，是否遵守斋戒，是否遵守道德标准。在家庭生活中长辈会告诫晚辈应重视宗教活动。隆重的宗教活动也是村社生活的重要组成部分。在 18 世纪的俄国农村，以圣像或其他圣物而著称的参观型修道院在俄国农民的精神世界占有一席之地。村社无权阻碍农民前往参观型修道院顶礼膜拜，"宗教远行"成了农民离开村社的一大缘由。不过以此申请出行许可的农民并不多。②

　　在俄国农民的道德观中，怜悯、同情和帮助受害者是个人的一项道德义务。18 世纪下半叶至 19 世纪初的一些俄国各省调查中都提到了农民的同情心，他们乐善好施，积极帮助火灾受害者，在他人发生不幸时及时伸出援助之手。俄国农民"在需要帮助的时候义不容辞，挺身而出，积极帮助那些身陷窘境的人"。③ 俄国农民的道德观中还包括好客精神，他们愿意向任何有需要的人提供住宿，哪怕素昧平生。收留陌生人是基督徒的责任——按照俄国农民的说法，如果一个人拒绝收留陌生人，他的灵魂会受到上帝的拷问。若是陌生人在主人的门槛前面露胆怯、行为扭捏，主人还应设身处地地为他着想，想方设法消除他的顾虑，尽可能提供帮助。应用温和的语气主动邀请对方进门，尽可能平等地对待他。如果一个乞丐在傍晚时分敲门，主人基本上都会主动向他提供过夜的机会。

　　基督以流浪者的身份（在某些版本中由圣徒陪同）要求过夜的传说

①　Миненко Н. А. Община и русская крестьянская семья... С. 116.
②　Опись дел Синода. Т. Ⅱ. Ч. 1.（1722 г.）. Спб., 1879. С 902–922；Государственный архив Томской области. Ф. 521. Оп. 1. Д. 2. Л. 25；Ф. 61. Оп. 1. Д. 18.
③　Семевский В. И. Указ. соч. С. 81，84，87–88，117；ЦГИА. Ф. 91. Оп. 1. Д. 285. Л. 180；Словцов П. А. Историческое обозрение. Кн. 2. Спб，1886. С. 283.

在俄国农民中很流行；主人还会因其对待旅行者态度的不同，要么获得奖励要么接受惩罚。流浪者基督的故事形象地源自《福音书》中的相关内容，俄国农民认为任何施舍都可以被算作与收容基督媲美的善举。同样的主题也出现在其他民间故事中，并且都弘扬了统一的道德标准。

即便是不请自来的亲朋好友也应当热情接待。如果敲门的不是乞丐，而是陌生的旅者，主人不应对其过分怜悯。俄国国土辽阔，气候寒冷，国土大部分地区有着漫长的冬季，出门在外的人无论富庶与否都需要偶尔的庇护。

农民向陌生旅客提供的招待一般如下：一夜食宿、粮草补给、路线指引。传统上，这些服务是免费的。然而到了 18 世纪末，在俄国部分地区，一些农民开始向旅者收取过夜费，一些农民甚至自行决定是否接待对方。

18 世纪末，就是否应当免费接待陌生旅客，远离城市、主要道路的村庄和靠近城市、主要道路的村庄有着截然相反的态度：前者乐于向旅者敞开门扉，免费招待他们；后者则向一切来客索要费用，根据情况甚至还会增加金额。①

俄国农民引以为傲的一项品质是诚实守信。在雅罗斯拉夫尔的调查资料中提到，"农民仍然相信人之本善；他们的所有结算，哪怕涉及金钱，都不需要收据和见证人。他们在圣像前宣读的誓言是其良知的唯一担保，哪怕是最狡猾的人也会信守在圣像前立下的誓言。对于俄国农民来说，人生中所做出的各类承诺都基于这个誓言——哪怕是最重要的场合。没有誓言的庇护一件事都解决不了，哪怕是借钱，做买卖这样的小事"。有人这样评价图拉的农民，"他们在大多数情况下都遵守自己的诺言，诺言神圣而不可侵犯，他们鄙视那些不遵守诺言的人"。② 在选举处

---

① ЦГИА. Ф. 91. Оп. 1. Д. 285. Л. 179 об. ; Семевский В. И. Указ. соч. С. 87, 98.

② Семевский В. И. Указ. соч. С. 80-81；ЦГИА. Ф. 91. Оп. 1. Д. 285. Л. 180.

理村社事务的官员和呈诉者、发放通行许可证、批准某人担任孤儿监护人的时候，以及在许多其他情况下，农民的诚信程度都被视作重要的衡量标准。[1]

俄国农民高度重视勤奋，他们从小就培养孩子勤奋刻苦的品质。В. И. 谢美夫斯基在总结他对俄国各省的描述时指出："毋庸置疑，俄国农民的一大美德是勤劳。"[2] 据俄国农民自己的说法，如果一个孩子从不事农耕，那他就不具备"勤奋的能力"[3]。

劳动教育被有机地纳入家庭日常生活和家庭经济活动中。在俄国农民对子女的劳动教育中，对长辈生活的日常观察和自发模仿与有目的的教学有机地结合在了一起。例如 1772 年，托木斯克的一位寡妇向当地法院"陈情"，她有个叫作费奥多尔的儿子，但是没有人教他如何耕种或做家务，请求法院允许她带着儿子搬到自己姐夫那里，因为教育男孩是父亲或家庭中其他成年男子的责任。在养父母陈述其履行职责情况的案例中，我们也可以看到农民劳动教育具有极强的目的性，他们强调自己的继子女"学会了"以非常体面的方式做家务和种植粮食。[4]

俄国农民认同努力工作的价值，重视家庭成员和邻里之间的互帮互助，他们常常相互"帮扶"。"帮扶"是指请邻居和亲戚帮助完成一个家庭无法完成的工作。俄国农民在遇上特殊困难时，劳动互助的必要性就格外明显。

在 18 世纪，"帮扶"在收割工作中尤为常见，但在其他需要大伙儿（最多 50 人）共同努力工作的收尾阶段也时常出现，譬如，打干草、垦

---

[1]　Громыко М. М. Территориальная крестьянская община... С. 36 – 37；Миненко Н. А. Русская крестьянская семья... С. 294–295；Шерстобоев В. Н. Указ. соч. С. 149–150.

[2]　Семевский В. Н. Указ соч. С. 86.

[3]　Миненко Н. А. Община и русская крестьянская семья... С. 121.

[4]　Там же.

荒、为建房而抬大梁，等等。[1] 不过也有纯粹的帮扶活动，即不会反过来寻求邻居或亲戚的劳动帮助，譬如在寡妇和孤儿的田里无偿工作。[2]

如果村社有人违反了道德准则（如盗窃和通奸），当地人首先会试图用言语和惩罚来规劝他们。如果规劝失败，村社将通过一项集体裁决——向当局提出驱逐该人的请愿。[3] 然而，严重到需要被驱逐出村子的情况并不多。一般来说，除了家庭教育和村社惩戒外，公众舆论也是监管农民道德规范的有力武器。

七　文字和阅读

文字和印刷品对农民精神世界的影响不仅是间接的，即耳濡目染各种民间文学；还是直接的，即通过识字教育以及在家庭和村社培养大声朗读书的习惯。

现有的文献资料向我们提供了当时一些俄国农民的识字情况。首先，通过土地调查、人口调查获得的一些文件的落款中出现了农民的手写签名。[4]

---

[1]　Семевский В. И. Указ. соч. С. 87；ЦГАДА. Ф. 517. ; Оп. 1. Ч. 1. Д. 691. Л. 1 – 46；ГАНО. Ф. 105（Чаусский острог）. Оп. 1. Д. 2. л 7 264；ГААК Ф. 1（Канцелярия Колывано Воскресенского горного начальства）. Оп. 1. Д. 224. Л. 318；ЦГИА. Ф. 1290. Оп. 4. Д. 1. Л. 22 об.；Громыко М. М. Труд в представлениях сибирских крестьян XVIII –первой половины XIX в. // Крестьянство Сибири XVIII – начало XX в. Классовая борьба, общественное сознание и культура. Новосибирск，1975. С. 130 – 131；Миненко Н. А. Община и трудовые традиции приписных крестьян Западной Сибири в XVIII –первой половине XIX в. // Трудовые тради- ции сибирского крестьянства（конец XVIII –начало XX в.）.

[2]　Семевский В. И. Указ. соч. С. 87.

[3]　Мамсик Т. С. Общинное самоуправление и взгляд крестьян на «мирскую» должность. . . С. 165.

[4]　Воскобойникова Н. П. К вопросу о грамотности северного крестьянства в первой четверти XVIII в. // В клад северного крестьянства в развитие материальной и духовной культуры. Вологда，1980. С. 41 – 43；Бу лыгин Ю. С. Некоторые вопросы культуры приписной деревни Колывано-Воскресенских горных заводов XVIII 1Т в. // Крестьянство Сибири XVIII –начала XX в. . . . С. 68.

根据 1785 年的人口调查，在阿尔汉格尔斯克的 11 个教区中，有一人识字的家庭占 17.1%，霍尔莫戈里有一人识字的家庭占 18.6%，奥涅加有一人识字的家庭占 16.4%。① 从数据来看，国有农民的识字比例比普通农民要高。然而，所有的统计数据都是"片面的"，因为有些农民向当局隐瞒了他们的识字情况，或者不愿意签署正式文件。

18 世纪，俄国农民大多是自己完成请愿书的最终稿。请其他农民简单地修改调整一下由自己起草的文本也十分常见。② 农民中也有个别人是文化人，他们掌握各种类型的签名技巧，这项技能在农民起义中尤为受用。比如托木斯克有一位农民在 1783 年唆使 П. 赫里普冒充彼得三世时表明自己认识几个农民，一个可以管理文书事务，一个能够"为人民制定法令"，还有一个"可以模仿任何人的字迹，甚至沙皇的签名都能模仿，而且他还能为别人设计签名"。③

国有农民格里高里·图马诺夫是 Е. И. 普加乔夫的老战友，他能"读写俄文"，还懂得哈萨克语，因此他甚至能够将领袖的宣言翻译给哈萨克人。图马诺夫极有可能是从车里雅宾斯克叛军营地发出的三份公告（即《劝告书》）的作者。④

1745 年，七个识字的俄国农民共同签署了一次远征阿尔泰的誓约。他们中的一个人谦虚地说他自己"能读能写，但不是读书的料"。⑤ 我们目前尚不清楚这些说法是否反映了该农民实际的识字水平，或者说这只是他不愿意发出书面命令和签名的托词。但无论如何，在不愿进一步学习文化知识的农民中也有一些人能够阅读。

18 世纪的一些俄国农民家庭保留了确认其对各种土地所有权的地契

---

① История северного крестьянства. Т. I. Период феодализма. Архангельск，1984. С. 413.

② Раскин Д. И. Мирские челобитные...С. 181 – 183；Он же. Использование законодательных актов...С. 181；Булыгин Ю. С. Некоторые вопросы культуры...С. 67.

③ Цит. по：Покровский Н. Н. Социально-политические взгляды...С. 454.

④ Лимонов Ю. А.，Мавродин В. В.，Панеях В. М. Пугачев и его сподвижники. М.；Л.，1965. С. 92，100-102，108-109.

⑤ Булыгин Ю. С. Некоторые вопросы культуры...С. 67-68.

副本。其中一些文件可以追溯到 16 世纪和 17 世纪。到了 18 世纪，一些从事贸易和渔业的农民家庭中保存的文书变多了，其中甚至还包括贸易记录、与承包商的通信以及家庭成员的私人信件。[1] 过去十年里，科研人员通过档案发掘出了 18 世纪农民私人通信的新价值。[2]

各种类型的手抄书籍在俄国农民间广泛流传，这进一步证明了当时不少俄国农民都识字。手写文书中还包括了涉及宗教和世俗内容的手抄书籍与资料汇编、农民著作、中央和地方机构的法令（多为与农民相关的法令，常用于他们进行请愿和投诉）、出于农民自身利益而书写的假法令及其副本；祈祷书、圣歌、民间咒语手册、诵经集、草药医书或民间处方、日历或部分谚语摘录册。[3]

手抄书籍和其他著作、文件在俄国农民中广泛传播的原因如下：18 世纪，印刷品价格不菲，且发行量很小。此外，手抄书籍便于文字改写，人们可以根据自己的喜好选择文本。手抄书籍还是传播禁书的有效载体。旧礼仪派运动对手抄书籍的发展做出了特殊贡献。旧礼仪派信徒只承认旧宗教文献，对他们来说重写抄写旧书意义重大。

在过去的三四十年里，考古探险队的收集活动有助于增进我们对农民手稿和印刷品的了解。其中，В. И. 马利雪夫长期考察俄国各地区的农民手稿文化，在此基础上，他和他的团队建立了农民本土手稿文化收藏

① Крестинин В. В. Исторический опыт о сельском старинном домостроительстве двинского народа в Севере. Спб., 1779. С. 51 - 54；Ефименко А. Исследования народной жизни. М., 1884. С. 185 - 187；Амосов А. А. Крестьянский архив XVI столетия// Археографический ежегодник за 1973 г. М., 1974. С. 206；Вос кобойникова Н. П. Родовой архив крестьянской семьи Артемьевых-Хлызовых // Археографический ежегодник за 1966 г. М., 1968. С. 384 - 405；Морозов Б. Н. Архив торговых крестьян Шангиных// Советские архивы. 1980. № 2.
② Миненко Н. А. Письма сибирских крестьян XVIII в. // Вопросы истории. 1983. № 8；Пихоя Р. Г. Указ. соч. С. 107.
③ Русская литература и фольклор (XI - XVIII вв.). Л., 1970. С. 248 - 305；Рукописное наследие Древней Руси. По материалам Пушкинского дома. Л., 1972. С. 174-191, 307-318, 373-389；Пихоя Р. Г. Указ. соч. С. 106 126-127, 181, 201-203.

体系。建立该体系主要是为了确定当地的文化环境、农民阅读范围、农民手抄书籍的具体情况。①

在 18 世纪的俄国北部——佩乔拉河、梅津河、北德维纳河、皮涅加河流域，长期以来都有农民手抄书籍的传统。在普希金之家（ИРЛИ），克拉斯诺博尔、梅津、佩乔拉、皮涅加、北德维纳等地区的藏品全部是在农村中发现的农民手抄书。В. И. 马雷舍夫评价道："普希金之家中收藏的手抄书籍价值主要体现在它是俄国北部农村历史、文化和日常生活的重要来源，是一个巨大的农民历史图书馆。"② 一些手抄书甚至可以追溯到 16~17 世纪。在俄国北部，我们可以找到"几个起源于 17~18 世纪的农民家族图书馆（例如，皮涅加河卢达科夫家族图书馆、波波夫家族图书馆、瓦尔科夫家族图书馆、梅尔斯雷家族图书馆、米赫耶夫家族图书馆等等）"。其他资料则记录了收藏家们对昂贵书籍的所有权状况。③

从欧俄北部农民那里收集的手抄书现藏于列宁格勒大学科学图书馆中。根据许多手抄书的附录和所有权说明，我们可以判断这些书创作于

---

① Дергачева-Скоп Е. И., Покровский Н. Н. Задачи археологического изучения Сибири // Пути изучения древнерусской литературы и письменности. Л., 1970. С. 171 – 177; История собрания древнерусских рукописей Пушкинского дома// Рукописное наследие Древней Руси. С. 3 – 4; Алексеев В. Н. Археогра- фические экспедиции Сибирского отделения АН СССР и комплектование фонда сектора редких книг и рукописей ГПНТБ СО АН СССР // Научные библиотеки Сибири и Дальнего Востока. Вып. 14. Вопросы книжной культуры Сибири и Дальнего Востока. Новосибирск, 1978. С. 9 – 11; Покровский Н. Н. Полевая археография и задачи изучения народной культуры // Проблемы полевой археографии. М., 1980; Поздеева И. В. Полевая археография: некоторые проблемы практики и теории// Вопросы истории. 1986. № 7.

② Малышев В. И. Устьцилемские рукописи ⅩⅦ – ⅩⅨ вв. исторического, литературного и бытового содержания// ТОДРЛ. Т. ⅩⅦ. М.; Л., 1961. С. 561 – 604; Он же. Древнерусские рукописи Пушкинского дома (Обзор фондов). М.; Л., 1968; Он же. Собрание древнерусских рукописей Пушкинского дома (к 20 – летию его организации) // ТОДРЛ. Т. ⅩⅩⅤ. М.; Л., 1970. С. 335; Амосов А. А. Книжная культура крестьянства русского Севера// Вклад северного крестьянства... С. 36–41.

③ Малышев В. И. Собрание древнерусских рукописей... С. 335.

18世纪。《圣诗篇》的附录中明确指出，它被用于教育（"这本书用于教学"，"通过这本《圣诗篇》，米特罗凡·雅科夫列夫开智了"）。农民还阅读了包括反对旧礼仪派的作品①，这进一步表明，俄国北方当时的识字水平较高，书香氛围较为浓厚，阅读超越了宗教派系分歧。

波莫尔无神论者协会的维戈勒辛思想和组织中心在推动俄国北部书香氛围的形成中发挥了重要作用：该协会内有一支固定抄写员队伍，一个设备齐全的抄写室，对于书籍分发和培训文盲农民极富经验。此外，协会内还书写并发行与法律、宗教、道德相关的新作品。这些书不仅影响了本地区的旧礼仪派农民信徒，还超越了宗教分歧，跨越了地理的隔阂，影响到了其他地区的俄国农民。②

在18世纪，旧礼仪派信徒们发行了和礼仪、教育、世俗生活、论战相关的教会书籍，以及一些语法和祈祷教科书。这些书严格按照古代手稿或旧版画复制出版（尼康改革之前）。一些书则进行了部分补充或改动，还有一些出版物是全新的作品。旧礼仪派信徒的传记更丰富了，修辞练习集是全新的产物，论战作品的创作尤其活跃。旧礼仪派进一步分裂成若干互相争论不休的团体，在专门召开的"理事会"中进行论战。激烈的论战，同一阵营信徒之间的信件，以及相反阵营信徒间的辩论信件都被编辑出版成册，在农民中广泛流传。③

---

① Горфункель А. Х. Находки старопечатных книг// Рукописное наследие Древней Руси. С. 389-395.

② Барсов Е. Б. Описание рукописей и книг, хранящихся в Выголексинской библиотеке// Летопись занятий Археографической комиссии за 1872-1875 гг.

③ Розов Н. Н. Русская рукописная книга. Этюды и характеристики. Л., 1971. С. 111-112; Покровский Н. Н. О роли древних рукописных истаропечатных книг в складывании системы авторитетов старообрядчества// Научные библиотеки Сибири и Дальнего Востока. С. 19-38; Дергачева-Скоп Е. И. «Сердца болезна сестры убодающь остен...»- рукописный плач середины XVIII в. // Там же. С. 41-60; Покровский Н. Н. Устюжский список «Возвещения от сына духовного ко отцу духовному»// ТОДРЛ. Т. XXXVI. Л., 1981. С. 151-153; Понырко Н. В. Учебники риторики на Выгу// Там же. С. 154-162.

在 18 世纪，维加地区发展了自己的书写——波莫尔字体。这是一种接近 16 世纪手写体的半省体字体，十分规整。它以朱砂首字母为装饰，带有精美的花纹和个性十足的抬头，是手抄书籍与民间实用装饰艺术相结合的产物。① 农民掌握了旧文字书写方式，进一步为字体设计引入了地方特色。在 18 世纪 20 年代初，维加地区逐渐形成自己的字体学派，这标志着书籍装饰的发展迈入转折点："从那时起，维加的书籍装饰家越发关注北方明亮的实用装饰艺术，并不再拘泥于字体装饰艺术的既有框架。"②

旧礼仪派信徒图书馆中的书籍手抄本迅速向四处传播。自 18 世纪中叶开始，来自维加的手抄书籍在维尔霍卡米的农民中流传起来，来自维加的信仰、书籍及字体艺术也随之在当地传播开来。以维尔霍卡米为中介，它们又进一步在乌拉尔和西伯利亚地区传播。③

旧礼仪派信徒教过彼尔姆省伊林村的一位名为叶戈尔·谢特尼科夫的农民识字。1795 年，谢特尼科夫称在他小时候，从莫斯科逃出来的旧礼仪派信徒们住在塞佩奇村的隐修院，教周围的农民阅读和写作（这些农民住在隐修区外，并不信奉旧礼仪派）。④ 18 世纪旧礼仪派信仰的进一

① Уханова И. Н. Книжная иллюстрация русского Севера（Северная Двина）// Русское искусство первой четверти XVIII в. Материалы и исследования. М., 1974；Плигузов А. И. К изучению орнаментики ранних рукописей Выга// Рукописная традиция XVI - XIX веков. . . С. 82-83.

② Плигузов А. И. К изучению орнаментики. . . С. 101.

③ Позлеева И. В. Верещагинское территориальное книжное собрание и проблемы истории духовной культуры русского населения Верховьев Камы // Русские письменные и устные традиции и духовная культура（По материалам археологических экспедиций МГУ 1966-1980 гг.）. М., 1982. С. 56-60.

④ Обозрение Пермского раскола. Спб., 1863. С. 185. Широко бытующая в Верхокамье устная традиция подтверждает рассказ о приходе первых старообрядцев из Москвы. Следы московского влияния обнаруживаются и в самых ранних местных сборниках：знание московских и троице-сергиевских рукописей и прямые ссылки на них（см.：Поздеева И. В. Верещагинское территориальное книжное собрание. . . С. 53-54）.

步传播推动了"旧礼仪信徒"的宗教文化与普通俄国东正教农民文化不断互动。考古学家在韦尔霍卡米的村庄发现了不少用来帮助农民的"识字课本"。197 本小诗集或教育诗集、52 本小册子、29 本教规、167 本《圣诗篇》——这些书"和字母表一样，是几十代俄国人的基本教科书"，在旧礼仪派信徒的家中，诗篇的识字功能一直传承了下来。①

类似于俄国北方地区和彼尔姆省，18 世纪俄国的维特卡-斯塔罗杜布地区旧礼仪派信徒聚集在城郊的村庄和隐修院里（也就是现在的布良斯克地区西部、戈梅利地区、维捷布斯克地区的一部分和切尔尼戈夫北部地区），这同样改善了农民阅读和识字的情况。②

18 世纪俄国旧礼仪派信徒的印刷厂在向农民传播书籍知识方面发挥了重要作用。18 世纪 80 年代，在克林茨（斯塔罗杜布附近）就有三家旧礼仪派信徒印刷厂，分别为 Я. 热列兹尼科夫印刷厂、Ф. 卡尔塔舍夫印刷厂和 Д. 鲁卡维什尼科夫印刷厂。③ 自 18 世纪中叶开始，苏普拉修道院（即现在波兰的比亚里斯托克省）的印刷厂负责处理旧礼仪派信徒的印刷订单。直至 18 世纪末，在那里共计印刷了约 70 种不同类型的旧礼仪派宗教书籍——古罗斯时期和早期旧礼仪派信徒的作品（涉及礼仪、历史、教化、论战、世俗等内容），以及收录了多达几百件作品的文集。④ 根据客户的要求，苏普拉修道院的印刷厂尽可能地按照莫斯科"多尼科诺夫"（旧礼仪派宗教书籍的印刷样本）方式来印刷书籍。有些书延续了 17 世

---

① Там же. С. 46.

② Лилеев М. И. Из истории раскола на Ветке и Стародубе ⅩⅦ–ⅩⅧ вв. Вып. I. Киев，1895；Бударагин В. П. Экспедиция в Витебскую область// ТОДРЛ. Т. ⅩⅩⅣ. С. 382 – 384；Поздеева И. В. Археографические работы Московского университета в районе древней Ветки и Стародуба // ПКНО. . Ежегодник. 1975. М.，1976.

③ Семенников В. П. Типографии раскольников в Клинцах// Русский библиофил. 1912. № 1. С. 58–63；[Б-ов] Д. Типографии раскольников в Клинцах// Вера н жизнь. 1913. № 13. С. 40–44.

④ Лабынцев Ю. А. Памятники древнерусской книжности и литературы в старообрядческих изданиях Супрасльской типографии（ⅩⅧ в.）// ТОДРЛ. Т. ⅩⅩⅩⅥ. Л. 1981. С. 209–311.

纪莫斯科印刷厂书籍的样式。但大部分书是对 18 世纪的旧礼仪派信徒文集和作品的重新编撰。从印刷物内容来看，即便是旧礼仪派信徒之中也存在着反对意见。①

18 世纪苏普拉修道院印刷厂印刷的书籍以及上卡马地区的手抄书籍中有很大一部分属于教科书，这一点值得特别注意。这些教科书显然延续了 17 世纪识字书和启蒙读物的传统（尤其是瓦西里·布尔采夫的识字书）。诗集的开头通常是"教师应如何教儿童阅读和写作"。在一些版本的诗集中还会强调小礼拜堂的教育目的，另一些诗集内还特别收录了有关"教师的职责是教幼儿阅读和写作"的文章。②

俄国西部地区的旧礼仪派信徒和他们的旧出版物也在俄国其他地区发行。例如，在俄国北方地区农民的书籍中，有的来自苏普拉斯尔、克林茨、维尔纳、华沙、格罗德诺和波查夫印刷厂。在西伯利亚地区农民的书籍中甚至还包含了苏普拉修道院印刷厂的手抄本。③

俄国中部地区莫斯科省博日戈罗德的古斯利奇村对于农民字体艺术的发展意义重大，这里是波波夫分裂主义的主要阵地。古斯利奇字体和手抄书籍（在 18 世纪末期形成了自己的风格）和波莫尔字体一样别具风格，在当地应该也有一个专门教授字体书写的学校。古斯利奇这个名字并不代指某个教区，而是指古斯利奇河沿岸的一大片地区。这里几乎所有的农民都识字，因为有几十所"自由"学校，即没有当局参与的农民学校。④

---

① Там же. С. 212–214.

② Там же. С. 211–212.

③ Горфункель А. Х. Указ. соч. С. 394；Дергачева-Скоп Е. И.，Ромодановская Е. К. Собрание рукописных книг Государственного архива Тюменской области в Тобольске // Археография и источниковедение Сибири. Новосибирск，1975. С. 119.

④ Карпов В. Г. Религиозный раскол как форма антифеодального протеста в истории России. Ч. 2. Калинин，1971. С. 131 – 132；Бударагин В. П.，Маркелов Г. В. Орнаментика крестьянской рукописной книги XVIII – XIX вв. // ТОДРЛ. Т. XXXVII. Л.，1985. С. 476；Пругавин А. С. Запросы народа и обязанности интеллигенции в области умственного развития и просвещения. М.，1890. С. 13–15.

18 世纪（尤其是后半期）俄国社会经济的发展为农民出版文化不同领域成果的诞生和经验交流创造了有利条件。比如，从 1771~1774 年在莫斯科省获得造纸厂经营证农民的原籍和工作地点来看，兹林卡地区的国有农民彼得·瓦西里耶夫和来自古斯利奇地区的农民格拉希姆·马特维耶夫都在莫斯科城郊的普列奥布拉任斯租赁了厂房设备。兹林卡地区和古斯利奇地区的其他农民在莫斯科郊区还拥有自己的造纸厂。[①]

俄国北部和西南部的农民手抄书籍技术逐渐传到了西伯利亚。这既受到了当时移民活动的影响（自发性行为和政府推动），也是重新安置后的居民继续和故乡亲属保持关系的主要方式。随着西伯利亚的开发，俄国农民的手抄书籍和字体艺术向乌拉尔以外的地区流动——过去几十年的考古发掘也证实了这一点："考古发现证明了，西伯利亚的新定居者将他们觉得最有必要的书带到了新土地上，然后在新土地上的艰苦生活之余努力抄写书籍，并创造他们自己的新农民文化。"[②]

18 世纪，由乌拉尔地区和西伯利亚地区旧礼仪派信徒所创作的文学作品丰富多彩，包括了各种体裁的原创作品：旧礼仪派中心及其领袖的历史记述（《我们教徒的生活》），关于波波夫分裂主义和反教堂派分裂的原因与二者主要争论问题的思辨性作品，各种书信、传记，等等。[③]

维高夫学派对农民字体艺术、文学作品和书籍出版的影响在乌拉尔以外地区尤为巨大。基辅的农民 Г. А. 乌克塞斯耶夫（1675~1750）起初是维高夫学派的一名领导人，后来在乌拉尔隐居地担任教师，在那里建

① Материалы по истории крестьянской промышленности Т. Ⅱ. Текстильная промышленность Московской губернии в ⅩⅧ и начале ⅩⅨ в. М.；Л.，1950. C. 123，134，154-155，186-187，230.

② Лихачев Д. С. Археографическое открытие Сибири// Покровский Н. Н. Путешествие за редкими книгами. М.，1984. C. 3；Алексеев В. Н. Археографические экспедиции... C. 12.

③ Покровский Н. Н. Новые сведения о крестьянской старообрядческой литературе Урала и Сибири ⅩⅧ в. // ТОДРЛ. Т. ⅩⅩⅩ. Л.，1976. C. 165-183.

立了一所学校和一个图书馆。Г.А.乌克塞斯耶夫在信仰问题上与天主教
工程师比尔（科利万诺-沃斯克列先斯基工厂后来的厂长）发生了公开争
执。代表维戈尔茨卡亚学派迎战的是 Г.А.乌克塞斯耶夫。谢苗·杰尼索
夫也是维高夫学派的创始人之一，他严格按照维高夫修辞学的教条，用
本派的"语句"纪念了 Г.А.乌克塞斯耶夫弟弟捷伦蒂在阿尔泰的死亡，
而他住在雷克萨的妹妹则为 Г.А.乌克塞斯耶夫本人的死亡创作了一篇才
华横溢的哀歌。①

　　18 世纪俄国的西伯利亚农民文学也别有一番风味，与惯用庄严修辞
的维加地区和雷克萨地区农民文学有着显著区别。雅鲁托尔农民米隆·
伊万诺维奇·加拉宁创作了一系列历史性和论战性作品，留下了不少书
信，他在 1774 年以近似谈话般生动的文体给朋友写了一封书信，信中几
乎没有使用旧俄国文学的传统技巧。信中充满了西伯利亚旧信徒自奥吉
亚斯时代延续至 18 世纪中叶的斗争热情，加拉宁在激情澎湃的叙述中融
合了自己的观察，穿插了各种文献材料予以证明。这封面向广大读者的
书信零星地保存在西伯利亚各地的隐修院手稿库中。②

　　18 世纪下半叶，维特卡-斯塔罗杜布地区农民文化的影响在阿尔泰和
外贝加尔地区更为明显。18 世纪 60 年代，数以万计的农民在该地区定居
了下来。③ 资料证明，他们在秘密小教堂里举行的各项仪式都参考了"波

---

①　Дергачева-Скоп Е.И. 《 Сердца болезна сестры... 》 С.44 – 52, 63; Мальцев
　　А.И. Неизвестное сочинение С. Денисова о Тарском бунте 1722 г. // Источники по
　　культуре и классовой борьбе феодального периода. Новосибирск, 1982. С. 224 – 241;
　　Ромодановская Е. К. Фольклор и крестьянская литература // Крестьянство Сибири в
　　эпоху феодализма. Новосибирск, 1982. С. 431.

②　Покровский Н. Н. Новые сведения о крестьянской старообрядческой литературе... С. 173-
　　180; Р о м о дановская Е. К. Указ. соч. С. 432.

③　Покровский Н. Н. К истории появления в Сибири забайкальских « семейских » и
　　алтайских « поляков »// Изв. Снбир. отд. АН СССР. 1975. № 6. Сер. обществ,
　　наук. Вып. 2. С. 109-112; Миненко Н. А. Ссыльные крестьяне-«поляки» на Алтае в XVIII –
　　первой половине XIX в. // Политические ссыльные в Сибири (XVIII – начало XX в.).
　　Новосибирск, 1983. С. 198-214.

兰人"（他们称俄国旧礼仪派信徒为波兰人）的书籍。[1] 维特卡-斯塔罗杜布地区的农民文化不单单是定居者带来的书籍、手稿和传统知识。这些农民在安置好新生活后，同周围农民继续保持着联系。当时，来自阿尔泰的一些农民常常前往维特卡-斯塔罗杜布地区，维特卡-斯塔罗杜布地区的牧师也常常去阿尔泰，这样一来，双方的往来便越发频繁。比如，维特卡-斯塔罗杜布地区塞米巴拉金斯克县的农民这样写道："维特卡-斯塔罗杜布地区的尼基塔·伊万诺夫牧师来了……而在1764年维特卡-斯塔罗杜布地区的牧师伊万·谢苗诺维奇去了他们那里。"阿尔泰的旧礼仪派信徒农民和萨拉托夫省的伊尔吉兹修道院交往密切。阿尔泰"波兰人"与定居在外贝加尔地区的维特卡-斯塔罗杜布人之间也保持着联系（旅行、信件）。[2]

阿尔泰地区直接从出版地、文化中心进口书籍，同欧洲部分文化中心、宗教团体及社会活动往来密切，当地很快便建成了自己的图书馆。考古学家在当地农民家中发现了16世纪的手稿，其中包括由皮奥特·姆斯蒂斯拉维茨（伊万·费奥多罗夫的学生）抄写的希腊人马克西姆的《审判法》和1575年维尔纳诗篇，以及1649年议会法典，等等。[3]

外贝加尔地区"每个农民家庭都收藏了一系列经典书籍，这些书在教会分裂前就已出版，代代相传，十分珍贵。随着时间的推移，不断补充其他旧礼仪派印刷书籍或手抄书籍"。这些藏书中有不少是16世纪末17世纪初的版本，其中很多附有原主人的说明。[4]

在18世纪西伯利亚农民的读物中，"经典读物"占据了一个突出的

---

[1] Покровский Н. Н. Антифеодальный протест урало-сибирских крестьянстарообрядцев в XVIII в. Новосибирск，1974. С. 321.

[2] Миненко Н. А. Ссыльные крестьяне - «поляки» ... С. 199 - 212；Покровский Н. Н. Антифеодальный протест... С. 319.

[3] Покровский Н. Н. Путешествие за редкими книгами. С. 70-77.

[4] Алексеев В. Н. Археографические экспедиции... С. 13.

位置——"主要为旧礼仪派信徒最喜欢的手抄书籍（和 18 世纪末的印刷物）"。这便促生了一种特殊工作——整理归类旧罗斯和新旧礼仪派信徒的各类作品。①

因此，俄国农民并不只是经典古籍的保管者（正如有时文学作品中所断言的那样，他们过着封闭的生活）；16～17 世纪的手抄书籍传统在 18 世纪的新环境中发展起来，与农民精神、物质生活的发展状况密切相关。

18 世纪，俄国不同地区甚至是非常偏远的地区之间，在书籍和阅读文化方面都存在联系：不同地区文化的相互影响，信息的流转，书籍的传播，等等。旧礼仪派信徒的文化封闭性是相对的，其内部不同派系之间交流频繁，此外他们还向普通的东正教农民敞开知识大门。

研究者逐渐注意到旧礼仪派信徒手抄书籍对教会农民的影响，旧礼仪派信徒遵循古罗斯文学传统（便于教会农民接受），只选择有关宗教教义、道德、仪式，特别是末世论性质的作品或段落进行阐述。"他们主要阅读教父哲学、使徒行传、启示录，包括《序言》中的寓言故事和《大札记》，学习相应的宗教伦理"，"但有专门从事抄写宗教典籍的农民"。②

教会农民不怎么关注有关礼仪的作品，但他们当中有专门抄道德教诲的手抄工。例如，来自图戈兹诺瓦亚村的西伯利亚农民米哈伊尔·库兹涅佐夫于 1774 年 7 月"手抄"了圣耶福列木和金口约翰的文本集，从手稿注释来看，他本人就是编纂者。其中一份手抄本共 48 页，库兹涅佐夫用 7 天以古代墨水风格誊写完毕，另一份以草书书写。③

由官方教会（特别是主教公会的印刷机构）印刷出版的识字书、启蒙读物、诗集和小册子主要用来教育农民儿童。农民家孩子的老师是牧师或其他教区人员。1778 年批准的授权莫斯科商人拉林在柳比奇村创办

---

① Селищев А. М. Забайкальские старообрядцы. Семейские. Иркутск，1920. С. 22－28，32－25；Ромодановс кая Е. К. Фольклор и кретьянская литература. С. 433.
② Дергачева-Скоп Е. И.，Ромодановская Е. К. Указ. соч. № 35，210.
③ Дергачева-Скоп Е. И.，Ромодановская Е. К. Указ. соч. № 35，210.

学校的法令中对当地的教育状况做了如下描述："这个村子和其他村子一样，没有人教孩子，只有牧师和其他的教区人员。但他们也都务农，无法教小孩阅读或识字，穷人根本学不到任何东西，也没有一技之长。"①

俄国农民在国家教育机构学习的机会极其有限，到了18世纪下半叶一些俄国大贵族不停地倡导对农民扫盲的重要性，如舍列梅捷夫家族、戈利岑家族、尤苏波夫家族、奥尔洛夫斯家族、鲁缅采夫家族、穆拉维约夫斯家族、梅谢尔斯基家族，这些大贵族自发地开始对农民进行扫盲。②

18世纪，对村民、退役士兵、文员和流动教师的培训更为普遍。农民自发组织的培训是获得阅读、写作和算术技能的最便捷的形式。③

对于大部分农民来说，在学习读写能力方面世俗文学的作用要比旧礼仪派信徒大得多。人们热衷于抄写编年史，与库利科沃战役、动乱时期、1704年攻占纳尔瓦等事件相关的历史故事深受俄国农民的喜欢。俄国农民阅读和誊抄的内容（自用或出售）还包括17~18世纪的小说、寓言和讽刺作品。在俄国各地的藏书中都能找到带有主人和抄写员标记的手抄世俗读物，这表明在当时边读边标记的阅读方式很普遍。④

---

① Курмачева М. Д. Крепостная интеллигенция России. Вторая половина XVIII – начало XIX века. М. , 1983. С. 95.

② См. : Белявский М. Т. Школа и просвещение// Очерки русской культуры XVIII века. Ч. 2. М. , 1987.

③ Семевский В. И. крестьяне в царствование императрицы Екатерины II .

④ Спеиранский М. Н. Указ. соч С. 87; Розов Н. Н. Русская рукописная книга. Л. , 1971. С. 101 – 102; Пушк арев Л. Н. Рукописные сборники нравственно-поучительного характера собрания ЦГАЛИ в ЦГАДА // ТОДРЛ. Т. XXXV . С. 400 – 402; Ромодановская Е. К. Указ. соч. С. 429; Титова Л. В. Записи владельческие, писцовые и читательские на списках « Беседы отца с сыном о женской злобе » // памятники литературы общественной мысли эпохи феодализма. Новосибирск, 1985. С. 129, Памятники письменности в музеях Вологодской обл. Каталог-путеводитель. Ч. I. Вып. 2. Вологда, 1987. С. 224–231.

俄国农民的商贸活动为其购买印刷书籍和手抄书籍提供了更多机会。

А. А. 蒂托夫在雅罗斯拉夫尔和科斯特罗马收集手抄书籍，在他的收藏中有几本购置的或亲自抄写的外国小说译本。农民彼得·谢苗诺维奇·梅尔库里耶夫的个人图书馆内的藏品中包括近 25 本他亲自于 18 世纪 80 年代末 90 年代初誊抄的书，包括俄国本土文学和外国小说译本。①

俄国农民喜欢世俗文学作品证明了世俗故事在 18 世纪末已经有机地融入了他们的阅读习惯中。此时，《哈盖王的故事》就有两个不同的农民版本。其中一个版本，作者（即《斯科莫洛基》的作者）以另一个著名故事为创作的基础，对原故事的一些情节进行了大幅改编，使其寓教于乐，情节更为生动。第二个版本带有口头复述的痕迹，作者显然希望通过古老词汇来削弱故事的书面痕迹。②

18 世纪末，一些俄国农民订阅了克雷洛夫的《旁观者》杂志和 Н. М. 卡拉姆津的出版物（后者为此感到十分骄傲）。③

在俄国农民的书籍和阅读文化中，书籍出版、文字艺术和文学创作紧密融合。俄国农民的阅读和收藏仍以手抄书籍为主，这些手抄书以印刷书籍为原型，融入了不少民族传统。在书籍的誊写过程中，根据抄写者兴趣和观点的不同，收入的作品也有所不同。手抄书籍的收藏和文学创作本身密不可分，因此在手抄书籍内附有不少权威人士的注释。18 世纪俄国农民的手抄书籍中还保留了同古罗斯文学传统紧密相联的作品，后者也有机地融入了新文学作品的创作中，进一步丰富了俄国的民俗传统，生动地叙述了民间的生活、宗教纠纷和理想追求。

---

① Розов Н. Н. Указ. соч. С. 101–102.
② Ромадановская Е. П. Повести о гордом царе в рукописной традиции XVII – XIX веков. Новосибирск，1985. С. 211–216.
③ Курмачева М. Д. Крепостная интеллигенция... С. 64.

八　民俗和实用装饰艺术

民俗是 18 世纪最符合俄国农民审美需求的一种艺术形式。俄国民俗包括日历、祈祷诗、历史抒情歌曲、民间故事、传说和谚语。18 世纪俄国民俗的内容和形式发生了重大变化，但其传统内核依旧没变。[①] 民俗中有着深厚历史底蕴，与农民的日常生活密切相关，因此其表现形式灵活生动。农民在信件、请愿书中经常使用谚语和俗语；在公开集会中常常使用顺口溜，引用民间故事。有时候他们还会将真实案件（如法庭案件）改编成脍炙人口的传说故事。[②]

各地的民俗活动各不相同，但都反映了时代特征（比如谢肉节的表演、颂歌、哀歌等诗句）。[③] 从民俗收藏家的藏品来看，农民日常生活经常使用谚语和俗语（请愿书、信件、调查问卷答复）。[④]

Д. 拉斯金研究了 17 世纪末至 18 世纪上半叶俄国谚语中的农民思想，

[①] Русское народное поэтическое творчество. Очерки по истории русского народного поэтического творчества середины ⅩⅧ – первой половины ⅩⅨ в. Т. Ⅱ. Ч. 1. М.；Л.，1955.

[②] Соколова В. К. Изображение действительности в разных фольклорных：жанрах// Русский фольклор. Вып. ⅩⅩ. Л.，1981. С. 35 – 44；Миненко Н. А. Фольклор в жизни западносибирской деревни ⅩⅧ в. – 60 – х гг. ⅩⅨ в. // Советская этнография. 1983. № 3. С. 66–97.

[③] Кузьмина В. Д. Русский демократический театр ⅩⅧ в. М.，1958. С. 50 – 51；Жекулина В. И. Мотивы общественного протеста в новгородской свадебной лирике// Русский фольклор. Вып. ⅩⅤ. Л.，1975. С. 138–144.

[④] Симони П. К. Старинные сборники русских пословиц, поговорок, загадок и проч. ⅩⅦ – ⅩⅨ столетий. Вып. I. Спб.，1899；Пословицы, поговорки, загадки в рукописных сборниках ⅩⅧ – ⅩⅩ веков. М.；Л.，1961；Шаповалова Г. Г. Псковский рукописный сборник начала ⅩⅧ в. // Русский фольклор. Вып. Ⅳ. М.，Л.，1959；Раскин Д. И. Русские пословицы как отражение развития крестьянской идеологии// Русской фольклор. Вып. ⅩⅢ. Л.，1972. С. 202 – 112；Пушкарев Л. Н. Пословицы в записях ⅩⅦ в. как источник по изучению общественных отношений // Исторические записки. Т. 92. М.，1973. С. 312，335；Миненко Н. А. Фольклор в жизни. . . С. 86–88.

他注意到"豪绅—农民，或地主老爷—农民之间的冲突在表达时具有模糊性，农民普遍将财富—贫困、富人—穷人、真理—虚假作为对立项"。从 18 世纪末开始，地主老爷和农民的冲突在谚语中表现得更为激烈。农民对当时重大事件的看法也迅速反映在谚语中。18 世纪初的一些俄国谚语汇编中就收录了和彼得一世时期各大事件相关的谚语。[①] 18 世纪，俄国谚语丰富多样，从宗教信仰到社会生活，应有尽有，很多谚语与自然息息相关，这反映了农民对广阔世界的细致观察。18 世纪的谚语仍是农民表达集体意见的一种常见形式，是记录和传播农民对自然和社会观点的有效途径。18 世纪有关大自然谚语的蓬勃发展体现了农民对自然地理和农业气象知识的新认识。[②]

那些擅长表演民俗的农民深受同村人喜爱，在村里颇有威望。18 世纪，农民"叙事性"表演艺术不断成形，在剧目选择、表演方式和歌词呈现上独具特点。例如，在赞尼茄地区，著名的说书人伊利亚·叶卢斯塔菲耶夫出生于 18 世纪 40 年代，他继承了前一时期说书人的传统，培养了四位著名的说书匠——К. И. 罗曼诺夫、Т. Г. 里亚宾、Т. 耶夫列夫和 Л. 博格丹诺夫。他们发展出一种全新的勇士赞歌特殊前韵律表演法，新变体和传统大致相似，但在细节上有所不同。伊利亚·叶卢斯塔菲耶夫创办了说书人学校，是"叙事性"表演艺术发展过程中具有里程碑意义的人物。他的学生以家庭为单位，将技艺代代相传，比如 Т. Г. 里亚宾的继承人是儿子伊万和伊万的继子 И. Г. 安德烈夫-里亚宾，来自里亚宾家族的勇士赞歌至今仍为人所知。科农·萨维奥洛夫维奇·涅克柳金是 18 世纪赞尼茄地区著

---

① Раскин Д. И. Русские пословицы. . . С. 205−212.
② Пушкарев Л. Н. Пословицы, поговорки и приметы в записях XVII в. как источник по изучению сельскохозяйственного опыта русского крестьянина// Материалы по истории сельского хозяйства и крестьянства СССР. Сб. VIII. М. , 1974. С. 112 − 127; Громыко М. М. Этнографические и фольклорные источники в исследовании обще- ственного сознания русских крестьян Сибири XVIII − первой половины XIX в. // Источниковедение отечественной истории, 1976. М. , 1977. С. 107−109.

名的说书人，他也是上文提到的说书人学校的创始人之一。涅克柳金的说书风格广受好评，吸引了很多学生（包括女性），延续至今。克孜教区卡尔塔什瓦村的盲人农民米哈伊尔因擅于唱歌而闻名。他在 18 世纪末去世，而直到 19 世纪中叶，北方的老人们仍然记得他——"从来没有哪个歌手像他那样擅于吟唱圣歌，100 年内也不会再有这样的歌手了"。①

　　大多数农民目不识丁，朗读和转述故事成为一种惯例。朗诵的书目内容往往是一些上帝显灵诗歌和故事，其文本和古罗斯文学十分接近。

　　宗教诗歌是最受欢迎的一种民间文学体裁，它结合了书籍和口头作品的特点，以书面和口头的双重形式存在。宗教诗歌的文本有三个主要来源：古罗斯文学传统、民间史诗传说和礼仪文本（在忏悔诗组合中礼仪文本的痕迹特别明显）。根据传统，同一句诗既可以被朗诵也可以被吟唱。宗教诗歌在旧礼仪派信徒的歌唱剧目中占有重要地位，因为这是四句斋期间唯一允许吟唱的非异教歌曲。到了 18 世纪，一些识字的俄国农民通过背诵诗集来记忆宗教诗歌。研究人员追踪了宗教诗歌由易变的口语体向稳定的书面体的转变过程，以及诗句与诗句之间的相互影响和相互借鉴过程。根据文献记载，在普通俄国农民的居住地区，诗歌只以口头形式传播。民俗传统通常体现在诗歌的曲调中而不是文本中，对音乐的崇拜也与民俗音乐本身结合在了一起。②

---

① Чистов К. В. Русские сказители Карелии. Очерки и воспоминания. Петрозаводск，1980；Чичеров В. И. Школы сказителей Заонежья. М.，1982；Барсов Е. В. Памятники народного творчества в Олонецкой губернии// Записки Русского Географ, обва. Отд. этнографии. Т. 3. Спб.，1873. С. 520–522.

② Варенцов В. В. Сборник русских духовных стихов. Спб.，1860；Безсонов П. А. Калики перехожие. Сборник стихов и исследование. Ч. Ⅰ – Ⅱ. Вып. 1 – 6. М.，1861 – 1864；Кирпичников А. И. Источники некоторых духовных стихов// ЖМНП. 1877. № 10. С. 133 – 150；Бороздин А. Духовные стихи// История русской литературы. Т. Ⅰ. Народная словесность. М.，1908. С. 281；Никитина С. Е. Устная традиция в народной культуре русского населения Верхокамья // Русские письменные и устные традиции... С. 111–123.

　　一些宗教诗歌还受到了历史故事的影响：用通俗的传记形式来叙述古罗斯时期的历史事件。比如，在关于德米特里·索伦斯基（德米特里·伊万诺维奇·顿斯科伊的守护神）的诗歌中，根据希腊人的记载，以马迈为首的金帐汗国占领了撒拉逊人的土地，而德米特里·索伦斯基挺身而出，保卫罗斯不受敌人的蹂躏，帮助拯救被俘的波兰人。①

　　含有宗教内容的民间故事主要取材传记文学和圣经故事（有时是"伪经书"的道听途说版本），这说明农民通过自己的方式去吸收宗教意识。因此，一些宗教故事呈现民俗文化的特点。②

　　民俗与文学之间复杂的影响过程在 18 世纪的俄国农民文化中表现得淋漓尽致。历史叙事、勇士赞歌和历史歌曲相互影响，比如在维护宗教道德的著作中渐渐开始强调应严厉惩戒违反禁令的人。

　　民俗文化与古罗斯文学传统在哀歌中实现了一种特殊的结合。一个在维戈尔辛学院接受过教育的农家女对此功不可没，她为哀歌引入了表达"呐喊"和"浮夸"的古罗斯文学词汇，她创作的哀歌在农民中很受欢迎。③

　　民间文学基本兼顾文字与旋律的韵律美，音乐是农民精神生活的重要组成部分。18 世纪的民间音乐艺术与教堂的唱诗班传统以及当地的手抄本书籍传统相结合。现代考古学家发现，17～19 世纪的俄国农民经常用古罗斯教会音符（或称符号谱）谱写乐谱。18 世纪的乐谱体现了传统

---

① Пушкарев Л. Н. К вопросу ¡ об отражении Куликовской битвы в русском фольклоре// Куликовская битва. Сб. статей. М.，1980. С. 271 － 272；Соколов Б. М. Св. Дмитрий Солунский и Мамай в духовном стихе и на иконе // Этнографическое обозрение. 1909. № 2－3；Путилов Б. Н. Куликовская битва в фольклоре// ТОДРЛ. Вып. ⅧⅡ. М.；Л, 1951. С. 107－129.

② Буслаев Ф. И. Исторические очерки русской народной словесности и искусства. Т. I. Спб.，1861. С. 433 － 454；Барсов Е. Народные предания о миротворний // ЧОИДР. 1886. Кн. IV.

③ Дергачева-Скоп Е. И. «Сердца болезна сестры...» С. 41－68.

的民间实用装饰艺术，有大型的图画首字母、框架、头饰，有时甚至还
缀有微型画。例如，维特卡-斯塔罗杜布地区乐谱手稿的装饰特点是综合
了波莫尔字体和古斯利茨克字体的装饰风格。此外，该地区还有一种特
殊的装饰技术：在深色背景（黑色、栗色或蓝色）上用白色圆点和破折
号进行精细设计，比如创作于18世纪中期的《庆祝》和1777年至18世
纪末的《奥克托克》。①

　　农民的孩子从小就被当地"有文化"的歌手"鼓励"唱歌。一些农
民延续了古罗斯教会音符的歌唱传统，还有一些农民村社受到了旧礼仪
派信徒的影响，口头传授礼拜唱词，通常一个唱诗班由10~20个孩子组
成。② 上文所述农民家里必备的"识字课本"中就包含了介绍如何用古罗
斯教会音符唱歌的实用手册。③

　　18世纪的农民实用装饰艺术广泛存在于农民日常生活和家庭生产的
各个领域：建筑的艺术装饰（雕刻、修补、绘画），小屋的内部装饰，家
具和工具的装饰，工具的雕刻和绘画，艺术编织，印刷织物的图案，服
装装饰，餐具形状和装饰的艺术加工，箱子和盒子的雕刻和绘画，日历
的雕刻，玩具的造型和上色，等等。农民实用装饰艺术的显著特点是兼
具实用性（功能性）和装饰性，图像、结构、构图、色彩组合和加工技
术的和谐一致。④

---

① Русские письменные и устные традиции. . . С. 7，149-150，162-207.

② Чернышева М. Б. Музыкальная культура русского населения Верхокамья. С. 149；
Понырко Н. В. Поездка за рукописями в Беломорье летом 1971 г. // ТОДРЛ. Вып.
XXVIII . С. 411.

③ Русские письменные и устные традиции. . . С. 167-168.

④ Василенко В. М. Русская народная резьба и роспись по дереву XVIII – XX вв. М.，1960；
Разина Т. М. Русское народное творчество. М.，1970. С. 9 – 165；Жегалова С. К.
Художественная культура русской деревни XVII – XVIII вв. М.，1983；Воронов В. С. О
крестьянском искусстве. Избранные труды. М.，1972. С. ПО – 138；Маковецкий
И. В. Архитектура русского народного жилища. Север и Верхнее Поволжье. М.，1962；
Уханова И. Н. К характеристике стиля русского народного декоративно-прикладного
искусства XVII-начала XVIII в. // Русское искусство барокко. М.，1977. С. 30-42.

图8-2　手写的俄国古代教会音符注解，艺术作品（1794）

装饰图案的内容和布局与民俗、节日和家庭传统息息相关。例如，每一套婚礼布艺品都与特定的仪式性元素有关，有着相应的刺绣；在雕刻和绘画中还有童话人物的形象，等等。

农民的实用装饰性艺术极具地方特色。在俄国这样一个领土广阔的国家，不同区域的实用装饰艺术各不相同，且内部分支很多。例如，在特维尔地区就有8个各具特点的实用装饰艺术中心。[①]

18世纪最常见的农民家庭实用装饰是对木制手摇纺车的装饰。18世

———————

① Народная вышивка Тверской земли. Вторая половина XⅧ-начало XX в. Л. , 1981.

纪诞生于顿河地区的手摇纺车装饰模式传承至今——沃洛格达式（最古老的）、梅津式、雅罗斯拉夫尔式。雅罗斯拉夫尔手摇纺车保留了当地建筑特色（柱子、拱门、窗户、门楣），让人联想起当地教堂建筑的装饰特点。18 世纪上半叶，顿河地区的雅罗斯拉夫尔手摇纺车的装饰上还出现了极富时代特征的元素：彼得一世的吊带衫、三角制帽和伊丽莎白·彼得罗芙娜女皇时代四轮轿式马车图案。

18 世纪中叶，雅罗斯拉夫尔—科斯特罗马手摇纺车以优雅的形态、某种自命不凡的气质（相比于淡雅的沃洛格达手摇纺车）、精细的缝隙、轮廓雕刻（最复杂和发达的一种民族雕刻装饰，通常用于装饰建筑、植物图案和人物）而出名。雅罗斯拉夫尔—科斯特罗马手摇纺车上的装饰图是当时俄国时髦物品的一个缩影——18 世纪下半叶的立柱、茶炊、时钟、礼服。[①]

在一些地方，农民的手工艺逐渐商业化，并形成了专门的中心：自17 世纪下半叶，霍赫洛马村及邻近地区成了一个木雕中心；18 世纪，帕莱赫、霍利等地区的圣像绘画工艺高度商业化；18 世纪，戈罗杰茨地区生产的纺车同样面向市场。[②] 商品化的手工艺品受到了来自农民文化的影响，首先因为有很多工匠本身就来自农村，其次他们的创作往往基于俄国民间传统。

在 18 世纪，帕莱赫的圣像画举世闻名（发展于 17 世纪），它以红金色和复杂的人物装饰为特征。"在形成自己的独特风格之后，帕莱赫的一些大师继续以古老风格——诺夫哥罗德风格和斯特罗甘诺夫风格——进

---

① Воронов В. С. Русские прялки. Вопросы хронологии // Воронов В. С. О крестьянском искусстве. Избранные труды. С. 244–248.

② Топографическое описание Владимирской губернии, составленное в 1784 г. С. 8; [Голышев И.] Иконописание в слободах Метере, Холуе и Палехе и книжная торговля// Владимирские ведомости. 1879. № 51; Вишневская В. М. Хохлома. Л., 1969; Аверина В. И. Городецкая резьба и роспись. Горький, 1957; Розова К. К. Искусство холуйской миниатюрной живописи. Л., 1970.

行创作，以保圣像画的纯粹性，传承古老技艺"。18 世纪末，帕列霍沃出现了一种新的圣像画风格——弗列日斯基风格，这种新风格打破了长达数百年的圣像画传统。弗莱亚兹风格则体现了西方世俗画的影响——主要表现在对圣人面孔和风景的现实主义描写上。帕莱赫风格与诺夫哥罗德风格、斯特罗甘诺夫风格并行发展，具有深远价值。[①]

在 18 世纪，俄国民间圣像画画家继承并发展了前一时期形成的风格，但是正如 Л. Е. 帕克塔舍娃在其研究中所说的那样，18 世纪俄国民间圣像画具有更高的艺术水平。这种画的画面轻盈、优雅。圣徒们失重的身体漂浮在画面中，被长袍的旋涡形轮廓所笼罩。

帕莱赫地区除了继承了古老的圣像画传统（1733 年的《十字架的升华》和 1732 年的《变容》），在 18 世纪还形成了一些新技艺，这些技术甚至还被非圣像画画家所借鉴。它们是所谓的"解释性"和"面部""圣像标准样本"——带有如何绘制特定圣徒形象说明的纲要图。这些图像使我们更加深入地了解民间圣像画的特殊性。

艺术史学家 Л. Е. 帕克塔舍娃在研究了各博物馆收藏的帕莱赫圣像画的"圣像标准样本"后得出了这样的结论：18 世纪，帕莱赫圣像画越来越精致，技艺十分精湛。这一点在"圣像标准样本"中尤其明显。"圣像标准样本"中的画面色调精致，图画是由几乎感知不到的光和影的重叠编织而成的。

绘画者是用画笔在纸上绘制"圣像标准样本"。画面中的线条是用细毛笔勾勒的，一气呵成，具有连贯性。此外，线条以炭灰色和棕褐色为主，赋予了画面一种特殊的装饰效果。这些炭灰色和棕褐色的人物轮廓本身就极具艺术价值，尽管它们最初只是画面的陪衬。"圣像标准样本"在圣像画世家中代代相传，创作传统一直延续到 20 世纪。

---

① Зиновьев Н. М. Искусство Палеха. Л.，1974. С. 36 – 57；см. также：Памятники культуры. Новые открытия. 1983. М.，1984.

图 8-3　圣像画《植物和桂花的奇迹》（17 世纪末），来自卡尔戈波尔斯基区
马来亚沙尔加村的一座教堂

　　帕莱赫圣像画高超的艺术性得益于该地区大部分农民识字，以及他们对许多神学问题的充分了解和对古罗斯宗教文献、美术传统的熟悉。一些帕莱赫人的家里甚至有私人图书馆。值得注意的是，在 18 世纪的"圣像标准样本"中，人们可以找到世俗文学的情节，比如《大贵族鲍里斯·彼得罗维奇·舍列梅捷夫到波兰、奥地利和意大利的旅行日记》和由 B. 塔季谢夫等人编纂的《俄国历史》。

　　弗雷格风格圣像画的创作模板是 17~18 世纪的雕版印刷版画。帕莱赫大师家里收藏了著名版画家的手稿。比如，在格里高利·特普切戈尔斯基的一份版画手稿上有一个写自 18 世纪的说明，称其主人是一个"获释而自由的人（指奴隶、农奴）"。

　　通常情况下，圣像画画家仍需务农，绘画只是他们的副业。但是画家本人可能长期不在家里，在不同的地方绘制圣像画。Л. E. 帕克塔舍娃

**图 8-4　圣像画《谦逊的大牧首》（局部图，18 世纪），来自
卡尔戈波尔斯基区马来亚沙尔加村的教堂**

考证相关文献资料后认为，在 18 世纪，除了莫斯科、彼得堡、下诺夫哥罗德、弗拉基米尔和维亚兹尼基，帕莱赫地区农民圣像画画家的业务遍布俄国。此时，帕莱赫的圣像画还远销国外——瓦拉几亚和塞尔维亚。圣像画画家的长期外出不仅有助于开阔视野，而且还有利于圣像画产业的发展。

虽然作者本人从未在画作上署名，但他们会在工作图上留下名字，所谓工作图也就是"圣像标准样本"。布图尔林家的农奴埃夫斯特拉特·瓦库洛夫是 18 世纪著名的帕莱赫圣像画画家，代表作是《沉默的福音传教士约翰》。18世纪帕莱赫圣像画的另一位代表人物是瓦库尔斯·尼基塔，他们家族有着悠久的圣像画创作传统，其艺术风格一直延续到19世纪乃至苏联时期。

农奴萨拉宾（也有说叫萨拉皮耶夫）也出自圣像画画家世家。他们家的另外两位圣像画画家——彼得和安德烈在18世纪也闻名遐迩。安德烈·萨拉皮耶夫的圣像画《沙皇》（1789）现在保存在国立特列季亚科夫画廊。

所谓的"北方字体派"圣像画风格以其高超的工艺水平和独特的表现方式而著称，是民间绘画和农民艺术的结合体。

通常，圣像画画家只承接同村人或邻村居民的订单。比如，在蒙迪诺村圣三一教堂的使徒彼得和保罗圣像画的背面有一个墨色记录："1708年3月的一天，来自蒙迪诺村的圣像画画家特奥克特·克里门托夫受雇来绘制这幅圣像……记录人为波格丹·普罗科皮耶夫·迪亚特列夫和拉扎尔·赫罗季奥诺夫。"特奥克特·克里门托夫将使徒画在伊甸园中，并在他们脚下放置了珍稀植物。

在马来亚沙尔加村教堂里的《弗洛尔和拉夫尔的奇迹》圣像画重点展现了主人公崇高的神性，画面富有诗意。弗洛尔和拉夫尔通常被认为是马的守护者，失踪马匹回归的故事是圣像画的主题。在弗洛尔和拉夫尔的日历日，他们的圣像也会被放置在村庄教堂的中心：弗洛尔和拉夫尔的日历日也是俄国北方最值得庆祝的节日之一。在这一天，农民们在晨祷前就赶到教堂外祭祀马匹，在这之后还有赛马。从教堂里出去的人不能直接去赛马，先要参加家庭聚会。教堂也是一个神圣的地方，骑手们都穿节日礼服。祈祷仪式结束后，在祭祀马匹的过程中，每个人都会按顺序绕教堂骑马。

18世纪马来亚沙尔加村的《梅多斯特长老》圣像画描绘了"宗教活动"，展现了和谐美好的农村生活。圣人面前有一群羊，其构图是典型的俄国民间风格。在俄国北方的民间圣像画中，常常用这种通俗易懂的方式对《圣经》进行艺术化处理。古代的事件被放在一个熟悉的环境中，人们都身着现代的服装，甚至是当地的服装。当为本地德高望重的人物创作肖像时，一般依照的是同村人的口头和书面评价，人物通常具有一种威严感。[①] 在重视他人评价的同时，画面仍继承了诺夫哥罗德圣像画的优良艺术传统，重点展示了人物的宗教性。

在俄国农村里，不仅修道院或小教堂里有圣像画，每家每户都有圣像画。华美的圣像画是俄国北方小屋的一个独有特征。光靠城市里的圣像画画家根本无法满足农民的巨大的需求，因此每个村庄都有本地画家。不过，圣人的圣像画通常交由专业的圣像画大师来绘制，以满足客户向该圣人祈祷的愿望：养蜂人通常订购佐西玛和萨瓦蒂的圣像画，希望治病的人通常会订购圣潘特莱蒙的圣像画，踏上旅途的人通常会订购圣尼古拉的圣像画，等等。

农村圣像画画家一般通过模仿乡村教堂中的专业圣像画来提高个人画技（例如，在卡尔戈波尔斯基地区，鉴赏对象就是诺夫哥罗德和罗斯托夫教堂里的圣像画），他们在精神上和审美上得到了升华，形成了自己独特的审美情趣。

18 世纪在俄国的一些地区，农民的手抄书籍和圣像画在传播中促进了农民实用装饰艺术的发展。研究人员重点研究了伏尔加河地区的民间艺术传播史。18 世纪，伏尔加河隐居地和沙漠地区农民圣像画画家的作品沿着克尔热涅茨河、乌索尔河和其他河流向外传播。伏尔加河流域民间艺术还影响了霍赫洛马地区艺术风格。霍赫洛马地区的实用装饰艺术笔触生动，金色、红色和黑色为主要色调，庄严而喜庆。霍赫洛马地区

---

① Дурасов Г. П. Каргополье. М. , 1984.

的实用装饰艺术融合了乌苏尔木制品的部分特征。[①]

伏尔加河地区有自己的文字艺术传统，当地人在用半省体和草书书写、装饰手抄书籍方面有着丰富的经验，这些书写方式和装饰手法都需要细腻的绘画技巧。伏尔加河地区从书籍设计以及圣像绘画中发展起来的艺术形象和艺术手法还渗透到了其他农民工艺品中。类似于俄国北方地区、维特卡-斯塔罗杜布地区和其他地区，伏尔加河地区在对旧印刷书籍装饰传统的传承基础上也引领了书籍设计艺术的全新趋势。

农民文字艺术对书籍设计艺术的影响还体现在了他们对平面人物精神品质和道德修养的深度思考上。比如，在伏尔加河中下游左岸地区的绘画中，最常见的生命之树主题有时体现了古罗斯文学传统——"伪经书"中有关人间天堂的构想。这个传说18世纪在伏尔加河中下游左岸地区广为流传。斯帕索萨拉耶夫修道院的农民僧侣推动了传说的传播。他们在省内四处奔波，1713年因被指控为旧礼仪派信徒而遭受迫害。关于生命之树和人间天堂的传说通过口头和书面双重方式传播开来，在宗教诗歌中也常常会提到圣树——"木秀于林，风华正茂，果实和叶子永不凋零"。"异教故事丰富了'伪经书'中人间天堂概念，古老的异教元素通过民间艺术得到了新的表达，融入了新的诗歌符号，也因此有了新的含义。"[②]

18世纪，伏尔加河上的贸易逐渐复苏，带动了俄国民间工艺品的繁荣发展。顿河地区纺车生产规模的扩大推动了布艺装饰画的兴起，并渐渐取代了传统的雕刻装饰法和乌索拉河底烟熏黑橡木镶嵌装饰法。[③]

下诺夫哥罗德地区的工艺品主要是绘画制品。18世纪，俄国农村建

---

① Некрасова М. А. Истоки Городецкой росписи и ее художественный стиль // Русское искусство XVIII века. Материалы и исследования. М. , 1973. С. 158.

② Там же. С. 157, 168.

③ Аверина В. И. Городецкая резьба и роспись. Горький, 1957.

起不少木制教堂，当地的圣像画画家会为新教堂绘制圣像画。到了18世纪末，在伏尔加河流域，人们还会用绘画来装饰日常生活用品。外国人Г.雷曼在1805年参观了著名的马卡里耶夫集市，他对集市里各种"带有绘画装饰"的盒子感到十分新奇，在马车上也有类似的装饰。"专门为展销会建造的建筑"——长椅、休息室、旅馆、餐饮店等——外部也都涂上了油漆，装饰十分典雅。[①]

在北德文斯克地区的文献资料中也可以看到民间实用装饰艺术、工艺品、手抄书籍及圣像画的密切互动。18世纪与19世纪之交，北德文斯克手抄书籍中的微型画和"17~18世纪用来装饰木制纺车、韧皮面包箱等农民生活用具的白底北德文斯克绘画在风格上十分接近"。[②]

18世纪，民间木雕艺术有了很大的发展，这与农民的雕刻、绘画、书籍和文字艺术的发展密切相关。它广泛分布于俄国西部、北部和中部、伏尔加河流域和乌拉尔地区。[③] 许多18世纪的木雕作品都是农村教堂的装饰物，具有浓厚的民间实用装饰艺术特点。彼尔姆地区的木雕是民间实用装饰艺术的杰出代表，它与伏尔加流域的木雕作品在风格上有相似之处。研究人员认为，彼尔姆地区的木雕作品具有"独特、诗意的现实主义"，В.М.瓦西连科认为这得益于俄国民间实用装饰艺术独特的创作方法。[④] 在18世纪的木雕造型中，有些理念直接继承了古罗斯艺术传统，保留了传统的造型结构。农民艺术家在个人作品中融入了对生活的思考，

---

① Некрасова М. А. Истоки городецкой росписи... С. 158−159, 164.

② Белоброва О. А. Северодвинские лицевые рукописные сборники XVIII − XIX вв. // ТОДРЛ. Вып. XXIX. Л., 1974. С. 32.

③ Канцедикас А. Пермская деревянная скульптура // Искусство Прикамья. Пермская деревянная скульптура. Пермь, 1985. С. 7. В настоящее время « представительные коллекции русской деревянной скульптуры » собраны в музеях Перми, Соликамска, Чердыни, Вологды, Костромы, Переславля-Залесского, Череповца, Моршанска, Юрьева-Польского, Тотьмы, Великого Устюга, Ярославля и др.

④ Канцедикас А. Указ. соч. С. 8; Василенко В. М. Народное искусство. М., 1974. С. 10.

图 8-5　一个木雕的残片（18 世纪下半叶），谢尔丁斯基区的亚兹瓦村

刻画了福音人物的日常生活细节。因此他们的木雕作品在遵循传统原则的同时个性十足，极富表现力，具有现实主义气息。比如，卡马地区的农民将圣尼古拉·莫扎斯基作为本地的守护神。在波克恰村的木雕作品中，圣尼古拉·莫扎斯基是"一个强大的长老，有一个超自然般拉长的头颅和圣像般的严格身材"。① 而亚兹瓦村的天使则有一张激动的脸庞，其手势充满了表现欲——身着简单的民间服装，长着一张农民的脸，显得与众不同。

① Канцедикас А. Указ. соч. С. 10－14；Власова О. М. Коллекция деревянной скульптуры в Пермской гос. художественной галерее // Искусство Прикамья. С. 21－24.

　　一些学者认为，西欧艺术风格，特别是巴洛克和古典主义，影响了卡马地区民间木雕艺术的发展，并与古罗斯传统和当地传统相结合。也许在这种影响中有对彼得堡学院派艺术的直接呼应[1]，农民子承父业，将融合后的艺术风格代代相传。卡马地区农民手抄书籍中的微型画与该地区的木雕艺术在风格上也有相似之处。[2]

图 8-6　一个环抱柱子的天使（18 世纪下半叶），木制雕塑，谢尔丁斯基区的亚兹瓦村

---

①　Канцедикас А. Указ. соч. С. 13–14.

②　Поздеева И. В. Миниатюры лицевого сборника из собрания МГУ и скульптура пермской земли// Искусство. 1979. № 3. С. 62.

九 节日文化

节日文化，是由口头表演、音乐、戏剧、舞蹈艺术、道德伦理、礼仪、仪式和迷信组成的跨时间、跨区域的文化综合体，体现了农民丰富的精神生活。

节日文化是吸收了各种艺术元素和社会意识的特殊大众文化，节日日期通常写在日历上，或者非常私人，和家庭中某个重要事件有关。俄国民族文化底蕴深厚，但在每个历史阶段，随着社会发展和精神物质生活的变化，俄国民族文化本身也发生了变化。节日文化是所有俄国人民共同的精神基础，因融合了民间因素和宗教因素，形式多样。节日文化体现了俄国人民不朽的创造力，不断地被注入新鲜血液。

俄国的直接生产者是推动节日文化多元化和普及化的主要力量，这似乎与大众常识相悖。劳动人民尤为重视闲暇时间，他们利用闲暇时间来满足自身对宗教和审美的需求，进行各种形式的社交活动。

"1784年，"《弗拉基米尔省地理志》中这样写道，"以下事实体现了该省人民的娱乐生活：在节假日……他们与亲朋好友载歌载舞，娱乐时间长达一个星期甚至更长。在夏日的周末，男男女女跳圆圈舞，那里还是社交聊天的好去处……"① 在对图拉省的描述中也能看到农民生活的类似特点："人人都称赞图拉省人民性格开朗，喜欢开玩笑。唱歌和跳舞是他们最喜欢的消遣方式。他们做家务的时候会唱歌，当繁重的田间劳动结束，在回去的路上人们也会唱着悠扬小曲。"②

18世纪俄国农民的节日可分为日历节日、农业节日、集会节日和家庭节日。18世纪的俄国农民依旧按照日历周期庆祝主要宗教节日。从圣诞节（12月25日）到主显节（1月6日）这段时间被称作"圣诞节假期"，是农村里

---

① Топографическое описание Владимирской губернии, составленное в 1784 г. С. 8-9.
② ЦГИА. Ф. 91. Оп. 1. Д. 285. Л. 186.

的一个盛大节日。年轻人特别喜欢庆祝"圣诞节假期",每天晚上在村里都有"游戏",如穿奇装异服者和小丑表演。受当地习俗和居民兴趣的影响,喜剧主题的"异服表演"得到了进一步发展。圣诞节的节日装扮多服务于"游戏",但在一些地方,农民仍然认为这些"游戏"是罪恶和堕落的活动。①

圣诞节假期还有一项"游戏"是女孩们占卜时的唱歌环节。一般在桌子上有一个蒙着红布的木盘,参与占卜的人将戒指、顶针和其他小物品放入其中,提问者所提出问题的答案将通过歌曲的方式解答,解答完毕后女孩们会拿回自己的物品。在村子外也会举行许多占卜游戏,年轻人玩得很开心,说说笑笑,在院子里和河边跑来跑去。②

谢肉节是最盛大的节日,包含了多种多样的庆祝活动。谢肉节期间会举行各种体育竞赛,如雪橇比赛和赛马。在农村,时逢农历新年还会举行骑行和马车游行活动。在那些山峦起伏、有天然滑道的地区,人们还增建了特殊的人工滑道——"线圈"。人造滑坡用水浇透,凝固成滑道。一些人穿着"长袍"和"滑稽的衣服"前来游玩。人们一边观看赛马,一边谈笑风生,载歌载舞。③

在俄国许多地方,谢肉节期间会举行盛大的骑行活动。在科斯特罗马省的涅列赫茨基地区,骑手们通常头戴索隆帽,穿着裋褐。"周末,在一片开阔地带可以看到隆重的骑行队伍(这项活动在雅罗斯拉夫尔也很盛行)。"④

---

① ЦГИА. Ф. 91(Архив ВЭО). Оп. 1. Д. 285. Л. 185 – 186; Семевский В. И. Домашний быт и нравы… Вып. 2. С. 89–90; Успенский Г. Опыт повествования о древностях русских. Ч. I - II. Харьков, 1818. С. 418 – 419; Снегирев И. М. Русские простонародные праздники и суеверные обряды. Вып. 2. М., 1838. С. 33–36, 54.

② Чулков М. Д. Словарь русских суеверий. Спб., 1783. С. 118 – 125; Он же. Собрание разных песен. Ч. 3. Спб., 1773; Семевский В. И. Домашний быт и нравы… Вып. 2. С. 90–91; Успенский Г. Указ. соч. С. 422.

③ ЦГИА. Ф. 91. Оп. 1. Д. 285. Л. 185 об. – 186; Семевский В. И. Домашний быт и нравы… Вып. 2. С. 92; С. П. Крашенинников в Сибири: Неопубликованные материалы. М. -Л., 1966. С. 338.

④ Снегирев И. П. Указ. соч. С. 129–130.

在 18 世纪，农民十分喜欢在谢肉节进行表演喜剧，这项活动逐渐成为谢肉节的重头戏。

谢肉节喜剧中常见的人物包括"农民""军政长官"等，演员幽默风趣，时不时针砭时事，表演的主题通常是谢肉节丰盛的宴席和即将到来的晚会，辞旧迎新，或改编自同时代的重要事件。不过，谢肉节餐桌上当之无愧的主角是布林饼，它是谢肉节的灵魂。上述这些都是俄国农民庆祝谢肉节的传统。不断在节日期间上演的喜剧的台词逐渐由口语转为文字，印成了书籍。①

有一些谢肉节习俗，以及节日送冬迎春的属性似乎起源于古代的异教信仰。比如，谢肉节的一个古老习俗是新婚夫妇必须拜访亲戚，参加骑马活动。到了 18 世纪，村社内的俄国农民依旧会在谢肉节带着礼物（布林饼、肥皂块等）拜访亲朋好友。②

俄国农民们非常重视谢肉节庆祝活动的最后一天，它具有宗教、道德意义：在最后一天的晚上——"宽恕的星期天"——在教堂礼拜之前，每个人都请求获得对方的宽恕。③

---

① Из старинных рукописей. «Ведомость по масленичном поведении» // Этногра-фическое обозрение. 1895. № 1. С. 118−122（«Ведомость» 1762 г.，бытовала в Вологодском у.）；Кузьмина В. Д. Русский демократический театр ⅩⅧ в. С. 50 − 59；Громыко М. М. Трудовые традиции... С. 105−110.

② Семевский В. И. Домашний быт и нравы... Вып. 2. С. 92；Снегирев И. М. Указ. соч. С. 129.

③ 根据 17 世纪初至 19 世纪对这一习俗的详细描述，以及 18 世纪的一些直接证据，在这一时期，这一习俗几乎成了一项约定俗成的惯例。例如，曾在鲍里斯·戈都诺夫手下服务的法国人雅克-马盖特上尉在书中表示，俄罗斯人在节日期间"相互拜访，亲吻，告别，讲和"，如果因言语或行为而冒犯了对方，即使在街上相遇，尽管他们以前从未见过对方，也会相互亲吻问候。他们的对话往往是这样的：一个人说道"请原谅我"，另一个人则会回复"上帝会原谅你的"。Маржерет Ж. Состояние Российской державы и Великого княжества Москов-ского// Сказания современников о Дмитрии Самозванце. Ч. Ⅲ. Спб.，1832. С. 31；АГО. Ф. 15（Калужская губ.）. Оп. 1. Д. 27. Л. 18；ЦГИА ^ Ф. 1024（Покровского）. Оп. 1. Д. 20. Л. 25；Ф. 1022. Оп. 1. Д. 11. Л. 105；АИЭ. Ф. ОЛЕАЭ. Оп. 1. Д. 361. Л. 73；ГМЭ. Ф. 7（В. Н. Тенишева）. Оп. 1. Д. 1436. Л. 40；С. П. Крашенинников в Сибири... С. 64；Семевский В. И. Домашний быт и нравы... Вып. 2. С. 92.

宽恕的对象是家庭成员、亲朋好友以及素昧平生的陌生人。在一些地方，人们还会前往已故亲人的坟墓前"请求宽恕"。

В. И. 谢梅夫斯基这样写道："在复活节，和现在一样（写于 19 世纪末），人们高歌庆祝基督复活，互相赠送鸡蛋，牧师还会在游行中赞美基督。"这段话简要描述了 18 世纪下半叶至 19 世纪初俄国不同省份庆祝复活节的情形。在一些地方，人们还在村社与村社之间的田地里举办祈祷仪式。В. И. 谢梅夫斯还列举了节日食物和一些节日活动（如鸡蛋，圆圈舞、荡秋千、篝火晚会）。①

А. Т. 博洛托夫在回忆录中描述了不同年龄段农民参与彩蛋游戏的情况（此处主要指的是图拉省的农民）。"在任何地方，我们都可以看到一群人在滚动鸡蛋。看着已经年过半百、即将步入暮年的人和小孩子一起游戏，让人不由得感叹这真是一项天真烂漫的游戏。"②

节日赞美诗中一个反复出现的元素是在树林中放置花环拱门和花圈，花圈通常挂在白桦树上。瓦西里·列夫申在介绍图拉省农民时这样写道："在三一节，大家就要开始制作花环拱门了，一周后的扎文日（即彼得大斋节前夕）是戴花圈的日子。"③ 在彼尔姆、特维尔和其他省份也有类似现象。整个节日周期开始于悼亡节（复活节后第七个星期四举行的民间祭祀亡者节日，开始春耕的节日，也就是三一节前的星期四），结束于三一节。或者从三一节开始，在彼得大斋节结束。在露天条件下——小树林、草地和山上——跳圆圈舞蹈是三一节不可或缺的一个环节。此外，人们还会畅享美味的馅饼和鸡蛋菜肴。在许多地方，人们戴着花圈，随着整个人群走到最近的水域——河流或湖泊。人们将花圈扔进水里，用来

---

① Семевский В. И. Домашний быт и нравы. . . Вып. 2. С. 92–93.
② Болотов А. Т. Памятник протекших времен, или Краткие исторические записки о бывших происшествиях и о носившихся в народе слухах. Ч. 1. М. , 1875. С. 80.
③ ЦГИА. Ф. Оп. 1. Д. 285. Л. 185 об.

占卜（"未沉入水底的花圈是长寿的吉兆"）。在大街小巷，在悠扬的歌声中，满是欢乐的气氛。①

图 8-7　《勇敢的小伙子们——光荣的交手》（18 世纪上半叶），木雕作品

在三一节，人们会用绿色植物装扮家庭，用白桦树来装饰房间和院子：教堂、房子前面都"种"上了"冒绿芽的幼树和低矮的灌木"。②

在一些地方，建造花环拱门和戴花圈与年轻妇女"结伴"的习俗相结合；在一些地区，建造花环拱门和戴花圈开始的时间更早，在复活节

---

① Семевский В. И. Домаш ний быт и нравы. . . Вып. 2. С. 93–95.
② Успенский Г. Указ. соч. С. 415.

图 8-8　　《熊和山羊的寒暄》（18 世纪上半叶），木雕作品

后的第二个星期天（"拿来香膏的女人日历周"）就开始了。年轻的
"已婚妇女和未婚少女们聚集在一起，她们带着鸡蛋和馅饼，唱着歌"，
前往小树林。在林中开阔地带，有些人会在白桦树边或其他地方放置一
种名为"布谷鸟的眼泪"的植物——雄兰花（因此该习俗又叫"给布谷
鸟洗礼"），那些希望获得幸福的人把自己的十字架挂在白桦树或者把
"布谷鸟的眼泪"交织成十字。所有参加野餐的人都唱起了歌，朋友们隔
着十字绳环互相亲吻，并交换了十字架；然后他们互相称呼对方为"干
亲家"，人与人之间建立了亲密的友谊，不再进行任何争吵，人们通过结
对方式增进友谊。这种"干亲家"关系通常会持续近一个星期，不过在

一些地方这种关系持续的时间更长（一年或终身）。在"结伴"活动结束后，年轻人享用了茶点，接着返回村子里，继续唱歌和跳舞。①

在 18 世纪三一节以及其他一些春夏季节，民间还会举行体育比赛——摔跤、拔河、跳绳，在一些地方甚至还会举行拳击比赛，这些赛事面向所有人。

早在 17 世纪末俄国就禁止举办拳击比赛，在 18 世纪政府再度出台了法令明确反对进行拳击比赛。② 在施洗者圣约翰日，传统的户外青年娱乐活动包括跳火堆：俄国大部分地区在 6 月 24 日晚上，即教会庆祝施洗者圣约翰的诞辰日，男女青年齐聚街头，燃起火堆，人们把熊熊燃烧的篝火称作"金莲花"，他们唱歌、跳舞并跳过这些火堆。③ 圆圈舞蹈一直持续到彼得保罗日（6 月 29 日）前。青年农民热闹地庆祝这一天，作为对春天和夏天庆典的告别。在圣彼得日，就像在复活节一样，人们习惯荡秋千。在一些地区，人们举办为期三天的庆祝活动，向夏日告别，迎接秋收。"在圣彼得日会举行为期三天的庆祝活动，荡秋千是一项节日传统，人们还喜欢围着秋千载歌载舞。圣彼得日结束以后，村里的庆祝活动就停止了，最辛苦的工作——打草和收割就要开始了。"④

除了日历上那些固定日期节日和非固定日期节日外，俄国还有很多标志着特定类型农业活动开始的节日和庆祝习俗。有时候，这些农业节

---

① ЦГИА. Ф. 91. Оп. 1. Д. 285. Л. 185–185 об.

② Миненко Н. А. Досуг и развлечения у русских крестьян Западной Сибири в XVIII –первой половине XIX в. // Советская этнография. 1979. № 6. С. 28; Семевский В. И. Домашний быт и нравы... Вып. 2. С. 98; Макаров М. Н. Русские предания. Одна книжка. М., 1838. С. 44.

③ Успенский Г. Указ. соч. С. 416; Семевский В. И. Домашний быт и нравы... Вып. 2. С. 95. 根据普斯科夫托罗佩茨地区的记载，在这一天，年轻人跳过火堆和荨麻；在特维尔的维塞贡地区，"在这一天，年轻人晚上聚集在春意盎然的田野上，在他们播种的亚麻条上插上楸树枝，希望亚麻长得高高的，人们跳舞，唱歌，跳圆圈舞蹈，直到黎明"。

④ ЦГИА. Ф. 91. Оп. 1. Д. 285. Л. 185 об.

日仍会以那些日历节日为轴，以便确定农作物的季节性种植条件。例如，18世纪的荞麦播种节（荞麦节）就被安排在阿奎利纳日（6月13日）。在播种之前，人们会向圣阿奎利纳祈祷，祈求荞麦丰收；在梁赞、坦波夫、图拉和其他省份，人们用"剩余的"（上一次收获的）荞麦煮粥，用它来招待陌生人。路过的陌生人会对这种热情的招待表示感激，他们会这样祝福施与者——"正直的人，他的田地里会收获越来越多的荞麦。如果不是为了面包和粥，谁会去劳动呢！"为了获得免费的荞麦粥，沿街乞讨的乞丐们背诵过这首诗——"荞麦花，荞麦花，红色的女娃娃！养活了我们一大家，是我们心中的报喜花！开花，绽放，成长，发芽，舒展，全都指望她！"①

人们用热闹的仪式庆祝工作的结束。这些庆祝活动通常也成了农业节日的一部分，伴有品尝茶点、唱歌、随巴拉莱卡或小提琴跳舞等活动，在庆祝活动的最后，人们会绕着村子散步。

农民在邀请同村人帮忙的时候，"出于礼貌，会考虑到对方的休假需求"，"在这种情况下，在黄道吉日喊人工作是要遭受谴责的，毕竟没有人会愿意在休息日帮忙"。② 劳动结束时的庆祝方式有时候还包括聚餐。通常，当在餐桌上开始谈论起与司法和公务相关的话题时，聚餐便要接近尾声了。③ 在18世纪，地方当局曾多次禁止人们庆祝劳动的结束。④ 禁止的原因是，在庆祝时农民之间偶尔会发生斗殴事件，但地方当局对劳动结束时庆祝的厌恶似乎有更深层次的原因（毕竟其他节日也可能发生斗殴事件，用这个作为禁止理由太过牵强，更像是借口）。实际上，地方当局想要禁止的是农民自发组织的集体活动，这些集会的功能远远超出了官方的许可范围。饮茶是贯穿农民农业节日的一个活动，它作为一种

---

① Макаров М. Н. Указ. соч. С. 55–58.
② Костров Н. Онские селения// Москвитянин. 1851. № 24–25. С. 255–256.
③ ЦГАДА. Ф. 517. Оп. 1. Ч. 1. Д. 691. Л. 1–46.
④ Костров Н. Онские селения// Москвитянин. 1851. № 24–25. С. 255–256.

大众习惯一直持续到了 19 世纪。

劳动结束时的庆祝，其特点是将工作过程本身与寻欢作乐和幽默感结合在了一起。

与养牛有关的农业节日同样是按照大众所熟知的日历节日来安排的，但由于气候特点，不同地区，节日开始的时间各不同。就像在农业收获节中一样，人们同样会隆重地庆祝劳动的开始和结束（放牧的开始和结束），庆祝活动通常十分庄严，涉及宗教活动，有丰盛的节日餐点。

在 4 月 23 日的埃戈尔（圣乔治）日，人们用各种习俗来庆祝牛的首次放牧。圣乔治被认为是牛的守护神。在 18 世纪，不必整个村社一起集体庆祝牛的首次放牧，可以在自家院子里单独举行仪式：男主人拿着一个圣像画，女主人拿着一盆热煤和香，绕着她的牛群走三圈（参考特维尔的新托尔茨基地区资料）。① 俄国农民基本上都会庆祝埃戈尔日。

18 世纪，一些俄国农民还会庆祝"羊羔日"，即"牧羊人日"，这个节日与放羊结束有关，并与阿纳斯塔西娅日（10 月 29 日）重合，阿纳斯塔西娅是羊的守护神。"羊羔日"在黎明时分开始。当天的主要表演者和主角是牧羊人。他们吹着喇叭，唱着歌，祝贺羊群的主人顺利结束了放牧。在这一天，牧羊人会和商人进行总结算。唱歌和跳舞会一直持续到晚上，随后是享用节日大餐和对白天要务的再讨论：羊毛的价格和赚取的收入。到了 18 世纪末，在梁赞、弗拉基米尔和其他省份，传统的"羊羔日"的庆祝方式只存在于民间传说中了，现实中的庆祝仪式大为简化，只在小部分地区延续着传统的节日庆祝方式。②

教会节日（"建堂节""宴会日""古勒日"）和日历节日、家庭节日息息相关：有特定日期，要求所有农民都参与进来，"招待"家庭内的

① Чулков М. Д. Словарь... С. 125；Семевский В. И. Домашний быт и нравы... Вып. 2. С. 92；Громыко М. М. Трудовые традиции.... С. 85.

② Макаров М. Н. Указ. соч. С. 19–21.

亲友。当地教会将教会节日的名称献给了托其名义所建造教堂的圣人（或教堂中的祭坛），或献给教堂日历中的一个主要节日，按照教区规定的顺序在村里进行庆祝。"农民在教会节日中十分快乐"[①] ——这是 В. И. 谢梅夫斯基对 18 世纪下半叶和 19 世纪初的俄国教会节日的总结。

在对图拉的风土人情的描述中这样写道，教会节日里"每个人的家都来者不拒，整天都摆好桌子。每位来访者，哪怕是陌生人，都受到热情的款待"。人们提前备好了肉类（如果教会节日正好是在禁食期，则为鱼类）和其他食物。到处都是载歌载舞的人群。教会节日的庆祝活动通常要持续 3 天。[②] 在西伯利亚地区的商业文件和地理志中也记述了类似情况，"教区轮流在各个村庄庆祝教会节日：'下一个'承办村庄总是会敞开大门欢迎其他村庄的村民前来庆祝节日（因此这些教会节日又被称作'宴会日'）"。[③]

教堂命名节不像历法上一些命名日那样有着特定的用途，专门针对某一天或某几天（除非与后者重合，即一个村庄的命名日可能是圣诞节或耶稣升天日）。教堂命名节集中体现了各种民间节日文化和民俗：教堂举办宴会时会请来说书人，举办占卜游戏，等等。资料显示，唱歌和跳舞是教堂命名节的保留节目。常见的演奏乐器有：胡多克（三弦小提琴）、巴拉莱卡、古斯里琴、笛子、号角（一种有六个控制键的弯曲木质小号）和扎莱卡管。[④] 教堂庆祝宴会的待客礼仪和民间待客礼仪十分相像。比如，主人端东西或端饮料上桌时，每次都要低头鞠躬；欢迎客人

---

① Семевский В. И. Домашний быт и нравы... Вып. 2. С. 97.
② ЦГИА. Ф. 91. Оп. 1. Д. 285. Л. 186.
③ Мииенко Н. А. Досуг и развлечения... С. 22.
④ Семевский В. И. Домашний быт и нравы... Вып. 2. С. 98; Успенский Г. Указ. соч. С. 94-96; ЦГИА. Ф. 91. Оп. 1. Д. 285. Л. 186; Миненко Н. А. Досуг и развлечения... С. 23; Георги И. Г. Описание всех в Российском государстве обитающих народов, также их житейских обрядов, вер, обыкновений, одежд, жилищ и прочих достопамятностей. Ч. I. 1776. С. 112.

时，主人要亲吻每个人，并送他们到家门口。①

一些教会节日与收割后的聚餐（俄国农民旧俗）结合在一起，在祈祷仪式结束后，教士会和村社内的全体成员一起进餐。在18世纪，一些俄国地方当局同样也禁止收割后的聚餐。1771年3月14日叶尼塞省政务院的法令强调，"地方政务院多次向各地发送法令，明确禁止教士和农民在收割后一起聚餐"。② 然而，收割后的聚餐在俄国农民的社会生活中仍然屡禁不止。③

家庭节日中最盛大的是婚礼日，婚礼中的各种仪式体现了丰富多彩的民间艺术。婚宴远远超出了家庭活动的范围，是整个村子的盛事，是人丁兴旺和繁衍生息的象征。

在18世纪俄国民间婚礼文化的发展中，负责"婚庆"的人在婚礼中的作用越来越突出——他们通常在婚礼现场充当伴郎、伴娘、媒人、"司仪"和"长辈"。负责"婚庆"的人不仅需要知道婚礼当天的全部流程和规矩，还得"满腹经纶"——知道些诗句、祈祷词、谚语、赞美诗和交际用语，并能即兴发挥，能在不同的婚礼场合履行伴郎的职责。在履行伴郎职责以及整个婚礼过程中，娱乐和游戏性质的任务与仪式性的任务合并在一起——为新郎和新娘"驱邪"。例如，在新娘的父母为新娘祝福后（用圣像画、面包和盐），伴郎宣布"让婚礼继续进行"：他把蜡点浇在新人的头发和婚嫁马匹的鬃毛上，并带着圣像画绕着婚车走三圈；接着，他把这些蜡储存起来，供日后使用，如复活节做弥撒时立在教堂里的蜡烛。伴娘通常是有才华的民俗表演者（协助伴郎和媒人）。媒人的主要职责除了牵线搭桥，还包括在婚礼现场做一些辅助性工作（在婚礼

---

① ЦГИА. Ф. 91. Оп. 1. Д. 285. Л. 182 об.
② Цит. по：Костров Н. Онские селения. С. 256-257.
③ Громыко М. М. Традиционные нормы поведения и формы общения русских крестьян в XIX в. М.，1986. С. 132-146.

队伍开往教堂之前，坐在毛皮上为新娘和新郎梳头；将面包、啤酒花和钱币撒在新人身上；和伴娘一起按照规定礼仪接待客人；早上带着伴娘和"司仪"叫醒新人，等等），因此媒人通常需要掌握更多关于行为规范和民俗的知识。[①]

见证婚礼的"司仪"（婚礼队伍的领头人）和"长辈"的角色比较被动，这些婚礼见证人通常不是职业性的（比如"司仪"通常是新郎的教父或亲属）。即使这些非职业性的婚礼见证人，他们也应当知晓婚礼民俗的某些要素。

年轻农民女性还会提前准备好"号哭"和各种婚礼曲目。Г. Р. 杰尔查文在 18 世纪 80 年代前往奥洛涅茨省时，以及他从其他地方得到的有关女性婚礼曲目的表演信息十分有趣。Г. Р. 杰尔查文在谈到农村女性婚礼上的号哭练习时写道，在诺夫哥罗德，"年轻女孩会提前练习'号哭'，就像我们贵族少女学跳舞和唱歌那样"。要是一个年轻的俄国农家女孩不会"号哭"，几乎就和"她不会纺纱"一样，会遭到外人的责备。[②]

伴娘和客人们在庆典的各个阶段都唱了不少婚礼歌曲。婚宴也以茶点和唱得体歌曲（即适合该场合的）结束。18 世纪婚礼歌曲集的出现正是民间婚礼曲目发展的有力证明。

＊＊＊

18 世纪的农民文化与前一时期一脉相承，农民文化中的传统主义也

[①]　Миненко Н. А. Свадебные обряды у русских крестьян Западной Сибири в ⅧII – первой половине ⅩⅨ в. // Советская этнография. 1977. № 3. C. 99, 101 – 102; Семевский В. И. Домашний быт и нравы... Вып. 2. C. 100–103.

[②]　Лотман ГО. М. Записи народных причитаний ⅩⅨ в. из архива Г. Р. Державина// Русская литература. 1960. № 3. C. 146.

呈现新阶段的特征。

18 世纪，俄国不同地区农民的宗教交流变得更为频繁。向西伯利亚的移民活动以及络绎不绝的农民贸易，推动了各地区农民宗教生活的相互影响。自发发展的民间文化与经过规训的宗教文化不断交流，相互影响的程度显著提升了。

在农业知识和有关自然界的知识方面，俄国农民不断地更新着自己的知识储备。直至今日，俄国农民的一些知识依旧受用。18 世纪，俄国边境地区新土地的开垦过程有助于农民积累新的经验知识。

俄国农民的社会知识在与当局的互动中，以及在处理家庭、个人、集体的利益关系中起着重要作用。

俄国农民的法律创造力体现在主动去了解法律知识以适应 18 世纪不断变化的社会经济环境。俄国农民对习惯法的了解离不开他们对国家立法的积极学习。农民重视善良、仁慈、虔诚、尊老爱幼、勤劳、诚实、互帮互助等道德品质，视拥有这些美好的道德品质为一个合格基督徒的标志。

18 世纪的俄国农民对社会事务的关注超出了村社范畴。他们对正在发生的国家大事十分上心：具体体现在谣言制造、日常谈话、抗议运动、"假沙皇"现象和民间传说的创造过程中。

俄国民族意识进一步增强，农民对影响整个民族发展进程的重大事件和本民族丰富的历史传统越发感兴趣，这有力地推动了历史歌曲的蓬勃发展。俄国农民在 1812 年卫国战争中表现出的民族意识和爱国意识早在 18 世纪就已渐渐成形。此外，俄国农民在描绘地方性历史人物和政治事件时具有地方特色。

旧礼仪派运动在 18 世纪对俄国农民的文字艺术和手抄书籍的发展影响深远。17 世纪末以来，旧礼仪派信徒一直在寻找稳定的组织形式，以便与官方教会分庭抗礼。他们的各项活动进一步丰富了俄国农民的精神文化。俄国农民开始收藏并抄写教会文献，俄国农民的文盲情况得到了改善，他们开始自己思考一些宗教问题，诞生了一些有关宗教、道德、历史和法律问题的农民著作。在一些旧礼仪派信徒隐居地，人们试图实践社会乌托邦构想。旧礼仪派信徒们对宗教和道德问题的尖锐态度吸引了俄国农民的注意力。旧礼仪派信徒对农民的识字启蒙也超越了宗教分裂本身。

18世纪，上升的工艺品需求为农民民间实用装饰艺术的发展注入了新活力，并推动了传统手工业中心的振兴。18世纪一些手工业中心（帕莱赫、霍克洛马、霍利等）的繁荣，对农民文化产生了显著影响。

俄国农民文化的一些领域保留了基于古代异教的传统。尽管在基督教和世俗文化的双重影响下，这些传统早已改头换面（在节日、实用装饰艺术和一些民间传说的构成要素中）。18世纪，俄国的民俗文化经历着一个去仪式化、娱乐化和艺术化的过程。

图书在版编目（CIP）数据

狂飙年代：18 世纪俄国的新文化和旧文化 . 第四卷/
（俄罗斯）鲍里斯·亚历山德罗维奇·雷巴科夫主编；张
广翔，刘真颜译 . --北京：社会科学文献出版社，
2024.8. --（俄国史译丛）. --ISBN 978-7-5228
-4051-2

Ⅰ. K512.03

中国国家版本馆 CIP 数据核字第 2024N9T393 号

俄国史译丛
狂飙年代：18 世纪俄国的新文化和旧文化（第四卷）

主　　编／〔俄〕鲍里斯·亚历山德罗维奇·雷巴科夫
译　　者／张广翔　刘真颜

出 版 人／冀祥德
责任编辑／颜林柯
文稿编辑／顾　萌
责任印制／王京美

出　　版／社会科学文献出版社·经济与管理分社（010）59367226
　　　　　　地址：北京市北三环中路甲 29 号院华龙大厦　邮编：100029
　　　　　　网址：www.ssap.com.cn
发　　行／社会科学文献出版社（010）59367028
印　　装／北京联兴盛业印刷股份有限公司

规　　格／开本：787mm×1092mm　1/16
　　　　　　印张：31.5　插页：2　字数：403 千字
版　　次／2024 年 8 月第 1 版　2024 年 8 月第 1 次印刷
书　　号／ISBN 978-7-5228-4051-2
著作权合同
登 记 号／图字 01-2023-1802 号
定　　价／158.00 元

读者服务电话：4008918866